Christoffel/Weinmann • Erbschaft, Schenkung, Immobilien

Erbschaft, Schenkung, Immobilien und das Finanzamt

Vorsorgen – rechtzeitig und richtig

von Hans Günter Christoffel, Steuerberater,
und Norbert Weinmann,
Dipl.-Finanzwirt im Bundesfinanzministerium

4. Auflage mit den neuen Erbschaftsteuer-Richtlinien,
dem Steuerentlastungsgesetz 1999/2000/2002
und dem Entwurf eines Steuerbereinigungsgesetzes 1999

Haufe Verlagsgruppe
Freiburg • Berlin • München

Die Deutsche Bibliothek - CIP-Einheitsaufnahme

Christoffel, Hans Günter:
Erbschaft, Schenkung, Immobilien und das Finanzamt : vorsorgen - rechtzeitig und richtig / von Hans Günter Christoffel und Norbert Weinmann. - 4. Aufl. mit den neuen Erbschaftsteuerrichtlinien. - Freiburg [Breisgau] ; Berlin : Haufe, 1999
(Praxis-Ratgeber)
Bis 2. Aufl. u.d.T.: Christoffel, Hans Günter: Erbschaft - Schenkung - Besteuerung
ISBN 3-448-03820-2

ISBN 3-448-03820-2 Bestell-Nr. 34.02

1. Auflage 1992 (ISBN 3-448-02532-1)
2., überarbeitete, ergänzte und aktualisierte Auflage 1994 (ISBN 3-448-02964-5)
3. neu bearbeitete Auflage 1997 (ISBN 3-448-03567-X)
4. neu bearbeitete Auflage 1999

Lektorat: Assessor R. Stuyts, Freiburg i. Br.

Layout: Michael Wiesinger, Freiburg i. Br.
Satz und Druck: F. X. Stückle, Ettenheim

Vorwort zur vierten Auflage

Das Bundesverfassungsgericht hat in einer Entscheidung aus dem Jahr 1995 für die Erbschaft- und Schenkungsteuer die Besteuerung des Grundbesitzes auf der Grundlage des Einheitswerts 1964 für verfassungswidrig erklärt. Außer einer Aktualisierung der Grundbesitzbewertung hat es eine Steuerfreistellung des sog. Gebrauchsvermögens gefordert, um kleinere Vermögensübergänge im Bereich der engeren Familie steuerfrei zu stellen, und darüber hinaus für nahe Angehörige eine maßvolle Belastung im Erbfall. Bei der Generationennachfolge im betrieblichen Bereich sollte der besonderen Sozialgebundenheit dieser Vermögensart beim Wertansatz Rechnung getragen werden.

Der Gesetzgeber hat diese Vorgaben im Jahressteuergesetz 1997 umgesetzt, und zwar rückwirkend ab dem 1. Januar 1996.

Land- und forstwirtschaftliches Vermögen und Grundstücke sind für Erbschaft- und Schenkungsteuerzwecke nach neuen Regelungen zu bewerten. Aus verfahrensrechtlicher Sicht ist es wichtig, daß die Grundbesitzwerte nur dann von der Bewertungsstelle ermittelt werden, wenn sie tatsächlich für erbschaft- oder schenkungsteuerliche Zwecke, in Ausnahmefällen für grunderwerbsteuerliche Zwecke, benötigt werden. Dies hat für den Steuerzahler den Nachteil, daß er im Fall der Schenkung oder der Vorausplanung erbrechtlicher Lösungen nicht auf vorhandene Grundbesitzwerte zurückgreifen kann. Will er die daraus resultierende Steuerbelastung kennen, muß er selbst rechnen.

Zur einheitlichen Anwendung des Erbschaftsteuer- und Schenkungsteuerrechts sowie des dazu benötigten Bewertungsrechts hat die Bundesregierung mit Zustimmung des Bundesrates Erbschaftsteuer-Richtlinien (ErbStR) herausgegeben, die auf Erb- und Schenkungsfälle ab dem 1. Januar 1999 anwendbar sind (BStBl 1998 I Sondernummer 2/1998 S. 2). Die Erbschaftsteuer-Richtlinien stellen in Zweifelsfragen die Einhaltung einheitlicher Grundsätze durch die Finanzverwaltung sicher. Sie enthalten außerdem Anweisungen zur Vermeidung unbilliger Härten und zur Verwaltungsvereinfachung.

Was für Sie besonders wichtig ist: Die Erbschaftsteuer-Richtlinien sind selbstverständlich in dieser Broschüre eingearbeitet. Damit haben Sie einen aktuellen und verläßlichen Ratgeber an der Hand, der Ihnen hilft, Ihre Erbschaft- und Schenkungsteuer richtig zu ermitteln. Wir informieren Sie über alle wichtigen Neuerungen, und zwar wie gewohnt in leicht verständlicher Weise, erläutert anhand zahlreicher Beispiele und »gespickt« mit Praxishinweisen zur Reduzierung der Steuerbelastung.

Hervorzuheben sind unter anderem

- die Behandlung der Zugewinnausgleichsforderung,
- die Behandlung der mittelbaren und der gemischten Schenkung,
- die Steuerbefreiung für das Familienwohnheim,
- die Regelungen zu den Entlastungen beim Erwerb von Betriebsvermögen, land- und forstwirtschaftlichem Vermögen und Anteilen an Kapitalgesellschaften (Freibetrag von 500.000 DM und Bewertungsabschlag von 40 %, Tarifbegrenzung für weiter entfernt Verwandte),
- die Anweisungen zur Bewertung des Betriebsvermögens, des land- und forstwirtschaftlichen Vermögens, des Grundvermögens und des übrigen Vermögens einschließlich der GmbH-Anteile. Hier gilt es, vor allem die Änderungen ab 1999 zu beachten.

Ebenfalls eingearbeitet sind die Änderungen im Steuerentlastungsgesetz 1999/2000/2002. Und Sie erhalten bereits einen Überblick über das, was sich auch im Steuerbereinigungsgesetz 1999 tun wird. Selbstverständlich auch hier mit zahlreichen Gestaltungshinweisen.

Neben dem zivilrechtlichen Überblick über das Erbrecht, der aktuell auch die Änderungen des Kindschaftsrechts durch das Kindschaftsrechtsreformgesetz und das Erbrechtsgleichstellungsgesetz berücksichtigt, bleibt der steuerliche Teil in zwei Bereiche aufgeteilt, und zwar in die Erläuterungen zum neuen Erbschaft- und Schenkungsteuerrecht und in die Erläuterungen zur Bewertung für erbschaft- und schenkungsteuerliche Zwecke. In dem ersten Teilbereich finden Sie alles Wissenswerte zum Erbfall, zur Schenkung, zu den sachlichen Befreiungen, zu den persönlichen Freibeträgen und zum Steuertarif. Im zweiten Teilbereich ist die Bewertung des steuerpflichtigen Erwerbs dargestellt, wobei besonderes Gewicht auf die neue Grundbesitzbewertung gelegt wurde.

Die Autoren und der Verlag hoffen, Ihren Erwartungen an diese Broschüre - wie in den vergangenen drei Auflagen - gerecht zu werden. Für Anregungen und Kritik sind wir stets dankbar.

Brühl/Bonn, im Oktober 1999

Hans Günter Christoffel
Norbert Weinmann

Vorwort zur ersten Auflage

Das Erbschaftsteueraufkommen ist in den letzten Jahren erheblich gestiegen. Dies ist eine Folge davon, daß das nach dem Krieg angesammelte Vermögen nunmehr seine Besitzer wechselt. Für viele stellt sich die Frage, wie sie ihre persönliche Erbschaftsteuerbelastung bei einem Generationswechsel minimieren können.

Der Ratgeber zur Erbschaft- und Schenkungsteuer soll Ihnen mit Rat und Tat dabei helfen, diese Fragen zu beantworten. Da die Höhe der Erbschaft- und Schenkungsteuer in vielen Fällen von der bürgerlich-rechtlichen Gestaltung der Erbfolge abhängig ist, sollte sich Ihr Wissen nicht nur auf das Steuerrecht beschränken, sondern auch das Zivilrecht - zumindest im Überblick - umfassen. Der Ratgeber beginnt daher mit einem Überblick über die zivilrechtlichen Fragen der Erbfolge, der Erbregelung, des Pflichtteils, des Erbverzichts, des ehelichen Güterrechts, der Abwicklung des Erbfalls und der Vorsorge durch Schenkungen, unbenannte Zuwendungen und Verträge zugunsten Dritter.

In dem Abschnitt »Was Sie über die Erbschaft- und Schenkungsteuer wissen sollten« wird dann das für Sie Interessante behandelt, nämlich, welche Vorgänge steuerpflichtig sind, wer der Erbschaft- und Schenkungsteuer unterliegt, wann die Steuer entsteht, wie die Bemessungsgrundlage ermittelt wird, wie der steuerpflichtigte Erwerb zu bewerten ist, zu welcher Steuerklasse ein Erwerber gehört, wie die Erbschaft- bzw. Schenkungsteuer berechnet wird und was bei der Festsetzung und Entrichtung der Steuer zu beachten ist. Neben dem, was auch in anderen Büchern über die Erbschaft- und Schenkungsteuer zu lesen ist, erfahren Sie in diesem Ratgeber kurz und knapp,

- was bei Vermögensgegenständen in den neuen Bundesländern an Besonderheiten zu berücksichtigen ist und
- wie es ab 1993 mit dem Betriebsvermögen und den GmbH-Anteilen bei der Erbschaft- und Schenkungsteuer aussieht.

Besonderes Gewicht haben wir in diesem Ratgeber auf die Frage gelegt, wie der steuerpflichtige Erwerb, insbesondere bei Vermögensgegenständen in den neuen Bundesländern, zu bewerten ist. Denn bei Erwerb von Vermögensgegenständen stehen sowohl das Finanzamt wie auch der Steuerzahler häufig vor der Frage: Was ist für diese Vermögensgegenstände als Bemessungsgrundlage bei der Erbschaft- und Schenkungsteuer anzusetzen? Dies gilt vor allem für den Grundbesitz.

Die Frage, wie der steuerpflichtige Erwerb zu bewerten ist, stellt sich ab 1993 auch verstärkt beim Betriebsvermögen. Denn für die Erbschaft- und Schenkungsteuer gilt dann der Grundsatz »Übernahme der Steuerbilanzwerte dem Grunde und der Höhe nach«. Was das im einzelnen bedeutet, wird ebenfalls umfassend unter Hinweis auf zahlreiche Gestaltungsmöglichkeiten erläutert.

Besonders nützlich für die Praxis sind die in den Anhängen zu diesem Ratgeber aufgenommenen Vorschriften der ehemaligen DDR zur Erbschaft- und Schenkungsteuer.

Der Verlag und die Autoren hoffen, Ihnen die Fragen zum Bereich der Erbschaft- und Schenkungsteuer in diesem Ratgeber beantworten zu können. Sollten sich aus der Praxis heraus Anregungen oder Kritik ergeben, so werden sie von uns stets dankbar entgegengenommen.

Brühl/Bonn, im September 1992

Hans Günter Christoffel

Inhaltsverzeichnis

Abkürzungen und Kurztitel von Rechtsvorschriften 14

1. Was Sie über das Erbrecht wissen sollten

Erbfolge 18
Gesetzliche Erbfolge 18
Erbfolge durch Verfügung von Todes wegen 24
Wie treffe ich eine eigene Erbregelung? 25
Das Testament 25
Der Erbvertrag 28
Inhalt eines Testaments 29
Pflichtteil 34
Erbverzicht 36
Eheliches Güterrecht im Erbfall 36
Zugewinngemeinschaft 36
Gütertrennung 39
Gütergemeinschaft 40
Errungenschaftsgemeinschaft nach FGB-DDR 40
Absicherung des Ehegatten außerhalb des Güterrechts 41
Abwicklung des Erbfalls 42
Wie kann der Erblasser sonst vorsorgen? 45
Schenkungen 46
Unbenannte Zuwendungen 47
Vertrag zugunsten Dritter 47

2. Was Sie über die Erbschaftsteuer und Schenkungsteuer wissen sollten

Systematik des Erbschaftsteuer- und Schenkungsteuergesetzes 49
Schenkungen unter Lebenden 71
Gemischte Schenkung, Auflagenschenkung 81
Zuwendung von Geschäftsbeteiligungen 84
Persönliche Steuerpflicht 87
Wer ist Inländer? 88
Was ist Inlandsvermögen? 88
Wer ist steuerpflichtig? 89
Wann entsteht die Steuer? 89
Wie wird die Bemessungsgrundlage ermittelt? 92
Bereicherung des Erwerbers 93
Steuerbefreiungen 98
Sachliche Steuerbefreiungen 98
Ansatz von Betriebsvermögen und anderem „Produktivvermögen" 104
Persönliche Steuerbefreiungen 117
Wie ist der steuerpflichtige Erwerb zu bewerten? 119
Zu welcher Steuerklasse gehört ein Erwerber? 121
Wie wird die Erbschaftsteuer/Schenkungsteuer berechnet? 123
Tarifbegrenzung für Produktivvermögen 125
Berücksichtigung früherer Erwerbe 128
Kleinbetragsgrenze 132
Was ist bei der Festsetzung der Steuer noch zu beachten? 132
Anrechnung ausländischer Erbschaftsteuer/Schenkungsteuer 133
Mehrfacher Erwerb desselben Vermögens 133
Was ist bei der Entrichtung der Steuer zu beachten? 134
Besteuerung von Renten, Nutzungen und Leistungen beim Erwerber 135
Besteuerung bei Nutzungs- und Rentenlasten
aus der Sicht des Verpflichteten 146
Anwendungsbereich 146
Stundung der Steuer für Betriebsvermögen 156
Anzeigepflichten und Steuererklärung 157
Welche Besonderheiten sind noch zu berücksichtigen? 158
Ansprüche nach dem Gesetz zur Regelung offener Vermögensfragen 159

3. Was Sie über die Ermittlung des steuerpflichtigen Erwerbs wissen sollten

Grundsätzliches zur Wertermittlung 163
Bewertung des übrigen Vermögens sowie der Schulden und Lasten 164
Bewertung von Anteilen an Kapitalgesellschaften 186
Bewertung des Grundbesitzes 205
Bodenschätze im Privatvermögen 310
Betriebsvermögen 316
Bewertung von Auslandsvermögen 355

Anhang

Berechnungsbogen zur Ermittlung des steuerfreien Betrags
gemäß § 5 Abs. 1 ErbStG 357
Erläuterungen zum Berechnungsbogen 362
Stichwortverzeichnis 365

Abkürzungen und Kurztitel von Rechtsvorschriften

AfA	Alterswertminderung
AG	Aktiengesellschaft
AIG oder AuslInvestmG	Gesetz über den Vertrieb ausländischer Investmentanteile und über die Besteuerung der Erträge aus ausländischen Investmentanteilen vom 28.7.1969 (BGBl I S. 986), zuletzt geändert durch das JStG 1996 vom 11.10.1995 (BGBl I S. 1250)
AO 1977	Abgabenordnung; i. d. F. vom 16.3.1976 (BGBl I S. 613 und I 1977 S. 269), zuletzt geändert durch das JStG 1997 vom 20.12.1996 (BGBl I S. 2049)
BauGB	Bundesbaugesetz i.d.F. vom 8.12.1986 (BGBl I S. 2253), zuletzt geändert durch das JStG 1997 vom 20.12.1996 (BGBl I S. 2049)
BewG	Bewertungsgesetz; in der Neufassung vom 1.2.1991 (BGBl I S. 230), zuletzt geändert durch das Gesetz vom 29.6.1998 (BGBl I S. 1692)
BFH	Bundesfinanzhof
BGB	Bürgerliches Gesetzbuch
BGBl I, II	Bundesgesetzblatt, Teil I und Teil II
BGH	Bundesgerichtshof
BStBl I - III	Bundessteuerblatt, Teil I - III
II. BV	Zweite Berechnungsverordnung i.d.F. vom 12.10.1990 (BGBl I S. 2178), zuletzt geändert durch die 5. VO zur Änderung wohnungsrechtlicher Vorschriften vom 23.7.1996, BGBl I S. 1176

BVFG	Gesetz über die Angelegenheiten der Vertriebenen und Flüchtlinge (Bundesvertriebenengesetz) vom 19.5.1953 (BGBl I S. 201); in der Neufassung vom 2.6.1993 (BGBl I S. 829), zuletzt geändert durch Gesetz vom 24.3.1997 (BGBl I S. 594)
EGBGB	Einführungsgesetz zum Bürgerlichen Gesetzbuch
Einigungsvertrag	Vertrag zwischen der Bundesrepublik Deutschland und der Deutschen Demokratischen Republik über die Herstellung der Einheit Deutschlands vom 31.8.1990 (BGBl II S. 885)
ErbStG	Erbschaftsteuer- und Schenkungsteuergesetz; i. d. F. vom 27.2. 1997 (BGBl I S. 378), zuletzt geändert durch Gesetz vom 24.3.1999 (BGBl I S. 402)
ErbStG-DDR	Erbschaftsteuergesetz vom 18.9.1970 (GBl. SDr. Nr. 678)
ErbStR	Erbschaftsteuer-Richtlinien vom 21.12.1998 (BStBl 1998 I Sondernummer 2/1998 S. 2)
ErbStH	Hinweise zu den ErbStR - Gleichlautende Ländererlasse vom 21.12.1998 (BStBl 1998 I S. 1529)
EStDV 1990	Einkommensteuer-Durchführungsverordnung 1990; i. d. F. vom 28.7.1992 (BGBl I S. 1418), zuletzt geändert durch das JStG 1997 vom 20.12.1996 (BGBl I S. 2049)
EStG 1997	Einkommensteuergesetz 1997; i.d.F. vom 16.4.1997 (BGBl I S. 821), zuletzt geändert durch Gesetz vom 24.3.1999 (BGBl I S. 402)
FGB-DDR	Familiengesetzbuch der DDR vom 20.12.1965 (GBl I 1966 Nr. 1 S. 1)
Fördergebietsgesetz	Gesetz über Sonderabschreibungen und Abzugsbeträge im Fördergebiet; i. d. F. vom 23. 9. 1993 (BGBl I S. 1654)
GBl. I, II	Gesetzblatt der DDR, Teil I und Teil II
GBl. SDr.	Gesetzblatt Sonderdruck(e) der DDR
GmbH	Gesellschaft mit beschränkter Haftung
GrEStG 1997	Grunderwerbsteuergesetz i.d.F. vom 26.2.1997 (BGBl I S. 418)
Investitionsgesetz-DDR oder DDR-IG	Gesetz zum Abbau von Hemmnissen bei Investitionen in der Deutschen Demokratischen Republik einschließlich Berlin (Ost) vom 26.6.1990 (BGBl I S. 1143), geändert durch Einigungsvertrag vom 31.8.1990 (BGBl II S. 885; GBl. I Nr. 64 S. 1627, 1629)
JStG 1996	Jahressteuergesetz 1996 vom 10.11.1995 (BGBl I S. 1250)

JStG 1997	Jahressteuergesetz 1997 vom 20.12.1996 (BGBl I S. 2049)
KG	Kommanditgesellschaft
OHG	Offene Handelsgesellschaft
Parteiengesetz	Gesetz über die politischen Parteien vom 24.7.1967; i.d.F. vom 31.1.1994 (BGBl I S. 149), geändert durch das JStErgG 1996 vom 18.12.1995 (BGBl I S. 1959)
RGBl.	Reichsgesetzblatt
StÄndG 1992	Gesetz zur Entlastung der Familien und zur Verbesserung der Rahmenbedingungen für Investitionen und Arbeitsplätze (Steueränderungsgesetz 1992) vom 25.5.1992 (BGBl I S. 297)
StandOG	Gesetz zur Verbesserung der steuerlichen Bedingungen zur Sicherung des Wirtschaftsstandorts Deutschland im Europäischen Binnenmarkt (Standortsicherungsgesetz) vom 13.9.1993 (BGBl I S. 1569)
StMBG	Gesetz zur Bekämpfung des Mißbrauchs und zur Bereinigung des Steuerrechts (Mißbrauchsbekämpfungs- und Steuerbereinigungsgesetz) vom 21.12.1993 (BGBl I S. 2310)
VermG	Vermögensgesetz i.d.F. vom 2.12.1994 (BGBl I S. 3610), geändert durch das Vermögensrechtsanpassungsgesetz vom 4.7.1995 (BGBl I S. 895)
Zinsabschlaggesetz	Gesetz zur Neuregelung der Zinsbesteuerung vom 9.11.1992 (BGBl I S. 1853)
Zonenrandförderungsgesetz	Gesetz zur Förderung des Zonenrandgebietes vom 5.8.1971 (BGBl I S. 1237), zuletzt geändert durch WoBauFördG vom 6. 6. 1994 (BGBl I S. 1184)
ZGB-DDR	Zivilgesetzbuch vom 19. 6. 1975 (GBl I S. 465)

1. Was Sie über das Erbrecht wissen sollten

Die zweckmäßige Vorsorge für einen Erbfall und seine Abwicklung setzt Kenntnisse der maßgebenden Vorschriften des Bürgerlichen Gesetzbuchs (BGB) voraus. 1

Der *Erblasser* muß sich überlegen: Ist er mit der gesetzlichen Erbfolge zufrieden? Soll er ein Testament errichten und welchen Inhalt soll er diesem geben?

Die *Erben und anderen Berechtigten* müssen wissen: Welche Rechte und Pflichten haben sie, wenn der Erbfall eingetreten ist?

Die *Vererblichkeit des Vermögens* und die *Testierfreiheit* bedeuten die Verlängerung des individuellen Eigentums und der freien Verfügungsmöglichkeit über den Tod hinaus. Der einzelne kann für die Zeit nach seinem Tod für seine Familie oder andere nahestehende Personen und für bestimmte sachliche Aufgaben Vorsorge treffen. Mit Rücksicht auf das *Familienprinzip* gewährt das BGB bestimmten nahen Verwandten des Erblassers – für den Fall, daß der Erblasser sie bei der Erbeinsetzung übergangen hat – einen grundsätzlich unentziehbaren Pflichtteilsanspruch.

Erbfolge

2 Das Vermögen einer Person geht mit deren Tod als Ganzes auf eine oder mehrere Personen (Erben) über (§ 1922 BGB). Der Übergang vollzieht sich somit kraft Gesetzes im Wege der sog. *Gesamtrechtsnachfolge*. Natürliche und juristische Personen können Erbe sein, natürliche Personen nur, wenn sie zur Zeit des Erbfalls leben. Ein zur Zeit des Erbfalls bereits gezeugtes Kind gilt aber als vor dem Erbfall geboren (§ 1923 Abs. 2 BGB), wenn es lebend geboren wird.

Die Erbfolge bestimmt sich entweder nach der *gesetzlichen Erbfolge* oder einer davon abweichenden *sog. gewillkürten Erbfolge* durch besondere Verfügung von Todes wegen.

Gesetzliche Erbfolge

3 Bei der gesetzlichen Erbfolge erben die Verwandten des Erblassers nach bestimmten Ordnungen (§§ 1924f. BGB) und der überlebende Ehegatte (§§ 1931f. BGB) (= gesetzliche Erben). Sind solche Erben nicht vorhanden, erbt schließlich der Fiskus, das ist das Vermögen des Staates (§ 1936 BGB).

Wann erben die Verwandten?

4 Nach dem BGB sind die Verwandten des Erblassers in verschiedene *Ordnungen* eingeteilt. Ein Verwandter einer vorhergehenden Ordnung schließt Verwandte nachfolgender Ordnungen von der Erbfolge aus (§ 1930 BGB).

Gesetzliche Erben 1. Ordnung (§ 1924 BGB)

5 Das sind die *Abkömmlinge des Erblassers*, in erster Linie die *Kinder*. Sie erben zu *gleichen Teilen*. Ein zur Zeit des Erbfalls lebender Abkömmling schließt die durch ihn mit dem Erblasser verwandten Abkömmlinge von der Erbfolge aus. An die Stelle eines zur Zeit des Erbfalls nicht mehr lebenden Abkömmlings treten die durch ihn mit dem Erblasser verwandten Abkömmlinge.

BEISPIEL

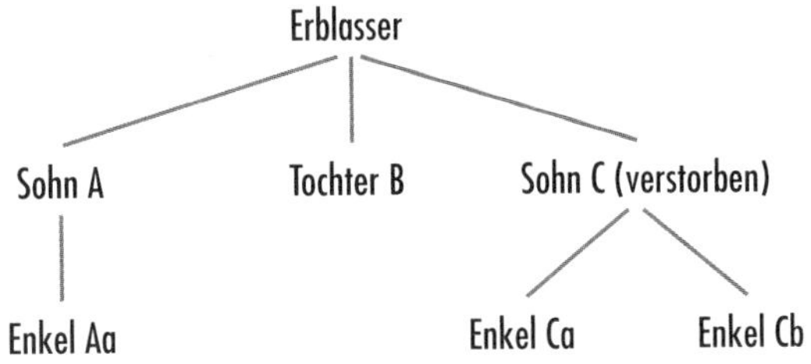

Es erhalten: A $^{1}/_{3}$, B $^{1}/_{3}$, Ca $^{1}/_{6}$, Cb $^{1}/_{6}$.

Das Kindschaftsrecht hat einschneidende Änderungen erfahren, die sich auch 6
auf das gesetzliche Erbrecht auswirken. *Nichteheliche Kinder* sind den ehelichen Kindern im wesentlichen gleichgestellt. Im Verhältnis zur Mutter (vgl. § 1591 BGB) sind Kinder gesetzliche Erben der 1. Ordnung. Das gilt für solche Kinder, die nach dem 30. Juni 1949 geboren sind, auch im Verhältnis zum Vater (§ 1592 BGB nennt die Vaterschaft kraft Ehe mit der Mutter, kraft Anerkennung oder kraft gerichtlicher Feststellung). Neben ehelichen Abkömmlingen des Vaters oder dem überlebenden Ehegatten stand bisher dem nichtehelichen Kind (und ggf. dessen Abkömmlingen) aber nicht der gesetzliche Erbteil, sondern nur ein *Erbersatzanspruch* zu (§ 1934a Abs. 1 BGB a.F.). Das Erbrechtsgleichstellungsgesetz vom 16. Dezember 1997 (BGBl. I S. 2968) hat diese Sonderbehandlung beseitigt. In Erbfällen ab dem 1. April 1998 ist ein solches Kind auch nach dem Tod seines Vaters stets gesetzlicher Miterbe. Hat allerdings vor dem 1. April 1998 wirksam ein vorzeitiger Erbausgleich (§§ 1934d und 1934e BGB a.F.) stattgefunden, bleibt das nichteheliche Kind (und ggf. dessen Abkömmlinge) beim Tod des Vaters nach diesem Zeitpunkt von der gesetzlichen Erbfolge ausgeschlossen; es ist nicht pflichtteilsberechtigt (Artikel 225 EGBGB).

Nichteheliche Kinder, die vor dem 3. Oktober 1990 im Gebiet der neuen Bundesländer geboren wurden, blieben erbrechtlich stets den ehelichen Kindern gleichgestellt; ihnen stand auch schon vor dem Erbrechtsgleichstellungsgesetz ein gesetzlicher Erbanspruch und nicht nur ein Erbersatzanspruch zu (Artikel 235 § 1 Abs. 2 EGBGB).

7 *Adoptivkinder* erhalten durch die Annahme als Kind die volle verwandtschaftliche Stellung zu dem oder den Annehmenden mit allen erbrechtlichen Folgen - auch im Verhältnis zu deren Verwandten (§ 1754 BGB); zugleich erlischt grundsätzlich das Verwandtschaftsverhältnis und das seiner Abkömmlinge zu den bisherigen Verwandten, selbst zu den leiblichen Eltern (§ 1755 Abs. 1 BGB) bzw. dem anderen Elternteil (§ 1755 Abs. 2 BGB). Beim Tod der Adoptiveltern ist das angenommene Kind gesetzlicher Erbe 1. Ordnung; beim Tod leiblicher Verwandter gehört es nicht zu deren gesetzlichen Erben (und umgekehrt). Bei der Adoption Volljähriger gelten Besonderheiten (§§ 1767f. BGB).

Ist vor dem 3. Oktober 1990 eine Annahme an Kindes Statt nach §§ 66f. FGB-DDR erfolgt, gelten für diese Annahmeverhältnisse grundsätzlich die genannten Rechtsfolgen des BGB (Artikel 234 § 1 EGBGB). Einzige hier bedeutsame Ausnahme: Nach bisherigem Recht vollständig erloschene Verwandtschaftsverhältnisse leben nicht wieder auf (Artikel 234 § 13 Abs. 1 EGBGB).

Kommt es später zu einer *Aufhebung der Adoption* (§§ 1759f. BGB), erlöschen die durch sie begründeten Verwandtschaftsverhältnisse. Gleichzeitig leben die zu den leiblichen Verwandten wieder auf - mit allen erbrechtlichen Folgen (§ 1764 Abs. 3 BGB).

In den neuen Bundesländern bestimmt sich die Aufhebung von Annahmeverhältnissen grundsätzlich nach den Regelungen des BGB (Ausnahmen: Artikel 234 § 13 Abs. 3 bis 6 EGBGB).

8 *Pflegekinder* gehören nicht zu den gesetzlichen Erben, auch wenn zwischen diesen und den Pflegeeltern eine dem Eltern-Kind-Verhältnis ähnliche Beziehung besteht. Sie können nur durch letztwillige Verfügung Erben werden.

Gesetzliche Erben 2. Ordnung (§ 1925 BGB)

9 Das sind die *Eltern des Erblassers und deren Abkömmlinge*, in erster Linie Geschwister, Neffen und Nichten des Erblassers. Leben zur Zeit des Erbfalls die Eltern, so erben sie allein und zu gleichen Teilen. Lebt zur Zeit des Erbfalls ein Elternteil nicht mehr, treten an seine Stelle dessen Abkömmlinge als gesetzliche Erben nach den Vorschriften für die Beerbung in der 1. Ordnung. Sind Abkömmlinge nicht vorhanden, erbt der überlebende Elternteil allein.

BEISPIEL

Beispiel 1:

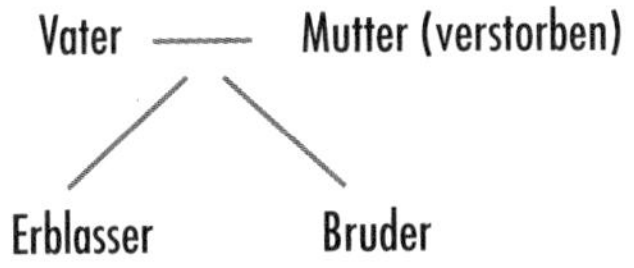

Es erhalten: Vater $^{1}/_{2}$, Bruder $^{1}/_{2}$.

Beispiel 2:

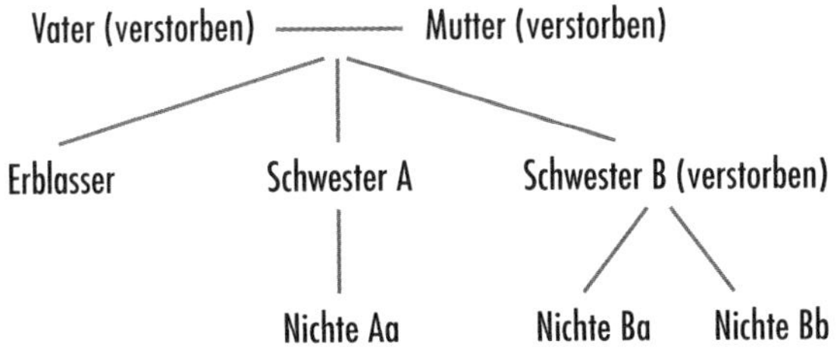

Es erhalten: A $^{1}/_{2}$, Ba $^{1}/_{4}$, Bb $^{1}/_{4}$.

Gesetzlicher Erbe 2. Ordnung eines *nichtehelichen Kindes* können auch der Vater und dessen weitere Abkömmlinge sein (vgl. Rdn. 6).

Gesetzliche Erben 3. Ordnung (§ 1926 BG)

Dies sind die *Großeltern des Erblassers und deren Abkömmlinge*, also z.B. On- 10
kel und Tanten, Vettern und Basen des Erblassers. Leben sämtliche Großeltern, erben sie allein und zu gleichen Teilen, also jeder ein Viertel. An die Stelle eines verstorbenen Großelternteils treten dessen Abkömmlinge, sonst der noch lebende Großelternteil oder dessen Abkömmlinge. Ist ein Großelternpaar ohne Abkömmlinge vorverstorben, erbt das andere Großelternpaar oder dessen Abkömmlinge allein.

Gesetzliche Erben 4. Ordnung (§ 1928 BGB)

Dies sind die *Urgroßeltern des Erblassers und deren Abkömmlinge.* Lebende 11
Urgroßeltern erben allein, mehrere erben zu gleichen Teilen. Leben Urgroßeltern nicht mehr, erbt von ihren Abkömmlingen derjenige, welcher mit dem Erb-

lasser dem Grade nach am nächsten verwandt ist; mehrere gleichnahe Verwandte erben zu gleichen Teilen.

Gesetzliche Erben fernerer Ordnungen (§ 1929 BGB)

12 Dies sind die noch weiter entfernteren Verwandten des Erblassers und deren Abkömmlinge. Sie erben nach den gleichen Regeln wie die gesetzlichen Erben 4. Ordnung.

PRAXISHINWEIS:

Sind gesetzliche Erben der 1. oder 2. Ordnung nicht vorhanden, kann die gesetzliche Erbfolge zur Zersplitterung des Nachlasses und zu erheblichen Schwierigkeiten für die Erben führen. Erbenermittlung und Nachlaßverteilung sind zeitraubend und verursachen beträchtliche Kosten. Oft bestehen zu den Erben auch keinerlei persönliche Beziehungen.

Denken Sie daran, testamentarisch Erben Ihrer Wahl einzusetzen (vgl. Rdn. 36). Es kann auch ein „guter Zweck" sein.

Wann erbt der Ehegatte?

13 Außer den Verwandten hat der überlebende Ehegatte ein gesetzliches Erbrecht (§ 1931 BGB).

Der *überlebende Ehegatte* ist neben Verwandten der 1. Ordnung zu einem Viertel der Erbschaft gesetzlicher Erbe, gleichgültig, wieviele Abkömmlinge des Erblassers vorhanden sind. Neben Verwandten der 2. Ordnung oder Großeltern beträgt sein Erbteil die Hälfte. Er erhält zusätzlich immer den Anteil, der nach § 1926 BGB den Abkömmlingen vorverstorbener Großeltern zufallen würde. Daher steht ihm die ganze Erbschaft zu, wenn weder Verwandte der 1. oder 2. Ordnung noch Großeltern vorhanden sind.

Als gesetzlicher Erbe neben Verwandten der 2. Ordnung oder Großeltern erhält der Ehegatte außer seinem Erbteil den *Voraus* (§ 1932 BGB). Das sind die zum ehelichen Haushalt gehörenden Gegenstände, ausgenommen Grundstückszubehör, und die Hochzeitsgeschenke. Neben Abkömmlingen stehen ihm diese Gegenstände aber nur zu, soweit er sie zur Führung eines angemessenen Haushalts benötigt (sog. kleiner Voraus).

Für das Erbrecht des überlebenden Ehegatten ist ferner der *eheliche Güterstand* von Bedeutung (vgl. Rdn. 47f.).

Beim gesetzlichen Güterstand der *Zugewinngemeinschaft* erhöht sich der 14
gesetzliche Erbteil im Fall der *erbrechtlichen Abwicklung* (§ 1371 Abs. 1 BGB) um ein Viertel der Erbschaft, und zwar unabhängig von den Ansprüchen anderer gesetzlicher Erben.

BEISPIEL

Beispiel 1:

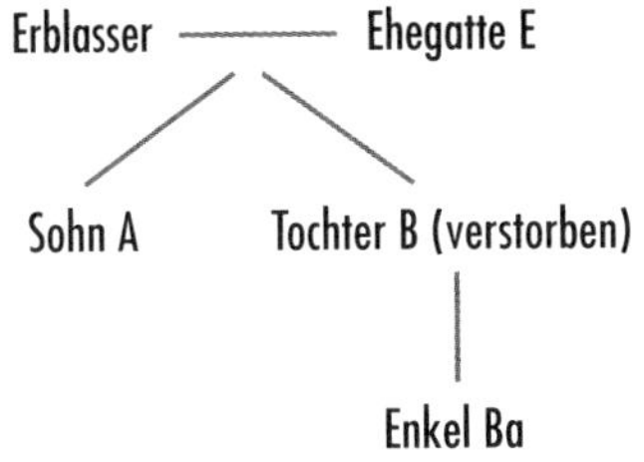

Es erhalten: E $^1/_4 + ^1/_4 = ^1/_2$, A $^1/_4$, Ba $^1/_4$.

Beispiel 2:

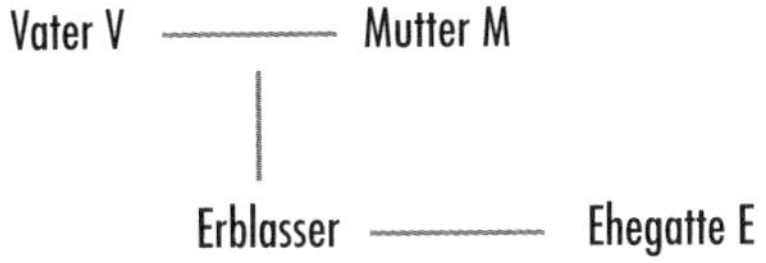

Es erhalten: E $^1/_2 + ^1/_4 = ^3/_4$, V $^1/_8$, M $^1/_8$.

Aus diesem zusätzlichen Viertel muß der Ehegatte jedoch erbberechtigten Abkömmlingen des verstorbenen Ehegatten bei Bedürftigkeit die Mittel zu einer angemessenen Ausbildung gewähren (§ 1371 Abs. 4 BGB).

Bestand beim Erbfall *Gütertrennung*, kommt es zu einer von der Grundregel 15
des § 1931 Abs. 1 BGB (vgl. Rdn. 13) abweichenden Verteilung, wenn neben dem Ehegatten ein oder zwei Kinder des Erblassers (oder deren Abkömmlinge) erben. Der Ehegatte erbt neben einem Kind zur Hälfte, neben zwei Kindern zu einem Drittel; neben drei und mehr Kindern aber stets zu einem Viertel (§ 1931 Abs. 4 BGB).

Der *überlebende Ehegatte* ist nur dann gesetzlicher Erbe, wenn zur Zeit des 16
Todes eine *gültige Ehe* bestand. Das gesetzliche Erbrecht des Ehegatten und sein

Recht auf den Voraus sind bereits ausgeschlossen, wenn zur Zeit des Todes die Voraussetzungen für eine Ehescheidung gegeben waren und der Erblasser die Scheidung beantragt oder ihr zugestimmt hatte oder wenn er berechtigt auf Aufhebung der Ehe geklagt hatte (§ 1933 BGB). Die Scheidung oder Aufhebung der Ehe selbst braucht noch nicht ausgesprochen zu sein.

17 *Partnern einer nichtehelichen Lebensgemeinschaft* steht aus dieser Verbindung in keinem Fall ein gesetzliches Erbrecht zu.

PRAXISHINWEIS:

Hier hilft nur ein Testament oder ein Erbvertrag (vgl. Rdn. 20f.).

Wann erbt der Fiskus?

18 Ist zur Zeit des Erbfalls weder ein Verwandter (gleich welcher Ordnung) noch ein Ehegatte des Erblassers vorhanden und ist auch niemand zum Erben eingesetzt, wird der Fiskus (= Staat) gesetzlicher Erbe (§ 1936 BGB).

Nach dem Grundsatz, daß kein Nachlaß ohne Erbe bleiben darf, kann der Fiskus die gesetzliche Erbschaft nicht ausschlagen (§ 1942 Abs. 2 BGB). Er kann nicht enterbt werden.

Erbfolge durch Verfügung von Todes wegen

19 Die gesetzliche Erbfolge kann als pauschale Regelung vielen Erfordernissen nicht gerecht werden. Wenn als gesetzliche Erben der Ehegatte und die Kinder in Betracht kommen, mag sie genügen. Nicht aber, wenn der Ehegatte mit entfernteren Verwandten teilen muß, die starren Teilungsquoten eine Bevorzugung einzelner Erben verhindern oder jemand, der nicht gesetzlicher Erbe ist, etwas erhalten soll.

PRAXISHINWEIS:

Die Finanzverwaltung sieht in R 40 Abs. 2 ErbStR eine *vereinfachte Wertermittlung* des Gesellschaftsanteils vor, der Gegenstand des steuerpflichtigen Erwerbs ist. Nähere Anhaltspunkte für die Ermittlung dieses Gesellschaftsanteils sind in den ErbStR nicht enthalten. U.E. bleibt dem Steuerpflichtigen nichts anderes übrig, als nach den oben dargestellten Grundsätzen vorzugehen.

Wie treffe ich eine eigene Erbregelung?

Das Gesetz kennt die Möglichkeit einer einseitigen Verfügung - *das Testament* (§§ 2064 f. BGB) - oder einer zweiseitigen Verfügung - *den Erbvertrag* (§§ 2274 f. BGB).

Das Testament

Das Testament ist eine *einseitige Erklärung* des Erblassers. Er verfügt damit zu 20
Lebzeiten über seinen Nachlaß. Im allgemeinen kann er es jederzeit widerrufen oder ändern (vgl. Rdn. 26). Der Erblasser kann zu Lebzeiten frei über sein Vermögen verfügen, z.B. es verschenken. Es empfiehlt sich, die gesetzlichen Formvorschriften genau zu beachten, da ein Testament sonst nichtig ist.

Die beiden wichtigsten Testamentsformen sind das eigenhändige und das öffentliche Testament.

Eigenhändiges Testament

Ein solches Testament muß Wort für Wort *vom Erblasser selbst handgeschrieben* und *unterschrieben* werden (§ 2247 BGB). 21

Ein eigenhändiges Testament kann beliebig aufbewahrt werden. Auf Verlangen des Erblassers wird es in die besondere amtliche Verwahrung eines Amtsgerichts genommen (§ 2248 BGB); der Erblasser erhält einen Hinterlegungsschein.

Öffentliches Testament

Hierfür erklärt der Erblasser seinen letzten Willen *vor einem Notar*. Im Regelfall 22
nimmt der Notar die Erklärung des Erblassers zu Protokoll. Dieser kann seinen letzten Willen auch in einem offenen oder verschlossenen Schreiben überreichen mit der mündlichen Erklärung, daß dieses Schreiben seinen letzten Willen enthalte.

Das öffentliche Testament wird in die besondere amtliche Verwahrung (vgl. Rdn. 25) eines Amtsgerichts genommen (§ 2258a BGB). Der Erblasser erhält einen Hinterlegungsschein.

Gemeinschaftliches Testament

Ehegatten können ein *gemeinschaftliches Testament* abfassen (§ 2265 BGB). 23
Auch dieses Testament kann als eigenhändiges oder öffentliches Testament errichtet werden.

Bei einem *eigenhändigen Testament* genügt es, wenn einer der Ehegatten das Testament handschriftlich verfaßt und unterschreibt und der andere dies als gemeinschaftliche Erklärung mitunterzeichnet. Ein gemeinschaftliches öffentliches Testament müssen beide Ehegatten vor dem Notar erklären.

Eine besondere Form des gemeinschaftlichen Testaments ist das *Berliner Testament* (vgl. Rdn. 57).

PRAXISHINWEIS:

Welche Testamentsform Sie wählen, hängt von vielen Faktoren ab: Das eigenhändige Testament kostet keine Gebühren. Es kann jedoch leichter verloren gehen oder beseitigt werden. Dies können Sie z.B. durch amtliche Verwahrung verhindern.

Das öffentliche Testament kann in seiner Echtheit nicht bestritten werden. Wegen der vorausgehenden Beratung durch den Notar werden Fehler, insbesondere ungewollte Folgen, leichter zu vermeiden sein. Meistens ersetzt das öffentliche Testament zusammen mit der Niederschrift über die Testamentseröffnung (vgl. Rdn. 62) den Erbschein, der sonst als Nachweis der Erbberechtigung erforderlich ist.

Wer kann ein Testament errichten?

24 Wer das *16. Lebensjahr* vollendet hat, ist *testierfähig*. Bei einem Minderjährigen ist die Zustimmung eines gesetzlichen Vertreters nicht erforderlich (§ 2229 Abs. 2 BGB). Er kann jedoch nur ein öffentliches Testament durch mündliche Erklärung oder Übergabe eines offenen Schreibens errichten (§ 2233 Abs. 1 BGB).

Ein Testament kann *nur persönlich* errichtet werden, eine Vertretung ist nicht zulässig (§ 2064 BGB).

Amtliche Verwahrung von Testamenten

25 Eine *amtliche Verwahrung von Testamenten* erfolgt beim Amtsgericht (§ 2258a BGB).

Bei einem öffentlichen Testament ist das Amtsgericht zuständig, in dessen Bezirk der Notar seinen Amtssitz hat. Ein eigenhändiges Testament kann bei jedem Amtsgericht verwahrt werden. Der Erblasser kann jederzeit die Verwahrung bei einem anderen Amtsgericht verlangen.

Widerruf und Änderung von Testamenten

Abgesehen vom gemeinschaftlichen Testament kann der Erblasser sein Testament jederzeit ganz oder teilweise widerrufen (§ 2253 BGB) oder durch neue Verfügungen ersetzen. Werden nach dem Tod des Erblassers mehrere Testamente aufgefunden, sind grundsätzlich alle gültig, soweit nicht in einem späteren Testament bestimmt wird, daß frühere Fassungen insgesamt widerrufen sind (§ 2254 BGB). Sonst wird ein früheres Testament nur insoweit aufgehoben, als das spätere mit dem früheren in Widerspruch steht (§ 2258 Abs. 1 BGB). 26

PRAXISHINWEIS:

Sie müssen darauf achten, daß Ihr »letzter Wille« eindeutig erkennbar ist. Sonst sind Erbstreitigkeiten vorprogrammiert. Deshalb: Lieber ein Testament ganz neu verfassen und bisherige vernichten.

Eine *Rücknahme aus der amtlichen Verwahrung* (die Aushändigung ist nur an den Erblasser persönlich zulässig) gilt bei einem öffentlichen Testament als Widerruf; dies wird auf der Urkunde vermerkt. Bei einem verwahrten eigenhändigen Testament ist die Rücknahme ohne Einfluß auf die Wirksamkeit (§ 2256 BGB). 27

Bei einem *gemeinschaftlichen Testament* kann grundsätzlich jeder Ehegatte seine *eigene Verfügung* widerrufen. Eine Ausnahme gilt für *wechselbezügliche Verfügungen.* Solche sind anzunehmen, wenn eine Verfügung des einen nicht ohne die Verfügung des anderen getroffen sein würde. Näheres, auch zur Form des Widerrufs, vgl. §§ 2270, 2271 BGB. 28

Ob ein vor dem 3. Oktober 1990 in der ehemaligen DDR errichtetes Testament in zulässiger Form gültig errichtet bzw. ob es vor diesem Zeitpunkt wieder aufgehoben wurde, ist auch bei Erbfällen, die nach dem 2. Oktober 1990 eintreten, nach dem Zivilgesetzbuch der DDR (ZGB-DDR) zu beurteilen. Dies gilt auch hinsichtlich der Bindung des Erblassers bei einem gemeinschaftlichen Testament, d.h. für die Beurteilung der Frage, ob und in welchem Umfang beide Erblasser dem jeweils anderen Teil oder einem bedachten Dritten gegenüber in ihren Verfügungen gebunden sind oder ob, unter welchen Voraussetzungen und in welchem Umfang sie von ihnen abgehen oder sie widerrufen können (Artikel 235 § 2 EGBGB). 29

Jedoch sind Inhalt und Wirksamkeit des Testaments nach BGB zu beurteilen, wenn der Erblasser nach dem 2. Oktober 1990 gestorben ist; ausgenommen hiervon ist die Bindungswirkung bei einem gemeinschaftlichen Testament (Artikel 214 Abs. 1 EGBGB).

Der Erbvertrag

30 Der Erbvertrag (§ 2274 BGB) ist eine *Vereinbarung des Erblassers mit einer oder mehreren anderen Personen*, in der Verfügungen von Todes wegen getroffen werden. Jeder der Vertragsschließenden kann solche Verfügungen treffen. *Vertragsmäßig*, d. h. mit gegenseitiger Bindung, können nur *Erbeinsetzungen, Vermächtnisse und Auflagen* verfügt werden (§ 2278 Abs. 2 BGB), jedoch sind andere damit zusammenhängende Regelungen, z.B. Erbeinsetzung gegen lebenslängliche Unterhaltsgewährung, einseitig zu verfügen. Es können auch nicht am Vertrag beteiligte Personen bedacht werden.

Wirkung des Erbvertrags

31 Die Besonderheit des Erbvertrags besteht darin, daß der *Erblasser in seinen erbrechtlichen Verfügungen vertraglich gebunden* ist, Erbeinsetzungen, Vermächtnisse und Auflagen also *nicht einseitig widerrufen* kann. Andere Verfügungen, z.B. Teilungsanordnungen oder die Einsetzung eines Testamentsvollstreckers, können dagegen einseitig geändert werden (§ 2299 BGB).

Der Erbvertrag beschränkt den Erblasser grundsätzlich nicht in seinem Recht, zu Lebzeiten über sein Vermögen zu verfügen (§ 2286 BGB). Es bestehen jedoch *Schutzvorschriften*, falls Maßnahmen des Erblassers, insbesondere *Schenkungen*, einen Vertragserben oder Vermächtnisnehmer *beeinträchtigen* (§§ 2287, 2288 BGB).

Wie wird ein Erbvertrag geschlossen?

32 Ein Erbvertrag kann nur *vor einem Notar* geschlossen werden (§ 2276 Abs. 1 BGB). Der Erblasser muß unbeschränkt geschäftsfähig sein, also das 18. Lebensjahr vollendet haben. Er muß persönlich anwesend sein, während andere Vertragsparteien durch Bevollmächtigte vertreten werden können. Der Erbvertrag kann in besondere amtliche Verwahrung genommen werden (vgl. Rdn. 25).

Anfechtung und Aufhebung, Rücktritt vom Erbvertrag

In Ausnahmefällen kann der Erblasser den *Erbvertrag anfechten*. Näheres vgl. §§ 2281, 2078, 2079 BGB. 33

Ein Erbvertrag kann von den vertragschließenden Personen *einvernehmlich aufgehoben* werden (§§ 2290f. BGB).

Ein *Rücktritt vom Vertrag* ist möglich, wenn er vertraglich vorbehalten wurde (§ 2293 BGB), wenn der vertraglich Bedachte sich schwerer Verfehlungen schuldig gemacht hat (§ 2294 BGB) oder wenn eine als Gegenleistung durch den Bedachten vereinbarte Leistungsverpflichtung, z.B. auf Gewährung lebenslänglichen Unterhalts, aufgehoben wird (§ 2295 BGB). Die erforderlichen Vereinbarungen bzw. Erklärungen müssen notariell beurkundet werden.

PRAXISHINWEIS:

Ob Sie Ihre Erbregelung in einem Testament oder in einem Erbvertrag treffen, müssen Sie nach den Umständen des Einzelfalls entscheiden. Zum Erbvertrag wird man sich entschließen, wenn es für den Erben wichtig ist, daß ihm die Erbschaft auch sicher zufällt; z.B. wenn die Erbeinsetzung die Gegenleistung für eigene Leistungen des Erben zu Lebzeiten des Erblassers ist.

Inhalt eines Testaments

Wie eine Erbregelung im konkreten Fall aussehen soll, hängt von den persönlichen, familiären und wirtschaftlichen Verhältnissen des Erblassers ab. Hier können daher nur allgemeine Hinweise gegeben werden, welche Inhalte ein Testament haben kann (gleiches gilt für den Erbvertrag). 34

Neben dem Hauptanliegen letztwilliger Verfügungen, für eine gesicherte Überleitung des Nachlaßvermögens zu sorgen, gilt es stets zu bedenken, daß der Staat in Gestalt des Finanzamts als »Miterbe« auftreten kann. Eine zweckmäßige Erbregelung darf daher steuerliche Überlegungen nicht unberücksichtigt lassen. Auf die steuerlichen Aspekte wird im Abschnitt über die Erbschaft- und Schenkungsteuer eingegangen (vgl. Rdn. 74f.).

Der *Erblasser* ist in seinen Anordnungen *grundsätzlich frei. Grenzen bestehen* jedoch dort, wo gegen zwingende *gesetzliche Vorschriften* oder gegen die guten Sitten verstoßen wird (letzteres dürfte nur ausnahmsweise der Fall sein). 35

Ein Testament sollte einfache, klare Regelungen enthalten. Suchen Sie zweckmäßigerweise den Rat eines Rechtskundigen.

Erbeinsetzung

36 Der Erblasser kann die *Erben und deren Anteile am Nachlaß festlegen* (§ 1937 BGB). Hat er sein Vermögen oder einen Bruchteil seines Vermögens dem Bedachten zugewendet, ist dieser selbst dann Erbe, wenn er im Testament nicht ausdrücklich als solcher bezeichnet ist (§ 2087 BGB). Wie bei der gesetzlichen Erbfolge tritt er mit dem Erbfall als Alleinerbe oder gemeinsam mit anderen Miterben die *Gesamtrechtsnachfolge* an, also unmittelbar in die Rechte und Pflichten des Erblassers ein (§ 1922 BGB).

PRAXISHINWEIS:

Die Erbeinsetzung soll klar und eindeutig sein. Bezeichnen Sie die Erben genau mit Namen. Setzen Sie mehrere Erben ein, legen Sie die jeweiligen Bruchteile fest, sonst erben diese zu gleichen Teilen (§ 2091 BGB). Eine Erbeinsetzung ist selbst dann gegeben, wenn Sie die gesetzliche Erbfolge nur nochmals bestätigen.

Einzelne *Nachlaßgegenstände*, die ein Erbe im Rahmen seines Erbteils erhalten soll, können Sie durch *Teilungsanordnung* (vgl. Rdn. 42) bestimmen.

Bestimmung eines Ersatzerben

37 Der Erblasser kann *Vorsorge* treffen für den Fall, daß eine im Testament als Erbe bezeichnete Person z.B. zur Zeit des Todes des Erblassers nicht mehr lebt oder die Erbschaft ausschlägt. Dies hätte sonst zur Folge, daß deren Erbteil den übrigen Erben (§ 2094 Abs. 1 BGB) oder dem gesetzlichen Erben zufällt (§ 2094 Abs. 2 BGB). Der Erblasser kann für diesen Fall einen anderen als *Ersatzerben* einsetzen (§ 2096 BGB). Dieser tritt dann an die Stelle des zunächst bestimmten Erben und *erbt direkt vom Erblasser*.

PRAXISHINWEIS:

Natürlich kann die Bestimmung von Ersatzerben auch für den Fall geschehen, daß nicht nur der Erbe, sondern auch noch der zunächst bestimmte Ersatzerbe wegfällt.

Anordnung einer Vorerbschaft und Nacherbschaft

Ein Erbe kann in der Weise eingesetzt werden, daß dieser erst Erbe (*Nacherbe*) wird, nachdem ein anderer Erbe (*Vorerbe*) geworden ist (§ 2100 BGB). Die Einsetzung als Nacherbe enthält im Zweifel auch die Einsetzung als *Ersatzerbe* (§ 2102 BGB). 38

Dem Nacherben fällt die Erbschaft in dem Zeitpunkt zu, in dem die vom Erblasser genannte Bedingung für den Nacherbfall eintritt. In der Festlegung dieser Bedingung ist der Erblasser frei. So kann er z.B. vorsehen, daß ein Kind Nacherbe mit der Vollendung des 18. Lebensjahres werden soll oder wenn der überlebende Ehegatte wieder heiratet. Ist keine besondere Bedingung angegeben, fällt die Erbschaft dem Nacherben mit dem Tod des Vorerben an (§ 2106 Abs. 1 BGB). Kommt es nicht innerhalb von 30 Jahren nach dem Erbfall zum Nacherbfall, wird die Erbschaft grundsätzlich freies Vermögen des Vorerben (§ 2109 BGB).

Der *Vorerbe wird Eigentümer des Nachlasses* und kann grundsätzlich über die Nachlaßgegenstände verfügen (§ 2112 BGB). Die *Rechte des Nacherben* werden jedoch in vielfacher Weise *gesichert*, weil sonst der Wille des Erblassers leicht unterlaufen werden könnte (Einzelheiten vgl. §§ 2113f. BGB). Von diesen Beschränkungen kann der Erblasser den Vorerben aber auch freistellen (§ 2136 BGB) oder den Nacherben auf dasjenige einsetzen, was von der Erbschaft beim Eintritt der Nacherbfolge übrig sein wird (§ 2137 BGB). Man spricht dann vom *befreiten Vorerben*.

Dem Vorerben stehen in jedem Fall die Nutzungen der Erbschaft zu; er hat aber auch die gewöhnlichen Erhaltungskosten zu tragen (§ 2124 BGB). Bei Eintritt des Nacherbfalls ist das Erbschaftsvermögen dem Nacherben in ordnungsmäßigem Zustand herauszugeben (§ 2130 BGB).

Enterbung

Der Erblasser kann durch Testament einen Verwandten oder seinen Ehegatten *von der Erbfolge ausschließen*. Das gilt auch hinsichtlich eines nichtehelichen Kindes (vgl. Rdn. 6). Er braucht dazu keinen anderen Erben einzusetzen (§ 1938 BGB). Dann gilt der Ausschluß *auch für die gesetzliche Erbfolge*. Der Ausschluß erstreckt sich im Zweifel *nicht* auf die *Abkömmlinge des Ausgeschlossenen*. 39

Vermächtnis

Ein Vermächtnis liegt vor, wenn der Erblasser *einem anderen (= Vermächtnisnehmer) etwas aus seinem Nachlaß zuwendet, ohne ihn als Erben einzuset-* 40 *zen* (§ 1939 BGB). Mit dem Vermächtnis kann ein Erbe oder ein anderer Vermächtnisnehmer belastet werden (§ 2147 BGB). Das Vermächtnis ist regelmäßig auf Übertragung eines Wirtschaftsguts, z.B. ein Grundstück, auf Auszahlung eines Geldbetrags oder Einräumung eines Renten- oder Nutzungsrechts gerichtet.

Ein Vermächtnisnehmer kann nur ersatzweise bedacht werden für den Fall, daß der zunächst Bedachte das Vermächtnis nicht erwirbt (*Ersatzvermächtnis*); sie können aber auch nacheinander bedacht werden (*Nachvermächtnis*).

Ein Vermächtnis kann selbst einem Erben ausgesetzt werden (*Vorausvermächtnis*). Es gilt auch insoweit als Vermächtnis, als der Erbe selbst beschwert ist (§ 2150 BGB), wenn das Vermächtnis eine Gemeinschaft von Erben belastet. Dem Erben wird damit neben der Erbschaft ein bestimmter Vermögenswert zusätzlich zugewendet. Mit dem Vorausvermächtnis können Sie erreichen, daß der betreffende Erbe das vermachte Vermögen ungekürzt und *ohne Anrechnung auf seinen Erbteil* erhält.

Das vermachte Vermögen geht mit dem Erbfall nicht unmittelbar (= mit dinglicher Wirkung) auf den Vermächtnisnehmer über. Dieser erwirbt lediglich einen schuldrechtlichen Anspruch, von dem mit dem Vermächtnis Beschwerten die Leistung des vermachten Gegenstands zu fordern (§ 2174 BGB).

Ist der Vermächtnisnehmer zur Zeit des Erbfalls bereits verstorben, ist das *Vermächtnis unwirksam* (§ 2160 BGB).

Auflage

41 Durch eine Auflage *verpflichtet* der Erblasser einen Erben oder Vermächtnisnehmer *zu einer bestimmten Leistung*. Im Gegensatz zum Vermächtnis wird jedoch keinem anderen ein Recht auf diese Leistung zugewendet (§ 1940 BGB). Gleichwohl enthält die Auflage eine *echte Verpflichtung des Beschwerten*, deren *Vollziehung von bestimmten dritten Personen verlangt* werden kann (§ 2194 BGB). Als Auflage können beispielsweise Regelungen zum Begräbnis und zur Grabpflege, Zuwendungen an bestimmte Personen oder zugunsten bestimmter Zwecke, aber auch Verbote (z.B. Nichtveräußerung bestimmter Gegenstände) angeordnet werden.

PRAXISHINWEIS:

Wenn Sie sicher gehen wollen, daß Ihre Auflagen vollzogen werden, sollten Sie einen Testamentsvollstrecker einsetzen (vgl. Rdn. 44).

Teilungsanordnungen

Der Erblasser kann *Anordnungen für die Aufteilung des Nachlasses unter mehreren Miterben* (vgl. Rdn. 36) treffen. Solche Anordnungen werden als Teilungsanordnungen bezeichnet. Die Anordnung hat *keine dingliche Wirkung*; sie verpflichtet die Erben *nur schuldrechtlich*, die Teilung nach den Wünschen des Erblassers vorzunehmen. 42

Danach ist z.B. ein Miterbe berechtigt, einen bestimmten Nachlaßgegenstand *unter Anrechnung auf seinen Erbteil* zu übernehmen. Es kann zusätzlich angeordnet werden, ob und in welcher Höhe den anderen Miterben Abfindungen zu zahlen sind, wenn der Wert des zugeteilten Nachlaßgegenstands den Wert des Erbteils übersteigt. Andererseits kann die Auseinandersetzung auch auf die Dauer von längstens 30 Jahren ganz ausgeschlossen oder von der Einhaltung einer Kündigungsfrist abhängig gemacht werden (§ 2044 BGB).

PRAXISHINWEIS:

Auch solche Anordnungen sollten Sie zweckmäßigerweise durch Einsetzung eines Testamentsvollstreckers sichern (vgl. Rdn. 44).

Bedingungen, Befristung, Betagung

Die vorstehend erläuterten letztwilligen Verfügungen können jeweils von *Bedingungen* (vgl. §§ 158f. BGB) abhängig gemacht werden. Eine Bedingung ist ein zukünftiges, jedoch ungewisses Ereignis. Man unterscheidet die aufschiebende und auflösende Bedingung. 43

Verfügungen des Erblassers, die von einer *aufschiebenden Bedingung* abhängen, werden *erst* mit deren *Eintritt wirksam*. Typischer Fall ist die bereits beschriebene Nacherbschaft (vgl. Rdn. 38) und die Ersatzerbschaft (vgl. Rdn. 37). Aufschiebend bedingt ist auch ein Vermächtnis, das nur zu erfüllen ist, wenn der Vermächtnisnehmer z.B. eine bestimmte Schul- oder Berufsausbildung abschließt.

Bei einer *auflösenden Bedingung* wird die Verfügung des Erblassers im Erbfall *zunächst wirksam*. Tritt dann jedoch die Bedingung ein, ist das Erlangte wieder herauszugeben. Typischer Fall ist die bereits beschriebene Vorerbschaft (vgl. Rdn. 38). Eine auflösende Bedingung ist auch die *Verwirkungsklausel* (dabei darf der Bedachte nicht gegen bestimmte Anordnungen des Erblassers verstoßen), als Sonderfall die *Wiederverheiratungsklausel* für den überlebenden Ehegatten.

Eine *Befristung* liegt vor, wenn der Eintritt des Ereignisses gewiß ist, z.B. der Tod einer Person, nicht aber der Zeitpunkt des Eintritts (vgl. § 163 BGB). Die Befristung kann wie eine Bedingung aufschiebend oder auflösend vereinbart werden.

Eine *Betagung* liegt vor, wenn ein Anspruch entstanden ist und nur seine Fälligkeit von einem zukünftigen gewissen oder ungewissen Ereignis abhängt, wie z.B. ein Vermächtnis, das erst zu erfüllen ist, wenn der Vermächtnisnehmer ein bestimmtes Alter erreicht hat.

Testamentsvollstrecker

44 Der Erblasser kann durch Testament einen oder mehrere *Testamentsvollstrekker* benennen. Hierbei kann er Vorsorge für den Fall treffen, daß die zunächst vorgesehene Person verstirbt, die Übernahme des Amtes ablehnt oder später kündigt. Dies geschieht durch Benennung eines Ersatztestamentsvollstreckers (§ 2197 BGB).

Ein Testamentsvollstrecker hat die letztwilligen Verfügungen des Erblassers auszuführen und, wenn mehrere Erben vorhanden sind, die Auseinandersetzung zu bewirken. Dazu hat er den Nachlaß zu verwalten (§§ 2203f. BGB). Die Befugnisse eines Testamentsvollstreckers können aber durch den Erblasser frei bestimmt werden (gesetzliche Ausnahmen vgl. § 2220 BGB). Der Erbe kann über Nachlaßgegenstände, die der Verwaltung des Testamentsvollstreckers unterliegen, nicht verfügen (§ 2211 BGB). Für seine Tätigkeit kann der Testamentsvollstrecker eine angemessene Vergütung verlangen (§ 2221 BGB). Diese sollte möglichst schon im Testament festgesetzt werden. Üblicherweise beträgt sie zwischen 2 % und 5 % des Brutto-Nachlaßwerts. Für die laufende Verwaltung des Nachlasses ist meist eine besondere Verwaltungsgebühr vorgesehen.

Pflichtteil

45 Bestimmte nahe Verwandte und der Ehegatte des Erblassers behalten ein gesetzliches Anrecht am Nachlaß, auch wenn sie durch letztwillige Verfügungen des Erblassers von der Erbfolge ausgeschlossen sind (vgl. Rdn. 39). Sie können von dem Erben den Pflichtteil verlangen (§ 2303 BGB).

Pflichtteilsberechtigte sind die *Abkömmlinge des Erblassers*, seine *Eltern* und sein überlebender *Ehegatte*. Voraussetzung ist, daß sie bei gesetzlicher Erbfolge auch tatsächlich Erbe geworden wären.

BEISPIEL

Ein Erblasser hinterläßt Ehefrau, Sohn, Tochter und Eltern. Testamentarisch hat er den Sohn als Alleinerben eingesetzt. Bei gesetzlicher Erbfolge würden die Kinder und die Ehefrau erben, nicht jedoch die Eltern. Einen Pflichtteilsanspruch haben also die Tochter und die Ehefrau.

Der Pflichtteil steht auch einem nichtehelichen Kind zu, wenn es von der Erbfolge ausgeschlossen wird (vgl. Rdn. 6, 39).

Lebten Ehegatten im Güterstand der Zugewinngemeinschaft (vgl. Rdn. 48f.), hängt der Umfang des Pflichtteils davon ab, ob der überlebende Ehegatte ein Vermächtnis erhält. Dann bleibt er zwar von der Erbschaft ausgeschlossen; sein Pflichtteil berechnet sich aber nach dem um ein Viertel erhöhten gesetzlichen Erbteil (sog. großer Pflichtteil). Wird der überlebende Ehegatte nicht Erbe und steht ihm auch kein Vermächtnis zu, kann er den güterrechtlichen Zugewinnausgleich (vgl. Rdn. 50) verlangen und daneben den Pflichtteil, der sich nach dem nicht um ein Viertel erhöhten gesetzlichen Erbteil bemißt (sog. kleiner Pflichtteil).

Der *Pflichtteil ist ein Geldanspruch* und besteht aus der *Hälfte des Werts des gesetzlichen Erbteils* frei von Lasten und Beschränkungen (§§ 2311, 2313 BGB). Bei der Berechnung des Pflichtteils wird der Wert des Nachlasses im Zeitpunkt des Erbfalls zugrunde gelegt. Spätere Wertänderungen bleiben unberücksichtigt. Der *Anspruch entsteht mit dem Erbfall*; er ist vererblich und übertragbar (§ 2317 BGB). Zur Verjährung vgl. § 2332 BGB.

Soll ein Pflichtteilsberechtigter einen Erbteil (oder ein Vermächtnis) erhalten, dessen Wert geringer ist als die Hälfte des gesetzlichen Erbteils, kann er von den Miterben (Erben) als Pflichtteil den Wert des an der Hälfte fehlenden Teils verlangen (*Zusatzpflichtteil*; § 2305 BGB).

Zuwendungen des Erblassers zu Lebzeiten sind auf den Pflichtteil *anzurechnen*, wenn dies bei der Zuwendung - nicht erst nachträglich - so bestimmt worden war (§ 2315 BGB).

Ist ein *Pflichtteilsanspruch* dadurch gemindert, daß der Erblasser einem Dritten etwas geschenkt hat, erfolgt ebenfalls ein Ausgleich. In einem solchen

Fall wird der Pflichtteil so berechnet, als gehörte das verschenkte Vermögen noch zum Nachlaß (*Pflichtteilsergänzungsanspruch*; § 2325 BGB). Dies gilt nicht für Anstandsschenkungen (§ 2330 BGB).

Hat sich ein Pflichtteilsberechtigter *besonders schwerer Verfehlungen* gegen den Erblasser, seinen Ehegatten oder einen Abkömmling zuschulden kommen lassen (z.B. wenn er einem der Genannten nach dem Leben getrachtet oder ihn körperlich mißhandelt hat), kann der *Pflichtteil entzogen* werden (§§ 2333 bis 2337 BGB). Der Entziehungsgrund muß zur Zeit der Testamentserrichtung bestehen und im Testament angegeben werden.

Erbverzicht

46 Verwandte und der Ehegatte des Erblassers können *vertraglich* auf ihr *gesetzliches Erbrecht* bzw. *Pflichtteilsrecht verzichten* (§§ 2346 f. BGB).

Damit können bereits zu Lebzeiten des Erblassers die Erbverhältnisse geregelt werden. Ein solcher Verzicht wird regelmäßig nur gegen eine entsprechende Abfindung erfolgen (z.B. als *vorweggenommene Erbfolge*, vgl. Rdn. 70). Ein entsprechender Vertrag muß vor einem Notar geschlossen werden. Der Verzichtende wird im Erbfall so behandelt, als ob er nicht mehr lebte. Ohne besondere Regelung im Vertrag erstreckt sich ein Erbverzicht auch auf den Pflichtteil und wirkt auch gegen die Abkömmlinge des Verzichtenden.

Eheliches Güterrecht im Erbfall

47 Der Güterstand, in dem die Ehegatten bis zum Erbfall gelebt haben, hat erbrechtlich unterschiedliche Folgen.

Wenn Ehegatten keine besondere Vereinbarung getroffen haben, gilt der *gesetzliche Güterstand* (§ 1363 Abs. 1 BGB). Die Ehegatten können durch Ehevertrag das eheliche Güterrecht in Abweichung vom gesetzlichen Güterstand regeln (§ 1408 BGB). Ein *Ehevertrag muß vor dem Notar geschlossen* werden (§ 1410 BGB). Eine Eintragung ins Güterrechtsregister (§§ 1558f. BGB) ist möglich.

Zugewinngemeinschaft

48 Seit dem Gleichberechtigungsgesetz vom 18. Juni 1957, das am 1. Juli 1958 in Kraft trat, ist in der Bundesrepublik Deutschland die Zugewinngemeinschaft gesetzlicher Güterstand.

Bei der Zugewinngemeinschaft bleiben das *Vermögen des Mannes und das Vermögen der Frau getrennt.* Dies gilt für das Vermögen, das ein Ehegatte bei der Eheschließung besitzt oder nach der Eheschließung erwirbt (§ 1363 Abs. 2 BGB). *Gemeinschaftliches Vermögen der Ehegatten wird nicht gebildet.* Es handelt sich im Grunde um eine echte *Gütertrennung* mit einem schuldrechtlichen Anspruch auf einen Ausgleich des Zugewinns bei Beendigung dieses Güterstands.

Endet der *Güterstand durch den Tod eines Ehegatten*, wird der Ausgleich 49
des Zugewinns grundsätzlich dadurch verwirklicht, daß sich der gesetzliche Erbteil des überlebenden Ehegatten um ein Viertel der Erbschaft erhöht (erbrechtliche Abwicklung; § 1371 Abs. 1 BGB). Hierbei ist unerheblich, ob und in welcher Höhe die Ehegatten im einzelnen Fall einen Zugewinn erzielt haben (vgl. Rdn. 14). Der Teil, um den sich der gesetzliche Erbteil erhöht, wird als *Zusatzerbteil* bezeichnet (vgl. aber Rdn. 51).

Wird der *Güterstand auf andere Weise*, z.B. durch Scheidung, Nichtiger- 50
klärung der Ehe oder Ehevertrag, *beendet*, wird der Zugewinn im Wege der *güterrechtlichen Abwicklung* (§§ 1372 f. BGB) ausgeglichen.

Der *Zugewinn* ist jeweils der Betrag, um den das Endvermögen eines Ehegatten dessen Anfangsvermögen übersteigt. *Anfangsvermögen* ist das Vermögen, das ein Ehegatte nach Abzug der Verbindlichkeiten beim Beginn dieses Güterstands hatte. Der auf allgemeiner Geldentwertung beruhende unechte Wertzuwachs des Anfangsvermögens ist bei der Berechnung der Ausgleichsforderung zu eliminieren (BGH vom 14.11.1973, BGHZ 61 S. 385):

$$\frac{\text{Anfangsvermögen der Ehegatten} \times \text{Lebenshaltungskostenindex zur Zeit der Beendigung des Güterstandes}}{\text{Lebenshaltungskostenindex zur Zeit des Beginns des Güterstandes}}$$

Das Statistische Bundesamt ermittelt und veröffentlicht regelmäßig die maßgebenden Indexzahlen.

Vermögen, das ein Ehegatte nach Eintritt des Güterstands von Todes wegen oder mit Rücksicht auf ein künftiges Erbrecht durch Schenkung oder als Ausstattung erwirbt, wird regelmäßig nach Abzug der Verbindlichkeiten dem Anfangsvermögen hinzugerechnet. Es wird dadurch nicht ausgleichspflichtig (§ 1374 BGB).

Endvermögen ist das Vermögen, das ein Ehegatte nach Abzug der Verbindlichkeiten bei Beendigung des Güterstands hatte. Bestimmte Vermögensminderungen innerhalb von 10 Jahren vor Beendigung des Güterstands werden dem Endvermögen hinzugerechnet (§ 1375 BGB). Sie bleiben dadurch ausgleichspflichtig.

Der *für beide Ehegatten errechnete Zugewinn* wird einander *gegenübergestellt*. Übersteigt der Zugewinn des einen Ehegatten den Zugewinn des anderen, steht die Hälfte des übersteigenden Betrags dem anderen Ehegatten als *Ausgleichsforderung* zu (§ 1378 BGB). Einen Berechnungsbogen für die Ausgleichsforderung finden Sie im Anhang 5.

BEISPIEL

	Ehemann	Ehefrau
Anfangsvermögen (indiziert)	100.000 DM	10.000 DM
Endvermögen	2.000.000 DM	210.000 DM
Zugewinn	1.900.000 DM	200.000 DM

Ausgleichsforderung der Ehefrau:
$^1/_2$ von (1.900.000 DM - 200.000 DM) = 850.000 DM

Die *Ausgleichsforderung ist eine Geldforderung*. Sie entsteht mit der Beendigung der Zugewinngemeinschaft und ist von diesem Zeitpunkt an vererblich und übertragbar (§ 1378 Abs. 3 BGB). Auf die Ausgleichsforderung eines Ehegatten wird angerechnet, was ihm der andere Ehegatte zu Lebzeiten mit einer entsprechenden Bestimmung zugewendet hat (§ 1380 BGB).

PRAXISHINWEIS:

Um Schwierigkeiten bei der Ermittlung des Zugewinns zu vermeiden, sollten Sie gemeinsam ein Verzeichnis über Bestand und Wert des Anfangsvermögens jedes Ehegatten aufnehmen. Sonst besteht eine gesetzliche Vermutung, daß das Endvermögen eines Ehegatten seinen Zugewinn darstellt (§ 1377 Abs. 3 BGB).

51 Die *güterrechtliche Abwicklung* kann *auch beim Tod eines Ehegatten* in Betracht kommen. Wird der überlebende Ehegatte nicht Erbe, weil er z.B. testamentarisch ausgeschlossen wurde oder die Erbschaft ausschlägt, und steht ihm auch kein Vermächtnis zu, kann er anstelle der erbrechtlichen Abwicklung den Aus-

gleich des Zugewinns wie unter Lebenden und daneben seinen Pflichtteil verlangen (§ 1371 Abs. 2 und 3 BGB). Der Pflichtteil bestimmt sich in diesem Fall nach seinem gesetzlichen Erbteil ohne den Zusatzerbteil (sog. kleiner Pflichtteil, vgl. Rdn. 41).

Kraft Gesetzes (Artikel 234 § 4 EGBGB) wurden alle im Gebiet der neuen Bundesländer vor dem 3. Oktober 1990 geschlossenen Ehen ab diesem Zeitpunkt vom gesetzlichen Güterstand der sog. *Errungenschaftsgemeinschaft des FGB-DDR* (vgl. Rdn. 56) in den gesetzlichen Güterstand der Zugewinngemeinschaft des BGB *übergeleitet.* Wird die Zugewinngemeinschaft später durch den Tod eines Ehegatten beendet, kommt es im Regelfall zur erbrechtlichen Abwicklung des Zugewinnausgleichs (vgl. Rdn. 49). 52

Bei der güterrechtlichen Abwicklung des Zugewinnausgleichs ist Artikel 234 § 4 Abs. 4 EGBGB von Bedeutung. Er bestimmt, daß für die Auseinandersetzung des bis zum 2. Oktober 1990 erworbenen gemeinschaftlichen Eigentums und Vermögens § 39 FGB-DDR sinngemäß gilt. Das gemeinschaftliche Eigentum und Vermögen ist Eigentum der Ehegatten zu gleichen Bruchteilen (Artikel 234 § 4a Abs. 1 EGBGB). Die Ehegatten können abweichende Vereinbarungen treffen. Neben dem im Alleineigentum eines Ehegatten stehenden Vermögen bildet damit der Anteil am gemeinschaftlichen Eigentum und Vermögen sein Anfangsvermögen i. S. d. § 1374 BGB.

Jeder Ehegatte konnte bis zum 2. Oktober 1992 vor einem Notar eine Erklärung abgeben, durch die die *Überleitung rückwirkend ausgeschlossen* und die Fortgeltung des gesetzlichen Güterstands nach dem FGB-DDR bewirkt wird. In diesem Fall ist § 1371 BGB nicht anzuwenden.

Wollen die Ehegatten einen anderen Güterstand wählen, müssen sie die güterrechtlichen Verhältnisse nach den allgemeinen Vorschriften des BGB durch Ehevertrag regeln.

Gütertrennung

In diesem Güterstand bleibt das *Vermögen des Mannes und der Frau getrennt* (§ 1414 BGB). Bei Beendigung des Güterstands bestehen keine güterrechtlichen Ansprüche. 53

Im Erbfall wirkt sich dieser Güterstand nur dann aus, wenn neben dem Ehegatten Abkömmlinge des Erblassers gesetzliche Erben sind. Der überlebende Ehegatte wird neben einem Abkömmling zur Hälfte, neben zwei zu einem Drittel, neben drei und mehr stets zu einem Viertel gesetzlicher Erbe (vgl. Rdn. 6, 15).

Gütergemeinschaft

54 Bei diesem Güterstand wird das *Vermögen des Mannes und der Frau grundsätzlich gemeinschaftliches Eigentum* beider Ehegatten (Gesamtgut). Dazu gehört das Vermögen, das die Ehegatten in die Ehe eingebracht oder während der Gütergemeinschaft erworben haben (§ 1416 BGB). Neben dem Gesamtgut bestehen jeweils das *Sondergut* (§ 1417 BGB) und das *Vorbehaltsgut* (§ 1418 BGB) der Ehegatten.

Beim Tod eines Ehegatten gehört sein Anteil am Gesamtgut, neben seinem Sondergut und seinem Vorbehaltsgut, zu seinem Nachlaß (§ 1482 BGB). Der Netto-Wert des Gesamtguts steht den Ehegatten zu gleichen Teilen zu (§ 1476 BGB).

55 Die Ehegatten können durch *Ehevertrag* vereinbaren, daß die *Gütergemeinschaft nach dem Tod eines Ehegatten* zwischen dem überlebenden Ehegatten und den gemeinschaftlichen Abkömmlingen *fortgesetzt wird* (§ 1483 BGB). In diesem Fall gehört der Anteil des Verstorbenen am Gesamtgut, im Gegensatz zum übrigen Vermögen, nicht zu seinem Nachlaß. Die *gemeinschaftlichen* Abkömmlinge treten kraft Güterrechts an die Stelle des Verstorbenen (§ 1487 BGB). Das Gesamtgut bleibt damit im bisherigen Umfang unverändert bestehen.

Sind neben den gemeinschaftlichen Abkömmlingen *einseitige Abkömmlinge* vorhanden, bestimmen sich deren Erbteile so, als wenn die Gütergemeinschaft nicht fortgesetzt würde (§ 1483 Abs. 2 BGB). Deren Erbteile sind zunächst aus dem übrigen Vermögen des Erblassers und, wenn dieses nicht ausreicht, aus dem Gesamtgut zu erfüllen.

Stirbt ein Abkömmling, so gehört sein Anteil am Gesamtgut nicht zu seinem Nachlaß (§ 1490 BGB). Hinterläßt er seinerseits Abkömmlinge, treten diese an seine Stelle in die fortgesetzte Gütergemeinschaft ein. Andernfalls wächst sein Anteil den übrigen beteiligten Abkömmlingen, und, wenn solche nicht vorhanden sind, dem überlebenden Ehegatten an.

Verzichtet ein Abkömmling auf seinen Anteil am Gesamtgut, treten die gleichen Folgen ein (§ 1491 BGB).

Wird die *fortgesetzte Gütergemeinschaft beendet*, z.B. im Fall des Todes des überlebenden Ehegatten, muß die *Auseinandersetzung über das Gesamtgut* unter den Beteiligten erfolgen (§ 1492ff. BGB).

Errungenschaftsgemeinschaft nach FGB-DDR

56 Dieser gesetzliche Güterstand in der früheren DDR gilt über den 3. Oktober 1990 hinaus fort, wenn ein Ehegatte (oder beide zusammen) eine entsprechende Erklärung

abgab (vgl. Rdn. 52). *Alle Sachen, Vermögensrechte und Ersparnisse*, die die Ehegatten *während der Ehe* aus Arbeitseinkünften oder gleichgestellten Bezügen (z.B. Renten oder Stipendien) erwerben, *gehören beiden gemeinsam*. Welcher Ehegatte solche Einkünfte bezogen hat, ist unbeachtlich (§ 13 Abs. 1 FGB-DDR).

Neben diesem gemeinschaftlichen Eigentum besteht *Alleineigentum* eines jeden Ehegatten an bestimmten Vermögensgegenständen. Dazu gehören Sachen und Rechte, die dem Ehegatten schon vor der Eheschließung allein gehörten oder ihm während der Ehe als Geschenk, als Auszeichnung oder durch Erbschaft zugewendet wurden. Desgleichen sind Alleineigentum jedes Ehegatten die nur von ihm persönlich oder zur Berufsausübung genutzten Sachen, die er während der Ehe erwarb. Wenn ihr Wert jedoch in keinem angemessenen Verhältnis zum gemeinschaftlichen Eigentum steht, gehören sie zum gemeinschaftlichen Eigentum (§ 13 Abs. 2 FGB-DDR).

Der *Nachlaß eines verstorbenen Ehegatten* besteht aus seinem Alleineigentum und aus seinem Anteil am gemeinschaftlichen Eigentum der Ehegatten. Jedem Ehegatten steht grundsätzlich die Hälfte des gemeinschaftlichen Eigentums als sein Anteil zu (§§ 39, 40 FGB-DDR). Güterrechtliche Ausgleichsansprüche kommen nicht in Betracht.

Absicherung des Ehegatten außerhalb des Güterrechts

Aus den besonderen persönlichen Beziehungen der Ehegatten untereinander resultiert vielfach der Wunsch, den überlebenden Ehegatten über den Tod hinaus wirtschaftlich abzusichern. Einige erbrechtliche Möglichkeiten sollen hier kurz erläutert werden. 57

- Beim *Berliner Testament* (§ 2269 BGB) setzen sich die Ehegatten in einem *gemeinschaftlichen Testament* (vgl. Rdn. 23) gegenseitig als alleinige Erben ein. Nach dem Tod des Letztversterbenden soll das dann noch vorhandene Vermögen an die Kinder (oder andere Erwerber) fallen.
- *Wechselseitig werden der überlebende Ehegatte als Vorerbe*, die Kinder (oder andere Erwerber) als Nacherben eingesetzt. Die Nacherbfolge soll mit dem Tod oder der Wiederheirat des Vorerben eintreten (vgl. Rdn. 38).
- Die Kinder (oder andere Erwerber) werden unmittelbar als Erben eingesetzt. *Dem überlebenden Ehegatten steht* auf Lebenszeit oder bis zur Wiederheirat der *Nießbrauch am Nachlaß oder an Teilen des Nachlasses zu*. Statt des Nießbrauchs kann z.B. ein *Rentenvermächtnis* angeordnet werden.

Abwicklung des Erbfalls

58 Mit dem Tod des Erblassers (Erbfall) geht dessen Vermögen als Ganzes auf den oder die Erben über (§ 1922 BGB). Diese an sich einfache Bestimmung erfordert eine Reihe von Maßnahmen, die der geordneten Abwicklung des Erbfalls dienen.

Was hat der Erbe zu tun?

59 In vielen Fällen wird der Erbe oder einer der Miterben feststehen und den Nachlaß in Besitz nehmen können. Zunächst gilt es, den Nachlaß zu sichern.

Ist ein Testament vorhanden?

60 Befindet sich ein Testament in privater Verwahrung oder wird es im Nachlaß aufgefunden, ist es unverzüglich an das *Nachlaßgericht* abzuliefern (§ 2259 BGB). Örtlich zuständig ist i. d. R. das Amtsgericht, in dessen Bezirk der Erblasser seinen Wohnsitz hatte. In Baden sind die staatlichen Notariate zugleich Nachlaßgericht.

Aufgaben des Nachlaßgerichts

61 Wenn ein Bedürfnis dafür besteht, hat das Nachlaßgericht für die Sicherung des Nachlasses zu sorgen (§ 1960 BGB). Das ist insbesondere dann geboten, wenn die Erben unbekannt sind oder ungewiß ist, ob sie die Erbschaft angenommen haben (vgl. §§ 1942ff. BGB). In diesem Fall kann es einen *Nachlaßpfleger* bestellen. Der Nachlaßpfleger ist gesetzlicher Vertreter der noch unbekannten Erben. Seine Aufgabe besteht in der Ermittlung der Erben und in der Sicherung und Verwaltung des Nachlasses bis zur Annahme der Erbschaft.

Testamentseröffnung

62 Sobald dem Gericht, das ein Testament in amtliche Verwahrung genommen hat (vgl. Rdn. 25), der Tod des Erblassers bekannt wird, bestimmt es einen Termin zur Testamentseröffnung. Das gilt auch, wenn ihm ein eigenhändiges Testament abgeliefert wurde. Zu dem Termin sollen die gesetzlichen Erben und sonstigen Beteiligten vorgeladen werden. Das Testament wird im Termin geöffnet, verkündet und auf Verlangen vorgelegt (§ 2260 BGB). Besondere Regelungen bestehen für die Eröffnung eines gemeinschaftlichen Testaments (§ 2273 BGB).

Wer im Termin nicht anwesend war, wird von dem ihn betreffenden Inhalt unterrichtet. Jeder, der ein rechtliches Interesse glaubhaft macht, ist berechtigt, das Testament einzusehen oder sich Abschriften oder beglaubigte Abschriften davon anfertigen zu lassen.

PRAXISHINWEIS:

Hier erweist sich der Vorteil des öffentlichen Testaments. Zum Nachweis des Erbrechts ist dann meist kein Erbschein erforderlich. Es genügt, wenn eine beglaubigte Abschrift des Testaments mit dem Eröffnungsbeschluß vorliegt.

Die Regelungen zur Ablieferung und Eröffnung eines Testaments gelten auch für einen Erbvertrag.

Ist das Testament wirksam?

Mit der Einsichtnahme in ein Testament bzw. mit der Testamentseröffnung be- 63
steht Klarheit über die letztwilligen Anordnungen des Erblassers. Ob diese tatsächlich zu befolgen sind, hängt zunächst von der Wirksamkeit des Testaments ab.

Ein Testament, durch das der Erblasser seinen Ehegatten oder Verlobten bedacht hat, ist in der Regel unwirksam, wenn die Ehe oder das Verlöbnis zur Zeit des Todes nicht mehr bestanden (§ 2077 BGB).

Ein Testament ist z.B. *nichtig*, wenn es gegen zwingende gesetzliche Vorschriften (Formvorschriften u.ä., vgl. Rdn. 21 f.) oder die guten Sitten verstößt. Gleiches gilt, wenn es vollkommen unbestimmte, widersinnige, rechtlich und tatsächlich unmögliche Bestimmungen oder Bedingungen enthält.

Eine *Anfechtung des Testaments* (Voraussetzungen und Verfahren vgl. §§ 2078f. BGB) bewirkt regelmäßig, daß es *rückwirkend nichtig* wird (§ 142 BGB). Wenn dann kein früheres gültiges Testament existiert, tritt die gesetzliche Erbfolge ein.

Ist ein zunächst berufener Erbe erbunwürdig?

Ein Erbe, sowohl ein gesetzlicher als auch ein eingesetzter Erbe, kann nachträg- 64
lich von der Erbfolge ausgeschlossen werden, wenn seine *Erbunwürdigkeit* festgestellt ist (§§ 2339f. BGB). Erbunwürdig ist, wer sich bestimmter schwerer Straftaten gegenüber dem Erblasser (z.B. Ermordung, Bedrohung) schuldig gemacht hat. Die Erbunwürdigkeit wird durch *Anfechtungsklage* geltend gemacht. Berechtigt dazu ist jeder, dem der Wegfall - auch mittelbar - zugute kommt. Die Wirkung der Anfechtung tritt mit Rechtskraft des Urteils ein. Der Anfall an den

Erbunwürdigen gilt als nicht erfolgt. Die Erbschaft erhält rückwirkend derjenige, der berufen wäre, wenn der Erbunwürdige zur Zeit des Erbfalls nicht gelebt hätte. Es kann dies ein gesetzlicher Erbe oder ein anderer, vom Erblasser bestimmter Erbe sein. Auch Ansprüche aus einem Vermächtnis oder Pflichtteilsansprüche sind anfechtbar, wenn sich die Berechtigten der in § 2339 Abs. 1 BGB genannten Verfehlungen schuldig gemacht haben.

Ausschlagung der Erbschaft

65 Die Erbschaft geht grundsätzlich mit dem Erbfall auf den oder die Erben über. *Wird die Erbschaft ausgeschlagen*, gilt der Anfall jedoch *rückwirkend als nicht erfolgt* (§ 1953 BGB). In der Entscheidung, ob er die Erbschaft annimmt oder ausschlägt, ist der Erbe völlig frei.

Eine Ausschlagung kann aus vielen Gründen in Betracht kommen, z.B. wenn der Nachlaß überschuldet ist. Manchmal kann es günstig sein, die Erbschaft auszuschlagen, wenn statt dessen ein höherer Pflichtteil oder bei Ehegatten im Güterstand der Zugewinngemeinschaft der güterrechtliche Zugewinnausgleich gefordert werden kann. Auch aus steuerlichen Gründen kann eine Ausschlagung erwägenswert sein (vgl. Rdn. 80).

Die ausgeschlagene Erbschaft erhält derjenige, der berufen wäre, wenn der Ausschlagende zur Zeit des Erbfalls nicht gelebt hätte. Das kann ein gesetzlicher Erbe, aber auch ein bestimmter Ersatzerbe sein.

PRAXISHINWEIS:

Wollen Sie als künftiger Erblasser verhindern, daß durch Ausschlagung eine von Ihnen nicht gewünschte Erbfolge eintritt, können Sie durch Benennung eines oder mehrerer Ersatzerben (vgl. Rdn. 37) für solche Fälle Vorsorge treffen.

Erbschein

66 Mit dem Erbschein führt der Erbe im *Geschäftsverkehr den Nachweis*, daß er tatsächlich der Erbe ist und demgemäß über die Erbschaft verfügen kann. Sind mehrere Erben vorhanden, kann ein *gemeinschaftlicher Erbschein* für alle oder auch ein Erbschein für jeden einzelnen Miterben ausgestellt werden. In diesem Fall gibt er auch die Größe des jeweiligen Erbteils an.

Den Erbschein stellt auf *Antrag das Nachlaßgericht* aus. Zu weiteren Einzelheiten vgl. §§ 2353 f. BGB.

Haftung des Erben

Mit dem *Vermögen* des Erblassers gehen auch die *Schulden* auf den Erben über. 67
Neben den Schulden, die vom Erblasser herrühren (*Erblasserschulden*), sind dies Verbindlichkeiten, die ihn als Erben selbst treffen (*Erbfallschulden*). Dazu gehören Verbindlichkeiten aus Pflichtteilsrechten, Vermächtnissen und Auflagen (§ 1967 Abs. 2 BGB). Der Erbe hat auch die Kosten der standesgemäßen Beerdigung des Erblassers zu tragen (§ 1968 BGB).

Der *Erbe haftet für die Nachlaßverbindlichkeiten* grundsätzlich *unbeschränkt*, das heißt auch mit seinem eigenen Vermögen. Er kann aber seine Haftung auf den Nachlaß beschränken. Dafür bestehen verschiedene Möglichkeiten (vgl. hierzu §§ 1970f. BGB).

Welche Besonderheiten gelten bei der Erbengemeinschaft?

Mehrere Erben erwerben die Erbschaft als *gemeinschaftliches Vermögen* 68
(§ 2032 BGB). Sie bilden eine sog. *Gesamthandsgemeinschaft*. Deren Besonderheit besteht darin, daß der einzelne Miterbe über seinen Anteil am Nachlaß insgesamt verfügen kann (durch notariellen Vertrag), nicht aber über einen Anteil an einzelnen Nachlaßgegenständen (§ 2034 BGB). Hierüber können die Erben nur gemeinschaftlich verfügen.

Für *gemeinschaftliche Nachlaßverbindlichkeiten* haften die Erben als Gesamtschuldner (§ 2058 BGB). Für den Umfang der Haftung sowie die Haftungsbeschränkung gelten grundsätzlich die allgemeinen Regeln (vgl. Rdn. 67).

Die Erbengemeinschaft besteht bis zur *Auseinandersetzung*. Dabei wird der Nachlaß nach Erfüllung aller Verbindlichkeiten unter den Miterben entsprechend ihren Erbteilen verteilt (§ 2047 BGB). Besondere Teilungsanordnungen des Erblassers (vgl. Rdn. 42) sind zu beachten. Im übrigen kommt es auf die Vereinbarungen zwischen den Miterben an.

Wenn ein *Testamentsvollstrecker* eingesetzt wurde, gehört die Verteilung des Nachlasses regelmäßig zu seinen Aufgaben (vgl. Rdn. 44). Er ist nicht auf die Zustimmung der Erben angewiesen.

Wie kann der Erblasser sonst vorsorgen?

Außer einer letztwilligen Verfügung stehen dem Erblasser eine Reihe anderer Möglichkeiten offen, mit denen er für einen geordneten Vermögensübergang zugunsten bestimmter Personen (oder auch Zwecke) sorgen kann. Ohne Rücksicht auf solche Verfügungen kann er zu Lebzeiten über sein Vermögen frei verfügen. Einige auch aus steuerlichen Gründen bedeutsame Möglichkeiten sollen kurz erwähnt werden.

Schenkungen

69 Das BGB unterscheidet *Schenkungen unter Lebenden* und *Schenkungen auf den Todesfall.* Keine Schenkungen in diesem Sinne sind regelmäßig sog. *unbenannte Zuwendungen* zwischen Ehegatten (vgl. Rdn. 72).

Schenkungen unter Lebenden

70 Eine Zuwendung, mit der jemand aus seinem Vermögen einen anderen bereichert, ist Schenkung, wenn beide Teile darüber einig sind, daß die Zuwendung *unentgeltlich* erfolgt (§ 516 BGB). Erforderlich ist also neben einem Schenkungsversprechen dessen Annahme durch den Beschenkten. Schenkungsversprechen müssen notariell beurkundet werden, um gültig zu sein. In der Praxis unterbleibt das häufig. Es ist aber unbeachtlich, wenn die Schenkung tatsächlich vollzogen wird (§ 518 BGB).

Eine Schenkung kann *mit einer Auflage verbunden* werden, die den Empfänger zu einer bestimmten Leistung oder Duldung verpflichtet (§ 525 BGB). Die Leistung kann dem Schenker, dem Beschenkten selbst oder einem Dritten zugute kommen.

Der Schenker kann *das Geschenkte zurückfordern*, wenn er später in eine Notlage gerät. Der Beschenkte kann durch Zahlung des für den Unterhalt erforderlichen Betrags die Herausgabe abwenden (§ 528 BGB). Vertraglich sind *Widerrufsvorbehalte* in vielfältiger Weise möglich (vgl. auch Rdn. 116).

Als *vorweggenommene Erbfolge* bezeichnet man die Übertragung des Vermögens oder eines wesentlichen Teils davon durch den künftigen Erblasser auf einen oder mehrere als künftige Erben in Aussicht genommene Empfänger. Die rechtliche Gestaltung derartiger Übertragungen unterliegt keinen besonderen gesetzlichen Regelungen. Zivilrechtlich liegt eine Schenkung i.S.d. § 516 BGB vor, soweit die Beteiligten darüber einig sind, daß die Zuwendung unentgeltlich erfolgt. In der Praxis ist es üblich, die vorweggenommene Erbfolge durch andere Maßnahmen zu begleiten. In Betracht kommen insbesondere ein Erbverzicht oder Pflichtteilsverzicht anderer potentieller Erben. Diese erhalten als Ersatz eine Abfindung oder Ausgleichsleistungen.

Schenkungen auf den Todesfall

Die Schenkung auf den Todesfall steht *unter der Bedingung, daß der Beschenkte den Schenker überlebt* (§ 2301 BGB). Solche Schenkungsversprechen sind einer Erbeinsetzung oder einem Vermächtnis sehr ähnlich. Deshalb gelten hier grundsätzlich die Vorschriften über Verfügungen von Todes wegen (also auch die Formvorschriften). Formmängel kann der Schenker jedoch heilen, indem er die Schenkung noch zu Lebzeiten ausführt (§ 2301 Abs. 2 BGB). 71

Unbenannte Zuwendungen

Diese besondere Art von Zuwendungen unter Ehegatten entstammt der Zivilrechtsprechung im Zusammenhang mit dem Streit um die Rückgängigmachung von Vermögensübertragungen nach dem Scheitern einer Ehe. Es sind Zuwendungen, die während der Ehe einen *„Ausgleich für geleistete Mitarbeit"* bewirken sollen oder mit denen die Ehegatten einander *„in angemessener Weise an den Früchten des ehelichen Zusammenwirkens beteiligen"*. Da weder bei Gütertrennung noch bei Zugewinngemeinschaft gemeinsames Vermögen der Ehegatten entsteht, bleiben Vermögensverschiebungen zwischen den Ehegatten möglich (eingeschränkt auch bei Gütergemeinschaft und Errungenschaftsgemeinschaft). Keiner ist jedoch zur Übertragung von Teilen seines Vermögens an den anderen Ehegatten verpflichtet, weil eine Ehe besteht. Die rechtliche Einordnung der unbenannten Zuwendungen ist problematisch, insbesondere hinsichtlich deren Unentgeltlichkeit und damit im Verhältnis zur zivilrechtlichen Schenkung. Die Zivilgerichte differenzieren hier je nach Interessenlage der Beteiligten. Zur steuerlichen Behandlung siehe Rdn. 114. 72

Vertrag zugunsten Dritter

Der Erblasser kann in einem Vertrag bestimmen, daß nach seinem Tod an einen Dritten eine bestimmte Leistung zu erbringen ist. In diesem Fall erlangt der Dritte das Recht auf die Leistung erst mit dem Tod des Erblassers (§ 328 BGB). Der Begünstigte erhält die vertragliche Leistung *nicht aus dem Nachlaß*, sondern er erwirbt sie *unmittelbar in eigener Person.* Es kann deshalb auch ein Erbe, und zwar unabhängig von seinem Erbteil, mit einem solchen Recht bedacht werden. 73

Hierher gehören:

- *Vereinbarungen mit einer Bank*, daß nach dem Tod des Erblassers der Bedachte Gläubiger einer bestimmten Spareinlage oder eines Wertpapierdepots werden soll;
- Vereinbarungen in *Dienstverträgen oder Gesellschaftsverträgen*, daß dem überlebenden Ehegatten bzw. Kindern Hinterbliebenenbezüge zu zahlen sind;
- Vereinbarungen bei einer *Versicherung auf den Todesfall*, daß eine bestimmte Person im Versicherungsfall bezugsberechtigt sein soll.

2. Was Sie über die Erbschaftsteuer und Schenkungsteuer wissen sollten

Bis zum *31. Dezember 1990* galt im Gebiet der neuen Bundesländer das Erbschaftsteuerrecht der DDR. Aufgrund der Regelungen im Einigungsvertrag wird seit dem *1. Januar 1991* in der gesamten Bundesrepublik Deutschland die *Erbschaftsteuer und Schenkungsteuer auf der einheitlichen Rechtsgrundlage* des Erbschaftsteuer- und Schenkungsteuergesetzes (ErbStG) erhoben. Ab 1996 gilt die insoweit rückwirkend anzuwendende Neuregelung der Erbschaft- und Schenkungsteuer durch das Jahressteuergesetz 1997. 74

Wegen der Sondervorschriften aus Anlaß der Herstellung der Einheit Deutschlands (§ 37a ErbStG) kann es in Einzelfällen noch zu einem Zusammentreffen von ErbSt-Recht der ehemaligen DDR und bundesdeutschem Recht kommen.

Systematik des Erbschaftsteuer- und Schenkungsteuergesetzes

Die *Erbschaftsteuer* besteuert den Vermögensübergang, wie er sich von Todes wegen vollzieht. Sie ist *keine Nachlaßsteuer, sondern eine Erbanfallsteuer*. Besteuert wird der Vermögensanfall beim einzelnen Erwerber (Erbe, Vermächtnisnehmer usw.). Der beim Erwerber bewirkte Zuwachs an wirtschaftlicher Leistungsfähigkeit (*Bereicherung*) ist Gegenstand und Rechtfertigung der Steuer. 75

Die *Schenkungsteuer* ist die notwendige Ergänzung der Erbschaftsteuer. Ohne sie könnte die Erbschaftsbesteuerung durch Vermögensübertragung zu Lebzeiten leicht umgangen werden. Auch hier ist Besteuerungsgrundlage die beim Empfänger bewirkte *Bereicherung*.

Eine besondere Besteuerung besteht für *Familienstiftungen (sog. Ersatzerbschaftsteuer)*. Sie setzt eine eingehende zivil- und steuerrechtliche Beratung voraus. Wir verzichten deshalb auf eine Darstellung von Einzelheiten.

76 Die genannten Steuertatbestände bringen es mit sich, daß diese Steuerarten mehr als andere in den privaten Bereich hineinwirken. Hier „lohnt" in besonderem Maße eine Vorausplanung. Allein durch *Ausnutzen* des zivilrechtlichen *Gestaltungsspielraums* können Sie die *Steuerbelastung vielfältig beeinflussen*. Hinzu kommen *eklatante Unterschiede* in der steuerlichen Bewertung einzelner Vermögensarten (vgl. Rdn. 172, 181).

PRAXISHINWEIS:

Wenn auch das steuerliche Ergebnis nie allein Richtschnur Ihrer Überlegungen sein kann, sollten Sie sich bei der Vorbereitung von Vermögensübertragungen stets fragen:

Wie kann ich das eigene Vermögen möglichst ungeschmälert an den Empfänger weitergeben?

Was ist steuerpflichtig?

Wer ist steuerpflichtig?

Welche Steuerbefreiungen und Freibeträge gelten?

Welche Bemessungsgrundlage ist anzusetzen?

Wie hoch ist der Steuersatz?

Wann ist die letztlich anfallende Steuer zu zahlen?

Die nachfolgenden Abschnitte sollen dabei helfen, diese Fragen zu beantworten.

Welche Vorgänge sind steuerpflichtig?

Der Erbschaft- und Schenkungsteuer unterliegen die folgenden Vorgänge: 77

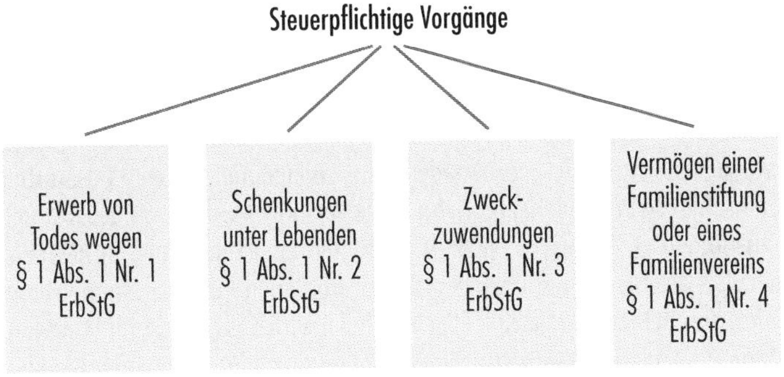

Erwerb von Todes wegen

Welche Erwerbe im einzelnen als Erwerb von Todes wegen gelten, ist in § 3 ErbStG abschließend aufgezählt. Dies sind zunächst *Erwerbe, die unmittelbar auf den Erblasser zurückgehen.*

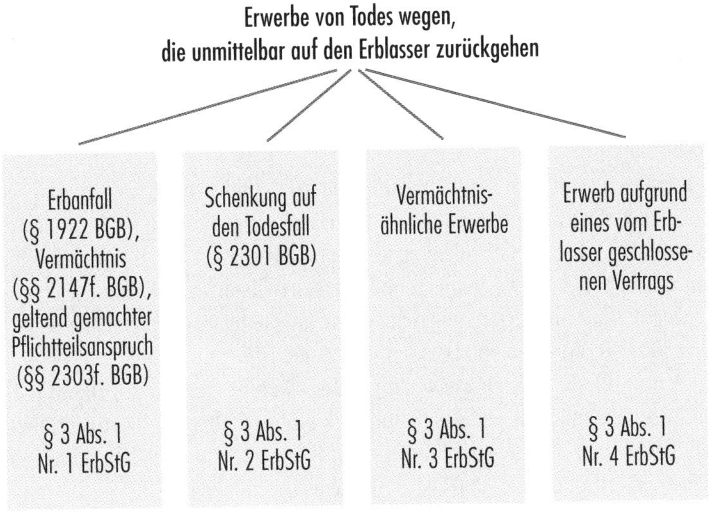

Erbanfall

78 Mit dem Tod einer Person geht ihr Vermögen kraft Gesetzes auf den Erben über (vgl. Rdn. 2). Dabei ist es gleichgültig, ob dieser Übergang auf gesetzlicher Erbfolge oder Verfügung von Todes wegen beruht. Die Erbschaftsteuer bemißt sich nach dem *Steuerwert des Nachlasses.*

Wenn an dem Nachlaß *mehrere Erben* beteiligt sind (vgl. Rdn. 68), besteht der Erwerb des einzelnen Erben in dem *Bruchteil seiner Beteiligung an dem Nachlaß.* Denn steuerlich werden die Beteiligten einer Gesamthandsgemeinschaft so behandelt, als ob ihnen die Vermögensgegenstände zu Bruchteilen zuständen (§ 39 Abs. 2 Nr. 2 AO). Für die Erbschaftsteuer ist deshalb der Steuerwert des Nachlasses nach den Erbteilsquoten auf die einzelnen Erben aufzuteilen. Ist ein Erbschein erteilt (vgl. Rdn. 66), wird das Finanzamt ohne weitere Prüfung die Angaben übernehmen.

Die *gesetzliche Vermutung für die Richtigkeit des Erbscheins* (§ 2365 BGB) entbindet die Finanzbehörden nicht von eigenen Ermittlungen. Wenn gewichtige Gründe in tatsächlicher und rechtlicher Hinsicht gegen die Richtigkeit sprechen, sind sie berechtigt und verpflichtet, die Erbanteile selbst zu ermitteln (BFH-Urteil vom 21. November 1995, DStR 1996 S. 742).

79 Auf das Ergebnis der *Erbauseinandersetzung* kommt es grundsätzlich nicht an. Auch *Teilungsanordnungen* des Erblassers sind für die Besteuerung des Erbanfalls beim einzelnen Miterben ohne Bedeutung. Wie eine Teilungsanordnung wirkt auch die sog. qualifizierte Nachfolgeklausel im Gesellschaftsvertrag einer Personengesellschaft.

BEISPIEL

Der Erblasser hinterläßt seinen zwei Kindern A und B Wertpapiere (Kurswert 500.000 DM) und ein Grundstück (Verkehrswert 500.000 DM, Steuerwert 250.000 DM). Die Kinder sollen zu gleichen Teilen erben. Nach seiner Teilungsanordnung soll A die Wertpapiere und B das Grundstück erhalten.

Die Besteuerung erfolgt nach der Quote am Steuerwert des Nachlasses (500.000 DM + 250.000 DM) x $^1/_2$ = 375.000 DM.

A und B haben also jeweils den gleichen Wert zu versteuern. Damit haben alle Miterben, auch die, die das Grundstück nicht erhalten, Anteil an den niedrigen Steuerwerten. Würde die Teilungsanordnung auch steuerlich beachtet, hätte A 500.000 DM und B 250.000 DM zu versteuern.

PRAXISHINWEIS:

Wollen Sie erreichen, daß einem Miterben die Zuweisung eines Nachlaßgegenstands auch steuerlich zugute kommt, können Sie ein entsprechendes Vorausvermächtnis (vgl. Rdn. 82) aussetzen.

Wenn bei der Auseinandersetzung der Wert der einem einzelnen Erben überlassenen Gegenstände deutlich von seiner Bruchteilsquote am Nachlaß abweicht, kann darin eine steuerpflichtige *Schenkung unter den Miterben* zu sehen sein.

Die *Ausschlagung der Erbschaft* (vgl. Rdn. 65) kann ein wichtiges 80
Gestaltungsmittel zur Minderung der Erbschaftsteuer sein. Die zunächst eingetretene Steuerpflicht des ausschlagenden Erben entfällt. Der (evtl. erhöhte) Erbanfall bei den nächstberufenen Erben ist keine freigebige Zuwendung desjenigen, der die Erbschaft ausschlägt. Hierin liegt auch kein Gestaltungsmißbrauch im Sinne von § 42 AO.

BEISPIELE

Beispiel 1:
Der Erblasser hinterläßt 500.000 DM. Gesetzliche Erbin ist die einzige Tochter.

Sie schlägt zum Nutzen ihrer vier Kinder aus; dadurch erreicht sie eine Vervierfachung der persönlichen Freibeträge.

Beispiel 2:
Ehegatten haben sich gegenseitig zu Alleinerben eingesetzt. Beide besitzen eigenes Vermögen.

Der überlebende Ehegatte schlägt zum Nutzen der gemeinsamen Kinder die Erbschaft aus. Dadurch geht das Vermögen beider Elternteile in zwei getrennten Erbanfällen auf die Kinder über. Sie erreichen die zweifache Anwendung der Freibeträge und eine Minderung der Steuerprogression.

Beispiel 3:
Der Erblasser ist unverheiratet und kinderlos verstorben. Erben sind die Eltern und Geschwister.

Die Geschwister schlagen die Erbschaft zum Nutzen der Eltern aus; dadurch gilt nur die günstigere Steuerklasse I der Eltern; u.U. fällt von den Eltern stammendes Vermögen sogar steuerfrei an die Eltern zurück (vgl. § 13 Abs. 1 Nr. 10 ErbStG). Für Zuwendungen der Eltern an die Geschwister des Erblassers gilt dann Steuerklasse I.

Vermächtnis

81 Als ein Erwerb von Todes wegen gilt auch ein Vermächtnis (vgl. Rdn. 40). Dabei ist es unerheblich, um welche Art von Vermächtnis es sich handelt. Die steuerliche Belastung des Vermächtnisnehmers hängt wesentlich davon ab, *welcher steuerliche Wert dem Vermächtnisanspruch* zukommt.

Beim *Geldvermächtnis* bereitet der Wertansatz keine Probleme. Hier ist der Nennbetrag der Geldforderung (vgl. Rdn. 287) maßgebend. Bei einem *Geldvermächtnis* bleibt auch dann der *(Nominal-)Wert der Geldforderung* maßgebend, wenn der Erbe *an Erfüllungs Statt* ein *Grundstück* überträgt (BFH-Urteil vom 25. Oktober 1995, BStBl 1996 II S. 97). Anders würde der BFH offenbar den Fall beurteilen, wenn der Vermächtnisnehmer das ausgesetzte *Geldvermächtnis ausschlägt* und der Erbe als Abfindung ein Grundstück überträgt (§ 3 Abs. 2 Nr. 4 ErbStG). Kauft der Vermächtnisnehmer vom Erben ein zum Nachlaß gehörendes Grundstück, wobei er die Kaufpreisforderung durch *Aufrechnung mit einem ausgesetzten Geldvermächtnis* tilgt, bleibt es bei einer Bewertung des Vermächtnisses als Geldforderung (BFH-Urteil vom 21. Juni 1995, BStBl 1995 II S. 783).

Beim *Sachvermächtnis* ist die Wertfindung rechtlich nicht eindeutig. Für den Anspruch auf eine Sachleistung wäre nach dem allgemeinen Bewertungsgrundsatz der gemeine Wert (vgl. Rdn. 287) zugrunde zu legen. Wenn das Vermächtnis auf einen Gegenstand, insbesondere ein *Grundstück* gerichtet ist, wird jedoch nach Auffassung der Finanzverwaltung der Anspruch mit dem maßgebenden Steuerwert des Gegenstands, z.B. dem Bedarfswert des Grundstücks (vgl. Rdn. 317 f.), bewertet, so als habe der Vermächtnisnehmer eine dingliche Berechtigung (R 92 Abs. 2 ErbStR).

Beim Erben (oder auch einem anderen Verpflichteten) ist die *Verbindlichkeit aus dem Vermächtnis* mit dem gleichen Wert abzugsfähig (vgl. Rdn. 147). Für den Erben bleibt die *Verbindlichkeit aus einem Geldvermächtnis* – unabhängig von der Art ihrer Erfüllung – mit dem *(Nominal-)Wert der Geldforderung* abzugsfähig (BFH-Urteil vom 21. Juni 1995, BStBl 1995 II S. 783); bei einem *Sachvermächtnis* ist die *Verbindlichkeit mit dem Steuerwert* des vermachten Gegenstandes abzuziehen. Im Einzelfall hängt also die steuerliche Belastung der Beteiligten wesentlich davon ab, wem der steuerliche Vorteil niedriger Steuerwerte zugute kommt. Eine Verfassungsbeschwerde wegen der ungleichen Belastung eines Vermächtnisnehmers im Verhältnis zum Erben (Az.: 2 BvR 1167/93) hat das Bundesverfassungsgericht durch Kammerbeschluß nicht zur Entscheidung angenommen.

BEISPIEL

Der Erblasser hinterläßt seiner Ehefrau als Alleinerbin Wertpapiere (Kurswert = 1.200.000 DM) und ein Grundstück (Verkehrswert = 1.200.000 DM; Steuerwert = 600.000 DM). Seinem nichtehelichen Kind hat er ein Vermächtnis im Wert des halben Nachlasses ausgesetzt. Dieses Vermächtnis soll a) durch Übereignung der Wertpapiere, b) durch Übereignung des Grundstücks erfüllt werden.

a) Übereignung der Wertpapiere

	Ehefrau	Sohn
Bruttowert des Erwerbs	1.800.000 DM	1.200.000 DM
Vermächtnislast	·/· 1.200.000 DM	–
Nettowert des Erwerbs	600.000 DM	1.200.000 DM
Freibeträge §§ 16, 17 ErbStG	·/· 1.100.000 DM	·/· 400.000 DM
Steuerpflichtiger Erwerb	0 DM	800.000 DM
Steuer	0 DM	15 % = 120.000 DM

b) Übereignung des Grundstücks

	Ehefrau	Sohn
Bruttowert des Erwerbs	1.800.000 DM	600.000 DM
Vermächtnislast	·/· 600.000 DM	–
Nettowert des Erwerbs	1.200.000 DM	600.000 DM
Freibeträge §§ 16, 17 ErbStG	·/· 1.100.000 DM	·/· 400.000 DM
Steuerpflichtiger Erwerb	100.000 DM	200.000 DM
Steuer	7 % = 7.000 DM	11 % = 22.000 DM

Mit einem *Vorausvermächtnis* wird erreicht, daß einem Erben der vermachte Gegenstand ungekürzt und ohne Anrechnung auf seinen Erbteil zugute kommt (vgl. Rdn. 40). Erbteil und Vorausvermächtnis werden beim Erwerber lediglich wertmäßig zusammengefaßt; die unterschiedliche Rechtsnatur der Erwerbsgründe bleibt unberührt. 82

BEISPIEL

An einem Nachlaß im Wert von 500.000 DM sind A und B je zur Hälfte Erbe. B soll zusätzlich als Vorausvermächtnis 100.000 DM erhalten.

Das Vermächtnis ist vorweg vom Nachlaßwert abzusetzen. A erhält demnach als Erbanfall (500.000 DM ·/· 100.000 DM) x $^1/_2$ = 200.000 DM. Der Erwerb des B besteht in seinem Erbteil von 200.000 DM zuzüglich des Vorausvermächtnisses von 100.000 DM, beträgt also 300.000 DM.

83 Bei einem *Kaufrechtsvermächtnis* erhält der Vermächtnisnehmer das Recht, einen Nachlaßgegenstand zu einem bestimmten, meist niedrigen Kaufpreis zu erwerben. Der Wert seines Erwerbs bestimmt sich nach dem *Unterschiedsbetrag zwischen dem Wert des Gegenstands* und dem zu zahlenden *Kaufpreis*. Schwierigkeiten bereitet dies auch hier, wenn das Kaufrechtsvermächtnis ein *Grundstück* betrifft (vgl. Rdn. 81).

Der *Wertansatz* für ein solches Kaufrechtsvermächtnis (und damit auch für die korrespondierende Nachlaßverbindlichkeit) war früher an dem maßgebenden Steuerwert des Vermächtnisgegenstands orientiert. Unter Berücksichtigung der neueren BFH-Rechtsprechung zu den Sachleistungsansprüchen wurde diese Sachbehandlung von der Finanzverwaltung jedoch aufgegeben. Da Gegenstand des Erwerbs lediglich das zugewendete Erwerbsrecht ist (der Übereignungsanspruch und die Gegenleistungsverpflichtung entstehen erst durch Ausübung dieses Erwerbsrechts), ist für das Erwerbsrecht der gemeine Wert zu ermitteln (§ 12 Abs. 1 ErbStG, § 9 BewG; vgl. Rdn. 182).

- Beim Vermächtnisnehmer ist vom Verkehrswert des Grundstücks der zu zahlende Kaufpreis abzuziehen. Der Saldo ist seine steuerpflichtige Bereicherung.
- Beim Erben ist als Verkaufsverpflichtung der Verkehrswert des Grundstücks gemindert um die Kaufpreisforderung abzuziehen. Der Saldo mindert also seine steuerpflichtige Bereicherung. Zusätzlich ist das Grundstück selbst mit seinem Grundstückswert zu erfassen. Diese Behandlung des Kaufrechtsvermächtnisses ist streitig. Beim BFH ist ein Musterverfahren anhängig (vgl. BFH-Beschluß vom 13. April 1994, BFH/NV 1994 S. 794).

PRAXISHINWEIS:

Vermächtnisse sind bestens geeignet, die Steuerbelastung auf den Nachlaß zu verringern, ohne zu viele Erben zu berufen. Wenn es Ihre Interessenlage zuläßt, können Sie damit insbesondere Kindern, Enkelkindern, Schwiegerkindern zumindest die für sie steuerfreien Beträge zukommen lassen.

Pflichtteil

Ein Pflichtteilsberechtigter erwirbt einen Anspruch, dessen Umfang gesetzlich 84
bestimmt ist (vgl. Rdn. 45). Dieser ist jedoch nur zu erfüllen, wenn und soweit er vom Berechtigten geltend gemacht wird. Dem entspricht das ErbStG, indem als Erwerb von Todes wegen nur der *geltend gemachte Pflichtteil* erfaßt wird.

Der Pflichtteil bemißt sich nach dem Wert des Nachlasses im Zeitpunkt des Erbfalls. Dabei ist der Verkehrswert des Nachlasses zugrunde zu legen. Der Pflichtteilsanspruch ist eine Kapitalforderung und regelmäßig mit dem Nennwert (vgl. Rdn. 279) anzusetzen.

Erhält der Berechtigte zur Erfüllung seines Anspruchs einen bestimmten 85
Vermögensgegenstand (z.B. ein gleichwertiges *Grundstück*), sollte früher nur dessen Steuerwert der Erbschaftsteuer unterliegen (vgl. BFH-Urteil vom 17. Februar 1982, BStBl 1982 II S. 350). Zu bewerten ist jedoch der schuldrechtliche Anspruch im Zeitpunkt der Steuerentstehung (vgl. Rdn. 136). Hierfür gilt, mangels abweichender gesetzlicher Bestimmung, der gemeine Wert. Welche Vermögensgegenstände zur Erfüllung geleistet werden, muß nunmehr steuerlich unbeachtet bleiben (so BFH-Urteil vom 7. Oktober 1998, BStBl 1999 II S. 23).

Der (Verkehrs-)Wert eines Grundstücks, das der Erbe an Erfüllungs Statt überträgt, entspricht nicht immer genau dem Wert des Pflichtteilsanspruchs. Geringfügige *Wertunterschiede* sind unbedenklich. Ist aber der Grundstückswert deutlich höher, kann darin eine zusätzliche Schenkung begründet sein. Andererseits wird die Hinnahme einer Wertunterschreitung durch den Pflichtteilsberechtigten einen begrenzten Verzicht auf die geltend gemachte Pflichtteilsforderung (vgl. Rdn. 86) darstellen.

Macht der Pflichtteilsberechtigte ohne Abfindung *seinen Anspruch nicht* 86
bzw. nicht in vollem Umfang geltend, bleibt die dadurch *beim Erben eintretende Bereicherung steuerfrei* (§ 13 Abs. 1 Nr. 11 ErbStG). Das gilt jedoch nicht, soweit der Berechtigte nachträglich auf einen bereits geltend gemachten

Pflichtteilsanspruch ohne Abfindung *verzichtet.* Wegen eines *Verzichts gegen Abfindung* vgl. Rdn. 95.

PRAXISHINWEIS:

Pflichtteilsansprüche geltend zu machen, kann steuerliche Vorteile bringen, weil dadurch der Nachlaßwert auf weitere Erwerber verteilt wird (zusätzliche Freibeträge und Progressionswirkung). Beachten Sie aber, ob der Erblasser für solche Fälle besondere Verfügungen getroffen hat.

Schenkung auf den Todesfall

87 Ein Schenkungsversprechen, das unter der Bedingung erteilt wird, daß *der Beschenkte den Schenker überlebt* (vgl. Rdn. 71), wird steuerlich als Erwerb von Todes wegen behandelt. Der Bedachte erhält das Recht auf die Zuwendung erst mit dem Erbfall. Er wird ähnlich wie ein Vermächtnisnehmer behandelt. Wie bei Schenkungen unter Lebenden setzt die Schenkung auf den Todesfall neben der objektiven *Bereicherung des Erwerbers* (vgl. Rdn. 109) einen *Willen zur Unentgeltlichkeit* auf der Seite des Zuwendenden voraus (R 6 ErbStR, vgl. Rdn. 110). Die Grundsätze der Bereicherungsermittlung bei gemischten Schenkungen sowie bei Schenkungen unter Leistungsauflage (vgl. Rdn. 118ff.) sind jedoch nicht anzuwenden. Vom Erwerber übernommene Verbindlichkeiten können nach § 10 Abs. 1 Satz 2 ErbStG vom steuerlichen Wert des Erwerbsgegenstandes abgezogen werden.

88 Eine besondere Regelung gilt für den *gesellschaftsrechtlichen Anteilsübergang* beim Tod eines Gesellschafters.

Beim Tod eines Gesellschafters treten häufig nicht dessen Erben in die Gesellschaft ein, sondern sein Anteil geht auf die verbleibenden Gesellschafter über (*Fortsetzung mit Anwachsung*). Als Ausgleich ist regelmäßig eine *bestimmte Abfindung* zu zahlen. Meist gilt laut Gesellschaftsvertrag die sog. *Buchwertklausel*; sie legt fest, daß sich die Abfindung nach dem Buchwert des Gesellschaftsanteils (Kapitalkonto) bemißt, der regelmäßig unter dem Steuerwert des Erblasser-Anteils liegt (vgl. Rdn. 476). In dem Umfang, in dem dieser Steuerwert über dem Wert der Abfindung liegt, tritt eine objektive Bereicherung bei den übernehmenden Gesellschaftern (ggf. auch bei der Gesellschaft selbst) ein. Ein Wille zur Unentgeltlichkeit (= subjektives Bewußtsein der Unentgeltlichkeit) ist in diesen Fällen nicht erforderlich (R 7 Abs. 1 Satz 3 ErbStR).

BEISPIEL

An einer Personengesellschaft sind A, B und C beteiligt. Mit dem Tod des A wächst dessen Anteil B und C zu gleichen Teilen an. Der Buchwert der Beteiligung betrug 5 Mio. DM. An die Erben des A ist in dieser Höhe eine Abfindung zu zahlen. Der Steuerwert des Anteils beträgt 7,5 Mio. DM. B und C haben als Erwerb von Todes wegen jeweils (7,5 Mio. DM ·/· 5 Mio. DM x $^1/_2$ =) 1,25 Mio DM zu versteuern.

Die Regelung kann sich nicht nur bei Personengesellschaften, sondern auch bei Kapitalgesellschaften auswirken. Eine Anwachsung auf die verbleibenden Gesellschafter ist zwar bei Anteilen an Kapitalgesellschaften nicht möglich. Aufgrund gesellschaftsvertraglicher Vereinbarung kann aber der Erbe verpflichtet sein, den durch Erbanfall erworbenen Geschäftsanteil auf die Gesellschafter oder die Gesellschaft gegen eine Abfindung zu übertragen, die geringer ist als der steuerliche Wert des Anteils. Erwerber sind die Gesellschafter bzw. die Gesellschaft. Wird beim Tod eines GmbH-Gesellschafters der Geschäftsanteil des Verstorbenen gemäß § 34 GmbHG eingezogen, kommt allerdings eine Besteuerung der GmbH nicht in Betracht, selbst wenn der Wert des Geschäftsanteils die Abfindung des Erben übersteigt. Die Werterhöhung der Geschäftsanteile bei den verbleibenden Gesellschaftern wird allerdings fiktiv einer Schenkung auf den Todesfall gleichgestellt (§ 3 Abs. 1 Nr. 2 Satz 3 ErbStG).

PRAXISHINWEIS:

Wenn die beteiligten Gesellschafter nicht miteinander verwandt sind, ist grundsätzlich die ungünstige Steuerklasse III anzuwenden. War der Erblasser zu mehr als 25 v. H. unmittelbar am Nennkapital der Kapitalgesellschaft beteiligt, ist der bei den Mitgesellschaftern eintretende Erwerb von Todes wegen nach §§ 13a, 19a ErbStG begünstigt (vgl. Rdn. 166).

Vermächtnisähnliche Erwerbe 89

Hierunter fallen sonstige Erwerbe, auf die die Vorschriften über Vermächtnisse anzuwenden sind, insbesondere

- der gesetzliche *Voraus* des überlebenden Ehegatten (vgl. Rdn. 13) - dieser ist meist steuerfrei nach § 13 Abs. 1 Nr. 1 ErbStG - und

- der sog. *Dreißigste*, der Familienangehörigen im Haushalt des Erblassers für 30 Tage nach dem Erbfall den Unterhalt sichert (§ 1969 BGB) - dieser ist jedoch nach § 13 Abs. 1 Nr. 4 ErbStG steuerfrei.

Erwerb aufgrund eines vom Erblasser geschlossenen Vertrags

90 Hierunter versteht man jeden Vermögensvorteil, der aufgrund eines vom Erblasser geschlossenen Vertrags bei dessen Tod von einem Dritten unmittelbar erworben wird. Die Besonderheit liegt darin, daß die Zuwendung nicht aus dem Nachlaß des Erblassers erfolgt, sondern *auf vertraglicher Grundlage an den Dritten unmittelbar* auszuführen ist. Hauptanwendungsfall ist der sog. Vertrag zugunsten Dritter auf den Todesfall (vgl. Rdn. 73). Vereinbarungen dieser Art werden häufig in Spar- und Depotverträgen, Versicherungsverträgen, Anstellungsverträgen oder Gesellschaftsverträgen getroffen.

Die Steuerpflicht tritt für solch einen Erwerb nur ein, wenn der Empfänger aufgrund der Zuwendung *bereichert* ist und der Erblasser diese *Bereicherung gewollt* hatte. Es müssen also die Rechtsbeziehungen zwischen dem Erblasser und dem Begünstigten (sog. Valutaverhältnis) geprüft werden. Dient die Zuwendung letztlich der *Begleichung einer Schuld*, ist sie *nicht unentgeltlich*. Ein entgeltlicher Vorgang liegt z.B. vor, wenn

- eine Unterhaltspflicht zu erfüllen war oder
- der Empfänger im Haushalt tätig war oder Pflegeleistungen erbracht hat, für die er nachträglich entlohnt wird.

Besonderheiten bei Versicherungen auf den Todesfall

91 Ist in einem Lebensversicherungsvertrag ein *Bezugsberechtigter* angegeben (z.B. die Ehefrau oder ein Kind), erwirbt dieser die Versicherungssumme *außerhalb des Erbanfalls*. Bei einer Ausschlagung der Erbschaft behält er den Anspruch gegen die Versicherung. Der Anspruch kann gesondert zurückgewiesen werden (§ 333 BGB). Er gilt dann rückwirkend als nicht erworben, fällt in den Nachlaß und damit den Erben oder einem vom Erblasser bestimmten Ersatzberechtigten an.

Der Anspruch aus einer Unfallversicherung fällt dagegen regelmäßig in den Nachlaß des Versicherten. Der Anspruch aus einer Versicherung gegen Unfälle, die einem anderen (sog. Gefahrsperson) zustoßen, z.B. aus einer Kfz-Insassen-Unfallversicherung, fällt ebenfalls in den Nachlaß des verunglückten Insassen. Der Erbe des Insassen erwirbt ihn also durch Erbanfall.

Besonderheiten bei Hinterbliebenenbezügen

Versorgungsansprüche der Hinterbliebenen können steuerpflichtig sein, wenn sie auf privater oder gesellschaftsvertraglicher Vereinbarung des Erblassers beruhen. *Gesetzliche Hinterbliebenenbezüge* des Ehegatten und der Kinder des Erblassers sind dagegen nicht steuerbar (R 8 Abs. 1 ErbStR). Denn hier fehlt es an einer besonderen Zuwendung durch den Erblasser. 92

Hierzu gehören insbesondere

- Versorgungsbezüge aus der gesetzlichen Rentenversicherung,
- Versorgungsbezüge aufgrund der berufsständischen Pflichtversicherungen von Angehörigen der freien Berufe,
- Versorgungsbezüge nach den Beamtenversorgungsgesetzen des Bundes und der Länder und
- Versorgungsbezüge nach den Abgeordnetendiätengesetzen des Bundes und der Länder.

Obwohl sie dem Grunde nach auf einer vertraglichen Vereinbarung des Erblassers beruhen, sind auch solche Hinterbliebenenbezüge stets steuerfrei, die auf ein Dienstverhältnis - also eine abhängige Arbeitnehmerstellung - des Erblassers zurückzuführen sind. Dies sind im wesentlichen Bezüge, die auf Tarifvertrag, Betriebsordnung oder Betriebsvereinbarung beruhen (R 8 Abs. 2 und 3 ErbStR).

Der *Erbschaftsteuer unterliegen* dagegen solche Hinterbliebenenbezüge, die nicht auf ein Arbeitnehmer-Verhältnis des Erblassers zurückgehen (R 8 Abs. 4 ErbStR). Hierzu gehören z.B.

- Bezüge aus einer privaten Rentenversicherung,
- Rentenbezüge aus dem Verkauf eines Grundstücks oder eines Betriebs,
- Renten aufgrund der Tätigkeit des Erblassers als unternehmerisch tätiger Gesellschafter einer Personenhandelsgesellschaft (OHG, KG, GbR) und
- Renten aufgrund der Tätigkeit des Erblassers als nicht abhängig tätiger Gesellschafter-Geschäftsführer einer Kapitalgesellschaft (GmbH, AG).

PRAXISHINWEIS:

Hinterbliebenenbezüge, die nicht der Erbschaftsteuer unterliegen, haben Folgewirkungen auf die Berechnung des Versorgungsfreibetrages (vgl. Rdn. 168, 169).

Außer den Erwerben, die unmittelbar auf den Erblasser zurückgehen, gibt es eine Reihe von Erwerben, die *fiktiv als vom Erblasser zugewendet* gelten: 93

Erwerbe von Todes wegen, die fiktiv als vom Erblasser zugewendet gelten

Vermögensübergang auf eine Stiftung	Erwerb bei Vollziehung einer Auflage oder Erfüllung einer Bedingung	Leistungen bei Genehmigung einer Zuwendung des Erblassers	Abfindungen bei Verzicht auf Erwerbe von Todes wegen	Entgelt für die Übertragung einer Nacherbenanwartschaft
§ 3 Abs. 2 Nr. 1 ErbStG	§ 3 Abs. 2 Nr. 2 ErbStG	§ 3 Abs. 2 Nr. 3 ErbStG	§ 3 Abs. 2 Nr. 4 und 5 ErbStG	§ 3 Abs. 2 Nr. 6 ErbStG

Von den in diesem Schaubild aufgeführten Erwerben sollen nur die wichtigsten erläutert werden.

Erwerb aufgrund einer Auflage oder Bedingung

94 Der Erblasser kann durch Testament den Erben oder Vermächtnisnehmer mit einer Auflage zu einer bestimmten Leistung verpflichten (vgl. Rdn. 41). Was jemand in *Erfüllung einer solchen Auflage* erwirbt, gilt als vom Erblasser zugewendet. Auflagen, die dem Erben oder Vermächtnisnehmer selbst zugute kommen, sind kein selbständiger Erwerb, können aber auch nicht als Nachlaßverbindlichkeit abgezogen werden (§ 10 Abs. 9 ErbStG).

Der Erblasser kann z.B. einem Vermächtnisnehmer etwas unter der Bedingung zuwenden, daß dieser davon einen Geldbetrag an eine bestimmte Person oder für einen bestimmten Zweck zahlt. Was dieser Empfänger erhält, geht damit unmittelbar auf die Anordnung des Erblassers zurück.

Abfindung bei Verzicht auf Erwerbe von Todes wegen

95 Was jemand als Abfindung für die Ausschlagung einer Erbschaft, eines Vermächtnisses oder den Verzicht auf einen Pflichtteilsanspruch erhält, gilt als Zuwendung des Erblassers und zwar selbst dann, wenn die Abfindung nicht von demjenigen gezahlt wird, dem die Ausschlagung oder der Verzicht zugute kommt, sondern von einem Dritten, dem der gleichsam „erkaufte" Verzicht selbst nicht zugute kommt.

Die Steuer bemißt sich danach, was als Abfindung geleistet wird. Der Verpflichtete ist entsprechend entreichert. Bei Übertragung eines Grundstücks soll nur dessen Steuerwert maßgebend sein. Dies ist jedoch aufgrund der neueren BFH-Rechtsprechung zu den Sachleistungsansprüchen (vgl. Rdn. 281) nicht ganz zweifelsfrei. Zu bewerten ist der schuldrechtliche Anspruch auf die Abfindung im Zeitpunkt der Steuerentstehung (vgl. Rdn. 136). Die Art der Erfüllung des Anspruchs müßte steuerlich unbeachtet bleiben.

Abfindung bei bedingten usw. Vermächtnissen

Hier wird der Sonderfall erfaßt, daß jemand auf ein aufschiebend bedingtes, 96
betagtes oder befristetes Vermächtnis, das zunächst noch nicht wirksam geworden ist, vor dem Eintritt der Bedingung usw. gegen Zahlung einer Abfindung verzichtet.

Entgelt für Übertragung der Nacherbenanwartschaft

Der *Nacherbe* hat zunächst nur ein *Anwartschaftsrecht*, solange die vom Erb- 97
lasser gesetzte Bedingung für den Nacherbfall noch nicht eingetreten ist (vgl. Rdn. 38). Dieses kann er z.B. veräußern oder sonst entgeltlich übertragen. Dann tritt das Entgelt an die Stelle seiner Nacherbschaft. Dieses wird als Erwerb vom Erblasser behandelt. Im späteren *Nacherbfall* geht das Vermögen auf den Übernehmer des Anwartschaftsrechts über. Er ist mit diesem Vermögensfall steuerpflichtig und kann das von ihm gezahlte Entgelt als Kosten zur Erlangung des Erwerbs abziehen (§ 10 Abs. 5 Nr. 3 ErbStG).

Überträgt *der Nacherbe sein Anwartschaftsrecht auf den Vorerben*, wird dieser unbeschränkter Vollerbe. Eine dafür vom Vorerben gezahlte Abfindung ist bei seiner Steuerveranlagung nicht als Nachlaßverbindlichkeit abzugsfähig.

Besonderheiten

Zu einigen steuerlichen Besonderheiten bei bestimmten Erwerben von Todes wegen ist noch anzumerken:

Fortgesetzte Gütergemeinschaft (§ 4 ErbStG)

Bei fortgesetzter Gütergemeinschaft (vgl. Rdn. 55) wird der Anteil des verstor- 98
benen Ehegatten am Gesamtgut so behandelt, als sei er ausschließlich auf die anteilsberechtigten Abkömmlinge übergegangen (§ 4 Abs. 1 ErbStG).

Im Gegensatz zum bürgerlichen Recht wird hier bei den Berechtigten *ein erbrechtlicher Übergang unterstellt.* Gleiches gilt beim Tod eines anteilsberechtigten Abkömmlings (§ 4 Abs. 2 ErbStG).

Wird die fortgesetzte Gütergemeinschaft beendet, folgt die Auseinandersetzung über das Gesamtgut. Soweit die Berechtigten den gesetzlich zustehenden Anteil am Gesamtgut erhalten, löst dies weder Erbschaft- noch Schenkungsteuer aus. Stirbt der überlebende Ehegatte, geht sein Anteil am Gesamtgut im Wege der Erbfolge über.

Zugewinngemeinschaft (§ 5 ErbStG)

99 Wenn für eine Ehe der gesetzliche Güterstand der Zugewinngemeinschaft galt, wird beim Tod eines Ehegatten der Zugewinn regelmäßig über die *erbrechtliche Lösung* - das sog. Nachlaßviertel - ausgeglichen (vgl. Rdn. 49).

Die einfache Regelung wird jedoch *steuerlich nicht übernommen.* Für die Erbschaftsteuer muß die Zugewinnausgleichsforderung fiktiv so berechnet werden, wie sie sich nach zivilrechtlichen Grundsätzen für die güterrechtliche Abwicklung ergäbe (R 11 Abs. 2 ErbStR). Dabei sind folgende steuerliche *Besonderheiten* zu beachten:

- Von den Vorschriften der §§ 1373 bis 1383, 1390 BGB abweichende gütervertragliche Vereinbarungen bleiben unberücksichtigt. Im wesentlichen handelt es sich dabei um Bestimmungen zum Umfang des Anfangs- und Endvermögens sowie dessen Bewertung.
- Die Vermutung des § 1377 Abs. 3 BGB, wonach beim Fehlen eines Verzeichnisses über das Anfangsvermögen vermutet wird, daß das gesamte Endvermögen eines Ehegatten seinen Zugewinn darstellt, ist ausgeschlossen. Im Besteuerungsverfahren ist also stets das tatsächliche Anfangsvermögen zu ermitteln, ggf. zu schätzen.
- Nur der fiktive Ausgleichsanspruch ist steuerfrei, der während der tatsächlichen Dauer der Zugewinngemeinschaft erzielt wurde. Maßgeblicher Zeitpunkt für die Ermittlung des Anfangsvermögens ist demnach
  a) für vor dem 1. Juli 1958 geschlossene Ehen der 1. Juli 1958
  b) für nach dem 30. Juni 1958 mit gesetzlichem Güterstand geschlossene Ehen der Tag der Eheschließung
  c) in den Fällen eines späteren Wechsels zur Zugewinngemeinschaft (z.B. nach vorheriger Gütertrennung) der Tag der Vereinbarung.

Nur in Höhe der verbleibenden *fiktiven Ausgleichsforderung* liegt beim überlebenden Ehegatten *kein Erwerb im Sinn des § 3 ErbStG* vor.

BEISPIEL

Die Ehegatten hatten zu Beginn der Ehe Gütertrennung vereinbart. Im Jahr 20 vereinbaren sie Zugewinngemeinschaft. Im Jahr 25 verstirbt der Ehemann. Sein Gesamtzugewinn beträgt 10 Mio. DM. Auf die letzten 5 Ehejahre entfallen davon 2 Mio. DM. Der Zugewinn der Ehefrau (Alleinerbin) beträgt 0 DM.

Die fiktive steuerfreie Ausgleichsforderung beträgt nicht ($^1/_2$ von 10 Mio. DM =) 5 Mio. DM, sondern nur 1 Mio. DM (= $^1/_2$ von 2 Mio. DM).

Für jeden Ehegatten ist das Anfangs- und Endvermögen nach Verkehrswerten gegenüberzustellen.

Anfangsvermögen ist das Vermögen, das einem Ehegatten nach Abzug von Verbindlichkeiten beim Eintritt des Güterstands gehörte. Hinzurechnungen nach § 1374 Abs. 2 BGB müssen berücksichtigt werden. Bei Überschuldung ist das Vermögen mit 0 DM anzusetzen. Der auf allgemeiner Geldentwertung beruhende unechte Wertzuwachs des Anfangsvermögens während des Bestehens des Güterstands stellt keinen Zugewinn dar (R 11 Abs. 3 Satz 3 ErbStR; BGH vom 14.11.1973, BGHZ 61 S. 385). Er ist aus der Berechnung der Ausgleichsforderung zu eliminieren, indem das Anfangsvermögen der Ehegatten mit dem Lebenshaltungskostenindex zur Zeit der Beendigung des Güterstandes multipliziert und durch die für den Zeitpunkt des Beginns des Güterstandes geltende Indexzahl dividiert wird. Das Statistische Bundesamt ermittelt und veröffentlicht regelmäßig die maßgebenden Indexzahlen. Die für die Jahre 1958 bis 1998 geltenden Indexzahlen lauten wie folgt: 100

1958	***1959***	***1960***	***1961***	***1962***	***1963***	***1964***	***1965***	***1966***
31,1	*31,3*	*31,8*	*32,6*	*33,0*	*34,0*	*34,8*	*35,9*	*37,1*
1967	***1968***	***1969***	***1970***	***1971***	***1972***	***1973***	***1974***	***1975***
37,8	*38,4*	*39,1*	*40,5*	*42,6*	*44,9*	*48,1*	*51,4*	*54,5*
1976	***1977***	***1978***	***1979***	***1980***	***1981***	***1982***	***1983***	***1984***
56,8	*58,9*	*60,5*	*63,0*	*66,4*	*70,6*	*74,3*	*76,7*	*78,6*
1985	***1986***	***1987***	***1988***	***1989***	***1990***	***1991***	***1992***	***1993***
80,2	*80,1*	*80,3*	*81,3*	*83,6*	*85,8*	*89,0*	*92,5*	*95,8*
1994	***1995***	***1996***	***1997***	***1998***	***1999***			
98,4	*100,0*	*101,3*	*103,2*	*104,1*				

BEISPIEL

Bei Eheschließung 1964 hatte das Anfangsvermögen eines Ehegatten einen Wert von 180.000 DM. Der Güterstand der Zugewinngemeinschaft wurde 1999 beendet. Der um die allgemeine Geldentwertung bereinigte Wert des Anfangsvermögens ist wie folgt zu berechnen:

$$\frac{180.000 \text{ DM} \times 104{,}1}{34{,}8} = 538.448 \text{ DM}$$

101 *Endvermögen* ist das Vermögen, das einem Ehegatten nach Abzug von Verbindlichkeiten bei der Beendigung des Güterstands gehört. Hinzurechnungen nach § 1375 Abs. 2 und 3 BGB müssen berücksichtigt werden. Erwerbe des überlebenden Ehegatten im Sinne des § 3 Abs. 1 Nr. 4 ErbStG sind dem Endvermögen des verstorbenen Ehegatten zuzurechnen. Dies gilt z.B. für erbschaftsteuerpflichtige Hinterbliebenenbezüge, die dem überlebenden Ehegatten aufgrund eines privaten Anstellungsvertrages des verstorbenen Ehegatten zustehen, sowie für Lebensversicherungen, die dem überlebenden Ehegatten zustehen, auch soweit es sich dabei um Ansprüche aus einer privaten Rentenversicherung des verstorbenen Ehegatten handelt. Nicht hinzuzurechnen sind dagegen erbschaftsteuerfreie Hinterbliebenenbezüge (zur Abgrenzung vgl. Rdn. 92).

Der Wert des Endvermögens des verstorbenen Ehegatten ist zusätzlich auch nach steuerlichen Bewertungsgrundsätzen zu ermitteln. Dabei sind alle bei der Ermittlung des Endvermögens berücksichtigten Vermögensgegenstände zu bewerten, auch wenn sie nicht zum steuerpflichtigen Erwerb gehören (z.B. steuerfreie Hinterbliebenenbezüge, vgl. Rdn. 92). Ist der sich danach ergebende *Steuerwert des Endvermögens niedriger als der Verkehrswert*, ist für die Berechnung des als Ausgleichsforderung steuerfreien Betrags von diesem niedrigeren Betrag auszugehen. Maßgebend ist danach der *Teilbetrag der Ausgleichsforderung*, der dem *Verhältnis des Steuerwerts zum Verkehrswert* des Endvermögens entspricht. Der BFH hat diese Berechnungsweise bestätigt.

BEISPIELE

Berechnung der fiktiven Ausgleichsforderung

	verstorbener Ehegatte	überlebender Ehegatte
Endvermögen	2.000.000 DM	250.000 DM
Anfangsvermögen (indiziert)	400.000 DM	50.000 DM
Zugewinn	1.600.000 DM	200.000 DM

Ausgleichsforderung = $^1/_2$ von (1.600.000 - 200.000 DM) = 700.000 DM

Berechnung der steuerfreien Ausgleichsforderung

Endvermögen des verstorbenen Ehegatten nach Verkehrswert	2.000.000 DM
Endvermögen des verstorbenen Ehegatten nach Steuerwerten	1.500.000 DM

Ausgleichsforderung = $700.000 \text{ DM} \times \frac{1.500.000 \text{ DM}}{2.000.000 \text{ DM}} = 525.000 \text{ DM}$.

Einen Berechnungsbogen zur Ermittlung der steuerfreien fiktiven Ausgleichsforderung gemäß § 5 Abs. 1 ErbStG finden Sie im Anhang.

Wird nach dem Tod eines Ehegatten der Zugewinn tatsächlich nach § 1371 Abs. 2 BGB ausgeglichen (vgl. Rdn. 50), ist die *güterrechtliche Ausgleichsforderung* in vollem Umfang steuerfrei. Das gilt auch, wenn die güterrechtliche Ausgleichsforderung sich aufgrund ehevertraglicher Vereinbarungen erhöht. § 5 Abs. 2 ErbStG hat nur deklaratorische Bedeutung. Eine Begrenzung der Forderung nach dem Verhältnis des Steuerwerts zum Verkehrswert muß nicht erfolgen. Deshalb ist die güterrechtliche Abwicklung steuerlich besonders vorteilhaft, wenn Steuerwert und Verkehrswert des Nachlaßvermögens weit voneinander abweichen (vgl. Beispiel bei Rdn. 101). 102

PRAXISHINWEIS:

Beachten Sie, daß Sie mit Modifizierungen zur güterrechtlichen Ausgleichsforderung nicht allein den Umfang der Steuerfreiheit verändern. Erhöhende Maßnahmen gehen unmittelbar zu Lasten des ausgleichspflichtigen Erben und führen dabei zu evtl. nicht gewollten Verteilungen des Familienvermögens. Die güterrechtliche Ausgleichsforderung bleibt außerdem in den Fällen steuerfrei, in denen der Güterstand zu Lebzeiten der Ehegatten beendet wird (vgl. Rdn. 50).

Die mancherorts gegebene Empfehlung, die Zugewinngemeinschaft durch Ehevertrag zu beenden, den Zugewinn güterrechtlich auszugleichen und anschließend zur Zugewinngemeinschaft zurückzukehren, steht unter dem Risiko, als Gestaltungsmißbrauch (§ 42 AO) angesehen zu werden. Bedenkenswert ist auch, daß die Vermögensherausgabe an den anderen Ehegatten endgültig erfolgt und z.B. im Fall einer Scheidung kein Rückforderungsrecht besteht.

103 Die Finanzverwaltung nimmt allerdings eine steuerpflichtige Schenkung auf den Todesfall (§ 3 Abs. 1 Nr. 2 ErbStG) bzw. eine Schenkung unter Lebenden (§ 7 Abs. 1 Nr. 1 ErbStG) an, wenn durch ehevertragliche Vereinbarungen einem Ehegatten für den Fall der Beendigung der Zugewinngemeinschaft eine erhöhte güterrechtliche Ausgleichsforderung verschafft wird und mit den Vereinbarungen in erster Linie nicht güterrechtliche, sondern erbrechtliche Wirkungen herbeigeführt werden sollen (R 12 Abs. 2 ErbStR; BFH-Urteil vom 28. Juni 1989, BStBl 1989 II S. 897). Eine überhöhte Ausgleichsforderung liegt vor, soweit die tatsächliche Ausgleichsforderung, z.B. durch Vereinbarung eines vor dem Zeitpunkt des Vertragsschlusses liegenden Beginns der Wirkungen des Güterstands oder eines abweichenden Anfangsvermögens, die sich nach §§ 1373 bis 1383 und 1390 BGB ohne Modifizierung ergebende Ausgleichsforderung übersteigt.

BEISPIEL

Die Ehegatten hatten bei Eheschließung 1965 zunächst Gütertrennung vereinbart. 1996 wechselten sie zum modifizierten Güterstand der Zugewinngemeinschaft: Der güterrechtliche Ausgleich soll für den Fall der Scheidung ausgeschlossen sein, ansonsten soll die Wirkung des neuen Güterstands rückwirkend ab dem Zeitpunkt der Eheschließung eintreten. Als E1 1999 stirbt, wird E2 nicht Erbe und macht den güterrechtlichen Zugewinnausgleich geltend.

Der Zugewinn des E1 betrug in der Zeit von 1965 bis 1996 10.000.000 DM und in der Zeit von 1996 bis 1999 200.000 DM. E2 hat in der Zeit von 1965 bis 1996 1.000.000 DM und in der Zeit von 1996 bis 1999 keinen Zugewinn erzielt.

Der güterrechtliche Ausgleichsanspruch des überlebenden Ehegatten beträgt $^1/_2$ von (10.000.000 DM - 1.000.000 DM =) 4.500.000 DM.

Er bleibt gemäß § 5 Abs. 2 ErbStG unbesteuert (nicht steuerbar).

Für die Zeit des Bestehens des Güterstands hätte sich ein Ausgleichsanspruch ergeben von

$^1/_2$ von (200.000 DM - 0 DM =) 100.000 DM.

In Höhe von 4.400.000 DM liegt nach Auffassung der Finanzverwaltung eine steuerpflichtige Schenkung auf den Todesfall an den überlebenden Ehegatten vor.

Errungenschaftsgemeinschaft nach FGB-DDR

Die *gesetzliche Überleitung* in den Güterstand der Zugewinngemeinschaft (vgl. 104
Rdn. 52) hat *keine steuerlichen* Folgen, da sich die bisherige Berechtigung der Ehegatten am gemeinschaftlichen Eigentum in anderer Form fortsetzt. Das Alleineigentum eines Ehegatten und sein Anteil an dem bisherigen gemeinschaftlichen Eigentum bilden sein Anfangsvermögen i. S. d. § 1374 BGB. Dabei steht grundsätzlich das gemeinschaftliche Eigentum den Ehegatten je zur Hälfte zu.

Gilt der Güterstand der Errungenschaftsgemeinschaft weiter (vgl. Rdn. 56), gehört beim Tod eines Ehegatten sein Anteil am gemeinschaftlichen Vermögen nicht zum Erwerb i. S. d. § 3 ErbStG.

Vor- und Nacherbschaft

Ungeachtet der Beschränkungen, denen der Vorerbe nach den letztwilligen Ver- 105
fügungen des Erblassers unterliegt (vgl. Rdn. 38), ist *steuerlich der Vorerbe ein Vollerbe* (§ 6 Abs. 1 ErbStG). Seine Verfügungsbeschränkungen bleiben unberücksichtigt (§ 9 Abs. 3 BewG). Die beim Vorerben anfallende Erbschaftsteuer hat er aus den Mitteln der Vorerbschaft zu entrichten (§ 20 Abs. 4 ErbStG).

Tritt die *Nacherbfolge durch den Tod des Vorerben* ein, wird der 106
Vermögensübergang als vom Vorerben stammend besteuert.

Das Steuerrecht löst sich hier vom Zivilrecht.

BGB-Regelung:

Erblasser → Vorerbe
Erblasser → Nacherbe

ErbStG-Regelung:

Erblasser → Vorerbe → Nacherbe

Daraus folgt: Die *Steuerklasse* richtet sich nach dem Verwandtschaftsverhältnis des Nacherben zum Vorerben. Doch es gibt eine Ausnahme: Prüfen Sie als Nacherbe, ob Sie im Verhältnis zum Erblasser zu einer Steuerklasse gehören, die zu einem höheren Freibetrag und einem niedrigeren Steuersatz führt. Sie können dann die Besteuerung nach dieser günstigeren Steuerklasse beantragen (§ 6 Abs. 2 ErbStG).

BEISPIELE

Erblasser	Vorerbe	Nacherbe	Steuerklassenwahl
Ehefrau	Ehemann	Schwester der Ehefrau	II statt III
Mutter	Kind A	Kind B	I statt II

PRAXISHINWEIS:

Geht beim Nacherbfall auch eigenes Vermögen des Vorerben auf den Nacherben über, sind besondere Berechnungen erforderlich (§ 6 Abs. 2 Sätze 3 bis 5 ErbStG). Wenn der vom Nacherbschaftsvermögen nach dem Verhältnis zum Erblasser abzugsfähige Freibetrag nicht voll verbraucht ist, kann der für das eigene Vermögen des Vorerben zu gewährende Freibetrag nur insoweit abgezogen werden, als der Freibetrag für das Nacherbschaftsvermögen nicht verbraucht ist (BFH vom 2.12.1998, BStBl 1999 II S. 235).

107 Nach den Verfügungen des Erblassers kann der Nacherbfall auch zu Lebzeiten des Vorerben eintreten (z.B. bei Eintritt der Wiederverheiratungsklausel für den Ehegatten als Vorerben). Dann gilt die *Vorerbschaft als auslösend bedingter, die Nacherbschaft als aufschiebend bedingter Erbanfall*. Der Nacherbe wird stets nach seinem Verwandtschaftsverhältnis zum Erblasser behandelt. Die vom Vorerben zunächst entrichtete Erbschaftsteuer wird in bestimmtem Umfang auf die Steuerschuld des Nacherben angerechnet (§ 6 Abs. 3 ErbStG).

Der Nacherbe kann sein Nacherbenanwartschaftsrecht nach Eintritt des Vorerbfalls, aber vor Eintritt der Nacherbfolge unentgeltlich auf einen Dritten übertragen. Bei Eintritt des Nacherbfalls unterliegt dann dessen Erwerb der Erbschaftsteuer. Steuerklasse, Freibetrag und Steuersatz richten sich in diesem Fall nach dem Verhältnis des Erwerbers (Dritten) zum Vorerben bzw. Erblasser.

PRAXISHINWEIS:

Die Anordnung einer *Vor- und Nacherbschaft* ist steuerlich wenig empfehlenswert, da sie zu einer Bündelung des Vermögensübergangs auf den Nacherben mit entsprechender Progressionswirkung führt.

Schenkungen unter Lebenden

Die zweite Hauptgruppe von steuerpflichtigen Vermögensübertragungen ist unter dem Begriff der Schenkungen unter Lebenden zusammengefaßt.

Grundfall

Eine Schenkung unter Lebenden ist *jede freigebige Zuwendung unter Lebenden, soweit der Bedachte durch sie auf Kosten des Zuwendenden bereichert wird* (§ 7 Abs. 1 Nr. 1 EbStG). Hierunter fallen auch lebzeitige Übertragungen von Vermögen in vorweggenommener Erbfolge. 108

Der steuerliche Schenkungsbegriff unterscheidet sich vom Schenkungsbegriff des BGB (vgl. Rdn. 70) darin, daß eine *Einigung über die Unentgeltlichkeit nicht verlangt* wird. Steuerrechtlich sind zwei Elemente für eine Schenkung ausschlaggebend:

1. Ist der Empfänger durch die Zuwendung objektiv auf Kosten des Zuwenders bereichert?
2. Hat der Schenker die Unentgeltlichkeit subjektiv gewollt?

Objektive Bereicherung

Ob eine Bereicherung vorliegt, ist zunächst anhand der Verkehrswerte der Zuwendungsgegenstände zu beurteilen. Persönliche Werteinschätzungen sind unbeachtlich. Dies ist auch bei Gegenleistungen und Auflagen zu beachten. 109

Die Leistung des Zuwenders führt objektiv zu einer *Bereicherung des Empfängers*, wenn sie unentgeltlich ist. Der Erwerb eines zugewendeten Gegenstands ist unentgeltlich, wenn kein Rechtsanspruch darauf besteht und wenn er nicht rechtlich abhängig ist von einer den Erwerb ausgleichenden Gegenleistung des Erwerbers. Eine Gegenleistung kann sowohl nach Art eines gegenseitigen Vertrags als auch durch Setzung einer Auflage/Bedingung oder eines entsprechenden Rechtszwecks begründet sein.

Bereicherung ist demnach *jede Vermehrung des Aktivvermögens* und *jede Minderung von Schulden und Belastungen*. Entreichernde Wirkung haben insbesondere Verpflichtungen, die den Zuwendungsgegenstand als solchen belasten (z.B. dingliche Nutzungsrechte, Nießbrauch) wie auch Verbindlichkeiten, die den Empfänger im Zusammenhang mit der Zuwendung treffen.

PRAXISHINWEIS:

Beachten Sie, daß *nur Gegenleistungen* berücksichtigt werden, die *in Geld veranschlagt* werden können (§ 7 Abs. 3 ErbStG).

Eine Bereicherung tritt nicht ein, wenn der Empfänger das Erhaltene *rechtlich beanspruchen* konnte, z.B. als

- Erfüllung einer Schuld oder
- Entlohnung für vereinbarte Dienste.

Führt die Saldierung von bereichernden und entreichernden Posten zu einem Saldo von 0 DM oder einem negativen Saldo, scheidet eine Schenkung unter Lebenden aus.

Subjektive Freigebigkeit

110 Eine freigebige Zuwendung erfordert den *einseitigen Willen des Zuwendenden zur Unentgeltlichkeit*. Ein auf die Bereicherung des Empfängers gerichteter Wille im Sinne einer Bereicherungsabsicht (Willen zur schenkweisen Zuwendung, Schenkungsofferte i. S. d. § 516 Abs. 1 BGB) ist nicht erforderlich. Der Zuwendende muß aber in dem Bewußtsein handeln, daß er

- zu der Vermögenshingabe rechtlich nicht verpflichtet ist (auch nicht zur Regelung arbeitsrechtlicher, familienrechtlicher oder gesellschaftsrechtlicher Beziehungen) und
- seine Leistung ohne rechtlichen Zusammenhang mit einer Gegenleistung (oder einem Gemeinschaftszweck) erbringt.

Ob dies zutrifft, kann nicht allein nach den persönlichen (und damit kaum nachprüfbaren) Vorstellungen des Zuwendenden beurteilt werden. Der Wille zur Unentgeltlichkeit ist auf der Grundlage der dem Zuwendenden bekannten Umstände nach den *Maßstäben des allgemein Verkehrsüblichen* festzustellen (sog. objektivierende Betrachtungsweise). Es genügt, wenn der Zuwendende die Tatsachen und Umstände kennt, aufgrund derer seine Zuwendung als objektiv unentgeltlich qualifiziert werden kann.

Die Steuerpflicht einer Schenkung wird nicht dadurch ausgeschlossen, daß sie zur Belohnung (nicht Entlohnung, vgl. Rdn. 146) oder unter einer Auflage gemacht oder in die Form eines sog. lästigen (entgeltlichen) Vertrags gekleidet ist (§ 7 Abs. 4 ErbStG). Damit ist vor allem klargestellt, daß es bei der Besteuerung von Schenkungen nicht darauf ankommen kann, in welcher Form das zugrunde liegende Rechtsgeschäft geschlossen und wie es nach außen bezeichnet wird.

Welche Besonderheiten sind zu beachten?

Weiterschenkungsklausel

Ist eine Schenkung mit der aufschiebend bedingten Verpflichtung (Auflage) ver- 111
bunden, die Zuwendung auf einen Dritten zu übertragen, sog. *Weiterschenkungsklausel*, und wird diese Verpflichtung vom Beschenkten (und Auflagenbeschwerten) gegenüber dem Dritten erfüllt, ist für die Besteuerung des Dritten dessen Verhältnis zum ursprünglichen Schenker maßgebend. Der Auflagenbeschwerte handelt selbst nicht freigebig mit der Folge, daß sein Verhältnis zum Auflagenbegünstigten nicht maßgeblich sein kann. Unbeachtlich ist, ob die Verpflichtung vor oder erst nach Eintritt der Bedingung erfüllt wird.

Kettenschenkungen

Eine Zuwendung kann über *eine Kette von Personen* laufen, wenn ein Empfänger 112
das zugewandete Vermögen an eine andere Person weitergibt. Dies kann zu einem *steuerlichen Vorteil* führen, wenn für die einzelnen Zuwendungen eine günstigere Steuerklasse gilt, als bei der unmittelbaren Zuwendung an den Letztempfänger, oder wenn Freibeträge mehrfach in Anspruch genommen werden können.

BEISPIELE

Vater → Schwiegerkind — Steuerklasse II

Aber:

Vater → Kind → Schwiegerkind — zweimal Steuerklasse I

Vater → Kind — einmal Freibetrag

Aber:

Vater → Kind, Vater → Mutter → Kind — zweimal Freibetrag, Progressionswirkung

PRAXISHINWEIS:

Die Rechtsprechung des BFH hat für die steuerliche Anerkennung solcher Zuwendungen enge Grenzen gesteckt. Erhält jemand als Durchgangs- oder Mittelsperson eine Zuwendung, die er entsprechend einer bestehenden Verpflichtung in vollem Umfang an einen Dritten weitergibt, liegt schenkungsteuerrechtlich nur eine Zuwendung aus dem Vermögen des Zuwendenden an den Dritten vor. Wegen der Verpflichtung zur Weitergabe besteht keine Bereicherung der Mittelsperson aus dem Vermögen des Zuwendenden; eine Schenkung der Mittelsperson an den Dritten kommt nicht in Betracht.

Auch wenn kein einheitlicher Schenkungsvorgang vorliegt, kann bei Kettenschenkungen ein Gestaltungsmißbrauch i.S.d. § 42 AO in Betracht kommen, wenn solche Schenkungen offensichtlich nur aus Steuerspargründen erfolgen. Dann wird auch nur eine (steuerlich ungünstige) Schenkung an den Letztempfänger angenommen.

Zuwendungen unter Ehegatten

113 Wie bereits erwähnt (vgl. Rdn. 110), kann es an einer Bereicherung und am Willen zur Unentgeltlichkeit fehlen, wenn eine *Zuwendung zur Regelung familienrechtlicher Beziehungen* vorgenommen wird:

- Deshalb ist die *Ausgleichsforderung* eines Ehegatten bei der Scheidung einer Ehe, für die der gesetzliche Güterstand der *Zugewinngemeinschaft* galt, regelmäßig keine Schenkung unter Lebenden. § 5 Abs. 2 ErbStG hat insoweit nur für die Ermittlung der nicht steuerbaren Ausgleichsforderung Bedeutung. Zu Ausnahmen vgl. Rdn. 103.
- Deshalb löst die *Verteilung des Gesamtguts* bei *Beendigung der Gütergemeinschaft* zu Lebzeiten der Ehegatten keine Schenkungsteuer aus. Dagegen gilt die *Bereicherung*, die ein Ehegatte bei *Vereinbarung der Gütergemeinschaft* erfährt (vgl. Rdn. 54), als Schenkung unter Lebenden (§ 7 Abs. 1 Nr. 4 ErbStG). Hier wird von Gesetzes wegen unterstellt, daß die Bereicherung des weniger vermögenden Ehegatten stets gewollt ist.
- Deshalb liegt bei der Scheidung einer Ehe, für die der Güterstand der *Errungenschaftsgemeinschaft nach FGB-DDR* galt, in Höhe des gesetzlichen Anteils am gemeinschaftlichen Eigentum und Vermögen (vgl. Rdn. 56) kein Erwerb i. S. d. § 7 ErbStG vor.

114 Große Unsicherheit im Bereich der Ehegattenzuwendungen verursachte das von der Zivilrechtsprechung geprägte Institut der sog. *unbenannten oder ehebedingten Zuwendungen* (vgl. Rdn. 72). Solche Zuwendungen werden angenommen, wenn sie dem Ausgleich für geleistete Mitarbeit dienen oder den Ehegatten „in angemessener Weise an den Früchten des ehelichen Zusammenwir-

kens“ beteiligen sollen. Eine Schenkung i. S. d. BGB (§§ 516 ff.) liegt dann regelmäßig nicht vor. Daraus wurde gefolgert, daß unbenannte Zuwendungen auch *nicht freigebig* i. S. d. § 7 Abs. 1 Nr. 1 ErbStG sein könnten, folglich also steuerfrei bleiben müßten.

Nach der neueren Rechtsprechung des Bundesfinanzhofs (Urteil vom 2. März 1994, BStBl 1994 II S. 366) sind unbenannte Zuwendungen nicht deswegen von der Schenkungsteuer ausgenommen, weil sie nach zivilrechtlicher Auffassung keine Schenkungen im Sinne des BGB darstellen. Die Steuerpflicht beurteilt sich allgemein nach den Voraussetzungen des § 7 Abs. 1 Nr. 1 ErbStG. Dabei kann die objektive Unentgeltlichkeit der Leistung nicht allein deswegen verneint werden, weil der unbenannten Zuwendung besondere ehebezogene Motive zugrunde liegen, etwa dahingehend, daß die Zuwendung dem „Ausgleich für geleistete Mitarbeit“ des bedachten Ehegatten oder dessen „angemessener Beteiligung an den Früchten des ehelichen Zusammenwirkens“ dienen soll. Die Art des zugewendeten Vermögens ist ebenso unerheblich wie die Angemessenheit der Zuwendung; auch der eheliche Güterstand bleibt ohne Auswirkung. Die „objektivierende“ Sichtweise läßt kaum Raum für Auslegungen. Unbenannte Zuwendungen sind damit in aller Regel *steuerpflichtig*.

Der Gesetzgeber hat für einen wichtigen Teilbereich eine gesetzliche Ausnahme geschaffen: Nach *§ 13 Abs. 1 Nr. 4a ErbStG* sind *Zuwendungen im Zusammenhang mit einem inländischen Familienwohnheim* ausdrücklich steuerfrei. Einzelheiten s. Rdn. 153.

Für die Besteuerungspraxis sind damit zwar Orientierungshilfen für einen wichtigen Teilbereich gegeben. Andererseits bleiben Fragen offen: Ist z.B. die Tilgung von Steuern zugunsten des anderen Ehegatten eine steuerpflichtige Zuwendung? Oder dienen solche Zuwendungen doch in so enger Weise der Verwirklichung der ehelichen Lebensgemeinschaft, daß sie zumindest in subjektiver Sicht einen Willen und ein Bewußtsein zur Unentgeltlichkeit ausschließen? Hier bleibt abzuwarten, ob sich in der Praxis überzeugende Abgrenzungskriterien finden lassen.

PRAXISHINWEIS:

Auch wenn unbenannte Zuwendungen steuerlich wie Schenkungen zu beurteilen sind, ist nicht ausgeschlossen, daß sie in angemessenem Umfang Entlohnungs- oder Vergütungsfunktion haben können. Wegen ihres entgeltlichen Charakters wäre die Schenkungsteuerpflicht insoweit zu verneinen. Die Entgeltfunktion müßten die Ehegatten aber konkret zum Ausdruck bringen (z.B. Ehegattenarbeitsverhältnis). Dabei sind jedoch stets auch die Konsequenzen in anderen Steuerbereichen zu bedenken. Verschiedentlich wurde eine Gestaltungsmöglichkeit aufgezeigt, mit der Ehegatten in Zugewinngemeinschaft die Steuerfreiheit für Zuwendungen des vermögenderen Ehegatten an den anderen erreichen sollen. Dabei müßten die Ehegatten die Zugewinngemeinschaft durch Ehevertrag aufheben, den Zugewinn steuerfrei ausgleichen (§ 5 Abs. 2 ErbStG; vgl. Rdn. 103) und anschließend erneut die Zugewinngemeinschaft begründen. Diese Vorgehensweise kann jedoch als steuerlicher Umgehungstatbestand (§ 42 AO) ausgelegt werden. Bedenkenswert ist außerdem, daß der vermögendere Ehegatte sein in den Ausgleich einbezogenes Vermögen tatsächlich herausgibt und z.B. im Fall einer späteren Scheidung kein Rückforderungsrecht geltend machen kann.

Wie nutzen Sie Bewertungsvorteile?

115 *Grundbesitz (aber auch Betriebsvermögen)* wird gegenwärtig nicht mit dem Wert angesetzt, der bei einem Verkauf erzielbar wäre, sondern mit einem besonderen Steuerwert (vgl. Rdn. 183). Dieser liegt bei bebauten Grundstücken im Durchschnitt der Fälle nur bei rund 50 % bis 60 % und bei unbebauten Grundstücken bei rund 70 % bis 80 % des tatsächlichen (Verkehrs-)Werts.

PRAXISHINWEIS:

Diesen Bewertungsvorteil können Sie ganz legal ausnutzen. Denn: Der Schenker bestimmt, was dem Bedachten letztlich verschafft werden soll (sog. Parteiwille). Wenn noch Grundstücksbelastungen bestehen, sollte zusätzlich vereinbart werden, daß diese auf den Beschenkten mit übergehen. Sonst würde die eventuelle Abzugsfähigkeit von Schuldzinsen usw. sowohl beim Schenker (mangels Einkünfteerzielung) als auch beim nicht belasteten Beschenkten entfallen. Es liegt dann eine gemischte Schenkung vor (vgl. Rdn. 118 ff.).

Deutliche Bewertungsvorteile bieten das *Betriebsvermögen*, weil hierbei regelmäßig die ertragsteuerlichen Werte (historische Anschaffungs- oder Herstellungskosten vermindert um die AfA) zum Zuge kommen, und nichtnotierte Anteile an Kapitalgesellschaften (vgl. Rdn. 184). Die steuerlichen Werte können den Verkehrswert mehr oder weniger deutlich unterschreiten. Zusätzlich können die Steuerentlastungen nach §§ 13a, 19a ErbStG in Betracht kommen (vgl. Rdn. 161 ff.).

Der Gegenstand der Zuwendung wird meist unmittelbar aus dem Vermögen des Schenkers stammen. Wird daher ein Grundstück geschenkt, ist dieses auch dann *Schenkungsgegenstand*, wenn der Beschenkte sich später durch einen *Verkauf Geldmittel verschafft*. Dies gilt selbst dann, wenn diese Geldbeschaffung das eigentliche Motiv für die Zuwendung war. Andererseits lassen sich die Bewertungsvorteile auch dadurch nutzen, daß eine Zuwendung von Geldvermögen mittelbar als Zuwendung von Sachvermögen besteuert wird (vgl. Rdn. 117).

PRAXISHINWEIS:

Schenkungen zu Lebzeiten sind schon deshalb steuerlich empfehlenswert, weil die mehrfache Nutzung der Freibeträge in Zehnjahreszeiträumen (§ 14 ErbStG; vgl. Rdn. 194) Steuern spart. Zusätzlich können Sie von einer Minderung der Steuerprogression (vgl. Rdn. 190) profitieren.

Für viele Steuerbürger kann es deshalb interessant sein, Grundbesitz zu schenken. Manch einer wird dabei aber nicht ganz auf *Einfluß- oder Nutzungsmöglichkeiten verzichten* wollen. Die *gesetzlichen Rückforderungsrechte* wegen Verarmung des Schenkers (§§ 528, 529 BGB) oder groben Undanks des Beschenkten (§§ 530 f. BGB) sind auf Ausnahmefälle beschränkt. Vertragliche Abreden und Bedingungen sind darüber hinaus in vielfältiger Weise möglich. Solche Abreden schließen regelmäßig die Ernsthaftigkeit und Wirksamkeit der Schenkungen nicht aus. Hauptsächlich handelt es sich dabei um Widerrufsvorbehalte oder auflösende Bedingungen sowie Leistungs- oder Nutzungsauflagen zu Lasten des Beschenkten. 116

Der Schenker kann sich

- den *jederzeitigen Widerruf* der Schenkung,
- den Widerruf für bestimmte Fälle (z.B. *Vorversterben des Beschenkten, Veräußerung* oder *Verschenkung* des Grundbesitzes durch den Beschenkten) oder
- die *Zustimmung zu bestimmten Verfügungen* des Beschenkten (z.B. Verkauf, Belastung, Verschenken des Grundbesitzes)

vorbehalten. Die Ansprüche des Schenkers lassen sich durch entsprechende Auflassungsvormerkungen im Grundbuch sichern.

Um seine eigene Versorgung langfristig bis ins Alter zu sichern, kann der Schenker den Beschenkten zu *Leistungen* verpflichten (z.B. Rentenzahlungen) oder sich die *Erträge* aus dem geschenkten Grundbesitz oder dessen weitere *Nutzung vorbehalten* (vgl. im einzelnen Rdn. 118f.). Auch hier ist eine Absicherung im Grundbuch möglich.

Zur Verfügung stehen insbesondere die folgenden Möglichkeiten:

- *Einnahmensicherung*: Sie können mit dem Beschenkten die Zahlung von lebenslangen Geldleistungen vereinbaren. Dabei kann es sich entweder um eine gleichbleibende *Leibrente* (evtl. mit Wertsicherungsklausel) oder um eine flexibler zu handhabende, damit aber auch risikoreichere *dauernde Last* handeln. Schenkungsteuerlich liegt darin eine Art gemischter Schenkung (vgl. Rdn. 118f.). Bei der Einkommensteuer kann der Beschenkte den Ertragsanteil der Leibrentenzahlungen bzw. die Zahlungen aufgrund der dauernden Last als Sonderausgaben absetzen. Der Empfänger muß die Zahlungen in gleicher Höhe versteuern.
- *Nutzungsvorbehalt:* Sie können mit dem Beschenkten ein *Wohnrecht* im geschenkten Grundstück oder einen *Nießbrauch* am geschenkten Grundstück vereinbaren. Beides kann auf Brutto-Basis (der Berechtigte trägt die laufenden Kosten) oder auf Netto-Basis (der Verpflichtete trägt die laufenden Kosten) geschehen. Zwischenstufen sind möglich. Schenkungsteuerlich liegt darin eine Schenkung unter Duldungsauflage (vgl. Rdn. 118, 120). Bei der Einkommensteuer bleibt der Schenker wirtschaftlicher Eigentümer. Der Nutzungswert des Wohnrechts bleibt unversteuert; allerdings entfällt auch jeder Werbungskostenabzug. Der Nießbraucher hat die daraus erzielten Einnahmen zu versteuern und kann die vereinbarungsgemäß gezahlten Kosten und die fortzuführende AfA abziehen.

PRAXISHINWEIS:

Beachten Sie, daß Sie die Eigentümerposition des Beschenkten und seine Verfügungsmöglichkeit nicht zu sehr einschränken dürfen. Die Finanzverwaltung kann sonst von einem steuerlich unbeachtlichen Scheingeschäft (§ 41 Abs. 2 AO) ausgehen, weil tatsächlich keine Schenkung ausgeführt wurde.

Mittelbare Grundstücksschenkung

Nicht immer wird jedoch ein passendes Grundstück zur Verfügung stehen. Dann kann der Schenker durch eine *Geldzuwendung dazu beitragen, daß der Beschenkte ein Grundstück erwerben oder bebauen kann.* In diesem Fall wird mittelbar eine Grundstücksschenkung ausgeführt (vgl. R 16 ErbStR) - mit günstigen Folgen bei der Schenkungsteuer: Bemessungsgrundlage = Grundstückswert (vgl. Rdn. 183). 117

PRAXISHINWEIS:

Es empfiehlt sich, einige Grundsätze zu beachten, wenn Sie von vornherein Zweifel und Schwierigkeiten und damit ungewollte steuerliche Folgen ausschließen wollen (s. R 16 ErbStR):

1. Es sollte schriftlich festgelegt werden, daß der Beschenkte den Geldbetrag nur zum Erwerb eines bestimmten Grundstücks oder zur Verwirklichung eines bestimmten Bauvorhabens verwenden darf.
2. Das Grundstück oder die Baumaßnahme sollte genau bezeichnet werden.
3. Der Geldbetrag muß vom Schenker bis zum Zeitpunkt des Erwerbs bzw. bis zum Beginn der Baumaßnahme zur Verfügung gestellt sein (rechtsverbindliche schriftliche Erklärung). Die eigentliche Geldzahlung kann dann auch je nach Bedarf später oder z.B. Zug um Zug erfolgen. Eine nachträgliche Tilgung von Darlehensverpflichtungen des Erwerbers ohne vorherige rechtliche Verpflichtung seitens des Schenkers bleibt eine Geldschenkung.

Damit erleichtern Sie den Nachweis, daß der Parteiwille auf eine mittelbare Grundstücksschenkung gerichtet war. Unverzichtbar ist natürlich, daß die *Vereinbarungen auch tatsächlich eingehalten* und das Geld bestimmungsgemäß verwendet wird. Beachten Sie auch, daß ein möglichst enger *zeitlicher Zusammenhang* zwischen der Zuwendung und Verwendung des Geldes besteht.

PRAXISHINWEIS:

Nachteilig wirkt sich beim *Empfänger* aus, daß er bei Selbstnutzung einer mittelbar zugewendeten Wohnung keine Förderung nach dem Eigenheimzulagengesetz in Anspruch nehmen kann.

Angaben zum Besteuerungswert bei den wichtigsten Fallgestaltungen enthält die folgende Tabelle:

Der Schenker finanziert	Bemessungsgrundlage
1. den vollen Kaufpreis eines unbebauten oder eines bebauten Grundstücks	Grundstückswert des unbebauten oder bebauten Grundstücks
2. einen nicht unbedeutenden Teil des Kaufpreises (mehr als 10 %) eines unbebauten oder eines bebauten Grundstücks	Anteil des Grundstückswerts des unbebauten oder bebauten Grundstücks, der dem Anteil des Geldbetrags am Gesamtkaufpreis entspricht
3. den Kaufpreis eines Grundstücks im Zustand der Bebauung (Beschenkter baut zu Ende)	Grundstückswert des Grundstücks im Zustand der Bebauung
4. den Kaufpreis eines Baugrundstücks und die vollen Baukosten eines Gebäudes	Grundstückswert des bebauten Grundstücks
5. den Kaufpreis eines Baugrundstücks und einen Teil der Baukosten eines Gebäudes	Anteil des Grundstückswerts des bebauten Grundstücks, der dem Anteil des hingegebenen Geldbetrags an den Gesamtkosten für Kauf und Bebauung entspricht
6. die Baukosten eines Gebäudes auf einem Grundstück, das dem Beschenkten bereits gehört	Differenz zwischen dem Grundstückswert des unbebauten Grundstücks und dem Grundstückswert des bebauten Grundstücks nach Bezugsfertigkeit des Gebäudes
7. die Baukosten eines Gebäudes auf einem Grundstück, das einem Dritten gehört	Grundstückswert für ein Erbbaurecht oder Gebäude auf fremdem Grund und Boden
8. die Baukosten für Aus- und Umbauten	Differenz zwischen dem Grundstückswert des bebauten Grundstücks vor bzw. nach Bezugsfertigkeit der aus- oder umgebauten Gebäudeteile

In den Fällen 6 und 8 kann es wegen der Besonderheiten der Grundstücksbewertung in den Fällen, in denen der Mindestwert zum Ansatz kommt (vgl. Rdn. 363 ff.), dazu führen, daß sich vor und nach der Baumaßnahmen derselbe Grundstückswert ergibt. Dann ist der Besteuerungswert 0 DM. Die Zuwendung selbst erheblicher Baukosten kann dadurch steuerfrei erfolgen.

Zur Erläuterung einer der wichtigsten Fallgestaltungen (oben Nr. 5) soll ein Beispiel dienen.

BEISPIEL

Der Kaufpreis für ein unbebautes Grundstück von 200.000 DM wurde vom Schenker getragen. Für die anschließende Bebauung stellte er 200.000 DM zur Verfügung. Die Baukosten betrugen insgesamt 400.000 DM. Der Steuerwert für das bebaute Grundstück soll 300.000 DM betragen.

$$\text{Steuerwert der freigebigen Zuwendung} = \frac{400.000\text{ DM}}{600.000\text{ DM}} \times 300.000\text{ DM} = 200.000\text{ DM}$$

Obwohl der Schenker 400.000 DM hingibt, braucht der Beschenkte also nur 200.000 DM zu versteuern.

Gemischte Schenkung, Auflagenschenkung

Eine *gemischte Schenkung* liegt vor, wenn *Leistung und Gegenleistung* bei einem gegenseitigen Vertrag in einem *offenbaren Mißverhältnis* stehen und die Parteien einig darüber sind, daß der übersteigende Teil unentgeltlich zugewendet wird. Die Zuwendung ist also zum Teil Leistungsaustausch (entgeltlich), zum anderen Teil Schenkung (unentgeltlich). 118

Bei der *Schenkung unter Auflage* ist die Schenkung mit einer Bestimmung verbunden, die den Bedachten nach Ausführung der Schenkung zu einer *bestimmten Leistung oder Duldung* verpflichtet (vgl. Rdn. 70). Diese kann dem Schenker, einem Dritten oder dem Beschenkten selbst zugute kommen. Im letztgenannten Fall bleibt die Auflage bei der Besteuerung unberücksichtigt (§ 10 Abs. 9 ErbStG).

Folgende Auflagen sind zu unterscheiden:

- *Leistungsauflage*: Der Schenkungsempfänger hat Aufwendungen in Form von Geld- oder Sachleistungen, auch aus seinem persönlichem Vermögen, zu tragen. Dabei kann es sich z.B. um eine Rente an den Schenker handeln.
- *Nutzungs- oder Duldungsauflage:* Der Schenkungsempfänger ist nur zu einer (zeitlich befristeten) beschränkten Duldung verpflichtet, aus der ihm kein eigener Aufwand entsteht. Dabei kann es sich um ein dingliches Nutzungsrecht (z.B. Nießbrauch), um eine beschränkt persönliche Dienstbarkeit (z.B. ein Wohnrecht) oder um ein obligatorisches Nutzungsrecht handeln.

Für die Besteuerung ergeben sich auch hier wieder Besonderheiten, *wenn Verkehrswert und Steuerwert des Zuwendungsgegenstands nicht übereinstimmen*. Die Grundsätze der gemischten Schenkung/Auflagenschenkung schließen einen „Negativsteuerwert" für Grundstücksschenkungen aus, wenn z.B. übernommene Schulden den steuerlichen Grundstückswert übersteigen. Sie sind ab 1.1.1996 auch bei einer Übertragung von Anteilen an vermögensverwaltenden Grundstücksgesellschaften, wie z.B. geschlossenen Immobilienfonds, zu beachten (§ 10 Abs. 1 Satz 3 ErbStG, R 26 ErbStR).

Im einzelnen ist zwischen drei Grundfällen zu unterscheiden (vgl. R 17 Abs. 2 bis 4 ErbStR):

1. Gemischte Schenkung/Schenkung unter Leistungsauflage

119 Die Bereicherung besteht zunächst im Unterschied zwischen dem Verkehrswert des Schenkungsgegenstands und dem Verkehrswert der Gegenleistung des Beschenkten, übernommener Verbindlichkeiten und der angeordneten Auflagen. Für die Besteuerung wird vom Steuerwert des Schenkungsgegenstands nur der Teil angesetzt, der dieser anteiligen Bereicherung entspricht.

Dies geschieht nach folgender Formel:

$$\text{Steuerwert der freigebigen Zuwendung} = \left(\text{Verkehrswert der Leistung des Schenkers} \;\cdot/\cdot\; \text{Verkehrswert der Gegenleistung des Bedachten}\right) \times \frac{\text{Steuerwert der Leistung des Schenkers}}{\text{Verkehrswert der Leistung des Schenkers}}$$

BEISPIEL

Beispiel: A hat B ein Einfamilienhaus übertragen (Verkehrswert 500.000 DM; Steuerwert 250.000 DM). B hat die auf dem Grundstück lastende Hypothek von 100.000 DM übernommen.

Steuerwert der freigebigen Zuwendung:

$$(500.000\text{ DM} \cdot/\cdot\ 100.000\text{ DM}) \times \frac{250.000\text{ DM}}{500.000\text{ DM}} = 200.000\text{ DM}$$

2. Schenkung unter Duldungsauflage

120 Liegt nach dem Verkehrswert des Schenkungsgegenstands und dem Verkehrswert der Duldungsverpflichtung eine Bereicherung des Beschenkten vor, dann ist vom Steuerwert der Zuwendung die zu vollziehende Auflage als Last mit ih-

rem Kapitalwert nach § 13 bis 16 BewG abzuziehen, soweit § 25 Abs. 1 ErbStG nicht entgegensteht (vgl. Rdn. 227).

BEISPIEL

A hat B ein Einfamilienhaus übertragen (Verkehrswert 500.000 DM; Steuerwert 250.000 DM). A hat sich ausbedungen, daß die Schwester C bis zu ihrem Tod das Wohnrecht in dem Haus hat. Der Kapitalwert des Wohnrechts beträgt 80.000 DM.

Steuerwert der freigebigen Zuwendung: 250.000 DM ·/· 80.000 DM = 170.000 DM

3. Schenkung mit Leistungs- und Duldungspflichten

Zunächst ist nach Ziff. 1 unter Berücksichtigung der Gegenleistung bzw. Leistungsauflage der unentgeltliche Zuwendungsanteil zu ermitteln. Der Kapitalwert der Duldungs-/Nutzungsanlage (§§ 13 bis 16 BewG) ist hiervon als Last abzuziehen, soweit § 25 Abs. 1 ErbStG nicht entgegensteht (vgl. Rdn. 227). Da sich die Duldungs-/Nutzungsauflage regelmäßig auf den gesamten übertragenen Vermögensgegenstand (z.B. ein Grundstück) bezieht, der Schenkungsteuer aber nur der unentgeltliche Zuwendungsanteil unterliegt, ist auch nur der hierauf entfallende Kapitalwertanteil als Last abziehbar. Dieser Anteil bemißt sich nach dem Verhältnis des Verkehrswerts der Bereicherung des Bedachten zum Verkehrswert der Leistung des Schenkers. 121

BEISPIEL

Sachverhalt und Wertangaben aus den beiden vorangegangenen Beispielen.

Steuerwert der unentgeltlichen Zuwendung (Ziff. 1) $= 250.000 \text{ DM} \times \frac{400.000 \text{ DM}}{500.000 \text{ DM}}$

$= 250.000 \text{ DM} \times 0{,}8 = 200.000 \text{ DM}$

Steuerwert der freigebigen Zuwendung (Ziff. 2, 3) = 200.000 DM ·/· 0,8 x 80.000 DM

= 200.000 DM ·/· 64.000 DM = 136.000 DM

Bei dieser Berechnungsweise kann es nicht mehr zu einem negativen Wert des steuerpflichtigen Erwerbs kommen. Der bei Anwendung des § 25 Abs. 1 ErbStG zu stundende Betrag ist ebenfalls nur auf der Grundlage des anteiligen Kapitalwerts zu berechnen (vgl. Rdn. 231).

PRAXISHINWEIS:

Grundstückserwerbe von Todes wegen und durch Schenkung unter Lebenden sind von der Grunderwerbsteuer ausgenommen - Ausnahme bei Schenkungen unter einer Auflage (§ 3 Nr. 2 GrEStG). Die Abzugsbeschränkung für bestimmte Auflagen in § 25 ErbStG eröffnet jedoch grundsätzlich die Möglichkeit eines Nebeneinander von Schenkungsteuer und Grunderwerbsteuer. Aufgrund einer einschränkenden Auslegung von § 3 Nr. 2 GrEStG durch die Rechtsprechung sind jedoch Grundstücksschenkungen unter der Auflage einer Nießbrauchsbestellung zugunsten des Schenkers vollständig von der Grunderwerbsteuer befreit. Dies muß entsprechend auch für alle anderen Grundstücksschenkungen unter Duldungsauflagen gelten, deren Abzug gemäß § 25 ErbStG ausgeschlossen ist.

Zuwendung von Geschäftsbeteiligungen

122 Die Zuwendung von *Beteiligungen an Kapitalgesellschaften* ist nach § 7 Abs. 1 ErbStG steuerpflichtig. Der Steuerwert dieser Beteiligungen richtet sich nach dem Kurswert (vgl. Rdn. 254), bei nichtnotierten Anteilen nach dem steuerlichen Anteilswert (vgl. Rdn. 292 f.).

Die steuerpflichtige Schenkung einer *Beteiligung an einer Personengesellschaft* liegt vor, wenn der Bedachte ohne eine Einlage als Mitunternehmer in die Gesellschaft aufgenommen und am Gesellschaftsvermögen beteiligt wird. Die Aufnahme kann dadurch erfolgen, daß ein bisheriger Gesellschafter seine Beteiligung ganz oder teilweise auf den eintretenden Gesellschafter *unentgeltlich überträgt*. Der Steuerwert der Beteiligung richtet sich nicht nach dem Nennbetrag des Kapitalanteils, sondern nach dem entsprechenden Anteil am Betriebsvermögen (vgl. Rdn. 462).

Erhält der Bedachte *Geld für den Erwerb einer Beteiligung*, kann dadurch mittelbar die Beteiligung Schenkungsgegenstand sein. Auch hier kommt es auf den Parteiwillen an (vgl. Rdn. 115).

Solche Zuwendungen stellen in der Regel eine (teilweise) Vorwegnahme der Erbfolge (vgl. Rdn. 73, 108) durch Beteiligung von Familienangehörigen dar.

Besondere Regelungen enthält das ErbStG für den Fall, daß ein Gesellschafter

- nur bedingt an den offenen bzw. stillen Reserven beteiligt wird (§ 7 Abs. 5 ErbStG),
- eine überhöhte Gewinnbeteiligung erhält (§ 7 Abs. 6 ErbStG) oder
- bei seinem Ausscheiden nur nach dem Buchwert seiner Beteiligung abgefunden werden soll (§ 7 Abs. 7 ErbStG); hier werden die verbleibenden Gesellschafter bereichert, ohne daß es eines Bereicherungswillens bedarf (vgl. Parallelvorschrift in § 3 Abs. 1 Nr. 2 ErbStG; Rdn. 88).

Neben der direkten Zuwendung von Gesellschaftsanteilen sind *einseitige Zuwendungen eines Gesellschafters an die Personen- oder Kapitalgesellschaft*, 123 die indirekt auch den anderen Mitgesellschaftern vermögens- oder ertragsmäßige Vorteile verschaffen, von Bedeutung. Die Besonderheit besteht darin, daß die Mitgesellschafter selbst keine ihrer Beteiligungsquote entsprechende Leistungen tätigen. Die Praxis bietet hier viele Möglichkeiten, u. a.

- offene oder verdeckte Einlagen, auch unterbewertete Sacheinlagen,
- andere Leistungen ohne Gewährung von Gesellschaftsrechten, z.B. zinslose Darlehen oder späterer Zinsverzicht,
- Kapitalerhöhungen, wobei ein Gesellschafter ganz oder teilweise auf den Erwerb der neuen Anteile verzichtet und sich damit auch die bisherige Beteiligung an den stillen Reserven verändert.

Personengesellschaften können *nicht Erwerber* einer Zuwendung und damit Steuerschuldner sein (BFH-Urteil vom 14. September 1994, BStBl 1995 II S. 81). Infolgedessen können bei Vermögenszuwendungen an die Gesellschaft *nur die einzelnen Gesellschafter* als Träger der gesamthänderischen Rechte und Pflichten bereichert sein.

Die als Folge einer *Zuwendung an eine Kapitalgesellschaft* (hier GmbH) eintretende *Erhöhung des Werts der Geschäftsanteile* stellt *keine Zuwendung an die Gesellschafter* dar (BFH-Urteil vom 25. Oktober 1995, BStBl 1996 II S. 160). Die Werterhöhung der Geschäftsanteile und damit der Bereicherung der Gesellschafter erfolge nicht auf Kosten des Zuwendenden, sondern sei nur durch die Teilhabe der Gesellschafter am Gesellschaftsvermögen verursacht. Diese Auffassung mag für den entschiedenen Einzelfall - die Zuwendung in Form eines Zinsverzichts für ein der GmbH gewährtes Darlehen stand im Zusammenhang mit einem akuten *Sanierungsbedarf* der GmbH - zutreffen. Sofern jedoch die

Zuwendung an die Kapitalgesellschaft dazu dient, unter Verkürzung des Leistungswegs über die Kapitalgesellschaft eine Zuwendung an die Mitgesellschafter auszuführen, kommt auch nach dem o.a. BFH-Urteil eine Besteuerung der beim einzelnen Mitgesellschafter eintretenden Bereicherung in Betracht.

Wenn ein solcher *Schenkerwille* erkennbar ist, dient die Zuwendung an die Kapitalgesellschaft lediglich als Mittel zum Zweck, die Mitgesellschafter auf Kosten des Zuwendenden zu bereichern.

Im Verhältnis zur Gesellschaft selbst sind solche Zuwendungen Beiträge oder Einlagen, die der Förderung des Gesellschaftszwecks dienen. Im Hinblick auf diese Zweckbestimmung erfolgen sie nicht freigebig, weil es am Willen zur Unentgeltlichkeit fehlt. Solche Zuwendungen können aber u. U. zu beträchtlichen *Wertsteigerungen bei den Anteilen der Mitgesellschafter* führen. Der Wille zur Unentgeltlichkeit als subjektives Merkmal einer freigebigen Zuwendung dürfte insbesondere dann gegeben sein, wenn die begünstigten Mitgesellschafter Familienangehörige sind. Dem zuwendenden Gesellschafter muß auf der Grundlage der ihm bekannten Umstände nach den Maßstäben des allgemein Verkehrsüblichen bewußt sein, daß seine Zuwendung im Verhältnis zu den Mitgesellschaftern als objektiv unentgeltlich zu qualifizieren ist. Behauptet er, daß ihm das Mißverhältnis zwischen Leistung und Gegenleistung nicht bekannt gewesen sei, muß er dies durch konkreten Vortrag untermauern.

Besteuerungsgrundlage der freigebigen Zuwendung an die Mitgesellschafter bildet die Differenz zwischen dem Anteilswert vor und nach der Zuwendung. Bei Anteilen an Personengesellschaften ist die Bewertung nach § 12 Abs. 5 und 6 ErbStG vorzunehmen (vgl. Rdn. 485), bei Anteilen an Kapitalgesellschaften nach dem Stuttgarter Verfahren (vgl. Rdn. 292 ff.). Einzelheiten s. R 18 ErbStR.

PRAXISHINWEIS:

Die steuerlichen Bewertungsgrundsätze können vielfach dazu führen, daß die steuerliche Belastung für die indirekte Vermögenshingabe über eine Gesellschaft niedriger ausfällt als für eine direkte Zuwendung an einen Mitgesellschafter.

Was Sie zur Zweckzuwendung wissen sollten

124 Zuwendungen von Todes wegen oder freigebige Zuwendungen unter Lebenden können mit einer Auflage verbunden oder von einer Bedingung abhängig sein.

Bei der Zweckzuwendung bestehen Auflage oder Bedingung in der rechtlichen Verpflichtung des Empfängers, das Zugewendete *zugunsten eines unbestimmten Personenkreises* (z.B. der Hilfsbedürftigen einer Stadt) oder *eines bestimmten unpersönlichen Zwecks* (z.B. kirchliche Aufgaben einer Gemeinde) zu verwenden.

Eine Zweckzuwendung liegt nicht vor, wenn die Zuwendung aus der Sicht des Zuwendenden unmittelbar seiner Person selbst zugute kommen soll, auch wenn es sich um immaterielle Belange (z.B. das Seelenheil des Zuwendenden oder die Pflege seines Grabes) handelt. Das bloße Interesse des Zuwendenden an dem bestimmten Zweck und dessen Förderung steht der Annahme einer Zweckzuwendung nicht entgegen.

Die beim Bedachten eintretende Entreicherung durch Erfüllen der Anordnungen ist zwar abzugsfähig (§ 10 Abs. 5 Nr. 2 ErbStG). Da aber kein bestimmter Empfänger dieser weiteren Zuwendung erfaßbar ist, wird die Zweckzuwendung als solche besteuert. Hier gelten stets die Steuerklasse III und ein Freibetrag von 10.000 DM. Meist wird eine Zweckzuwendung jedoch nach § 13 Abs. 1 Nr. 15 oder 17 ErbStG (vgl. Rdn. 158) steuerfrei sein.

Persönliche Steuerpflicht

Bei der Erbschaft- und Schenkungsteuer ist – wie bei anderen Personensteuern – 125
zu unterscheiden zwischen der *unbeschränkten Steuerpflicht* (für den gesamten Erwerb) und der *beschränkten Steuerpflicht* (beschränkt auf bestimmte Vermögensgegenstände).

Unbeschränkte Steuerpflicht (§ 2 Abs. 1 Nr. 1 ErbStG)

Erblasser/Schenker ein Inländer?	Gesamtes in- und ausländisches Vermögen, das vom Erblasser/Schenker auf alle in- und ausländischen Erwerber übergeht	126
Erbe/Beschenkte oder ein anderer Erwerber ein Inländer?	Gesamtes in- und ausländisches Vermögen, das dem Erwerber zufällt	

Beschränkte Steuerpflicht (§ 2 Abs. 1 Nr. 3 ErbStG)

Keiner der Beteiligten ein Inländer, aber inländisches Vermögen wird übertragen	Inlandsvermögen i. S. d. § 121 BewG, das auf einen ausländischen Erwerber übergeht	127

Wer ist Inländer?

128 Als Inländer gelten *natürliche Personen*, wenn sie im Inland einen Wohnsitz oder ihren gewöhnlichen Aufenthalt haben. Auf die Staatsangehörigkeit der Personen kommt es nicht an.

Einen *Wohnsitz* hat nach § 8 AO jemand dort, wo er eine Wohnung unter Umständen innehat, die darauf schließen lassen, daß er die Wohnung beibehalten und benutzen wird. Der inländische Wohnsitz muß nicht der Lebensmittelpunkt sein. Es genügt in der Regel, daß die Wohnung ihrem Inhaber jederzeit zur Verfügung steht.

Ein *gewöhnlicher Aufenthalt* besteht nach § 9 AO dort, wo sich jemand unter Umständen aufhält, die erkennen lassen, daß er an diesem Ort oder in diesem Gebiet nicht nur vorübergehend verweilt. Ein zusammenhängender Aufenthalt von mehr als 6 Monaten wird grundsätzlich als gewöhnlicher Aufenthalt angesehen.

Deutsche Staatsangehörige, die keinen Wohnsitz oder gewöhnlichen Aufenthalt im Inland haben, werden *als Inländer behandelt*,

- wenn sie sich noch nicht länger als 5 Jahre im Ausland aufhalten oder
- wenn sie in einem Dienstverhältnis zu einer inländischen Körperschaft des öffentlichen Rechts stehen (in erster Linie sog. Auslandsbeamte) mit ihren Familienangehörigen.

129 Als Inländer gelten alle *Körperschaften, Personenvereinigungen und Vermögensmassen*, wenn sie ihre Geschäftsleitung oder ihren Sitz im Inland haben. Solche Personenzusammenschlüsse im weitesten Sinn können selbstverständlich nur Schenker, Erbe oder Beschenkter sein (zu Personengesellschaften als Erwerber vgl. Rdn. 131).

Als *Geschäftsleitung* ist der Ort zu verstehen, wo die wesentlichen geschäftlichen Entscheidungen getroffen werden. Der *Sitz* befindet sich an dem Ort, den Gesellschaftsvertrag, Satzung oder sonstige Verfassung bestimmen (§§ 10, 11 AO).

Was ist Inlandsvermögen?

130 Zum Inlandsvermögen gehören insbesondere land- und forstwirtschaftliches Vermögen, Grundvermögen und Betriebsvermögen im Inland, aber auch Beteiligungen von mindestens 10 % an inländischen Kapitalgesellschaften, inländische Grundpfandrechte sowie Nutzungsrechte an solchem Vermögen.

Zu Einzelheiten vgl. § 121 BewG, R 4 ErbStR.

Wer ist steuerpflichtig?

Sie haben bisher erfahren, welche Vorgänge steuerpflichtig sind und in welchem Umfang dabei Vermögen erfaßt wird. Das ErbStG definiert nicht ausdrücklich, wer persönlich steuerpflichtig ist. Geregelt ist aber, wer die Steuer schuldet. *Steuerschuldner* können alle genannten natürlichen Personen, Körperschaften, Personenvereinigungen und Vermögensmassen sein, die Zuwendungsbeteiligte eines der Steuer unterliegenden Erwerbs sind (§ 20 Abs. 1 ErbStG). 131

Beim Vermögenserwerb durch *Gesamthandsgemeinschaften* (GbR, OHG, oder KG) sind die *einzelnen Gesellschafter* entsprechend ihrer Beteiligung *Erwerber und damit Steuerschuldner* und nicht die Gesamthandsgemeinschaft (BFH-Urteil vom 14. September 1994, BStBl 1995 II S. 81).

Bei Erwerben von Todes wegen: Jeder einzelne Erwerber (Erbe, Vermächtnisnehmer usw.) schuldet die Steuer für seinen Erwerb. Eine Erbengemeinschaft ist nicht selbständig Erwerber und kann daher nicht Steuerschuldner sein.

Bei Schenkungen: Neben dem Beschenkten ist auch der Schenker Steuerschuldner. Beide sind Gesamtschuldner (§ 44 AO). Dennoch muß sich das Finanzamt zunächst an den Beschenkten halten und darf den Schenker nur in Anspruch nehmen, wenn es nicht möglich ist, die Steuer beim Beschenkten einzuziehen. Das gilt nicht, wenn der Schenker die Steuer selbst übernimmt (§ 10 Abs. 2 ErbStG; vgl. Rdn. 149).

Bei Zweckzuwendungen: Steuerschuldner ist der mit der Ausführung der Zuwendung Beschwerte. Dieser kann die Steuer aus dem zugewendeten Vermögen entnehmen, so daß für den bestimmten Zweck nicht mehr das gesamte Vermögen verbleibt.

Wann entsteht die Steuer?

Die Erbschaftsteuer bzw. Schenkungsteuer ist eine Stichtagssteuer. Alle Merkmale für die Steuerberechnung sind nach den Verhältnissen am Stichtag der Steuerentstehung zu bestimmen. Dies hat u.a. Bedeutung für 132

- die Merkmale der persönlichen Steuerpflicht (§ 2 ErbStG),
- den Stichtag für die Wertermittlung (§ 11 ErbStG),
- die Zusammenrechnung mehrerer Erwerbe innerhalb von 10 Jahren (§ 14 ErbStG),
- das Verwandtschaftsverhältnis und die Steuerklasse (§ 15 ErbStG),
- die Verjährung des Steueranspruchs (§ 169ff. AO).

133 Für eine Vielzahl von Tatbeständen bei Erwerben von Todes wegen und Schenkungen unter Lebenden stellt § 9 ErbStG klar, wann der einzelne Steuertatbestand verwirklicht ist, der die Steuer entstehen läßt. Dabei gilt die Regel, daß die Steuer in dem Zeitpunkt entsteht, in dem ein Erwerber über das Zugewendete rechtlich verfügen kann und damit seine Bereicherung eintritt.

Steuerentstehung bei Erwerben von Todes wegen

134 Dem bürgerlichen Erbrecht folgend entsteht die Steuer grundsätzlich mit dem Tod des Erblassers. Denn mit dessen Tod geht sein Vermögen als Ganzes im Wege der Gesamtrechtsnachfolge auf den oder die Erben über (vgl. Rdn. 2).

Auf den Todeszeitpunkt kommt es aber nicht nur beim Erwerb durch Erbanfall (vgl. Rdn. 78) an, sondern auch beim Erwerb durch Vermächtnis (vgl. Rdn. 81) und vermächtnisähnliche Zuwendungen (vgl. Rdn. 89), durch Schenkung auf den Todesfall (vgl. Rdn. 87) und aufgrund eines vom Erblasser geschlossenen Vertrags (vgl. Rdn. 90).

135 Es ist nicht erforderlich, daß ein Erwerber von dem Erbfall und seinem Erwerb daraus Kenntnis hat. Allerdings kann der Erwerber durch Verzicht oder Ausschlagung den bereits entstandenen Steueranspruch rückwirkend wieder wegfallen lassen.

136 Für die Fälle, in denen die Bereicherung des Erwerbers rechtlich erst zu einem späteren Zeitpunkt eintritt, sind Ausnahmen vorgesehen. Die abweichenden Zeitpunkte der Steuerentstehung können Sie dem nachstehenden Schaubild entnehmen.

Erwerb unter aufschiebender Bedingung, unter einer Betagung oder Befristung sowie für aufschiebend bedingte, betagte oder befristete Ansprüche	Zeitpunkt des Eintritts von Bedingung oder Ereignis § 9 Abs. 1 Nr. 1a ErbStG
Erwerb eines geltend gemachten Pflichtteils- oder Erbersatzanspruchs	Zeitpunkt der Geltendmachung § 9 Abs. 1 Nr. 1b ErbStG
Übergang von Vermögen auf eine vom Erblasser angeordnete Stiftung	Zeitpunkt der Genehmigung der Stiftung § 9 Abs. 1 Nr. 1c ErbStG
Erwerb infolge einer vom Erblasser angeordneten Auflage oder infolge einer vom Erblasser gesetzten Bedingung	Zeitpunkt der Vollziehung der Auflage oder der Erfüllung der Bedingung § 9 Abs. 1 Nr. 1d ErbStG

Erwerb nach staatlicher Genehmigung einer Erblasserzuwendung	Zeitpunkt der Genehmigung § 9 Abs. 1 Nr. 1e ErbStG
Abfindung für Verzicht auf entstandenen Pflichtteilsanspruch oder Ausschlagung einer Erbschaft, eines Erbersatzanspruchs oder eines Vermächtnisses	Zeitpunkt des Verzichts oder der Ausschlagung § 9 Abs. 1 Nr. 1f ErbStG
Abfindung für ein aufschiebend bedingtes, betagtes oder befristetes Vermächtnis	Zeitpunkt der Vereinbarung über die Abfindung § 9 Abs. 1 Nr. 1g ErbStG
Erwerb des Nacherben	Zeitpunkt des Eintritts des Nacherbfalls § 9 Abs. 1 Nr. 1h ErbStG
Übertragung der Nacherbenanwartschaft	Zeitpunkt der Übertragung § 9 Abs. 1 Nr. 1i ErbStG

Steuerentstehung bei Schenkungen

Hier entsteht die Steuer in dem *Zeitpunkt, in dem die Zuwendung ausgeführt wird.* Ausgeführt ist eine Schenkung dann, wenn die Vermögensverschiebung endgültig ist, wenn also der Beschenkte das erhalten hat, was ihm nach dem Willen des Schenkers verschafft werden sollte und er frei darüber verfügen kann. Die folgenden Grundfälle können dies beispielhaft erläutern. 137

Bei einer *Sachschenkung* muß der Beschenkte das Eigentum, bei einer *Forderungsschenkung* die Gläubigerstellung erlangt, bei einer *unentgeltlichen Kapitalüberlassung* das Kapital erhalten haben.

Läßt der Schenker dem Beschenkten *laufende Zahlungen* zukommen, kann die Schenkung in jeder einzelnen Zahlung bestehen. Die Steuer entsteht dann jeweils selbständig mit jeder neuen Zahlung. Nur unter den Voraussetzungen des § 14 ErbStG (vgl. Rdn. 194) können die Zahlungen zusammengerechnet werden. Es kann aber auch ein Stammrecht auf die nachfolgenden Zahlungen zugewendet sein. Dann entsteht die Steuer schon mit der Einräumung dieses Stammrechts (wegen dessen Bewertung vgl. Rdn. 275).

Wenden wir uns noch der wichtigen Frage zu, wann bei einer *Grundstücksschenkung* die Steuer entsteht. 138

Nach bürgerlichem Recht ist der Eigentumswechsel vollzogen, sobald er im Grundbuch eingetragen ist (§ 873 BGB). Die Beteiligten können die Arbeit des Grundbuchamtes nicht beeinflussen, so daß es letztlich nicht mehr ihrem Willen unterläge, wann die Grundstücksschenkung ausgeführt ist. Die Ausführung und damit die Steuerentstehung werden deshalb schon zu einem früheren Zeitpunkt bewirkt, sobald der Beschenkte eine gesicherte Rechtsposition erlangt hat (vgl. R 23 ErbStR):

1. Es muß die Auflassung i. S. d. § 925 BGB sowie die Eintragungsbewilligung i. S. d. § 19 Grundbuchordnung vorliegen. Die Erteilung einer Vollmacht, die Auflassung später zu erklären, genügt nicht.
2. Mit der Auflassung müssen auch die Besitzverschaffung des Grundstücks erfolgen, Nutzungen und Lasten auf den Beschenkten übergehen. Zugleich müssen die Vertragspartner einen Dritten (im Regelfall den Notar) bevollmächtigt haben, die für die Rechtsänderung erforderlichen Erklärungen abzugeben und entgegenzunehmen. Der Grundbuchantrag selbst ist nicht erforderlich.

Steuerentstehung bei Zweckzuwendungen

139 Unabhängig davon, ob es sich um eine Zweckzuwendung von Todes wegen oder unter Lebenden handelt, entsteht die Steuer mit dem Eintritt der Verpflichtung des Beschwerten.

Steuerentstehung bei Aussetzung der Versteuerung

140 Nach § 25 ErbStG in der bis 30. August 1980 geltenden Fassung konnte der Erwerber die Versteuerung bis zum Erlöschen der übernommenen Belastung aussetzen lassen. In diesen Fällen entsteht die Steuer erst mit dem Erlöschen der Belastung (§ 9 Abs. 2 ErbStG).

Diese Regelung gilt entsprechend, wenn die Versteuerung nach § 34 des ErbStG-DDR ausgesetzt wurde (§ 37a Abs. 2 Satz 2 ErbStG). Erlischt in diesen Fällen das Nutzungsrecht nach dem 31. Dezember 1990, ist der Erwerb nach den Vorschriften des ErbStG zu versteuern.

Wie wird die Bemessungsgrundlage ermittelt?

141 Wir haben uns bisher angesehen, welche Vermögensanfälle von der Steuer erfaßt werden. Wenden wir uns jetzt der Frage zu, mit welchem Wert ein bestimmter Erwerb der Steuer unterliegt. Die Bemessungsgrundlage wird als steuerpflichtiger Erwerb bezeichnet. Als solcher gilt die Bereicherung des Erwerbers, soweit sie nicht ausdrücklich steuerfrei ist (§ 10 Abs. 1 ErbStG).

142 Die Ermittlung der Bemessungsgrundlage erfolgt in mehreren Schritten:

Bestand und Wert des übertragenen Aktivvermögens
·/· *abzugsfähige Belastungen und Verbindlichkeiten*
= Bereicherung des Erwerbers
·/· sachliche Steuerbefreiungen (§§ 13, 18 ErbStG)
·/· *persönliche Freibeträge* (§§ 16, 17 ErbStG)
= steuerpflichtiger Erwerb (§ 10 Abs. 1 ErbStG)
abgerundet auf volle 100 DM
= Bemessungsgrundlage

Bereicherung des Erwerbers

Sehen wir uns zunächst an, wie in den einzelnen Erwerbsfällen die Bereicherung ermittelt wird.

Erwerb von Todes wegen

Vom steuerlichen Wert des Vermögensanfalls, soweit er der Besteuerung unterliegt, werden die abzugsfähigen Nachlaßverbindlichkeiten, das sind die Erblasserschulden und Erbfallschulden, mit ihrem steuerlichen Wert abgezogen. Nicht abzugsfähig sind Schulden und Lasten, soweit sie mit steuerfreien Vermögensgegenständen in wirtschaftlichem Zusammenhang stehen (§ 10 Abs. 6 ErbStG). Für Schulden und Lasten im Zusammenhang mit Produktivvermögen gelten Besonderheiten (vgl. Rdn. 175). 143

Umfang des Vermögensanfalls

Dazu gehört alles, was im Erbfall auf den Erwerber übergeht. Indem § 12 ErbStG auf das Bewertungsgesetz verweist, wird nicht nur bestimmt, wie die Gegenstände des Vermögensanfalls zu bewerten sind, sondern grundsätzlich auch, welche Vermögensgegenstände dazu rechnen. 144

Zum Vermögensanfall gehören beispielsweise *nicht*

- bestimmte Hinterbliebenenbezüge (vgl. Rdn. 92),
- eine evtl. Zugewinnausgleichsforderung des überlebenden Ehegatten (vgl. Rdn. 99 f.) und
- Vermögensgegenstände, die dem Erblasser steuerlich nur als wirtschaftliches Eigentum zugerechnet waren (§ 39 Abs. 2 AO), z.B. ein Grundstück, das der Erblasser zu Lebzeiten verschenkt hatte, an dem er sich aber den Nießbrauch vorbehielt.

Durch den Erbfall und die damit eintretende Gesamtrechtsnachfolge erlischt zivilrechtlich eine *Forderung des Erblassers an den Erben.* Die damit eintretende Bereicherung des Erben wird steuerlich erfaßt (§ 10 Abs. 3 ErbStG). Erlischt umgekehrt eine *Verbindlichkeit des Erblassers gegenüber dem Erben*, ist der Erbe entsprechend entreichert.

Wenn der Erblasser die *Entrichtung der vom Erwerber geschuldeten Steuer einem anderen auferlegt* hat, wird dieser Steuerbetrag wie eine Art Vermächtnis behandelt und dem Erwerb hinzugerechnet (§ 10 Abs. 2 ErbStG; vgl. auch Rdn. 149). Die Übernahme der Steuer macht den mit der Zahlung belasteten Dritten nicht zum Steuerschuldner (vgl. Rdn. 131), sondern wirkt nur zwischen den Beteiligten. Der verpflichtete Dritte kann den Betrag der geschuldeten Steuer als Nachlaßverbindlichkeit von seinem Erwerb abziehen (§ 10 Abs. 5 Nr. 2 ErbStG).

BEISPIEL

Alleinerbe des A ist B. A hat seiner Schwester C ein Vermächtnis von 50.000 DM ausgesetzt. Die Erbschaftsteuer darauf soll B tragen. Die von C zu erhebende Steuer würde betragen:

50.000 DM ·/· 20.000 DM = 30.000 DM; davon 12 % = 3.600 DM.

Damit ergibt sich eine Gesamtbereicherung von 53.600 DM und eine tatsächliche Steuer von

53.600 DM ·/· 20.000 DM = 33.600 DM; davon 12 % = 4.032 DM.

B kann von seinem Erwerb das Vermächtnis einschl. Steuer, also 54.032 DM, abziehen.

Nachlaßverbindlichkeiten

145 Grundsätzlich begründet jede *rechtliche Verpflichtung* zu einer Leistung aus dem Nachlaß eine Nachlaßverbindlichkeit, wenn sie eine *wirtschaftliche Belastung* darstellt. Wenn ein Gläubiger einer Forderung erkennbar nicht auf ihrer Erfüllung besteht, ist sie nicht abzugsfähig.

Nicht abzugsfähig sind Verbindlichkeiten, die bereits im Steuerwert eines Vermögensgegenstands berücksichtigt sind, z.B. betriebliche Schulden. Der Schuldenabzug ist *eingeschränkt* (§ 10 Abs. 6 ErbStG; R 31 ErbStR), wenn die Vermögensgegenstände, mit denen sie in wirtschaftlichem Zusammenhang stehen, bei der Besteuerung nicht angesetzt werden (z.B. bei beschränkter Steuerpflicht nicht zum Inlandsvermögen gehören) oder nach § 13 Abs. 1 ErbStG voll oder teilweise befreit sind. Vermögensgegenstände, für die der Erwerber lediglich im Rahmen der Wertermittlung nach § 13 Abs. 1 Nr. 1 ErbStG einen pauschalen Freibetrag erhält, unterliegen aber selbst uneingeschränkt der Besteuerung, so daß der Schuldenabzug nicht eingeschränkt wird. Bei nach § 13a Abs. 4 Nr. 2 und 3 ErbStG begünstigtem land- und forstwirtschaftlichem Vermögen oder begünstigten Anteilen an Kapitalgesellschaften wird der Schuldenabzug ebenfalls gekürzt (vgl. Rdn. 175).

Erblasserschulden sind alle zu seinen Lebzeiten entstandenen und bei seinem Tod noch nicht erloschenen Verbindlichkeiten. Dazu gehören beispielsweise auch Steuerschulden, die spätestens im Zeitpunkt der Entstehung der Erbschaftsteuer entstanden sind. Zu welchem Zeitpunkt sie veranlagt werden, ist unerheblich. 146

PRAXISHINWEIS:

Je nachdem, wie „ehrlich„ der Erblasser bisher Einkünfte und Vermögen versteuert hatte, können hier erhebliche Belastungen auf den Nachlaß zukommen, wenn Steuern für zurückliegende Zeiträume nacherhoben werden.

Leistungen für Unterhalt und Pflege des Erblassers, aber auch andere Dienste, werden häufig unentgeltlich erbracht mit der Aussicht, im Erbfall dafür „entlohnt“ zu werden. Wird durch entsprechende Vereinbarungen eindeutig nachgewiesen, daß insoweit eine Schuld des Erblassers gegenüber dem Leistenden begründet war, ist diese abzugsfähig. In diesem Fall kann nicht zusätzlich der Pflegepauschbetrag von 10.000 DM (vgl. Rdn. 155) in Anspruch genommen werden.

PRAXISHINWEIS:

Vereinbarungen über den Umfang der zu erbringenden Leistungen und eine angemessene Entlohnung, die der Erwerber geltend machen kann, können Sie in einem Erbvertrag (vgl. Rdn. 30) treffen. Es genügt aber auch ein Dienstvertrag mit einem schriftlichen Schuldanerkenntnis, bei dem die Schuld erst mit dem Tod des Erblassers fällig sein soll. Beachten Sie aber, daß eine nachträgliche Entlohnung für geleistete Dienste einkommensteuerpflichtig sein kann.

147 *Erbfallschulden* entstehen aus Anlaß des Erbfalls neu. Abzugsfähig sind die Verbindlichkeiten aus Vermächtnissen, Auflagen (soweit sie nicht dem Beschwerten selbst zugute kommen) und geltend gemachten Pflichtteilen. Hierunter fallen auch Auflagen des Erblassers zur Pflege seines Grabes.

Abzugsfähig sind auch die Bestattungskosten, Kosten für ein angemessenes Grabdenkmal und die üblichen Grabpflegekosten; ferner die Kosten, die dem Erwerber unmittelbar im Zusammenhang mit der Abwicklung, Regelung und Verteilung des Nachlasses oder mit der Erlangung des Erwerbs entstehen. Typische Aufwendungen sind die Gebühren für eine Testamentseröffnung, Anwalts-, Notariats- und Gerichtskosten, Kosten für Testamentsvollstreckung und Steuerberatung für die Erstellung der Erbschaftsteuererklärung. Für diese Kosten werden insgesamt 20.000 DM abgezogen, wenn nicht höhere Kosten nachgewiesen werden.

Kosten der Nachlaßverwaltung sind nicht abzugsfähig. Das sind Kosten, die dadurch anfallen, daß der Nachlaß erhalten, genutzt oder vermehrt wird und die laufenden Verbindlichkeiten erfüllt werden.

Schenkung unter Lebenden

148 Die Bereicherung des Erwerbers besteht im Reinwert des erworbenen Vermögens. Die bürgerlich-rechtliche Bereicherung ist nach § 12 ErbStG in ihren Steuerwert umzurechnen. Auf Schulden und Lasten, die im Rahmen der Ermittlung des Besteuerungswerts einer gemischten Schenkung als Gegenleistung oder Leistungsauflage berücksichtigt und dabei dem entgeltlichen Teil der Zuwendung zugerechnet werden (vgl. Rdn. 119), ist § 10 Abs. 6 ErbStG nicht anwendbar. Dennoch kann es auch hier zu einem nachfolgenden Abzug von Belastungen und Verbindlichkeiten kommen, für die auch ggf. die Kürzung nach § 10 Abs. 6 ErbStG in Betracht kommt.

Auf die Fälle abzugsfähiger Duldungsauflagen wurde bereits in Rdn. 120 hingewiesen. Hierzu können auch die Erwerbsnebenkosten (für Notar, Grundbuch, Grunderwerbsteuer) und Steuerberatungskosten für die Schenkungsteuererklärung gehören. Die Behandlung von *Erwerbsnebenkosten* und *Steuerberatungskosten* ist im Grundsatz wie folgt geregelt (z.B. Erlaß Saarland vom 20. Juni 1994, DStR 1994 S. 975):

- Bei *Vollschenkungen* kann der Beschenkte diese Kosten in vollem Umfang vom Steuerwert der Schenkung abziehen.
- Bei einer *gemischten Schenkung/Schenkung unter Leistungsauflage* (vgl.

Rdn. 118) ist nur der Teil abzugsfähig, der auf den unentgeltlichen Teil der Zuwendung entfällt.

- Für eine *mittelbare Grundstücksschenkung* (vgl. Rdn. 117) sowie bei einer *Kostenübernahme durch den Schenker* enthält der Erlaß besondere Regelungen.

Wenn der Schenker die Entrichtung der *Steuer selbst übernommen oder einem anderen auferlegt hat*, wird dem steuerpflichtigen Erwerb des Bedachten unmittelbar die darauf entfallende Steuer hinzugerechnet (§ 10 Abs. 2 ErbStG). Der Zeitpunkt der Steuerzahlung ist unbeachtlich. 149

PRAXISHINWEIS:

Obwohl also die übernommene Steuer zusätzlich steuerpflichtig ist, lassen sich Schenkungen dadurch steuerlich vorteilhaft gestalten.

BEISPIEL

A möchte seiner Lebensgefährtin B einen Geldbetrag schenken. Er ist bereit, dafür 500.000 DM aufzuwenden.

1. B zahlt die Steuer selbst.

Schenkung	500.000 DM
Steuerpfl. Erwerb in Steuerklasse III	490.000 DM
Steuer 23 v. H. = **112.700 DM**	
B verbleiben nach Abzug der Steuer 387.300 DM.	

2. A übernimmt die Steuer. Er reduziert entsprechend seine Barzuwendung.

Schenkung	391.969 DM
Steuerpfl. Erwerb in Steuerklasse III (nach Abrundung)	381.900 DM
Steuer 23 v. H. = 87.837 DM	
Erwerb einschl. Steuer (391.969 DM + 87.837 DM =)	469.737 DM
Steuerpfl. Erwerb in Steuerklasse III (nach Abrundung)	469.700 DM
Steuer 23 v. H. = **108.031 DM**	

Bei gleichem Gesamtaufwand für A (391.969 DM + 108.031 DM = 500.000 DM) tritt eine Steuerersparnis von 4.669 DM ein. Diesen Betrag erhält B tatsächlich mehr.

Steuerbefreiungen

150 Wir haben uns bisher damit beschäftigt, wie beim Erwerber eine Bereicherung festgestellt und für Steuerzwecke ermittelt wird. Eine solche Bereicherung kann jedoch *ganz oder teilweise steuerfrei* sein. Die *einzelnen Steuerbefreiungen* sind *unabhängig voneinander*. Eine Befreiung schließt also eine andere (evtl. weitergehende) Befreiung nicht aus. Mit dem nach Abzug aller Freibeträge verbleibenden Betrag haben wir dann den *steuerpflichtigen Erwerb* und damit die Bemessungsgrundlage bestimmt.

Sachliche Steuerbefreiungen

Nachfolgend soll nur auf die in der Praxis wichtigsten sachlichen Steuerbefreiungen näher eingegangen werden, soweit dies zu einem besseren Verständnis beitragen kann. Im übrigen wird auf § 13 ErbStG verwiesen.

Hausrat, Kunstgegenstände und andere bewegliche körperliche Gegenstände

151 Hausrat, Kunstgegenstände und andere bewegliche körperliche Gegenstände bleiben in Abhängigkeit von der Art der Gegenstände und von der Steuerklasse der erwerbenden Person steuerfrei (§ 13 Abs. 1 Nr. 1 ErbStG).

Zugewendete Gegenstände	Steuerfrei beim Erwerb durch Personen in Steuerklasse	
	I	II oder III
Hausrat	80.000 DM	einheitlich 20.000 DM
andere bewegliche körperliche Gegenstände einschließlich Kunstgegenstände, Sammlungen	20.000 DM	

Hausrat sind die übliche Wohnungseinrichtung, Kleidung, Wäsche, Geschirr, Bücher und dergleichen.

Andere bewegliche körperliche Gegenstände sind auch die persönlichen Gegenstände des Erblassers wie Schmuck, Fahrzeuge, Musikinstrumente, Sportartikel u. a.

Kunstgegenstände sind alle Werke der bildenden Kunst.

Sammlung ist die Zusammenfassung mehrerer Gegenstände, die nicht zum Gebrauch bestimmt sind (z.B. Briefmarkensammlung).

Die Befreiung gilt nicht für Gegenstände, die zum land- und forstwirtschaftlichen Vermögen, Grundvermögen oder Betriebsvermögen gehören, für Zahlungsmittel, Wertpapiere, Münzen, Edelmetalle, Edelsteine und Perlen.

Gegenstände, deren Erhaltung im öffentlichen Interesse liegt

Für den Erwerb von Kulturgütern der gesetzlich bestimmten Art ist eine Befreiung von 60 % des steuerlichen Werts oder sogar eine volle Befreiung möglich (§ 13 Abs. 1 Nr. 2 und 3 ErbStG, R 42 ErbStR). 152

Ehebedingte Zuwendungen im Zusammenhang mit einem Familienwohnheim 153

Zuwendungen unter Lebenden im Zusammenhang mit einem im Inland belegenen *Familienwohnheim* sind von der Schenkungsteuer befreit (§ 13 Abs. 1 Nr. 4a ErbStG, R 43 ErbStR).

Die Befreiung unterscheidet nicht, ob die Ehegatten im zivilrechtlichen Sinn eine Schenkung oder eine ehebedingte Zuwendung ausführen, denn selbst bei einer ausdrücklich vereinbarten Schenkung wird regelmäßig auch die eheliche Lebens- und Wirtschaftsgemeinschaft gefördert. Der Güterstand, in dem die Ehegatten leben, ist ohne Bedeutung. Es gibt *keine Prüfung der Angemessenheit* und *keine wertmäßige Begrenzung*. Aufgrund der sachlichen Steuerbefreiung bleibt der Ehegattenfreibetrag unberührt. Eine Zusammenrechnung mit früheren bzw. späteren Zuwendungen innerhalb von 10 Jahren (§ 14 ErbStG) erfolgt nicht. *Schulden und Lasten* im wirtschaftlichen Zusammenhang mit einem zugewendeten Familienwohnheim sind allerdings *nicht abzugsfähig* (§ 10 Abs. 6 ErbStG).

Hauptanwendungsfälle der Steuerbefreiung sind:

- Ein Ehegatte überträgt das Alleineigentum an einem ihm gehörenden Familienwohnheim oder einen Miteigentumsanteil daran auf den anderen Ehegatten, der dadurch Alleineigentümer oder Miteigentümer wird. Beispiel: E hat ein Einfamilienhaus geerbt, das er mit seiner Familie zu eigenen Wohnzwecken nutzt. Er schenkt seinem Ehegatten F einen hälftigen Miteigentumsanteil an dem Einfamilienhaus.
- Ein Ehegatte hat mit Eigenmitteln ein Familienwohnheim angeschafft oder hergestellt und räumt dem anderen Ehegatten eine Miteigentümerstellung daran ein. Beispiel: Ehegatte E ist Alleinverdiener. Aus seinem Einkommen

gebildete Ersparnisse verwendet er für den Kauf einer Eigentumswohnung als Familienwohnheim. Er räumt gleichzeitig oder später dem Ehegatten F einen hälftigen Miteigentumsanteil an dem Grundstück ein.

- Ein Ehegatte schafft ein Familienwohnheim an oder stellt es her mit Finanzmitteln, die ihm der andere Ehegatte mit einer entsprechenden Auflage zur Verfügung stellt (mittelbare Grundstückszuwendung; vgl. Rdn. 117). Beispiel: E erhält von seinem Ehegatten F ein Sparguthaben mit der Auflage, hierfür ein genau bezeichnetes Grundstück zu erwerben, das als Familienwohnheim dienen soll. Möglicherweise drohen wegen der mittelbaren Schenkung Nachteile bei der Eigenheimzulage.
- Ein Ehegatte tilgt ausschließlich aus Eigenmitteln ein Darlehen, das vom anderen Ehegatten allein oder von beiden gemeinsam im Zusammenhang mit dem Kauf oder der Herstellung eines Familienwohnheims aufgenommen wurde. Beispiel: Ehegatten E und F kauften gemeinsam ein Einfamilienhaus, das sie zu eigenen Wohnzwecken nutzen. Die Tilgungs- und Zinsleistungen des zur Finanzierung der Anschaffungskosten aufgenommenen Hypothekendarlehens übernimmt der allein erwerbstätige Ehegatte F.
- Ein Ehegatte begleicht nachträgliche Herstellungs- oder Erhaltungsaufwendungen am Familienwohnheim, das dem anderen Ehegatten allein oder beiden gemeinsam gehört.

Familienwohnheim ist in erster Linie das selbstgenutzte Ein- oder Zweifamilienhaus (ausnahmsweise auch ein Haus mit drei Wohnungen) oder die selbstgenutzte Eigentumswohnung, wenn sich darin der Mittelpunkt des familiären Lebens befindet. Ferien- oder Wochenendhäuser erfüllen diese Voraussetzungen nicht. Zum Familienwohnheim rechnet neben dem Gebäude selbst der Grund und Boden, die Außenanlagen, Garagen und sonstige Nebengebäude, die zur wirtschaftlichen Einheit des Grundstücks gehören (R 164 ErbStR).

Eine *Nutzung zu eigenen Wohnzwecken* liegt vor, wenn die Ehegatten, ggf. mit den zu ihrem Haushalt gehörenden Kindern, Enkelkindern oder einer Hausgehilfin, das Grundstück bewohnen. Unschädlich bleibt, wenn die Ehegatten einen Teil des Familienwohnheims nicht zu Wohnzwecken, sondern z.B. als Arbeitszimmer nutzen. Die unentgeltliche Aufnahme von nahen Verwandten, z.B. der Eltern, steht der Nutzung zu eigenen Wohnzwecken nicht entgegen. Werden auch nur Teile des Grundstücks entgeltlich vermietet, liegt insoweit keine Nutzung zu eigenen Wohnzwecken vor. Die Steuerbefreiung ist insgesamt ausgeschlossen.

Die *Voraussetzungen für ein Familienwohnheim* müssen zumindest bei Ausführung der Zuwendung erfüllt sein (vgl. Rdn. 138). Liegt dann eine Nutzung zu eigenen Wohnzwecken nicht vor, kommt die Steuerbefreiung nicht in Betracht. In der Praxis dürfte es jedoch ausreichen, wenn die Eigennutzung im Erwerbszeitpunkt ernsthaft beabsichtigt ist und unverzüglich nach Anschaffung oder Herstellung des Familienwohnheims beginnt.

Die Steuerbefreiung kann für *mehrere nacheinander zugewendete Familienwohnheime* in Anspruch genommen werden, es tritt *kein Objektverbrauch* wie bei der Eigenheimzulage ein. Die Finanzverwaltung schließt allerdings eine Befreiung bei *gleichzeitigem Eigentum/Miteigentum eines Ehegatten an mehreren Familienwohnheimen* aus. Beispiel: Ehegatte E ist Eigentümer/Miteigentümer eines Einfamilienhauses, in dem die Familie wohnt. Der andere Ehegatte E hat an einem auswärtigen Beschäftigungsort eine Eigentumswohnung gekauft. Schenkt er diese an E, ist diese Zuwendung nicht befreit.

Befreiung von bestimmten Schulden

Wenn der *Gläubiger einer Schuld auf deren Rückzahlung verzichtet*, führt das 154
zu einer Bereicherung des Schuldners. Das gilt auch für das Erlöschen durch Vereinigung von Recht und Verbindlichkeit im Erbfall (vgl. Rdn. 144). Wenn die Schuld auf der Gewährung von Mitteln zu

- einem angemessenen Unterhalt oder
- zur Ausbildung des Bedachten

beruhte, ist der Erwerb jedoch steuerfrei (§ 13 Abs. 1 Nr. 5 ErbStG).

Ansprüche nach dem Lastenausgleichsgesetz und ähnlichen Gesetzen

Die Befreiung solcher Ansprüche (§ 13 Abs. 1 Nr. 7 und 8 ErbStG) hat im Zeitab- 155
lauf immer mehr an Bedeutung verloren.

Durch das Erste und Zweite SED-Unrechtsbereinigungsgesetz (1./2. SED-UnBerG), das Bundesvertriebenengesetz und das Vertriebenenzuwendungsgesetz sind jedoch – im Zusammenhang mit der Wiedervereinigung – neue Entschädigungsansprüche entstanden, die ebenfalls steuerbefreit sind. Weitere können folgen.

Die Befreiung gilt nur für die *verfahrensrechtlichen Ansprüche.* Nach Durchführung entsprechender Verfahren entstandene konkrete Zahlungsansprüche oder ausgezahlte Beträge sind nicht mehr befreit.

Erwerb als angemessenes Entgelt für Pflege oder Unterhalt

156 Die Befreiung ist auf einen Höchstbetrag von 10.000 DM beschränkt (§ 13 Abs. 1 Nr. 9 ErbStG).

Die Befreiung gilt nur für *unentgeltlich erbrachte Pflege- und Unterhaltsleistungen*, nicht aber für Leistungen, denen eine Dienstvereinbarung mit dem Erblasser zugrunde lag und bei denen die vereinbarte Vergütung zu Lebzeiten gezahlt oder beim Erwerber als Nachlaßverbindlichkeit nach § 10 Abs. 5 Nr. 1 ErbStG abzugsfähig ist. Dieser Grundsatz gilt bei lebzeitigen Zuwendungen entsprechend (R 44 Abs. 3 ErbStR).

PRAXISHINWEIS:

Es empfiehlt sich, durch entsprechende Vereinbarungen zu einer Entgeltlichkeit solcher Leistungen zu gelangen (vgl. Rdn. 146).

Seit 1. April 1995 können pflegebedürftige Personen nach § 37 SGB XI anstelle der häuslichen Pflegehilfe (Pflegesachleistung) ein *Pflegegeld* erhalten, wenn sie die erforderliche Grundpflege sowie die hauswirtschaftliche Versorgung durch eine Pflegeperson selbst sicherstellen. *§ 13 Abs. 1 Nr. 9a ErbStG befreit laufende Geldzuwendungen* einer pflegebedürftigen Person an eine oder mehrere Pflegepersonen auch ohne Dienstvereinbarung, *soweit* sie das *Pflegegeld*, das der Pflegebedürftige aus der gesetzlichen Pflegeversicherung oder einer entsprechenden privaten Pflichtversicherung erhält, *nicht übersteigen*.

Zuwendungen für Unterhalt oder Ausbildung

Beruhen solche Zuwendungen auf einer *gesetzlichen Unterhaltspflicht* (z.B. zwischen Ehegatten oder Verwandten in gerader Linie), bedarf es keiner Befreiung; denn der Empfänger wird dadurch nicht bereichert, weil er einen gesetzlichen Unterhaltsanspruch hat. Die Befreiung gilt nur für *laufende Zuwendungen* (§ 13 Abs. 1 Nr. 12 ErbStG). Unterhaltszuwendungen dürfen einen angemessenen Betrag nicht überschreiten. Dies richtet sich nach den Vermögensverhältnissen und der Lebensstellung des Bedachten (§ 13 Abs. 2 ErbStG).

Übliche Gelegenheitsgeschenke

157 Hierzu rechnen Geschenke, die sowohl nach dem Anlaß (z.B. Geburtstag, Hochzeit, Jubiläum, Weihnachten) als auch nach ihrem Wert in der allgemeinen An-

schauung üblich sind (§ 13 Abs. 1 Nr. 14 ErbStG). Eine Beurteilung ist dem Einzelfall vorbehalten. Dabei wird kein allzu enger Maßstab angelegt.

Zuwendungen für kirchliche, gemeinnützige oder mildtätige Zwecke

Zuwendungen an *inländische Körperschaften, Personenvereinigungen und Vermögensmassen*, die solche Zwecke satzungsgemäß ausschließlich und unmittelbar selbst verfolgen, sind befreit (§ 13 Abs. 1 Nr. 16a und b ErbStG). 158

Zuwendungen an *andere* Empfänger, auch entsprechende *ausländische Körperschaften usw.*, bedürfen dagegen einer besonderen Zweckbestimmung seitens des Erblassers oder Schenkers (§ 13 Abs. 1 Nr. 17 ErbStG). Einem Vermächtnis muß dazu beispielsweise die Nebenbestimmung beigefügt werden, das zugewendete Vermögen für die Unterstützung Hilfsbedürftiger oder für die Anschaffung oder Erhaltung von Kulturgütern zu verwenden. Zusätzlich muß aus Sicht der Finanzverwaltung gesichert sein, daß die Zuwendung tatsächlich zu dem bestimmten Zweck verwendet wird. Das wird bei Zuwendungen an Privatpersonen häufig nicht der Fall sein. Eine besondere Zweckwidmung ist auch dann erforderlich, wenn Zuwendungen an ausländische Körperschaften usw. aufgrund einer Gegenseitigkeitserklärung mit dem jeweiligen ausländischen Sitzstaat der Einrichtung steuerbefreit sein sollen (§ 16 Abs. 1 Nr. 16c ErbStG).

Zuwendungen an politische Parteien

Befreit sind nur unmittelbare Zuwendungen an Parteien i.S.d. § 2 des Parteiengesetzes (§ 13 Abs. 1 Nr. 18 ErbStG). Zuwendungen an einzelne Mitglieder oder Abgeordnete zur eigenen Verwendung sind dagegen steuerpflichtig. 159

Wegen politischer Vereinigungen, die nicht Parteien i.S.d. Parteiengesetzes sind, vgl. Rdn. 160.

Mitgliederbeiträge

Beiträge an Personenvereinigungen (Vereine), die nicht bereits nach § 13 Abs. 1 Nr. 16 oder 18 ErbStG befreit sind, können unter bestimmten Voraussetzungen bis zu 500 DM je Kalenderjahr befreit werden (§ 18 ErbStG). 160

Verfolgt ein Verein *lediglich die Interessen seiner Mitglieder* (z.B. Berufsvereinigungen und -verbände), sind die Beiträge Gegenleistungen und damit nicht freigebig (vgl. Rdn. 109).

Bei Vereinigungen, die nicht nur *die Förderung ihrer Mitglieder zum Zweck* haben (z.B. politische Vereinigungen, die nicht Partei i.S.d. Parteiengesetzes sind), bleiben die Beiträge im genannten Umfang steuerfrei. Für darüber hinausgehende Beiträge wird jedoch eine Steuer erst erhoben, wenn der Freibetrag für Steuerklasse III von 10.000 DM überschritten ist.

Ansatz von Betriebsvermögen und anderem „Produktivvermögen"

161 Neben dem bereits seit 1994 geltenden Freibetrag von 500.000 DM beim Erwerb von Betriebsvermögen (vgl. § 13 Abs. 2a ErbStG in der bis 31. Dezember 1995 geltenden Fassung) tritt ab 1. Januar 1996 ein Bewertungsabschlag von 40 % (§ 13a ErbStG). Die Vergünstigungen können auch für bestimmte Anteile an Kapitalgesellschaften und bestimmtes land- und forstwirtschaftliches Vermögen (sog. Poduktivvermögen) in Anspruch genommen werden. Der Erwerb solchen Vermögens in der Generationenfolge wird dadurch ganz wesentlich entlastet.

Begünstigtes Vermögen (§ 13 a Abs. 4 ErbStG)

162 Begünstigt ist inländisches *Betriebsvermögen* beim Erwerb eines Gewerbebetriebs (§ 95 BewG), eines der Ausübung eines freien Berufes dienenden Vermögens (§ 96 BewG), eines Anteils an einer gewerblich oder freiberuflich tätigen Personengesellschaft oder eines Anteils eines persönlich haftenden Gesellschafters einer Kommanditgesellschaft auf Aktien (§ 97 BewG). Begünstigt sind auch Anteile am genannten Betriebsvermögen.

PRAXISHINWEIS:

Bei einer Teilübertragung solchen Vermögens kommen die Begünstigungen nur in Betracht, wenn sie im Rahmen eines ganzen Gewerbebetriebs, eines Teilbetriebs oder eines Anteils an einer Personengesellschaft erfolgt. Letztere kann auch im Zuge der Übertragung erst entstehen, z.B. nach Aufnahme eines Kindes in den Gewerbebetrieb eines bisherigen Einzelunternehmers wird der Betrieb als OHG fortgeführt. Die Übertragung *einzelner Wirtschaftsgüter eines Betriebsvermögens* ist nicht begünstigt (R 51 Abs. 3 ErbStR). Dies gilt auch dann, wenn sie in der Hand des Erwerbers Betriebsvermögen bleiben (z.B. Übertragung eines Betriebsgrundstücks aus dem Sonderbetriebsvermögen eines Gesellschafters in das Sonderbetriebsvermögen eines Mitgesellschafters). Um die Vergünstigungen zu erhalten, müssen Einzelwirtschaftsgüter zusammen mit einem Anteil an einer Personengesellschaft übergehen. Eine bestimmte Größenordnung des Anteils ist nicht vorgeschrieben, jedoch muß bei zu geringer Größenordnung (z.B. unter 1 %) § 42 AO (Mißbrauch steuerlicher Gestaltungsmöglichkeiten) beachtet werden.

Die *Betriebsvermögeneigenschaft* muß beim Zuwendenden und beim Erwerber erfüllt sein (R 51 Abs. 1 ErbStR). Wird das zugewendete Vermögen beim Erwerber Privatvermögen, kann er keine Entlastung erhalten.

BEISPIEL

Im Rahmen einer Betriebsaufspaltung besitzt V ein Grundstück, das an eine Betriebs-GmbH vermietet ist. V ist deren Alleingesellschafter. Als V stirbt, wird Sohn S Alleinerbe und Tochter T erhält durch Vermächtnis das Grundstück.

Mit dem Erbfall endet die Betriebsaufspaltung. Das Grundstück und die GmbH-Anteile werden jeweils Privatvermögen von S und T. Für das Grundstück kann keine Vergünstigung in Anspruch genommen werden; der Übergang der GmbH-Anteile ist selbständig begünstigt.

Begünstigt sind der Betriebsteil und die Betriebswohnungen eines inländischen 163
Betriebs der Land- und Forstwirtschaft. Soweit zu einem solchen Betrieb ertragsteuerlich vermietete Grundstücke (z.B. früher land- und forstwirtschaftlich genutzte Flächen und darauf errichtete Wohngebäude, die ertragsteuerlich gewillkürtes Betriebsvermögen des land- und forstwirtschaftlichen Betriebs geblieben sind, und verpachtete Einzelflächen), unbebaute Grundstücke im Sinne des § 69 BewG mit land- und forstwirtschaftlicher Nutzung (sog. Baulandflächen) und denkmalgeschützte Wohnteile gehören, nehmen sie teil an der Begünstigung (R 52 Abs. 3 ErbStR). Voraussetzung ist auch hier der Erwerb eines ganzen Betriebs der Land- und Fortwirtschaft, eines Teilbetriebs oder eines Anteils an einem Betrieb der Land- und Forstwirtschaft oder eines Anteils daran. Dieses Vermögen muß ertragsteuerlich zum Betriebsvermögen eines Betriebs der Land- und Forstwirtschaft gehört haben und darf nicht Privatvermögen des Erblassers oder Schenkers gewesen sein. Auch beim land- und forstwirtschaftlichen Vermögen ist die Übertragung von Einzelwirtschaftsgütern, z.B. eines einzelnen Grundstücks, nicht begünstigt (R 52 Abs. 4 ErbStR).

PRAXISHINWEIS:

Stückländereien gehören nur dann zum begünstigten land- und forstwirtschaftlichen Vermögen, wenn sie ertragsteuerlich dieser Vermögensart zuzurechnen sind, z.B. verpachtete Betriebe, für die keine Betriebsaufgabe erklärt wurde. Mit der Betriebsaufgabe scheiden die Wirtschaftsgüter des Betriebs ertragsteuerlich aus dem Betriebsvermögen des Verpächters aus; ihre Übertragung ist danach nicht mehr begünstigt (R 52 Abs. 5 ErbStR).

164 Begünstigt sind *Anteile an einer Kapitalgesellschaft*, wenn die Kapitalgesellschaft zur Zeit der Entstehung der Steuer Sitz oder Geschäftsleitung im Inland hat und der Erblasser oder Schenker am Nennkapital dieser Gesellschaft zu *mehr als einem Viertel unmittelbar beteiligt* war. Soweit eine AG oder GmbH eigene Anteile hält, sind sie für die Bestimmung der Mindestbeteiligungsquote nicht auszuscheiden (R 53 Abs. 2 ErbStR). Einbringungsgeborene Anteile sind nur begünstigt, wenn sie die genannte Beteiligungsquote erreichen. Werden Anteile an Kapitalgesellschaften im Betriebsvermögen gehalten, nehmen sie insoweit teil an den Entlastungen für Betriebsvermögen, ohne daß die Mindestbeteiligung erreicht sein muß. Nicht begünstigte Minderbeteiligungen an Kapitalgesellschaften können daher durch Einlage in einen Gewerbebetrieb, z. B. eine GmbH & Co. KG, in begünstigtes Betriebsvermögen „umgewandelt" werden.

165 Umfaßt das einem Erwerber zugewendete begünstigte Vermögen *mehrere selbständig zu bewertende Einheiten*, z.B. einen Gewerbebetrieb und eine wesentliche Beteiligung an einer GmbH, sind deren Werte zusammenzurechnen. Der Freibetrag und Bewertungsabschlag kann nur von einem insgesamt positiven Steuerwert des gesamten begünstigten Vermögens abgezogen werden (R 54 Abs. 1 ErbStR).

BEISPIELE

1. Ein Gewerbebetrieb hat einen Steuerwert von ·/· 800.000 DM, eine 50 %-Beteiligung an einer GmbH einen Steuerwert von 1.000.000 DM.

   Saldiert ergibt sich ein Gesamtwert von ·/· 200.000 DM. Nur davon kann der Freibetrag oder der Bewertungsabschlag abgezogen werden.
2. Ein Gewerbebetrieb hat einen Steuerwert von ·/· 1.000.000 DM, ein 50 %-Anteil an einer GmbH einen Steuerwert von 800.000 DM.

Saldiert ergibt sich ein Gesamtwert von ·/· 200.000 DM. Freibetrag und Bewertungsabschlag kommen nicht in Betracht.

PRAXISHINWEIS:

Zur Vermeidung solcher Ergebnisse muß die Zuwendung jeweils getrennt in zwei selbständigen, voneinander unabhängigen Einzelzuwendungen erfolgen. Dann bleiben die Vorteile für die Zuwendungen mit positivem Steuerwert erhalten. Allerdings geht damit auch die Möglichkeit verloren, die „Negativzuwendung" mit anderen Zuwendungen, bei denen sich ein positiver Steuerwert ergibt, zu verrechnen (vgl. § 14 Abs. 1 Satz 4 ErbStG; Rdn. 194 f.).

Begünstigte Erwerbe

Die Begünstigung ist auf *alle Erwerbe von Todes wegen* anzuwenden, soweit 166
dabei begünstigtes Vermögen unmittelbar vom Erblasser auf den Erwerber übergeht. Sie gilt damit im Erbfall grundsätzlich *unabhängig von der Rechtsnatur der Zuwendung*. Begünstigter Erwerb von Todes wegen ist z.B. auch das Sachvermächtnis auf begünstigtes Vermögen, das Vorausvermächtnis zugunsten eines Miterben, die Schenkung auf den Todesfall (§ 3 Abs. 1 Nr. 2 ErbStG) oder der Erwerb aufgrund eines Vertrags zugunsten Dritter, z.B. aufgrund eines Gesellschaftsvertrags (§ 3 Abs. 1 Nr. 4 ErbStG). Zuwendungen unter Lebenden sind begünstigt, wenn es sich um eine vorweggenommene Erbfolge handelt; im Zweifel genügt eine entsprechende Erklärung des Schenkers (R 56 ErbStR). Der Entwurf eines Steuerbereinigungsgesetzes 1999 (BR-Drucksache 475/99) sieht hierzu klarstellend vor, daß alle Schenkungen unter Lebenden unter den weiteren Voraussetzungen des § 13a ErbStG begünstigt sind.

PRAXISHINWEIS:

Im Fall einer *qualifizierten Nachfolgeklausel* in den Anteil an einer Personengesellschaft oder einer *Eintrittsklausel* zugunsten eines Erwerbers handelt es sich um einen begünstigten Erwerb von Todes wegen. Eine qualifizierte Nachfolgeklausel ist jedoch erbschaftsteuerlich abweichend vom Zivil- und Ertragsteuerrecht nur als eine mit dem Erbfall wirksam werdende, gegenständlich begrenzte Teilungsanordnung (vgl. Rdn. 79) anzusehen, die bei einer Mehrheit von Erben für die Besteuerung des Erbanfalls der einzelnen Miterben unbeachtlich bleibt (R 55 Abs. 2 ErbStR). Jedem der Miterben wird insoweit das begünstigte Betriebsvermögen entsprechend seiner Erbquote zugerechnet.

Freibetrag beim Erwerb von Todes wegen (§ 13a Abs. 1 Nr. 1 ErbStG)

167 Beim *Erwerb von Todes wegen* können die Erwerber den Freibetrag insgesamt nur einmal in Anspruch nehmen. Beim Erwerb durch mehrere Erwerber ist für jeden von ihnen ein Teilbetrag von 500.000 DM maßgebend. Der Erblasser kann selbst bestimmen, wie der Freibetrag eingesetzt werden soll. Er kann z.B. den Freibetrag vollständig einem einzelnen Miterwerber zuweisen. Dafür ist wie bisher eine *schriftlich verfügte Aufteilung* notwendig. Bei der Verfügung handelt es sich um eine höchstpersönliche Erklärung des Erblassers. Sie ist, da es sich um die Ausübung eines Gestaltungsrechts handelt, bedingungsfeindlich. Fehlt eine schriftliche Verfügung, sieht das Gesetz zwei Aufteilungsschlüssel vor: Geht das Vermögen nur durch Erbanfall auf Erben über, erfolgt eine Aufteilung nach deren Erbquoten; in den übrigen Fällen, z.B. wenn auch ein Vermächtnisnehmer Miterwerber ist, steht der Freibetrag den Erwerbern zu gleichen Teilen zu.

Freibetrag bei vorweggenommener Erbfolge (§13a Abs. 1 Nr. 2 ErbStG)

168 Auch beim *Erwerb im Wege der vorweggenommenen Erbfolge* können die Erwerber den Freibetrag insgesamt nur einmal in Anspruch nehmen. Der *Schenker* muß dem Finanzamt gegenüber *unwiderruflich erklären*, daß der Freibetrag für diese Schenkung in Anspruch genommen wird. Dabei hat der Schenker, wenn zum selben Zeitpunkt mehrere Erwerber bedacht werden, zwingend den für jeden Bedachten maßgebenden Teilbetrag von 500.000 DM zu bestimmen. Die Erklärung kann er bis zur Bestandskraft der Steuerfestsetzung abgeben. Das Finanzamt wird zur Sicherheit eine schriftliche Erklärung verlangen. Wird die Schenkung selbst widerrufen, auf die sich die Erklärung zum Freibetrag bezieht, entfällt auch die Wirkung der Inanspruchnahme-Erklärung.

Sperrfrist für den Freibetrag (§ 13 a Abs. 1 Satz 2 ErbStG)

169 Der *Verbrauch des Freibetrags* bei einer Zuwendung in vorweggenommener Erbfolge tritt in vollem Umfang ein, auch wenn das Vermögen den Wert von 500.000 DM nicht erreichen sollte. Das Aufsparen eines Freibetragsteils für später ist ausgeschlossen (R 59 Abs. 1 ErbStR). Wird ein Freibetrag in Anspruch genommen, kann für weiteres, innerhalb von 10 Jahren nach dem Erwerb von derselben Person anfallendes begünstigtes Vermögen ein Freibetrag weder vom Be-

dachten noch von anderen Erwerbern in Anspruch genommen werden (*Zehnjahressperrfrist*). Der Verbrauch tritt nicht bereits mit der Abgabe der Schenkererklärung ein, sondern erst dadurch, daß bei der Steuerfestsetzung gegen den Erwerber tatsächlich ein Freibetrag oder Freibetragsanteil abgezogen wurde.

PRAXISHINWEIS:

Von einer unwirksamen „Inanspruchnahme" des Freibetrags ist deshalb auszugehen, wenn der Wert des begünstigten Vermögens, z.B. der tatsächliche Steuerwert eines Gewerbebetriebs, nur 0 DM beträgt oder negativ ist. Das sollte auch gelten, wenn sich dies erst nachträglich herausstellt, z.B. aufgrund einer Betriebsprüfung.

Bewertungsabschlag (§ 13a Abs. 2 ErbStG)

Der *Bewertungsabschlag* kann von jedem begünstigten Erwerber bei jedem Erwerb begünstigten Vermögens vorgenommen werden. Einer besonderen Erklärung des Erblassers oder Schenkers bedarf es nicht. Er ist nicht von einer gleichzeitigen Inanspruchnahme des Freibetrags abhängig und ohne Rücksicht auf die Zehnjahressperrfrist der Freibetragsgewährung bei jeder Zuwendung begünstigten Vermögens möglich. 170

Ausschluß von Freibetrag und Bewertungsabschlag (§ 13a Abs. 3 ErbStG)

Ein Erwerber kann den *Freibetrag und den Bewertungsabschlag nicht in Anspruch nehmen*, soweit er erworbenes begünstigtes Vermögen aufgrund einer letztwilligen Verfügung des Erblassers (z.B. Testament) oder einer rechtsgeschäftlichen Verfügung des Erblassers (z.B. im Erbvertrag oder Schenkungsvertrag) auf einen Dritten überträgt. Der bei ihm entfallende Freibetrag oder Freibetragsanteil geht auf den Dritten über, bei mehreren Dritten zu gleichen Teilen. Auf den Bewertungsabschlag hat der Dritte als Erwerber begünstigten Vermögens selbst einen originären Anspruch; beim Herausgabeverpflichteten entfällt insoweit nur sein eigener Anspruch auf die Vergünstigung. 171

BEISPIEL

1. V hinterläßt neben anderem Vermögen einen Gewerbebetrieb mit einem Steuerwert von 4.000.000 DM. Erben sind A und B je zur Hälfte. A soll als Vorausvermächtnis den Gewerbebetrieb erhalten. V hat keine Verfügung über den Freibetrag getroffen.

   B erwirbt als Erbe den hälftigen Gewerbebetrieb (Wert 2.000.000 DM), muß diesen jedoch aufgrund des Vorausvermächtnisses an A herausgeben. Die Vermächtnislast im gleichen Wert ist bei ihm abzugsfähig, so daß sich bei ihm als Saldo aus diesem Teil des Vermögenserwerbs ein Wert von 0 DM ergibt. Der ihm als Erben zustehende Freibetragsanteil von 250.000 DM geht auf A über. Der Bewertungsabschlag von 40% auf den Wert des Gewerbebetriebsanteils entfällt bei ihm.

   Bei A sind anzusetzen:

Betriebsvermögen		4.000.000 DM
Eigener Freibetragsanteil	·/·	250.000 DM
Übergegangener Freibetragsanteil	·/·	250.000 DM
Verbleibender Wert		3.500.000 DM
Bewertungsabschlag 40% von 3.500.000 DM	·/·	1.400.000 DM
Von A zu versteuern		2.100.000 DM

2. Ein Erblasser hat seine Ehefrau als Alleinerbin eingesetzt, zusätzlich aber bestimmt, daß sein Gewerbebetrieb im Wege seines Vermächtnisses auf den Geschäftsführer als Nachfolger übergehen soll.

   Die Ehefrau erwirbt zunächst den Gewerbebetrieb als Erbin, kann aber keine Vergünstigung erhalten, weil sie diesen aufgrund des Vermächtnisses auf den Geschäftsführer übertragen muß. Die Vermächtnislast mindert den Wert ihres Erwerbs als Erbfallschuld. Der Vermächtnisnehmer erhält den Gewerbebetrieb und kann den Freibetrag von 500.000 DM und den Bewertungsabschlag in vollem Umfang in Anspruch nehmen.

Begünstigtes Vermögen des Erblassers geht von Todes wegen grundsätzlich im Wege der *Gesamtrechtsnachfolge auf den oder die Erben über*. Bei einer Erbengemeinschaft berührt die nachfolgende Erbauseinandersetzung nicht die Besteuerung der Erben entsprechend ihrer quotenmäßigen Beteiligung am gesamten Nachlaßvermögen. Das gilt auch, wenn sie auf einer *Teilungsanordnung* des Erblassers oder einer *qualifizierten Nachfolgeklausel* in einen Anteil an einer Personengesellschaft beruht (vgl. Rdn. 79). Durch diese Sachbehandlung erwerben Miterben stets auch anteilig begünstigtes Vermögen und können, soweit ihre quotenmäßige Beteiligung reicht, die Vergünstigungen in Anspruch nehmen. Eine „Übertragung" des Vermögens im Rahmen einer Erbauseinandersetzung wird erbschaftsteuerlich gerade nicht nachvollzogen. Sie ist auch im Fall des § 13a Abs. 3 ErbStG unbeachtlich. Die Freibetragsanteile und den Bewertungsabschlag bei den Miterben, die das begünstigte Vermögen bei der Auseinandersetzung abgeben, entfallen nicht (R 61 Abs. 2 ErbStR).

BEISPIEL

Ein Erblasser hinterläßt zwei Erben zu gleichen Teilen einen Gewerbebetrieb mit einem steuerlichen Wert von 1.000.000 DM (Verkehrswert 2.000.000 DM) und weiteres, nicht begünstigtes Vermögen mit einem Verkehrswert (=Steuerwert) von 2.000.000 DM. Bei der nachfolgenden Erbauseinandersetzung erhält der eine Erbe aufgrund einer Teilungsanordnung den Betrieb, der andere das übrige Vermögen.

Beide Erben haben je 50 % des Betriebsvermögens und des übrigen Vermögens zu versteuern. Ohne Anordnung des Erblassers haben beide Anspruch auf den hälftigen Freibetrag von jeweils 250.000 DM (sonst nach verfügter Aufteilung des Erblassers) und den Bewertungsabschlag. Jeder der beiden hat zu versteuern:

Betriebsvermögen		1.000.000 DM
Freibetragsanteil	./.	250.000 DM
Verbleibender Wert		750.000 DM
Bewertungsabschlag 40% von 750.000 DM	./.	300.000 DM
Von den beiden Erben jeweils zu versteuern		450.000 DM
Übriges Vermögen	+	2.000.000 DM
Wert des Erwerbs		2.450.000 DM

Die Erbauseinandersetzung ändert daran nichts.

Behaltensregelung nach Inanspruchnahme der Steuerentlastungen (§ 13a Abs. 5 ErbStG)

Die *Steuerentlastungen beim Erwerb begünstigten Vermögens entfallen mit* 172
Wirkung für die Vergangenheit, soweit der Erwerber die für fünf Jahre zu beachtenden Behalteregelungen verletzt. Ein Erwerber soll nicht nur der „Form

halber" begünstigtes Vermögen unter Gewährung beträchtlicher Steuerentlastungen erhalten, das er anschließend nicht selbst in seiner Substanz und der die Entlastung rechtfertigenden Sozialverpflichtungen erhält. Wer nur „Kasse machen" will, soll die Erbschafts- oder Schenkungsteuer in normaler Höhe zahlen, d.h. ohne Entlastungen.

Der Freibetrag oder Freibetragsanteil und der Bewertungsabschlag fallen weg, soweit der Erwerber

- einen Gewerbebetrieb, Teilbetrieb, Anteil an einer gewerblich oder freiberuflich tätigen Gesellschaft, Anteil eines persönlich haftenden Gesellschafters einer Kommanditgesellschaft auf Aktien oder einen Anteil daran veräußert oder aufgibt. Gleiches gilt, wenn er wesentliche Betriebsgrundlagen eines Gewerbebetriebs veräußert, in das Privatvermögen überführt oder anderen betriebsfremden Zwecken zuführt (z.B. in eine ausländische Betriebsstätte oder einen anderen inländischen Betrieb überführt), wenn er Anteile an einer Kapitalgesellschaft veräußert, die er durch eine Sacheinlage (§ 20 Abs. 1 UmwStG) aus begünstigtem Betriebsvermögen erworben hat oder einen Anteil an einer gewerblich oder freiberuflich tätigen Gesellschaft oder einen Anteil daran veräußert, den er durch eine Einbringung des begünstigten Betriebsvermögens in eine Personengesellschaft (§ 24 Abs. 1 UmwStG) erworben hat. Zu Einzelheiten R 63 ErbStR.
- einen Betrieb der Land- und Forstwirtschaft oder einen Anteil an einem Betrieb der Land- und Forstwirtschaft oder einen Anteil daran veräußert oder aufgibt oder wenn er wesentliche Betriebsgrundlagen eines solchen Betriebs veräußert, in das Privatvermögen überführt oder anderen betriebsfremden Zwecken zuführt. Zu Einzelheiten R 64 ErbStR.
- als Inhaber eines Gewerbebetriebs, Gesellschafter einer gewerblich oder freiberuflich tätigen Gesellschaft oder persönlich haftender Gesellschafter einer Kommanditgesellschaft auf Aktien, Inhaber eines begünstigten Betriebs der Land- und Forstwirtschaft oder eines Teilbetriebs oder eines Anteils an einem Betrieb der Land- und Forstwirtschaft in der Zeit vom Stichtag für die Steuerentstehung bis zum Ende des letzten in die Fünfjahresfrist fallenden Wirtschaftsjahrs Entnahmen tätigt, die die Summe seiner Einlagen und der ihm zuzurechnenden Gewinne oder Gewinnanteile seit dem Erwerb um mehr als 100.000 DM übersteigen. Verluste bleiben unberücksichtigt. Für die Definition der Begriffe *Entnahmen, Einlagen, Gewinne, Verluste* gelten die ertragsteuerlichen Grundsätze. Zu Einzelheiten vgl. Rdn. 173.

- Anteile an Kapitalgesellschaften ganz oder teilweise veräußert (eine verdeckte Einlage der Anteile in eine Kapitalgesellschaft steht der Veräußerung der Anteile gleich), wenn die Kapitalgesellschaft innerhalb der Frist aufgelöst oder ihr Nennkapital herabgesetzt wird, wenn diese wesentliche Betriebsgrundlagen veräußert und das Vermögen an die Gesellschafter verteilt wird oder wenn Vermögen der Kapitalgesellschaft auf eine Personengesellschaft, eine natürliche Person oder eine andere Körperschaft (§§ 3 bis 16 des UmwStG) übertragen wird.

Bis zum Ende des letzten in die Fünfjahresfrist fallenden Wirtschaftsjahrs darf 173
der Steuerpflichtige grundsätzlich dem erworbenen Betriebsvermögen oder land- und forstwirtschaftlichen Vermögen nicht mehr entnehmen, als die *Summe seiner Einlagen und der ihm zuzurechnenden Gewinne oder Gewinnanteile (Entnahmebegrenzung)*. Allerdings liegt eine schädliche *Überentnahme* erst vor, wenn die Mehrentnahmen 100.000 DM übersteigen. Verluste werden nicht mit der Entnahmebegrenzung verrechnet. Die Begriffe Entnahme, Einlage, Gewinn und Verlust sind nach den Grundsätzen des Ertragsteuerrechts zu beurteilen. Die Sachentnahme eines Vermögensgegenstands, der im Besteuerungszeitpunkt zum begünstigten Vermögen gehört, ist jedoch mit dem erbschaftsteuerlichen Wert in diesem Zeitpunkt zu bewerten (R 65 Abs. 1 Satz 5 ErbStR). Entnahmen wesentlicher Betriebsgrundlagen, die als Verstoß gegen die Behaltensregelung nach § 13a Abs. 5 Nr. 1 Satz 2 oder Nr. 2 Satz 2 ErbStG zu beurteilen sind, bleiben bei der Prüfung der Entnahmebegrenzung unberücksichtigt (R 65 Abs. 1 Satz 6 ErbStR).

Die Regelung soll zum einen verhindern, daß der begünstigte Erwerber über das Vermögen in seiner Substanz durch Entnahmen unterhalb der Schwelle „wesentliche Betriebsgrundlagen“ aufzehrt und damit dem Gedanken des Erhalts des begünstigten Vermögens in seiner Substanz und Gemeinwohlbindung zuwider handelt. Die durch den Bewertungsabschlag erzielbaren Entlastungen fördern Tendenzen, einem Betrieb vor einer Zuwendung in größerem Umfang privates Vermögen als gewillkürtes Betriebsvermögen zuzuführen. Nach Inanspruchnahme des Bewertungsabschlags und der damit verbundenen Steuerentlastung könnte der Erwerber dieses Vermögen, in der Regel handelt es sich nicht um wesentliche Betriebsgrundlagen, ohne steuerliche Nachteile wieder ins Privatvermögen entnehmen. Dem versucht die Entnahmebegrenzung entgegenzuwirken. Übermäßige Entnahmen kann er vor Ablauf der Fünfjahresfrist wieder durch entsprechende Einlagen ausgleichen.

BEISPIEL

E hat von seinem Vater V einen Gewerbebetrieb geerbt. Bis zum Ende des 5. Wirtschaftsjahrs nach dem Erwerbszeitpunkt sind folgende Bewegungen auf dem Kapitalkonto erfolgt: Gewinn in den Jahren 1 bis 3 je 1.000.000 DM, der jeweils zur Hälfte entnommen wird. Neutrales Ergebnis im Jahr 4, Entnahmen hier 2.000.000 DM. Im Jahr 5 fällt ein Verlust von 500.000 DM an, Entnahmen werden nicht getätigt.

Gewinne Jahr 1 bis 3 (Verlust im Jahr 5 bleibt unberücksichtigt)	3.000.000 DM
Entnahmen innerhalb der Frist	·/· 3.500.000 DM
Überschreitender Betrag	500.000 DM
Unschädliches Überschreiten	·/· 100.000 DM
Überentnahmen	400.000 DM

Durch Einlagen in Höhe von 400.000 DM im 5. Wirtschaftsjahr kann E die Nachversteuerung vermeiden.

174 Jede *schädliche Verfügung* führt zu einem *entsprechenden Wegfall der steuerlichen Vergünstigungen.* Freibetrag und Bewertungsabschlag entfallen jedoch nicht stets in vollem Umfang, sondern nur, soweit die schädliche Verfügung den Bestand des begünstigten Vermögens im Zeitpunkt der Steuerentstehung mindert. Der Erwerber ist so zu besteuern, als sei dieser Teil des Vermögens mit dem erbschaftsteuerlichen Wert im Besteuerungszeitpunkt von Anfang an auf ihn als nicht begünstigtes Vermögen übergegangen (R 67 Abs. 1 ErbStR). Im Fall einer Überentnahme (vgl. Rdn. 173) ist deren Höhe maßgebend. Betrifft die schädliche Verfügung nur einen Teil des begünstigten Vermögens, ist bei ihm zunächst der Bewertungsabschlag entsprechend geringer zu gewähren. Erst, wenn das begünstigt bleibende Vermögen den ihm zustehenden Freibetrag oder Freibetragsanteil unterschreitet, ist auch dieser zu kürzen. Für die Nachversteuerung bleiben die Steuerwerte des begünstigten Vermögens im Zeitpunkt der Steuerentstehung maßgebend.

BEISPIEL

A hat im Jahr 1996 von seinem Vater V einen Gewerbebetrieb (Steuerwert 5.000.000 DM) und einen Anteil von 50 % an der X-GmbH (Anteilswert 3.500.000 DM) geerbt, begünstigtes Vermögen insgesamt 8.500.000 DM. Nach Abzug des

Freibetrags und des Bewertungsabschlags hatte er 4.800.000 DM zu versteuern. Im Jahr 1999 veräußert er seine Beteiligung an der X-GmbH.

Bei der Berichtigung der Steuerfestsetzung ist der Wert des begünstigten Vermögens nur noch mit 5.000.000 DM anzusetzen. Die Beteiligung ist mit ihrem ungekürzten Wert von 3.500.000 DM als nicht begünstigtes Vermögen anzusetzen.

Der Ansatz des Betriebsvermögens erfolgt mit (5.000.000 DM ·/· 500.000 DM) x 60 % = 2.700.000 DM.

Keinen Verstoß gegen die Behaltensregelung stellen die Weiterschenkung oder -vererbung, die Erbauseinandersetzung sowie sonstige unentgeltliche Übertragungen des begünstigten Vermögens dar (vgl. R 62 Abs. 2 ErbStR).

Begrenzung des Schuldenabzugs und Verzicht auf die Steuervergünstigungen

Schulden und Lasten, die mit befreitem *Betriebsvermögen* in wirtschaftlichem Zusammenhang stehen, sind in vollem Umfang *abzugsfähig*. Das folgt für die betrieblichen Schulden aus § 12 Abs. 5 ErbStG i.V.m. § 98a BewG, für nichtbetriebliche Schulden aus § 10 Abs. 6 Satz 4 ErbStG. Der Entwurf eines Steuerbereinigungsgesetzes 1999 (BR-Drucksache 475/99) sieht vor, diese Sonderbehandlung nichtbetrieblicher Schulden mit Wirkung vom 1. Januar 2000 zu beseitigen. Für sie gilt dann, daß sie wie *Schulden und Lasten,* die mit dem befreiten *land- und forstwirtschaftlichen Vermögen* oder befreiten *Anteilen an Kapitalgesellschaften* wirtschaftlich zusammenhängen, *nur insoweit abgezogen* werden dürfen, als dieses Vermögen nach Abzug der Steuervergünstigungen noch steuerpflichtig bleibt (§ 10 Abs. 6 Satz 5 ErbStG). 175

- Bleibt dieses Vermögen wegen des Freibetrags von 500.000 DM unbesteuert, scheidet ein Schuldenabzug aus.
- Verbleibt ein Teil steuerpflichtig, muß der abzugsfähige Teil der Schulden nach dem Verhältnis des Werts dieses Vermögens nach Berücksichtigung der Vergünstigungen zum Wert vor Berücksichtigung der Vergünstigungen berechnet werden.

BEISPIEL

Vater V hinterläßt Sohn S eine Beteiligung von 50 % an der V-GmbH mit einem Steuerwert von 5.000.000 DM. Aus der Anschaffung dieser Beteiligung valutiert eine Restverbindlichkeit von 2.000.000 DM.

Die Beteiligung unterliegt nach Abzug der Vergünstigungen (Freibetrag 500.000 DM, Bewertungsabschlag 40 %) mit 2.700.000 DM der Besteuerung. Die Verbindlichkeit ist mit (2.700.000 : 5.000.000) x 2.000.000 DM = 1.080.000 DM abzugsfähig.

Bei einem *Schuldenüberhang*, d.h. wenn die Verbindlichkeit höher valutiert als der Steuerwert des begünstigten Vermögens, ist die Begrenzung des Schuldenabzugs nachteilig für den Steuerzahler. Er kann deshalb auf den Freibetrag und den Bewertungsabschlag verzichten (§ 13a Abs. 6 ErbStG). Ein Verzicht ist für begünstigtes land- und forstwirtschaftliches Vermögen und begünstigte Anteile an Kapitalgesellschaften getrennt möglich, nicht aber innerhalb einer dieser Vermögensarten für einzelne Betriebe, Teilbetriebe oder Anteile. Wegen des oben dargestellten Wegfalls der Sonderbehandlung nichtbetrieblicher Schulden ab 1. Januar 2000 kommt dann auch ein Verzicht bei begünstigten Betriebsvermögen in Betracht. Aufgrund der Verzichtserklärung ist der Erwerber so zu besteuern, als sei das Vermögen, auf das sie sich erstreckt, auf ihn als nicht begünstigtes Vermögen übergegangen. Der Verzicht kann grundsätzlich nur hinsichtlich des Freibetrags und des Bewertungsabschlags insgesamt erklärt werden. Betrifft der Verzicht nur eine Vermögensart, entfällt für dieses Vermögen zunächst nur der Bewertungsabschlag. Erst, wenn das ihm verbleibende begünstigte Vermögen den ihm zustehenden Freibetrag oder Freibetragsanteil unterschreitet, ist auch dieser zu kürzen (R 68 Abs. 3 ErbStR).

BEISPIEL

Vater V hinterläßt Sohn S unter anderem eine Beteiligung von 50 % an der V-GmbH mit einem Steuerwert von 1.000.000 DM, die er vor Jahren für 3.000.000 DM erworben hatte. Aus der Anschaffung dieser Beteiligung valutiert eine Restverbindlichkeit von 2.000.000 DM.

Die Beteiligung unterliegt nach Abzug der Vergünstigungen (Freibetrag 500.000 DM, Bewertungsabschlag 40 %) mit 300.000 DM der Besteuerung. Die Verbindlichkeit ist mit (300.000 : 1.000.000) x 2.000.000 = 630.000 DM abzugsfähig. Es ergibt sich ein Saldo von 300.000 DM ./. 630.000 DM = ./. 330.000 DM, der mit anderem positivem Vermögen verrechnet werden kann. Verzichtet S auf die Vergünstigungen, ergibt sich ein Saldo von 1.000.000 ./. 2.000.000 DM = ·/·1.000.000 DM, so daß ein höheres Verrechnungspotential zur Verfügung steht.

Persönliche Steuerbefreiungen

Neben dem Wert des Erwerbs ist das *verwandtschaftliche Verhältnis des Erwerbers zum Erblasser oder Schenker* für die Höhe der Steuer entscheidend (vgl. § 15 ErbStG; Rdn. 186). Dementsprechend werden persönliche Freibeträge in unterschiedlicher Höhe gewährt (§ 16 ErbStG). Diese Freibeträge können von jedem Erwerb gesondert abgezogen werden, soweit dies nicht durch § 14 ErbStG eingeschränkt ist (vgl. Rdn. 194). Dadurch können letztlich nur alle 10 Jahre diese Freibeträge in Anspruch genommen werden. 176

PRAXISHINWEIS:

Das volle Ausnutzen der Freibeträge durch rechtzeitige, mehrmalige Zuwendungen gehört zum Einmaleins des Steuersparens.

Zunächst die Freibeträge *bei unbeschränkter Steuerpflicht.*

Ehegattenfreibeträge

Der *Ehegatte* hat einen Freibetrag von 600.000 DM (§ 16 Abs. 1 Nr. 1 ErbStG). 177

Daneben hat der *überlebende Ehegatte* noch einen *besonderen Versorgungsfreibetrag* von 500.000 DM (§ 17 Abs. 1 ErbStG). Auf diesen Versorgungsfreibetrag wird allerdings der Kapitalwert von Hinterbliebenenbezügen aus Anlaß des Todes des Erblassers, die nicht der Erbschaftsteuer unterliegen (vgl. Rdn. 92), angerechnet. Der Kapitalwert ist nach § 14 BewG zu ermitteln (vgl. Rdn. 276). Dabei wird von den jährlichen Bruttobezügen ausgegangen, die dem Hinterbliebenen unmittelbar nach dem Tod des Erblassers zustehen. Handelt es sich dabei um eine Rente aus der gesetzlichen Rentenversicherung, ist grundsätzlich auf den Rentenbetrag abzustellen, der dem Berechtigten nach Ablauf des Sterbevierteljahrs zusteht. Dieser kann den Rentenberechnungen der Rentenversicherungsträger entnommen werden (R 74 Abs. 3 Satz 3 ErbStR). Zusätzliche Leistungen (z.B. 13. Monatsgehalt) sind zu berücksichtigen. Anzurechnen sind auch Einmalbeträge (z.B. Sterbegelder), Kapitalabfindungen sowie Leistungen nach § 107 SGB VI (Abfindung bei Wiederverheiratung) und § 210 SGB VI (Beitragserstattung bei nicht erfüllter Wartezeit).

Ein Kapitalwert von 500.000 DM wird etwa bei folgenden Bezügen erreicht:

Alter	Frauen		Männer	
	Jahr	Monat	Jahr	Monat
50	34.926 DM	2.910 DM	38.577 DM	3.215 DM
55	37.676 DM	3.140 DM	42.520 DM	3.543 DM
60	41.549 DM	3.462 DM	47.856 DM	3.988 DM
65	47.165 DM	3.930 DM	55.438 DM	4.620 DM
70	55.617 DM	4.635 DM	66.569 DM	5.547 DM

Wenn dieser Ehegatte seinerseits nach wenigen Jahren verstirbt, ist evtl. die Veranlagung nach § 14 Abs. 2 BewG auf Antrag seiner Erben nach der tatsächlichen Dauer der Bezüge zu berichtigen.

Freibeträge für Kinder

178 Ein *Kind* hat einen Freibetrag von 400.000 DM (§ 16 Abs. 1 Nr. 2 ErbStG). Daneben hat ein Kind beim Tod eines Elternteils einen *besonderen Versorgungsfreibetrag* (§ 17 Abs. 2 ErbStG) in folgender Höhe:

- bei einem Alter bis zu 5 Jahren 100.000 DM
- bei einem Alter von 5 bis 10 Jahren 80.000 DM
- bei einem Alter von 10 bis 15 Jahren 60.000 DM
- bei einem Alter von 15 bis 20 Jahren 40.000 DM
- bei einem Alter von 20 bis 27 Jahren 20.000 DM

Stehen dem Kind aus Anlaß des Todes des Elternteils Hinterbliebenenbezüge zu, die nicht der Erbschaftsteuer unterliegen (vgl. Rdn. 92), wird der Freibetrag, wie beim Versorgungsfreibetrag des überlebenden Ehegatten, um den Kapitalwert dieser Bezüge gekürzt (vgl. Rdn. 177). Hier ist der Kapitalwert nach § 13 BewG (vgl. Rdn. 278) maßgebend. Dabei ist von der voraussichtlichen Dauer der Bezüge auszugehen.

Freibeträge für andere Erwerber

179 Übrige Personen der Steuerklasse I 100.000 DM
Personen der Steuerklasse II 20.000 DM
Personen der Steuerklasse III 10.000 DM

180 Bei *beschränkter Steuerpflicht* gilt für alle Erwerber - unabhängig vom verwandtschaftlichen Verhältnis zwischen Erwerber und Erblasser oder Schenker - ein Freibetrag von 2.000 DM.

Wie ist der steuerpflichtige Erwerb zu bewerten?

Neben der Frage, was der Erbschaft- und Schenkungsteuer unterliegt, ist die Frage, wie die steuerpflichtigen Wirtschaftsgüter und die davon abzugsfähigen Schulden und Lasten zu bewerten sind, in der Praxis von erheblicher Tragweite. Aus Gründen der Verwaltungsvereinfachung hat sich der Gesetzgeber dafür ausgesprochen, zur Bewertung für Zwecke der Erbschaft- und Schenkungsteuer auf die Regelungen des Bewertungsgesetzes zurückzugreifen (vgl. § 12 ErbStG). Dies gilt auch für den Grundbesitz, der ab 1996 mit neuen Grundbesitzwerten bei der Erbschaft- und Schenkungsteuer angesetzt wird. Damit will der Gesetzgeber die Vorgaben des Bundesverfassungsgerichts vom Juni 1995 erfüllen, nach denen Grundbesitz im Vergleich zu anderen Vermögensgegenständen gegenwartsnah und realitätsgerecht zu bewerten ist. Ob dies allerdings bei einem durchschnittlichen Wertniveau von ca. 50 % bis 60 % - gemessen am Verkehrswert - gelungen ist, wird in der Literatur bereits bezweifelt. Auch der große Streubereich - bei Ansatz von Steuerbilanzwerten für das Gebäude von 1 DM bis zum Ansatz des Verkehrswerts - stößt auf verfassungsrechtliche Bedenken. Man darf daher gespannt sein, wie sich die Gerichte mit der Frage der Verfassungsmäßigkeit der neuen Grundbesitzwerte auseinandersetzen werden. 181

Für die Erbschaft- und Schenkungsteuer gilt der Grundsatz: 182
Bewertungsmaßstab ist der gemeine Wert, also der Preis, der im gewöhnlichen Geschäftsverkehr bei einer Einzelveräußerung zu erzielen wäre, wobei alle objektiven preisbeeinflussenden Umstände zu berücksichtigen sind (§ 12 Abs. 1 ErbStG i.V.m. § 9 Abs. 2 BewG). Dagegen bleiben persönliche Verhältnisse, insbesondere Verfügungsbeschränkungen, die auf letztwilligen Anordnungen beruhen, bei der Wertfindung unberücksichtigt (§ 9 Abs. 3 BewG).

Die Bewertung mit dem gemeinen Wert erfolgt nur dann, wenn das Erbschaft- und Schenkungsteuergesetz keinen hiervon abweichenden Wertansatz anordnet (§ 12 Abs. 1 ErbStG; vgl. Rdn. 241 ff.). Abweichende Wertansätze sind jedoch bei zwei für die Praxis wesentlichen Vermögensarten anzutreffen, und zwar beim Grundbesitz und beim Betriebsvermögen.

Beim *Grundbesitz*, zu dem das land- und forstwirtschaftliche Vermögen, die Grundstücke und die Betriebsgrundstücke gehören, ist ab 1996 der neue Grundbesitzwert anzusetzen (vgl. Rdn. 316 ff.). Beim land- und forstwirtschaftlichen Vermögen setzt sich der Grundbesitzwert aus dem Betriebsteil, den Betriebswohnungen und dem Wohnteil zusammen. Der Betriebsteil wird nach einem vereinfachten Ertragswertverfahren bewertet, die Betriebswohnungen und der 183

Wohnteil nach den Grundsätzen, die für die Bewertung von Wohngrundstücken gelten. Beim Grundvermögen wird zwischen der Bewertung unbebauter und bebauter Grundstücke unterschieden. Für unbebaute Grundstücke gilt das Vergleichswertverfahren. Danach wird aus Kaufpreisen ein statistischer Mittelwert, der sog. Bodenrichtwert, ermittelt, mit der Grundstücksfläche multipliziert und um einen Abschlag von 20 % gekürzt. Für die bebauten Grundstücke gilt grundsätzlich das Ertragswertverfahren. Hier wird die Jahresnettokaltmiete mit einem gesetzlich vorgeschriebenen Vervielfältiger von 12,5 multipliziert, um eine Alterswertminderung korrigiert und bei Wohngrundstücken mit nicht mehr als zwei Wohnungen um einen Zuschlag von 20 % erhöht. Für typische Industriegrundstücke, die nicht vermietet sind und für die sich auch keine übliche Miete ermitteln läßt, gilt ein „Sonderverfahren". Hier ist der Bodenwert und der Gebäudewert getrennt zu ermitteln. Der Bodenwert ist i.d.R. mit der Grundstücksfläche und dem um 30 % ermäßigten Bodenrichtwert anzusetzen. Der Gebäudewert ist bei Grundstücken, die zum Betriebsvermögen rechnen, der Steuerbilanz zu entnehmen; in allen übrigen Fällen entspricht er den Anschaffungs- oder Herstellungskosten abzüglich der Abschreibungen bis zum Erwerbszeitpunkt. Sonderbewertungen sind für das Erbbaurecht, für Gebäude auf fremdem Grund und Boden, für Grundstücke im Zustand der Bebauung und für Gebäude oder Gebäudeteile, die dem Zivilschutz dienen, durchzuführen. Verprobungen der Finanzverwaltung haben ergeben, daß durch das neue Bewertungsverfahren im Durchschnitt der Fälle nur 50 % bis 60 % des Verkehrswerts erfaßt wird. Grundbesitz genießt somit auch ab 1996 eine Besserstellung gegenüber den anderen Vermögensgegenständen.

184 Für das *Betriebsvermögen* sind mit Ausnahme der Betriebsgrundstücke weitestgehend die Steuerbilanzwerte maßgebend (vgl. Rdn. 450 ff.).

Und auch für die Anteilsbewertung trifft der Grundsatz „Ansatz mit dem gemeinen Wert" nur eingeschränkt zu, wenn es sich um nichtnotierte Anteile handelt. Denn in diesen Fällen ist der Anteilswert vorsichtig zu ermitteln, und zwar unter Ansatz des Vermögens mit Steuerbilanzwerten und der Ertragsaussichten, ermittelt aus den Ergebnissen der Vergangenheit und nur unzureichend kapitalisiert (vgl. Rdn. 292 ff.).

185 Dies alles führt zu der Aussage, daß der Bewertungsmaßstab „gemeiner Wert" bei der Erbschaft- und Schenkungsteuer fast zur Ausnahme wird.

Für die Praxis sieht das Prüfungsschema für die Bewertung der Bereicherung wie folgt aus:

	Frage	Antwort ja
1	Liegt ein ■ Betrieb der Land- und Forstwirtschaft ■ Grundstück ■ Betriebsgrundstück vor?	 land- und forstwirtschaftlicher Grundbesitzwert Grundstückswert land- und forstwirtschaftlicher Grundbesitzwert oder Grundstückswert
2	Liegt ein Bodenschatz vor?	Steuerbilanzwert oder Restwert bei Vornahme von Abschreibungen für den Bodenschatz
3	Liegt Betriebsvermögen vor?	Steuerbilanzwert mit bestimmten Ausnahmen
4	Liegen nichtnotierte Anteile an Kapitalgesellschaften vor?	Wert nach dem Stuttgarter Verfahren unter Ansatz des Vermögens und der Ertragsaussichten
	Ansonsten	gemeiner Wert

Wegen der Bedeutung der Bewertungsvorschriften sind diese in dem gesonderten Kapitel „Was Sie über die Ermittlung des steuerpflichtigen Erwerbs wissen sollten“ näher erläutert (vgl. Rdn. 241 ff.).

Zu welcher Steuerklasse gehört ein Erwerber?

Außer vom Wert des steuerpflichtigen Erwerbs hängt die Höhe der Steuer wesentlich von der Steuerklasse des Erwerbers ab. In zwei Fällen haben wir bereits die Bedeutung der Steuerklasse kennengelernt; bei der Befreiung von Hausrat (vgl. Rdn. 151) und bei den persönlichen Freibeträgen (vgl. Rdn. 172 f.). Die Steuerklasse entscheidet weiter über die anzuwendenden Steuersätze (vgl. Rdn. 190) und eine besondere Steuerermäßigung bei mehrfachem Erwerb desselben Vermögens (vgl. Rdn. 200). 186

Die Einteilung der Erwerber in die drei Steuerklassen geschieht in der Regel nach dem *Verwandtschaftsverhältnis zwischen dem Erwerber und dem Erblasser oder Schenker.* Der Verwandtschaftsgrad bestimmt sich nach dem bürgerlichen Recht (§§ 1589, 1590 BGB) und verlangt keine schwierigen Ermittlungen. 187

Nachfolgend dazu ein Überblick:

Steuerklasse I
1. der Ehegatte (vgl. Rdn. 188)
2. die Kinder und Stiefkinder (vgl. Rdn. 188)
3. die Abkömmlinge der Kinder und Stiefkinder
4. die Eltern und Voreltern bei Erwerben von Todes wegen

Steuerklasse II
1. die Eltern und Voreltern bei Schenkungen unter Lebenden
2. die Geschwister (vgl. Rdn. 188)
3. die Abkömmlinge ersten Grades von Geschwistern (vgl. Rdn. 188)
4. die Stiefeltern
5. die Schwiegerkinder (vgl. Rdn. 188)
6. die Schwiegereltern
7. der geschiedene Ehegatte (vgl. Rdn. 188)

Steuerklasse III
alle übrigen Erwerber und die Zweckzuwendungen (vgl. Rdn. 188).

188 Nun noch zu einigen wesentlichen Einzelheiten:

Steuerklasse I
Ehegatten

Die Ehe muß zum Zeitpunkt der Steuerentstehung rechtlich bestehen. Ob die Ehegatten dauernd getrennt leben, ist unbeachtlich. Nach der rechtskräftigen Scheidung gilt die Steuerklasse II.

PRAXISHINWEIS:

Bei Zuwendungen unter Verlobten gilt Steuerklasse III. Ein Teilerlaß der Steuer aus sachlichen Billigkeitsgründen (§ 227 AO) scheidet selbst dann aus, wenn einer der Verlobten unmittelbar vor der Eheschließung verstorben ist (BFH-Urteil vom 23. März 1998, BStBl 1998 II S. 396). Erfolgt die Zuwendung unter der aufschiebenden Bedingung der Eheschließung, gilt bei Eintritt der Bedingung die Steuerklasse I.

Kinder

Dazu gehören leibliche und adoptierte Kinder. Ein Kind gehört im Verhältnis zur Mutter (vgl. § 1591 BGB) stets, im Verhältnis zum Vater dann, wenn die Vaterschaft kraft Ehe mit der Mutter, kraft Anerkennung oder kraft gerichtlicher Feststellung besteht (vgl. § 1592 BGB), zur Steuerklasse I.

Adoptivkinder (vgl. Rdn. 7) werden steuerlich zunächst nach den neuen Verwandtschaftsverhältnissen behandelt. Gleichzeitig gelten jedoch die bürgerlich-rechtlich erloschenen Verwandtschaftsverhältnisse steuerlich fort (§ 15 Abs. 1a ErbStG).

PRAXISHINWEIS:

Durch Adoption eines ins Auge gefaßten Erwerbers läßt sich eine erhebliche Steuerersparnis erreichen. Beim Erwerb von unternehmerischem Vermögen (s. Rdn. 161) erfolgt jedoch ohnehin eine Besteuerung nach dem Tarif der Steuerklasse I (vgl. Rdn. 192).

Steuerklasse II

Zu den Geschwistern gehören neben den vollbürtigen die halbbürtigen Geschwister (die nur einen Elternteil gemeinsam haben) und Adoptivgeschwister.

„Abkömmlinge ersten Grades„ von Geschwistern (= Geschwisterkinder) sind auch Adoptivkinder und Stiefkinder von Geschwistern. Die Steuerklasse II gilt jedoch immer nur bei Erwerben von den Geschwistern des die Verwandtschaft vermittelnden Elternteils.

Zu den Schwiegerkindern gehören auch die Stiefschwiegerkinder.

Steuerklasse III

Dazu gehören z.B. Tanten und Onkel beim Erwerb von Geschwisterkindern, Pflegekinder und Pflegeeltern und Partner einer nichtehelichen Lebensgemeinschaft, außerdem alle nichtnatürlichen Personen.

Wie wird die Erbschaftsteuer/Schenkungsteuer berechnet?

In den bisherigen Kapiteln haben wir dargestellt, wie der steuerpflichtige Erwerb 189
ermittelt und zu welcher Steuerklasse der Erwerber gehört. Auf diesen Grundlagen läßt sich nun der Steuersatz bestimmen und die Steuer berechnen.

Steuertarif

190 Die Steuersätze nach § 19 ErbStG bilden einen *Stufentarif*. Das heißt, der Steuersatz der erreichten Wertstufe gilt für den gesamten Umfang des steuerpflichtigen Erwerbs.

Wert des steuerpflichtigen Erwerbs (§ 10) bis einschließlich ... Deutsche Mark	Vomhundertsatz in der Steuerklasse I	II	III
100.000	7	12	17
500.000	11	17	23
1.000.000	15	22	29
10.000.000	19	27	35
25.000.000	23	32	41
50.000.000	27	37	47
über 50.000.000	30	40	50

191 Um besondere Härten bei Tarifsprüngen zu verringern, sieht § 19 Abs. 3 ErbStG im Grenzbereich der Tarifstufen einen *Härteausgleich* vor. Der Unterschied zwischen der Steuer, die sich bei Anwendung des Tarifs ergibt, und der Steuer, die berechnet würde, wenn der Erwerb die letztvorhergehende Wertstufe nicht überstiegen hätte, wird nur insoweit erhoben, als er

- bei einem Steuersatz bis zu 30 v. H. aus der Hälfte,
- bei einem Steuersatz über 30 v. H. bis 50 v. H. aus drei Vierteln

des die Wertgrenze übersteigenden Erwerbs gedeckt werden kann.

BEISPIEL

Der steuerpflichtige Erwerb eines Kindes beträgt (940.000 DM ·/· 400.000DM =) 540.000 DM; die Steuer hierfür 15 % = 81.000 DM. Die Steuer für die vorangehende Wertstufe beträgt 11 % von 500.000 DM = 55.000 DM. Der Unterschied von 26.000 DM darf nur erhoben werden, soweit er aus $^1/_2$ von 40.000 DM gedeckt werden kann. Die festzusetzende Steuer beträgt mithin (55.000 DM + 20.000 DM =) 75.000 DM.

Der Härteausgleich ist anzuwenden, wenn der Wert des steuerpflichtigen Erwerbs in eine der nachfolgend tabellarisch aufgelisteten Härteausgleichszonen fällt:

Wertgrenze gemäß §19 Abs. 1 ErbStG DM	Härteausgleich gemäß §19 Abs. 3 ErbStG, anzuwenden bei Überschreiten der letztvorhergehenden Wertgrenze bis einschließlich ... DM in Steuerklasse I	II	III
500.000	110.200	115.100	122.200
1.000.000	557.100	589.200	642.800
10.000.000	1.129.000	1.217.300	1.150.000
25.000.000	11.481.400	11.162.700	11.764.700
50.000.000	29.347.800	28.289.400	30.357.100
über 50.000.000	57.500.000	54.285.700	56.000.000

Tarifbegrenzung für Produktivvermögen

Produktivvermögen wird beim Erwerb durch natürliche Personen unabhängig von der verwandtschaftlichen Nähe zwischen Erblasser/Schenker und Erwerber geschont. Inländisches Betriebsvermögen und land- und forstwirtschaftliches Vermögen sowie Anteile an inländischen Kapitalgesellschaften, die dem Erblasser oder Schenker eine unmittelbare Beteiligung von mehr als 25 % am Nennkapital der Gesellschaft vermittelten, unterliegt bei diesen Erwerbern nur dem Tarif der Steuerklasse I (§ 19 a ErbStG). Die tatsächliche Steuerklasse des Erwerbers bleibt für alle übrigen Besteuerungsgrößen, wie z.B. die persönlichen Freibeträge oder steuerklassenabhängige sachliche Freibeträge, maßgebend. Die Gleichstellung mit Erwerbern der Steuerklasse I reicht nicht über die Anwendung des maßgebenden Steuersatzes hinaus. 192

Die Tarifbegrenzung erfolgt mittels eines Abzugsbetrags (*Entlastungsbetrag*). Die Anspruchsvoraussetzungen bezüglich des begünstigten Vermögens entsprechen denen des § 13a ErbStG (vgl. Rdn. 162f). Der Entlastungsbetrag ist aber nicht davon abhängig, daß der Freibetrag oder Bewertungsabschlag nach § 13 a ErbStG in Anspruch genommen wird. Sein Abzug ist daher möglich, wenn der Erwerber z.B. den Freibetrag wegen vorherigen Verbrauchs bei einer früheren Zuwendung nicht abziehen kann oder auf die Begünstigung nach § 13a ErbStG verzichtet. Umfaßt das auf einen Erwerber übertragene begünstigte Vermögen mehrere selbständig zu bewertende wirtschaftliche Einheiten einer Vermögensart (z.B. mehrere Gewerbebetriebe) oder mehrere Arten begünstigten Vermögens (Betriebsvermögen, land- und forstwirtschaftliches Vermögen, Anteile an Kapitalgesellschaften), sind deren Werte vor der Anwendung des § 19 a 193

ErbStG zusammenzurechnen. Ist der Steuerwert des begünstigten Vermögens insgesamt negativ, kommt die Tarifbegrenzung nicht in Betracht. Schließlich gelten auch die gleichen Voraussetzungen zur Behaltensfrist (vgl. Rdn. 169). Betriebsvermögen, land- und forstwirtschaftliches Vermögen sowie Anteile an Kapitalgesellschaften muß der Erwerber selbst *fünf Jahre behalten*, damit ihm die Entlastung dauerhaft verbleibt. Außerdem ist sichergestellt, daß ein *Erwerber den Entlastungsbetrag nicht in Anspruch nehmen* kann, soweit er erworbenes begünstigtes Vermögen aufgrund einer letztwilligen Verfügung des Erblassers (z.B. Testament) oder einer rechtsgeschäftlichen Verfügung des Erblassers (z.B. im Erbvertrag oder Schenkungsvertrag) auf einen Dritten überträgt (vgl. Rdn. 168). Zwischenerwerber, die allerdings die aus der Verfügung des Erblassers oder Schenkers resultierende Weitergabeverpflichtung entsprechend bereicherungsmindernd geltend machen können, werden unverändert nur nach dem Tarif der Steuerklasse II oder III besteuert.

Der Entlastungsbetrag ist in 3 Stufen zu berechnen:

1. Für den steuerpflichtigen Erwerb ist die Steuer nach dem Tarif der tatsächlichen Steuerklasse des Erwerbers (II oder III) zu berechnen. Dabei muß auch ggf. der Härteausgleich berücksichtigt werden (vgl. Rdn. 191). Der auf das begünstigte Vermögen entfallende Anteil an der tariflichen Erbschaftsteuer bemißt sich nach dem Verhältnis des Werts dieses Vermögens nach Anwendung des § 13 a zum Wert des gesamten Vermögensanfalls (nach Anwendung des § 13 a ErbStG).
2. Für den steuerpflichtigen Erwerb ist die Steuer nach dem Tarif der Steuerklasse I zu berechnen. Dabei muß auch ggf. der Härteausgleich berücksichtigt werden (vgl. Rdn. 191). Der auf das begünstigte Vermögen entfallende Anteil an der tariflichen Erbschaftsteuer bemißt sich nach dem Verhältnis des Werts dieses Vermögens nach Anwendung des § 13 a zum Wert des gesamten Vermögensanfalls (nach Anwendung des § 13 a ErbStG).
3. Der Entlastungsbetrag ist die Differenz zwischen beiden auf das begünstigte Vermögen entfallenden Steuerbeträge. Er ist von der tariflichen Steuer des Erwerbers nach seiner Steuerklasse (II oder III) abzuziehen.

BEISPIEL

Ein Neffe erbt von seinem Onkel einen Gewerbebetrieb mit einem Steuerwert von 3.000.000 DM, Grundstücke mit einem Grundstückswert von 900.000 DM und übriges Vermögen mit einem Wert von 600.000 DM. Die abzugsfähigen Nachlaßverbindlichkeiten betragen insgesamt 600.000 DM.

Steuerwert Grundbesitz				900.000 DM
Steuerwert Betriebsvermögen		3.000.000 DM		
Freibetrag	·/·	500.000 DM		
Bewertungsabschlag				
(3.000.000 ·/· 500.000) x 40 %	·/·	1.000.000 DM	+	1.500.000 DM
Steuerwert übriges Vermögen			+	600.000 DM
Wert des Vermögensanfalls				3.000.000 DM
Nachlaßverbindlichkeiten			·/·	600.000
Bereicherung				2.400.000 DM
Persönlicher Freibetrag			·/·	20.000 DM
Steuerpflichtiger Erwerb				2.380.000 DM

Wert des begünstigten Vermögens im Verhältnis zum Vermögensanfall
1.500.000 : 3.000.000 = 50 %

Steuer nach Tarif Steuerklasse II: 2.380.000 x 27 % = 642.600 DM		
Auf begünstigtes Vermögen entfällt 642.600 x 50 %		321.300 DM
Steuer nach Tarif Steuerklasse I: 2.380.000 x 19 % = 452.200 DM		
Auf begünstigtes Vermögen entfällt 452.200 x 50 %	·/·	226.100 DM
Entlastungsbetrag		95.200 DM

Steuer des Erwerbers nach Steuerklasse II		642.600 DM
Entlastungsbetrag	·/·	95.200 DM
Festzusetzende Steuer		547.400 DM

Der Entlastungsbetrag spielt keine Rolle, wenn ein Erwerber nach seinem Verwandtschaftsverhältnis zum Erblasser/Schenker ohnehin in die Steuerklasse I fällt. Besteht der gesamte Erwerb eines Erwerbers der Steuerklasse II oder III aus begünstigtem Vermögen, kann zur Abkürzung des Rechenweges die festzusetzende Steuer unmittelbar nach dem Tarif der Steuerklasse I berechnet werden. Das gilt insbesondere für reine Schenkungen von begünstigtem Vermögen.

Berücksichtigung früherer Erwerbe

194 Mehrere *innerhalb von 10 Jahren von derselben Person anfallende Erwerbe* werden *zusammengerechnet* (§ 14 ErbStG). Dabei ist auf den jeweiligen Zeitpunkt der Steuerentstehung (vgl. Rdn. 132 f.) abzustellen. Es bleibt zwar dabei, daß jede Zuwendung für sich besteuert wird. Hat ein Erwerber jedoch innerhalb des Zehnjahreszeitraums mehrere Zuwendungen von derselben Person erhalten, ist die Steuer für den Letzterwerb unter Einbeziehung der früheren Zuwendungen zu berechnen. Hierfür gelten folgende Grundsätze:

1. Für die früheren Zuwendungen bleibt der frühere steuerliche Wert maßgebend (R 70 Abs. 2 ErbStR). Eine Zuwendung von Grundbesitz vor 1996 ist mit dem Einheitswert 1964 zuzüglich 40 % bzw. Einheitswert 1935 zuzüglich Zuschlag nach § 133 BewG oder dem Ersatzwirtschaftswert (neue Länder) anzusetzen. Vorerwerbe, die wegen qualitativer Steuerbefreiungen (z.B. § 13 Abs. 1 Nr. 2 und 3 ErbStG) nicht oder nur anteilig der Besteuerung unterlagen, bleiben insoweit außer Ansatz.
2. Vorerwerbe mit negativem Steuerwert sind von der Zusammenrechnung ausgenommen.

PRAXISHINWEIS:

Solche negativen Steuerwerte können sich z.B. ergeben, wenn Betriebsvermögen (z.B. Anteile an einer Personengesellschaft) übertragen werden (vgl. Rdn. 88, 122, 462 f.). Hier empfiehlt es sich, den negativen Erwerb unmittelbar durch eine weitere Zuwendung mit positivem Wert im Rahmen einer einheitlichen Zuwendung auszugleichen.

3. Für den Gesamtbetrag ist die Steuer zu berechnen auf der Grundlage der geltenden Tarifvorschriften im Zeitpunkt des Letzterwerbs, also Steuerklasse, Freibeträge und Steuertarif.
4. Von der Steuer auf den Gesamtbetrag wird die Steuer abgezogen, welche für die früheren Erwerbe nach den persönlichen Verhältnissen und auf der Grundlage der Tarifvorschriften (§§ 14 bis 19 a ErbStG) zur Zeit des letzten Erwerbs zu erheben gewesen wäre (fiktive Steuer). Dabei ist ggf. auch der Härteausgleich (vgl. Rdn. 191) zu berücksichtigen.
5. Statt der fiktiven Steuer ist die seinerzeit für die Vorerwerbe tatsächlich zu entrichtende Steuer abzuziehen, wenn sie höher ist.

Problemlos ist die Zusammenrechnung nur, wenn in dem maßgebenden Zehnjahreszeitraum Freibeträge, Steuerklasseneinteilung und Steuertarif unverändert bleiben. Sonst weicht die fiktiv berechnete Steuer (4) von der bei früheren Zuwendungen festgesetzten Steuer (5) ab. 195

BEISPIEL

Ein Ehegatte hatte 1990 seinem damaligen Partner Vermögen im Wert von 200.000 DM geschenkt. 1999 heiratet er den Partner und schenkt weiteres Vermögen im Wert von 1.000.000 DM.

Vermögen 1999				1.000.000 DM
Vermögen 1990			+	200.000 DM
Gesamterwerb				1.200.000 DM
Persönlicher Freibetrag 1999			·/·	600.000 DM
Steuerpflichtiger Erwerb				600.000 DM
Steuersatz 1999 15 %				
Steuer auf Gesamterwerb				90.000 DM
Anrechenbare Steuer				
a) Fiktive Steuer 1999 auf Vorerwerb		200.000 DM		
Persönlicher Freibetrag 1999	·/·	600.000 DM		
Steuerpflichtiger Erwerb		0 DM		
Steuersatz 1999 0 %				
Fiktive Steuer 1999		0 DM		
b) Tatsächliche Steuer 1990 auf Vorerwerb				
Vermögen 1990		200.000 DM		
Persönlicher Freibetrag 1990	·/·	3.000 DM		
Steuerpflichtiger Erwerb		197.000 DM		
Steuersatz 1990 30 %				
Steuer		59.100 DM		
Anzurechnen höhere Steuer 1990			·/·	59.100 DM
Festzusetzende Steuer 1999				30.900 DM

Trotz der *Zusammenrechnung* mit früheren Erwerben bleibt nur der *Letzterwerb* selbst *Besteuerungssachverhalt*. Nur für diesen Erwerb wird eine neue Steuer geschuldet, deren Höhe allerdings durch die Vorerwerbe beeinflußt ist. Um der Tatsache Rechnung zu tragen, daß diese Vorerwerbe selbständig bereits 196 zu einer eigenständigen Steuer herangezogen wurden, muß die Steuer des zusammengerechneten Letzterwerbs mit der Steuer für die Vorerwerbe verrechnet werden. Hierbei handelt es sich nicht um eine Anrechnung in dem Sinne, daß die Steuer auf den oder die Vorerwerbe als eine Art „Vorauszahlung" zu behandeln wäre.

PRAXISHINWEIS:

Ist die Steuer auf den Vorerwerb - aus welchen Gründen auch immer - höher als die für den Gesamterwerb errechnete Steuer, kann es deshalb nicht zu einer Erstattung dieser „Mehrsteuer" kommen (R 70 Abs. 4 Satz 6 ErbStR). Die Steuer für den Letzterwerb ist vielmehr auf 0 DM festzusetzen.

Immerhin schafft die abzugsfähige Steuer eine Art „Anrechnungsvolumen", das der Schenker durch weitere Zuwendungen an denselben Erwerber ausschöpfen kann.

BEISPIEL

Ehegatte E hatte 1991 seinem damaligen Partner P Vermögen im Wert von 500.000 DM geschenkt. 1999 heiratet er den Partner und schenkt weiteres Vermögen im Wert von 1.000.000 DM.

Vermögen 1999		1.000.000 DM
Vermögen 1991		+ 500.000 DM
Gesamterwerb		1.500.000 DM
Persönlicher Freibetrag 1999		·/· 600.000 DM
Steuerpflichtiger Erwerb		900.000 DM
Steuersatz 1999: 15 %		
Steuer auf Gesamterwerb		135.000 DM
Anrechenbare Steuer		
a) Fiktive Steuer 1999 auf Vorerwerb		
Vermögen 1991	500.000 DM	
Persönlicher Freibetrag 1999	·/· 600.000 DM	
Steuerpflichtiger Erwerb	0 DM	
Steuersatz 1999: 0 %		
Fiktive Steuer 1999	0 DM	

b) Tatsächliche Steuer 1991 auf Vorerwerb

Vermögen 1991	500.000 DM	
Persönlicher Freibetrag 1991	·/· 3.000 DM	
Steuerpflichtiger Erwerb	497.000 DM	
Steuersatz 1991: 38 %		
Steuer	188.860 DM	
Anzurechnen höhere Steuer 1991		·/· 188.860 DM
Festzusetzende Steuer 1999		0 DM

E könnte dem P weiteres Vermögen bis zu 177.799 DM schenken, ohne daß hierfür eine Steuer fällig würde.

Der Entwurf eines Steuerbereinigungsgesetzes 1999 (BR-Drucksache 475/99) sieht vor, ab 1. Januar 2000 den Anrechnungsbetrag aus der tatsächlichen Steuer auf den Betrag zu begrenzen, der auf den Vorerwerb im Verhältnis seines Werts zum Gesamtbetrag der zusammengerechneten Erwerbe vor Abzug des persönlichen Freibetrags entfällt (neuer § 14 Abs. 1 Satz 4 ErbStG).

BEISPIEL

Für eine Zuwendung im Jahr 2000 würde sich bei dem ansonsten unveränderten Sachverhalt des vorangehenden Beispiels folgende Berechnung ergeben:

Vermögen 2000		1.000.000 DM
Vermögen 1991		+ 500.000 DM
Gesamterwerb		1.500.000 DM
Persönlicher Freibetrag 2000		·/· 600.000 DM
Steuerpflichtiger Erwerb		900.000 DM
Steuersatz 2000: 15 %		
Steuer auf Gesamterwerb		135.000 DM
Anrechenbare Steuer		
a) Fiktive Steuer 2000 auf Vorerwerb		
Vermögen 1991	500.000 DM	
Persönlicher Freibetrag 2000	·/· 600.000 DM	
Steuerpflichtiger Erwerb	0 DM	
Steuersatz 2000: 0 %		
Fiktive Steuer 2000	0 DM	

b) Tatsächliche Steuer 1991 auf Vorerwerb

Vermögen 1991	500.000 DM	
Persönlicher Freibetrag 1991	·/· 3.000 DM	
Steuerpflichtiger Erwerb	497.000 DM	
Steuersatz 1991: 38 %		
Steuer	188.860 DM	
Kappung nach § 14 Abs. 1 Satz 4 (neu) ErbStG		
Verhältnis des Werts des Vorerwerbs zum Gesamtbetrag		
$\frac{500.000\ DM}{1.000.000\ DM} = 50\ \%$		
Gekappte tatsächliche Steuer		
50 % von 188.860 DM = 94.430 DM		
Anzurechnende gekappte Steuer 1991		·/· 94.430 DM
Festzusetzende Steuer 2000		40.570 DM

PRAXISHINWEIS:

Wer die Vorteile aus der gegenwärtig gültigen Rechtslage noch ausnutzen will, muß seine „Nachschenkung“ bis Ende des Jahres 1999 ausgeführt haben.

Kleinbetragsgrenze

197 Wenn für den einzelnen Steuerfall die Steuer 50 DM nicht übersteigt, wird sie aus Vereinfachungsgründen nicht festgesetzt (§ 22 ErbStG). Steuerfall ist dabei der Vermögensanfall beim jeweiligen Erwerber.

Was ist bei der Festsetzung der Steuer noch zu beachten?

198 Einige Besonderheiten, nämlich

- die Anrechnung ausländischer Erbschaftsteuer bzw. Schenkungsteuer und
- der mehrfache Erwerb desselben Vermögens,

können die Höhe der Steuer beeinflussen.

Anrechnung ausländischer Erbschaftsteuer/Schenkungsteuer

Bei unbeschränkter Steuerpflicht wird auch Auslandsvermögen besteuert, das vielfach auch ein ausländischer Staat aufgrund seiner Belegenheit besteuert. 199

Um die Auswirkungen einer solchen Doppelbesteuerung zu vermeiden oder zu vermindern, sind mit einigen Staaten besondere Abkommen, sog. *DBA*, getroffen worden (gegenwärtig Dänemark, Schweiz, Österreich, USA, Schweden). Besteht kein solches Abkommen, kann ausländische Steuer auf die deutsche Steuer angerechnet werden (§ 21 ErbStG), wenn folgende Voraussetzungen erfüllt sind:

- Unbeschränkte Steuerpflicht bei einem Erwerb, zu dem Auslandsvermögen gehört
- Tatsächliche Steuerzahlung im Ausland
- Beachtung einer Zeitgrenze von fünf Jahren
- Begrenzung auf einen Höchstbetrag.

Der *Höchstbetrag* der anrechenbaren ausländischen Steuer ist nach folgender Formel zu berechnen:

$$\frac{\text{steuerpflichtiges Auslandsvermögen}}{\text{steuerpflichtiges Gesamtvermögen}} \times \text{deutsche Steuer}$$

Die ausländische Steuer ist nach dem amtlichen Devisenkurs (Briefkurs) vom Tag der Entstehung der deutschen Erbschaftsteuer bzw. Schenkungsteuer in DM umzurechnen.

Mehrfacher Erwerb desselben Vermögens

War Vermögen auf Personen der Steuerklasse I (vgl. Rdn. 187) übergegangen und wurde für diesen Erwerb tatsächlich eine Steuer festgesetzt, ist eine besondere Ermäßigung vorgesehen, wenn dieses Vermögen innerhalb von 10 Jahren erneut, und zwar von Todes wegen, auf Personen dieser Steuerklassen übergeht (§ 27 ErbStG). Damit soll eine übermäßige Verminderung von Familienvermögen infolge mehrfacher kurz aufeinander folgender Steuerfälle vermieden werden. 200

Die Steuerermäßigung beträgt

wenn zwischen den beiden Zeitpunkten der Entstehung der Steuer (vgl. Rdn. 129ff.) liegen	vom Hundert
nicht mehr als 1 Jahr	50
mehr als 1 Jahr, aber nicht mehr als 2 Jahre	45
mehr als 2 Jahre, aber nicht mehr als 3 Jahre	40
mehr als 3 Jahre, aber nicht mehr als 4 Jahre	35
mehr als 4 Jahre, aber nicht mehr als 5 Jahre	30
mehr als 5 Jahre, aber nicht mehr als 6 Jahre	25
mehr als 6 Jahre, aber nicht mehr als 8 Jahre	20
mehr als 8 Jahre, aber nicht mehr als 10 Jahre	10

Ermäßigt wird die Steuer für den letzten Erwerb, soweit sie auf das mehrfach übergegangene Vermögen entfällt.

201 Die *Voraussetzungen* zur Anwendung des § 27 ErbStG sind:

- Es muß dasselbe Vermögen übergehen. Das bedeutet aber nicht, daß das Vermögen in unveränderter Form vorliegen muß. Es genügt, wenn an die Stelle dieses Vermögens sog. Surrogate getreten sind, z.B. anstelle eines Grundstücks der Verkaufserlös oder das daraus gebildete Vermögen. Am Fortbestand des Vermögens wird es insbesondere beim nachweislichen Verbrauch fehlen.
- Für den ersten Vermögensübergang muß eine Steuer tatsächlich festgesetzt worden sein. Auf deren Höhe kommt es grundsätzlich nicht an. War diese Steuer jedoch niedriger als die Steuer für den Letzterwerb, bestimmt § 27 Abs. 3 ErbStG, daß die Steuerermäßigung aus dieser niedrigeren Steuer zu berechnen ist.

Was ist bei der Entrichtung der Steuer zu beachten?

202 Die festgesetzte Steuer ist nach den allgemeinen Vorschriften der Abgabenordnung zu entrichten (§ 218f. AO). Das ErbStG enthält jedoch eine Reihe von Sonderregelungen, die Sie nachfolgend noch kennenlernen sollen.

Besteuerung von Renten, Nutzungen und Leistungen beim Erwerber

Renten sowie andere wiederkehrende Nutzungen oder Leistungen sind beim Erwerb von Todes wegen oder bei freigebiger Zuwendung unter Lebenden zusammen mit den anderen Vermögensgegenständen und abzüglich damit im Zusammenhang stehender Schulden und persönlicher Freibeträge als *steuerpflichter Erwerb* der Erbschaft- oder Schenkungsteuer zu unterwerfen. Da Renten- und Nutzungsrechte dem Erwerber verteilt auf die Laufzeit des Rechts zufließen, würde die Sofortversteuerung ohne gesetzliche Ausweichmöglichkeit in der Praxis häufig zu Liquiditätsschwierigkeiten führen. Der Gesetzgeber hat daher in § 23 ErbStG die Möglichkeit vorgesehen, die auf den Kapitalwert von Renten oder anderen wiederkehrenden Nutzungen oder Leistungen lastende Erbschaft- oder Schenkungsteuer in Form von *jährlichen Zahlungen* zu entrichten, die sich nach der Höhe des Jahreswerts des Rechts bemessen. Bei der jährlichen Versteuerung entsteht somit die Steuerschuld wie bei der Sofortversteuerung nach den Verhältnissen im Zeitpunkt der Ausführung der Schenkung bzw. im Zeitpunkt des Todes des Erblassers, allerdings mit dem Unterschied, daß das Leistungsgebot auf die Zahlung von Steuerbeträgen gerichtet ist, die jeweils auf den *Jahrestag der Entstehung der Steuer fällig* gestellt werden. 203

Pro und Contra Sofortversteuerung bzw. jährliche Versteuerung

Für den Steuerzahler stellt sich in der Praxis die Frage, für welche der beiden Besteuerungsformen er sich entscheiden soll. Es ist daher wichtig, die Vor- oder Nachteile der Sofortversteuerung gegenüber der jährlichen Versteuerung zu kennen. 204

Kapitalmarktzinsniveau

Bei der Kapitalisierung des Renten- oder Nutzungsrechts wird für Erbschaft- oder Schenkungsteuerzwecke ein Zinssatz von 5,5 % zugrunde gelegt. Der Nutzungsberechtigte hat daher bei der Jahresversteuerung neben seinem Anteil an der auf den Kapitalwert entfallenden Steuer auch einen Zinsanteil von 5,5 %, bezogen auf diese Steuer, zu zahlen. Dies wird dadurch erreicht, daß der *Steuersatz auf den Jahreswert* und nicht auf den abgezinsten Jahreswert angewendet wird. Liegt nun der tatsächliche Zinssatz auf dem Kapitalmarkt unter 5,5 %, zahlt der Berechtigte zuviel Zinsen im Vergleich zur Sofortversteuerung. Bei einem Kapitalmarktzinssatz über 5,5 % erweist sich dagegen die Jahresversteuerung 205 wegen der geringeren Zinsbelastung im Vergleich zur Sofortversteuerung als die günstigere Alternative.

Liquiditätsvorteil

206 Bei der jährlichen Steuerzahlung entrichten Sie lediglich den Betrag, der Ihrer *jährlichen Bereicherung* - bezogen auf die Verhältnisse des Stichtags - entspricht. Hierdurch wird dem Umstand Rechnung getragen, daß bei Gewährung eines Renten- oder Nutzungsrechts die Erträge aus diesem Recht nicht sofort, sondern zeitanteilig zufließen. Ein Teilbetrag des jeweiligen Jahreswerts kann somit zur Abdeckung der Erbschaft- bzw. Schenkungsteuer verwendet werden. Dagegen muß bei der *Sofortversteuerung* der auf den Kapitalwert des Renten- oder Nutzungsrechts entfallende Steuerbetrag von Ihnen vorfinanziert werden.

Risiko einer höheren Lebenserwartung

207 Bei der *Sofortversteuerung* ergibt sich der Kapitalwert für lebenslängliche Renten- oder Nutzungsrechte u.a. aus der statistisch vorgegebenen Lebenserwartung. Diese Lebenserwartung bleibt auch dann maßgebend, wenn der Erwerber über diese Lebenserwartung hinaus Renten oder andere wiederkehrende Nutzungen und Leistungen besitzt. Ist dagegen das tatsächliche Lebensalter kürzer als die statistische Lebenserwartung, kann eine solche Abweichung bei der Sofortversteuerung durch eine nachträgliche Korrektur der ursprünglichen Steuerfestsetzung berücksichtigt werden. Verringert sich dadurch der Kapitalwert und der anzusetzende Steuersatz, führt dies zu einer Erstattung der bereits festgesetzten Steuer.

Bei der *Jahresversteuerung* ist dagegen die Steuer, unabhängig von der statistischen Lebenserwartung, nach dem ursprünglich maßgebenden Steuersatz - bezogen auf den Jahreswert - zu berechnen und während der genannten tatsächlichen Laufzeit der Rente oder des Nutzungsrechts abzuführen. Dies gilt selbst dann, wenn der Berechtigte nach Ablauf der statistischen Lebenserwartung noch lebt. Bei Unterschreitung der Lebenserwartung endet selbstverständlich die jährliche Versteuerung mit dem Tod des Berechtigten.

Sonderausgabenabzug

208 Für denjenigen, der einkommensteuerpflichtig ist und nicht zu der Gruppe von Steuerzahlern gehört, die ihre Einkünfte mit dem Eingangssteuersatz besteuern, dürfte die Wahl zwischen Sofortversteuerung und Jahresversteuerung von der

Möglichkeit des Sonderausgabenabzugs entscheidend beeinflußt werden. Nach der höchstrichterlichen Rechtsprechung (vgl. BFH-Urteil vom 15. November 1957, BStBl 1958 III S. 103) sind die bei der Besteuerung nach dem Jahreswert jährlich zu entrichtenden Steuerbeträge als *dauernde Last* abzugsfähig, wenn folgende Voraussetzungen vorliegen:

- Die Erbschaft- oder Schenkungsteuerzahlungen müssen über mehrere Jahre geleistet werden, ohne daß jedoch die für wiederkehrende Bezüge erforderliche Mindestlaufzeit von zehn Jahren vorliegen muß.
- Es müssen tatsächlich Steuerbeträge entrichtet werden. Soweit die Jahressteuer gestundet wird, ist der Sonderausgabenabzug erst im Jahr der Zahlung möglich.
- Der Steuerzahler muß durch die jährlichen Steuerzahlungen belastet sein. Soweit Steuerbeträge aufgrund einer Änderung der Erbschaft- oder Schenkungsteuerfestsetzung erstattet werden, sind sie im Jahr der Rückzahlung mit der Jahressteuer zu verrechnen.
- Es muß eine Verpflichtung zur Zahlung der Jahressteuer bestehen. Demnach kann im Fall des Erwerbs von Todes wegen grundsätzlich nur der Nutzungsberechtigte die Jahressteuer als Sonderausgabe geltend machen. Ist ausnahmsweise ein Dritter aufgrund einer entsprechenden Auflage verpflichtet, die Steuer unabhängig von den wiederkehrenden Nutzungen und Leistungen zu tragen, so kann er die Jahressteuer als Sonderausgaben abziehen.

PRAXISHINWEIS:

Als Ergebnis bleibt festzuhalten, daß die Jahresversteuerung wegen der Abzugsmöglichkeit bei der Einkommensteuer regelmäßig günstiger sein wird als die Sofortversteuerung. Ihnen wird daher empfohlen, bei Einräumung einer Rente oder eines Nießbrauchs oder Wohnrechts einen Antrag auf jährliche Versteuerung zu stellen.

Jahresversteuerung

Entscheiden Sie sich für die Jahresversteuerung, müssen Sie wissen, wie die Jahressteuer ermittelt wird, wann und wie lange sie zu entrichten ist und welche Voraussetzungen Sie zu beachten haben, damit die auf dem Recht lastende Erbschaft- und Schenkungsteuer in jährlichen Raten gezahlt werden kann. 209

Ermittlung der Jahressteuer

210 Die Jahressteuer bestimmt sich zum einen nach dem bei der *Sofortversteuerung anzuwendenden Steuersatz* und zum anderen nach dem *Jahreswert* der Nutzung oder Leistung.

Steuersatz

211 Für die Bestimmung des anzuwendenden Steuersatzes ist der gesamte Erwerb einschließlich des Kapitalwerts der wiederkehrenden Nutzungen oder Leistungen und abzüglich der persönlichen Freibeträge, also der *steuerpflichtige Erwerb* i. S. des § 10 Abs. 1 ErbStG, zu ermitteln. Unter Berücksichtigung der jeweiligen Steuerklasse läßt sich dann in der Regel der Steuersatz aus der Tabelle in § 19 Abs. 1 ErbStG ablesen (vgl. Rdn. 190). In den Fällen des Härteausgleichs (vgl. Rdn. 191) ist der tatsächliche Steuersatz aus dem Verhältnis der festzusetzenden Steuer bei Sofortbesteuerung zum Wert des steuerpflichtigen Erwerbs gesondert zu berechnen.

PRAXISHINWEIS:

Für die Ermittlung des steuerpflichten Erwerbs sind die *Verhältnisse vom Erwerbszeitpunkt* maßgebend. Spätere Änderungen in der Sach- oder Rechtslage wirken sich somit auf die Höhe des einmal festgesetzten Steuersatzes nicht aus.

Jahreswert

212 Der nach den Grundsätzen der Sofortversteuerung ermittelte Steuersatz ist auf den *Jahreswert* anzuwenden, der auch bei der Ermittlung des Kapitalwerts zugrunde gelegt wurde. Dieser Jahreswert bleibt auch dann maßgebend, wenn er für die Berechnung des Kapitalwerts geschätzt worden ist oder wenn sich im nachhinein herausstellt, daß die tatsächlichen Jahresleistungen geringer oder höher ausfallen. Weiterhin ist zu beachten, daß bei dinglichen und obligatorischen Nutzungsrechten eine Begrenzung des Jahreswerts auf $^{1}/_{18,6}$ des Werts vorzunehmen ist, der sich nach den Vorschriften des Bewertungsgesetzes für das genutzte Wirtschaftsgut ergibt (§ 16 BewG).

BEISPIEL

A hat seiner Schwester B 1999 den lebenslänglichen Nießbrauch an einem Mietwohngrundstück eingeräumt. Der Jahreswert des Nießbrauchsrechts beträgt 200.000 DM. Für das Mietwohngrundstück ist ein Grundstückswert von 400.000 DM festgestellt worden. Neben dem Nießbrauchsrecht hat die Schwester von A eine Barzuwendung in Höhe von 500.000 DM erhalten. Im Zeitpunkt der Zuwendung ist die Schwester 54 Jahre alt.

Bei der Sofortversteuerung wäre aufgrund des steuerpflichtigen Erwerbs von 283.100 DM bei Steuerklasse II ein Steuersatz von 17 % zugrunde zu legen.

Kapitalwert des Nutzungsrechts			
Tatsächlicher Jahreswert:			20.000 DM
Wert des Wirtschaftsguts nach BewG			
Grundstückswert	400.000 DM		
Höchstgrenze für den Jahreswert			
nach § 16 BewG ($^{1}/_{18,6}$ von 400.000 DM):	21.505 DM		
Wert des Nießbrauchsrechts (20.000 DM x 12,659):			253.180 DM
Barzuwendung:		+	50.000 DM
Wert der Bereicherung:			303.180 DM
persönlicher Freibetrag bei Steuerklasse II:		·/·	20.000 DM
steuerpflichtiger Erwerb:			283.180 DM
abgerundet:			283.100 DM
Steuersatz somit:			17 %

Bei der Entscheidung für die Jahresversteuerung ist die jährliche Steuer unter Berücksichtigung des Jahreswerts von 20.000 DM und des Steuersatzes von 17 % auf 3.400 DM festzusetzen. Sofort zu entrichten bleibt die Steuer auf die Barzuwendung von (17 % von 50.000 DM ·/· 20.000 DM=) 5.100 DM. Hätte sich die Schwester für die Sofortversteuerung entschieden, wäre eine Schenkungsteuer von 48.127 DM (17 % von 283.100 DM) angefallen.

Ist bei der Sofortversteuerung ein *persönlicher Freibetrag* oder ein *Versorgungsfreibetrag* abzuziehen, sind diese Freibeträge bei der Jahresversteuerung in der Weise zu berücksichtigen, daß von der Erhebung der Jahressteuer solange abgesehen wird, bis der Freibetrag durch die Verrechnung mit dem Jahreswert aufgezehrt ist.

PRAXISHINWEIS:

Steht Ihnen z.B. eine lebenslängliche Rente in Höhe von jährlich 20.000 DM zu und ist bei der Ermittlung des steuerpflichtigen Erwerbs ein persönlicher Freibetrag von 100.000 DM abzuziehen, bedeutet dies für Sie, daß Sie in den ersten fünf Jahren keine Jahressteuer zu entrichten haben. Erst nach Ablauf der ersten fünf Jahre ist der persönliche Freibetrag aufgezehrt, was zur Folge hat, daß Sie ab dem sechsten „Rentenjahr" eine Jahressteuer zu zahlen haben.

Ist im Erwerb auch Vermögen vorhanden, das der Sofortversteuerung unterliegt, können aus Vereinfachungsgründen die Freibeträge nach §§ 16, 17 ErbStG zunächst bei diesem Vermögen abgezogen werden. Entsprechend ist bei der steuerfreien Ausgleichsforderung nach § 5 ErbStG zu verfahren.

Kürzungsmethode

213 Abweichend von der Aufzehrungsmethode wird in der Literatur die Auffassung vertreten, daß der Jahreswert von Renten, Nutzungen oder Leistungen in dem Maße zu kürzen sei, in dem der Kapitalwert durch den Freibetrag gemindert werde (sog. Kürzungsmethode).

BEISPIEL

C bezieht eine steuerpflichtige Rente von monatlich 1.000 DM. Für die Rente ist ein Kapitalwert von 193.560 DM anzusetzen. Bei der Ermittlung des steuerpflichtigen Erwerbs ist ein persönlicher Freibetrag von 100.000 DM abzuziehen.

Bei Anwendung der Kürzungsmethode ist der Jahreswert während der gesamten Laufzeit um einen bestimmten Teilbetrag zu mindern. Die Kürzungsquote bestimmt sich nach dem Verhältnis

Freibetrag : abgerundeter Kapitalwert der Rente.

Für C ergibt sich somit eine Kürzungsquote von 51,66 % $\left(= \frac{100.000}{193.560} \text{ DM}\right)$.

Für die Berechnung der Jahressteuer verbleibt somit lediglich ein Jahreswert von 5.800 DM (12.000 DM ·/· 51,66 % von 12.000 DM).

Die Finanzverwaltung hat sich grundsätzlich gegen die Anwendung der Kürzungsmethode ausgesprochen. In besonders gelagerten Einzelfällen wird jedoch diese Methode zur Erzielung eines gerechteren Besteuerungsergebnisses zugelassen. Ihnen wird daher empfohlen, bei Abgabe Ihrer Erbschaft- oder Schenkungsteuererklärung die Anwendung der Kürzungsmethode zu beantragen, vorausgesetzt, Sie haben sich für die Jahresversteuerung entschieden.

PRAXISHINWEIS:

Bei der Jahresversteuerung kann die Aufzehrungs- oder Kürzungsmethode auch bei einem negativen Zusatzerwerb zum Tragen kommen. Ein negativer Zusatzerwerb liegt vor, wenn Sie neben dem Renten- oder Nutzungsrecht noch weitere, und zwar negative Vermögenswerte, erhalten haben. Diese Fälle treten in der Praxis häufig auf, wenn der Berechtigte im Erbfall ein Grundstück erhält, das noch mit Verbindlichkeiten belastet ist. Da das Grundstück mit dem steuerlichen Grundstückswert anzusetzen ist, kann es nach Abzug der Verbindlichkeiten zu einem Schuldenüberhang kommen, der bei der Ermittlung der Erbschaftsteuer wie ein Freibetrag zu behandeln ist.

Besonderheit im Fall der gemischten Schenkung

Im Fall der gemischten Schenkung ist die Bemessungsgrundlage für die Schenkungsteuer aus dem Verhältnis „Nettowert der Zuwendung zum Bruttowert der Zuwendung“ und dem Steuerwert des Zuwendungsgegenstands zu berechnen. Bei diesen Vorgängen ist also eine Aufteilung in einen *entgeltlichen Teilbetrag* und einen *unentgeltlichen Teilbetrag* vorzunehmen. Bedingt durch das Aufteilungsverfahren kann daher ein negativer Zusatzerwerb bei der gemischten Schenkung nicht vorkommen (vgl. Rdn. 121). 214

Dauer der Jahresversteuerung

Die Dauer der Jahresversteuerung richtet sich nach der Laufzeit des Renten- oder Nutzungsrechts. Bei zeitlich befristeten Renten endet die Jahresversteuerung mit Ablauf des vereinbarten Zeitraumes, bei lebenslänglichen Rechten mit dem Tod des Berechtigten. Im Fall der Jahresversteuerung kann die Belastung mit Schenkungsteuer im Vergleich zur Sofortversteuerung niedriger oder höher ausfallen, je nach dem, ob der Berechtigte die mittlere Lebenserwartung laut Sterbetafel unter- oder überschreitet. 215

Werden die Rente oder die anderen wiederkehrenden Nutzungen und Leistungen vor Erreichen der bei der Kapitalisierung zugrundegelegten Lebenserwartung durch den Tod des Berechtigten beendet, ist bei der Sofortversteuerung eine Berichtigung der Steuerfestsetzung in der Weise vorzunehmen, daß die Steuer nach der tatsächlichen Dauer des Bezugs berechnet wird.

PRAXISHINWEIS:

Fällt das Renten- oder Nutzungsrecht infolge

- Ablösung durch den Verpflichteten oder
- Verzichts durch den Berechtigten

vor Ablauf der vereinbarten Dauer weg, so ist trotz dieses Umstands die Jahressteuer in beiden Fällen weiter zu zahlen. Der Verzicht auf das Renten- oder Nutzungsrecht stellt einen schenkungsteuerpflichtigen Tatbestand dar, der neben der Entrichtung der Jahressteuer als eigener Steuerfall zu erfassen ist.

Fälligkeit der Jahressteuer

216 Die Jahressteuer ist jährlich im *voraus zu entrichten* (§ 23 Abs. 1 Satz 1 ErbStG). Der erste Jahresbetrag ist sofort bei Festsetzung der Erbschaft- oder Schenkungsteuer fällig. Die nachfolgenden Jahresbeträge sind dann stets zu dem Datum zu entrichten, zu dem die ursprüngliche Steuerschuld entstanden ist.

Antrag auf Jahresversteuerung

217 Die Jahresversteuerung kann nur auf Antrag durchgeführt werden (§ 23 Abs. 1 Satz 1 ErbStG). Aus dem Antrag muß eindeutig und klar hervorgehen, daß Sie sich für die Jahresversteuerung entschieden haben. Demnach ist ein Schreiben an das Erbschaftsteuer-Finanzamt, in dem Sie wegen Ihrer Liquiditätsengpässe eine Stundung der Erbschaftsteuer beantragen, nicht als Antrag auf Jahresversteuerung anzusehen. Wird der Antrag unter einem Vorbehalt oder einer Bedingung abgegeben, steht dies ebenfalls der Durchführung einer Jahresversteuerung entgegen.

Antragsberechtigt ist grundsätzlich der Erwerber des Renten- oder Nutzungsrechts. Der Testamentsvollstrecker ist zur Antragstellung nicht befugt. Soll die Erbschaftsteuer nach dem Willen des Erblassers nicht von dem Berechtigten, sondern von einem Dritten gezahlt werden, bestehen unseres Erachtens keine Bedenken, das Wahlrecht abweichend vom Wortlaut des Gesetzes dem zur Zahlung Verpflichteten einzuräumen.

Der Antrag ist *nicht fristgebunden*. Sie können ihn daher bis zur Bestandskraft der Veranlagung stellen, bei der der Kapitalwert der Rente oder des Nutzungsrechts als Vermögensanfall berücksichtigt worden ist. Es empfiehlt sich, die Jahresversteuerung bereits bei Abgabe der Steuererklärung zu beantragen. In diesem Fall wird das Finanzamt die Ermittlung des steuerpflichtigen Erwerbs und die Entrichtung der Jahressteuer in einem Steuerbescheid miteinander verbinden. Ihnen bleibt es jedoch unbenommen, die Jahresversteuerung auch unabhängig von der Steuererklärung zu beantragen.

PRAXISHINWEIS:

Stehen Ihnen mehrere Renten- oder Nutzungsrechte zu, können Sie bei jedem dieser Rechte Ihr Antragsrecht ausüben, es sei denn, daß ein Teil der wiederkehrenden Nutzungen oder Leistungen unter einer aufschiebenden Bedingung steht, für die die Steuer gesondert zu ermitteln ist (§ 9 Abs. 1 Nr. 1a ErbStG; vgl. Rdn. 136).

Ist der Bescheid über die Jahresversteuerung rechtskräftig, kann der Antrag nicht zurückgenommen werden. Dies gilt selbst dann, wenn die Steuerfestsetzung vorläufig durchgeführt wurde, der Grund für die Vorläufigkeit jedoch nicht das Antragsrecht ist.

Wegfall des Renten- oder Nutzungsrechts durch Verzicht oder Ablösung

Verzichten Sie als Berechtigter vor Beendigung der Laufzeit auf die Ihnen zuste- 218
henden Nutzungen oder Leistungen, *wirkt* sich dieser *Verzicht nicht* auf die *Weitererhebung* der einmal festgesetzten Jahressteuer aus.

Die *Steuer erlischt* mit Wirkung für die Vergangenheit, wenn der Schenker, z.B. *wegen Wegfalls der Geschäftsgrundlage*, einen bürgerlich-rechtlichen Rückforderungsanspruch hat und das Renten- oder Nutzungsrecht aufgrund dieses Rückforderungsanspruchs vorzeitig aufgegeben wird. Die von dem Berechtigten im Fall der Jahresversteuerung entrichtete Schenkungsteuer ist nicht zu erstatten, soweit ihm die Nutzungen oder Leistungen für die Vergangenheit belassen werden.

Liegt dem Verzicht kein bürgerlich-rechtlicher Rückforderungsanspruch zugrunde, stellt der Verzicht auf das Renten- oder Nutzungsrecht eine *freigebige Zuwendung* des Verzichtenden an den Verpflichteten dar. Der Steuerwert eines solchen Verzichts entspricht dem Kapitalwert, den das Renten- oder Nutzungsrecht im Zeitpunkt des Verzichts gehabt hat. Für den Beschenkten hat der Verzicht zur Folge, daß sein Vermögen nicht mehr mit einem Renten- oder Nutzungsrecht belastet ist. Gegenstand der Schenkung ist damit der Wegfall dieser Belastung und nicht der Erwerb eines Renten- oder Nutzungsrechts. Daher kann der Verpflichtete keinen Antrag auf Jahresversteuerung stellen.

Soweit auf die künftigen Nutzungen oder Leistungen gegen Zahlung einer *angemessenen Abfindung* verzichtet wird, handelt es sich um einen entgeltlichen Vorgang, bei dem keiner bereichert wird. Aus dem Verzicht sind keinerlei schenkungsteuerliche Folgen zu ziehen. Das bedeutet für den Berechtigten: Trotz des Verzichts hat er weiterhin seine Jahressteuer an das Finanzamt abzuführen. Verzichtet der Berechtigte auf sein Renten- oder Nutzungsrecht gegen eine zu niedrige oder zu hohe Abfindung, liegt in Höhe des Unterschiedsbetrags zu dem tatsächlichen Ablösungsbetrag eine freigebige Zuwendung vor (§ 7 Abs. 1 Nr. 1 ErbStG; vgl. Rdn. 108f.).

Jahresversteuerung bei mehreren Berechtigten

219 Steht das Renten- oder Nutzungsrecht mehreren Personen zu, kann jeder Berechtigte einen *Antrag auf Jahresversteuerung* stellen, und zwar unabhängig von der Entscheidung der anderen Berechtigten. Ist das Renten- oder Nutzungsrecht so gestaltet, daß sich der anteilige Jahreswert beim Tod des Erstversterbenden für den überlebenden Berechtigten erhöht, ist der Teil des Nutzungsrechts, der bei Tod des Erstversterbenden dem überlebenden Berechtigten zusteht, als aufschiebend bedingter Erwerb erst im Zeitpunkt des Eintritts der Bedingung der Erbschaft- oder Schenkungsteuer zu unterwerfen. Für die Jahresversteuerung sind somit nur die dem Berechtigten im Erwerbszeitpunkt zufließenden Nutzungen oder Leistungen anzusetzen.

Ablösung der Jahressteuer

220 Für Sie besteht die Möglichkeit, die Jahressteuer zum jeweils nächsten Fälligkeitszeitpunkt mit ihrem *Kapitalwert abzulösen* (§ 23 Abs. 2 ErbStG).

Bei dem Ablösungsbetrag handelt es sich um den Kapitalwert der in Zukunft fälligen Jahressteuerbeträge, abgezinst auf den Ablösungszeitpunkt. Die Ermittlung des Kapitalwerts erfolgt nach dem Bewertungsrecht (§ 23 Abs. 2 Satz 2 ErbStG i.V.m. §§ 13 und 14 BewG). Hierbei sind zwei Fallgestaltungen zu unterscheiden, und zwar die befristete und die an die Lebenserwartung einer bestimmten Person anknüpfende Zahlung.

Bei einem *befristeten Renten- oder Nutzungsrecht* ist der Vervielfältiger für die Kapitalwertermittlung der Anlage 9a zu § 13 BewG zu entnehmen.

Ist das Renten- oder Nutzungsrecht dem Berechtigten *auf Lebenszeit* eingeräumt worden, so ist der Kapitalwert der künftigen Jahressteuerbeträge von der Lebenserwartung des Berechtigten im Ablösungszeitpunkt abhängig. Maßgebend ist somit die Anlage 9 zu § 14 BewG.

BEISPIEL

C hat seinem Vater D unentgeltlich eine lebenslänglich zahlbare Rente zugesagt. Da sich D für die Jahresversteuerung entschieden hat, muß er jährlich im voraus, und zwar jeweils am 10. Mai 1.560 DM zahlen. Im April 1999 entschließt er sich, die Jahressteuer nach § 23 Abs. 2 ErbStG abzulösen; ein diesbezüglicher Antrag wird fristgerecht bei dem zuständigen Finanzamt eingereicht. Im Ablösungszeitpunkt hat D sein 49. Lebensjahr vollendet.

Der Ablösungsbetrag zum 10. Mai 1999 ist in einem besonderen Bescheid zu berechnen und gegenüber D bekannzugeben. Die kapitalisierte Jahressteuer, die in diesem Bescheid festgesetzt wird, beträgt

Jahresbetrag:	1.560 DM
Vervielfältiger lt. Anlage 9 zu § 14 BewG:	13,187
Kapitalwert der Jahressteuer (1.560 DM x 13,187):	20.571 DM

Die *Ablösung* der Jahressteuer erfolgt nur auf Antrag. Der Antrag ist spätestens bis zu Beginn des Monats zu stellen, der dem Monat vorausgeht, in dem die nächste Jahressteuer fällig wird.

Verstirbt der *Berechtigte nach dem Ablösungszeitpunkt* innerhalb der in § 14 221
Abs. 2 BewG genannten Fristen, ist die Festsetzung der Schenkung- bzw. Erbschaftsteuer auf Antrag nach der wirklichen Dauer der Nutzungen oder Leistungen zu berichtigen. Hierzu ist der Jahresbetrag wie bei einem befristeten Renten- oder Nutzungsrecht zu kapitalisieren. Die Höhe der Jahressteuer bleibt dagegen unverändert.

PRAXISHINWEIS:

Haben Sie sich für die Ablösung der Jahressteuer entschieden, weil Sie erwarten, daß Sie die statistische Lebenserwartung bei weitem überschreiten und somit zuviel Erbschaft- oder Schenkungsteuer zahlen würden, müssen Sie folgendes beachten: Mit der Ablösung der Jahressteuer entfällt für Sie die Möglichkeit, die Erbschaft- oder Schenkungsteuer als dauernde Last bei Ihren Sonderausgaben geltend machen zu können. Denn im Gegensatz zu den jährlichen Zahlungen ist der Ablösungsbetrag dort nicht abzugsfähig.

Besteuerung bei Nutzungs- und Rentenlasten aus der Sicht des Verpflichteten

222 Da die Erbschaft- und Schenkungsteuer nur die Bereicherung des Erwerbers erfaßt, ist es selbstverständlich, daß auch mit dem Vermögensanfall verbundene Lasten aufgrund von Renten, Nutzungen und sonstigen wiederkehrenden Leistungen sowohl bei Schenkungen als auch Erwerben von Todes wegen den Bruttowert der Zuwendung mindern (§ 10 Abs. 5 ErbStG, vgl. Rdn. 141f.).

PRAXISHINWEIS:

Vermögensübertragungen mit solchen Nutzungs- oder Rentenlasten sind typisch für die *vorweggenommene Erbfolge* (vgl. Rdn. 70, 108). Der Schenker überträgt Vermögen, z.B. auf die Kinder, und behält sich dabei vor, daß die Nutzungen oder Erträge des Vermögens ganz oder teilweise ihm selber oder einer dritten Person zustehen sollen. Für den *Erbfall* ordnet der Erblasser an, daß bestimmte Nutzungen oder Erträge einer dritten Person, z.B. dem überlebenden Ehegatten, vorbehalten sein sollen. Ziel solcher Regelungen ist meist die persönliche Absicherung der Berechtigten ohne die Erschwernisse einer eigenständigen Vermögensverwaltung.

Um Steuerumgehungen zu verhindern, hat der Gesetzgeber im Rahmen des § 25 ErbStG die *Abzugsmöglichkeit* von Nutzungs- und Rentenlasten jedoch *eingeschränkt.*

Anwendungsbereich

Betroffener Personenkreis

223 Wenn der Nutzungs- und Rentenvorbehalt zugunsten des *Schenkers* oder des *Ehegatten eines Schenkers oder Erblassers* vereinbart wird, ist der Abzug ausgeschlossen. Beim Ehegatten setzt dies voraus, daß die Ehe im Zeitpunkt der

Steuerentstehung (vgl. Rdn. 132f.) rechtlichen Bestand hat. Ein Getrenntleben der Ehegatten ist ebenso unbeachtlich wie der eheliche Güterstand.

Nutzungs- oder Rentenlasten zugunsten *anderer Personen* sind - unabhängig vom Verwandtschaftsverhältnis - dagegen stets abzugsfähig.

Belastetes Vermögen

§ 25 ErbStG soll verhindern, daß Vermögen aufgrund von Nutzungs- oder Rentenlasten steuerfrei übertragen werden kann, obwohl das zugewendete Vermögen in seiner Substanz unberührt bleibt und nur seine Nutzungs- oder Ertragsmöglichkeit vorübergehend eingeschränkt ist. Dabei muß es sich um *Substanzvermögen* handeln, also z.B. Grundbesitz, Betriebsvermögen oder ein Wertpapierdepot. Bei der *Belastung eines Rechts* hat der Erwerber beim Wegfall der Belastung kein in seiner Substanz unberührtes Vermögen mehr, weil sich das Recht im Zeitlauf verbraucht hat. Hier bliebt die Belastung abzugsfähig. 224

BEISPIEL

A hat durch Vermächtnis angeordnet, daß ein Teil eines zeitlich begrenzten Zinsanspruchs nach seinem Tod an die überlebende Ehefrau zu zahlen ist. Die Belastung bleibt vom Erwerb des Erben abzugsfähig.

Renten und sonstige wiederkehrende Leistungen

Das erworbene Vermögen muß mit *Rentenverpflichtungen* oder *Verpflichtungen zu sonstigen laufenden Leistungen* belastet sein. 225

Unter einer *Rente* ist ein einheitlich nutzbares, selbständiges Rentenrecht (sog. Rentenstammrecht) zu verstehen, dessen Erträge aus regelmäßig wiederkehrenden gleichmäßigen Leistungen in Geld (oder vertretbaren Sachen) bestehen. Das Rentenrecht kann auf eine bestimmte Zeit (sog. Zeitrente), aber auch auf die Lebenszeit einer Person (sog. Leibrente) befristet sein. Bei den sonstigen wiederkehrenden Leistungen kann es sich um Nutzungen oder andere wiederkehrende Leistungen handeln.

Nutzungen sind die Früchte einer Sache und alle Vorteile, die der Gebrauch einer Sache gewährt. Hauptfälle sind der Nießbrauch und das Wohnrecht.

Wiederkehrende Leistungen sind periodische Bezüge, die ein Dritter schuldet, ohne daß sie nach den Nutzungen eines Wirtschaftsguts bemessen werden, z.B. Unterhaltsleistungen oder Gewinnbeteiligungen.

PRAXISHINWEIS:

Nicht unter den Begriff „Renten und sonstige wiederkehrende Leistungen“ fallen *Kapitalforderungen mit Ratentilgung*. Die Anwendung des § 25 ErbStG läßt sich daher ausschließen, indem statt einer Rente eine in Annuitäten zu tilgende Kapitalforderung vereinbart wird. Es ist sogar möglich, dabei eine Rentenoption vorzusehen. Diese bleibt zunächst unberücksichtigt (aufschiebend bedingt). Das spätere Ausüben der Option hat keine erbschaftsteuerlichen Folgen.

BEISPIEL

W hat von seinem Vater V einen Gewerbebetrieb geerbt. V hat zur Auflage gemacht, daß seine Ehefrau E eine jährlich mit 100.000 DM zu tilgende Kapitalforderung von 1.000.000 DM erhält. Nach fünf Jahren wandeln E und W die verbliebene Kapitalforderung in ein Rentenrecht um. W kann die Kapitalforderung von 1.000.000 DM als Erbfallschuld (vgl. Rdn. 147) abziehen. Die nachträgliche Umwandlung der Kapitalforderung in ein Rentenrecht wirkt sich auf die Besteuerung nicht aus. Die unterschiedlichen einkommensteuerlichen Auswirkungen müssen stets mitbedacht werden.

226 Die Rentenverpflichtung oder die Verpflichtung zu sonstigen wiederkehrenden Leistungen müssen das erworbene Vermögen belasten. Die Belastung kann begründet worden sein

- unmittelbar im Zusammenhang mit dem Erwerb von Todes wegen oder mit der Schenkung oder
- durch eine frühere unentgeltliche Zuwendung, um einen unmittelbaren Zusammenhang mit dem Erwerb von Todes wegen oder mit der Schenkung zu vermeiden und damit die Abzugsfähigkeit zu erreichen (vgl. § 42 AO).

Wann ein zu berücksichtigender zeitlicher Zusammenhang nicht mehr vorliegt, ist offen. Ein Zeitraum von mehr als zehn Jahren (vgl. § 14 ErbStG; Rdn. 194) sollte einen solchen Zusammenhang stets ausschließen.

BEISPIEL

D räumt seiner Ehefrau E den Nießbrauch an einem Grundstück ein, das er zwei Jahre später seiner Tochter T zuwendet. Es besteht ein mittelbarer zeitlicher Zusammenhang zwischen der Nießbrauchseinräumung und der Grundstücksübertragung. § 25 ErbStG ist anzuwenden.

Der geforderte Zusammenhang zwischen der Übertragung des Vermögens und der Begründung der Belastung ist auch gegeben, wenn der Erwerber erst nach dem Vermögensübergang ein Nutzungsrecht bestellt oder eine Rentenverpflichtung eingeht, weil er dazu aufgrund von Anordnungen des Schenkers oder Erblassers verpflichtet ist.

BEISPIELE

K bestellt seiner ursprünglich als Erbin des Vaters eingesetzten Mutter M einen Nießbrauch als Abfindung dafür, daß sie die Erbschaft ausschlägt.

K wird durch Vermächtnis seines verstorbenen Vaters V zur Zahlung einer Leibrente an seine Mutter verpflichtet.

Anwendbarkeit bei Schenkungen

Für die Anwendung des § 25 ErbStG auf Schenkungen bleibt nach der Rechtsprechung des BFH zur gemischten Schenkung und zur Schenkung unter einer Auflage (vgl. Rdn. 120, 121) nur ein enger Bereich. Die *gemischte Schenkung* und die *Schenkung unter einer Leistungsauflage* besteht aus einem entgeltlichen und einem unentgeltlichen Teil. Der entgeltliche Teil - Erbringung einer Gegenleistung, Übernahme von Schulden und Lasten sowie Auflagen, die eine Leistungspflicht begründen (z.B. eine Rentenzahlung) - führt nicht zu einer Bereicherung des Bedachten. Der unentgeltliche Teil der Zuwendung wird dagegen zur Schenkungsteuer herangezogen. Dieser Teil ist aber insoweit unbelastet, so daß § 25 ErbStG ins Leere geht. Nur wenn die Auflage eine Duldungspflicht schafft, aus der kein eigener Aufwand entsteht (z.B. ein Nießbrauchsrecht oder Wohnrecht), ist das zugewendete Vermögen dadurch belastet (R 85 Abs. 2 ErbStR). Bei solchen *Nutzungs- oder Duldungsauflagen* bleibt § 25 ErbStG anwendbar. 227

BEISPIEL

M schenkt der Tochter T ein Zweifamilienhaus (Verkehrswert = 900.000 DM; Steuerwert = 450.000 DM). M behält sich auf Lebenszeit das Wohnrecht an einer Wohnung vor (Kapitalwert = 90.000 DM). Zusätzlich erhält M eine lebenslängliche Rente (Kapitalwert = 150.000 DM).

Nach dem Verhältnis von Rente (150.000 DM) zu Verkehrswert des Grundstücks hat M das Grundstück zu $^1/_6$ entgeltlich und zu $^5/_6$ unentgeltlich übertragen. Der Steuerwert der freigebigen Zuwendung beträgt $^5/_6$ von 450.000 DM = 375.000 DM. Der Kapitalwert des Wohnrechts ist nicht abziehbar. Der Steuerbetrag auf den Kapitalwertanteil, welcher dem unentgeltlichen Zuwendungsteil zuzuordnen ist ($^5/_6$ von 90.000 DM = 75.000 DM), ist zinslos zu stunden.

Berechnung des Stundungsbetrags

228 Die Steuer, die auf den *Kapitalwert der nicht abziehbaren Belastung* entfällt, ist bis zu deren Erlöschen zinslos zu stunden. Erreicht der (auf den unentgeltlichen Zuwendungsteil entfallende) Kapitalwert der Belastung den Steuerwert der freigebigen Zuwendung (vgl. Rdn. 120, 121), muß die Steuer in vollem Umfang gestundet werden.

Im anderen Fall ist zur Berechnung der Steuer, die auf die Belastung entfällt, von der veranlagten Steuer die Steuer abzuziehen, die sich bei einem Abzug des (anteiligen) Kapitalwerts der Belastung ergäbe (R 85 Abs. 3 ErbStR). Der Unterschiedsbetrag ist zu stunden; der Restbetrag bleibt sofort zu entrichten.

BEISPIEL

D hat seinem Sohn R Vermögen im Wert von 640.000 DM zugewendet; das Vermögen ist mit einem Rentenrecht belastet, dessen Kapitalwert 200.000 DM beträgt.

Steuer für den Bruttoerwerb:	
640.000 DM ·/· 400.000 DM (Freibetrag) = 240.000 DM	
Steuer 11 %	26.400 DM
Steuer für den Nettoerwerb:	
640.000 DM ·/· 200.000 DM ·/· 400.000 DM (Freibetrag) = 40.000 DM	
Steuer 7 % und sofort zu entrichten	2.800 DM
Zinslos zu stunden	23.600 DM

PRAXISHINWEIS:

Ist die Belastung, z.B. ein Wohnrecht, bereits vor der Steuerfestsetzung wieder erloschen (z.B. durch Tod des Berechtigten) oder aufgehoben worden, kommt eine Stundung nicht mehr in Betracht.

Laufzeit der Stundung

Die Stundung läuft bis zum Zeitpunkt des *Wegfalls der Belastung* oder bis zum 229
Zeitpunkt der *Veräußerung* des belasteten Vermögens. Folgende Fälle sind von Bedeutung (R 85 Abs. 4 ErbStR):

- Lebenslängliche wiederkehrende Nutzungen und Leistungen
  Bei einer Leibrente und bei anderen wiederkehrenden Nutzungen und Leistungen, die vom Leben einer Person abhängen, ist die gestundete Steuer in dem Zeitpunkt fällig, in dem diese Person stirbt. Dies wird regelmäßig auch die Person sein, der die wiederkehrenden Nutzungen und Leistungen zugute kommen.

PRAXISHINWEIS:

Stirbt der Berechtigte innerhalb der in § 14 Abs. 2 BewG genannten Zeiträume, führt dies nicht zu einer Änderung der Steuerfestsetzung. Die Gesamtsteuer ändert sich dadurch nicht. Durch die Berichtigung würde sich lediglich die sofort zu zahlende Steuer erhöhen und die zu stundende Steuer verringern. Die gestundete Steuer wird aber durch den Tod des Berechtigten ohnehin fällig.

- Befristete wiederkehrende Nutzungen und Leistungen
  Bei einer Zeitrente oder bei anderen befristeten wiederkehrenden Nutzungen und Leistungen ist die gestundete Steuer mit dem Ende der Laufzeit oder, falls ihr Ende an den Eintritt eines bestimmten Ereignisses geknüpft ist, mit dem Eintritt dieses Ereignisses fällig.
- Vorzeitiger Verzicht des Berechtigten
  Verzichtet der Berechtigte auf sein Recht auf wiederkehrende Nutzungen oder Leistungen gegen ein angemessenes Entgelt, erlischt die Belastung in diesem Zeitpunkt und die gestundete Steuer wird fällig. Das gleiche gilt auch für den Fall des unentgeltlichen Verzichts.

PRAXISHINWEIS:

Der unentgeltliche Verzicht bereichert jedoch den von der Verpflichtung befreiten Eigentümer des nunmehr unbelasteten Vermögens. Die Bereicherung besteht im Kapitalwert der noch ausstehenden Nutzungen und Leistungen. Der Kapitalwert bestimmt sich hierbei nach dem Jahreswert und der Restlaufzeit im Zeitpunkt des Verzichts. Die Steuer für diese selbständige Schenkung (§ 7 Abs. 1 Nr. 1 ErbStG) wird zwar veranlagt. Aufgrund einer allgemeinen Billigkeitsmaßnahme der Finanzverwaltung wird die Steuer jedoch nur erhoben, soweit sie den Betrag der bisher gestundeten und jetzt fälligen Steuer übersteigt.

BEISPIEL

Wegen einer Leibrentenlast hat das Finanzamt einen Steuerteilbetrag von 10.000 DM zinslos gestundet. Der Rentenberechtigte verzichtet später auf die Rente. Für diesen Verzicht errechnet sich wegen einer ungünstigeren Steuerklasse des Erwerbers eine Schenkungsteuer von 12.000 DM.

Der zinslos gestundete Betrag von 10.000 DM wird im Zeitpunkt des Verzichts fällig. Die sich zusätzlich aufgrund des Verzichts ergebende Schenkungsteuer ist nur mit 12.000 DM ·/· 10.000 DM = 2.000 DM zu erheben.

- Veräußerung des belasteten Vermögens

  Die zinslose Stundung endet gemäß § 25 Abs. 2 ErbStG, wenn der Erwerber das belastete Vermögen vor dem Erlöschen der Belastung ganz oder teilweise veräußert, mit dem Zeitpunkt der Veräußerung. Veräußerung ist nur die *entgeltliche Übertragung* des Vermögens (R 85 Abs. 4 Satz 3 bis 6 ErbStR). Die Steuer wird auch dann fällig, wenn die Belastung nach der Veräußerung fortbesteht; die Voraussetzungen des § 25 Abs. 1 ErbStG liegen nicht mehr vor. Bei einem belasteten Gewerbebetrieb oder Betrieb der Land- und Forstwirtschaft liegt eine teilweise Veräußerung nur vor, wenn zumindest ein Teilbetrieb gemäß § 16 Abs. 1 EStG veräußert wird.

  Die *unentgeltliche Übertragung* von belastetem Vermögen führt weder im Erbfall noch bei einer Schenkung unter Lebenden zur Fälligkeit der gestundeten Steuer. Im Erbfall stellt die gestundete Steuer eine Nachlaßverbindlichkeit dar. Bei der Schenkung bleibt der bisherige Eigentümer Steuerschuldner der gestundeten Steuer.

Der Steuerpflichte hat den Wegfall der Belastung oder den Eintritt anderer Gründe für die *Beendigung der Stundung* dem zuständigen Finanzamt *anzuzeigen* (§ 153 AO). Die Steuer ist innerhalb eines Monats nach Beendigung der Stundung fällig.

Vorzeitige Ablösung der gestundeten Steuer

Die gestundete Steuer kann vor ihrer Fälligkeit auf Antrag des Steuerzahlers 230
jederzeit mit ihrem nach § 12 Abs. 3 BewG ermittelten Barwert abgelöst werden (§ 25 Abs. 1 Satz 3 ErbStG). Dabei ist von dem Zinssatz von 5,5 % auszugehen.

PRAXISHINWEIS:

Wegen der *Abzinsung* bei der Ermittlung des Ablösungsbetrags liegt dieser in jedem Fall unter dem Nennwert der gestundeten Steuerforderung. Je früher man den Antrag stellt, desto geringer ist der Ablösungsbetrag, verbunden allerdings mit der früheren Fälligkeit. Eine Abwägung sollte neben dem aktuellen und zu erwartenden Zinsniveau berücksichtigen, daß der Steuerfall mit der Ablösung endgültig abgewickelt ist. Die Ablösung wird dort auf Schwierigkeiten stoßen, wo der Erwerber neben dem belasteten Vermögen nicht über genügend liquide Mittel für die Zahlung des Ablösungsbetrags verfügt.

Ermittlung des Ablösungsbetrags

Für die Ermittlung des Ablösungsbetrags kommt es auf die Verhältnisse vom Zeit- 231
punkt der Entstehung der Steuerschuld an (vgl. Rdn. 132 f.), wenn der Steuerpflichtige die Ablösung zugleich mit der fristgerecht abgegebenen Steuererklärung beantragt. Wird der Antrag später gestellt, sind die Verhältnisse vom Zeitpunkt der Antragstellung maßgebend (R 85 Abs. 6 ErbStR).

Bei *lebenslänglichen Nutzungen und Leistungen* errechnet sich der Ablösungsbetrag durch Anwendung des Faktors, der sich nach der jeweiligen mittleren Lebenserwartung des Berechtigten ergibt, auf den Nennbetrag der Steuerschuld.

Maßgebend für die mittlere Lebenserwartung ist seit dem 1. Januar 1993 die „Allgemeine Sterbetafel für die Bundesrepublik Deutschland 1986/88 (Gebietsstand seit dem 3. 10. 1990)". Die nachfolgende Tabelle ist darauf aufgebaut und erleichtert die Berechnung.

Tabelle für die Berechnung des Werts einer unverzinslichen auf die Lebenszeit einer Person abgestellten Steuerschuld von 1 DM

	Männer		Frauen			Männer		Frauen	
bei einem erreichten Alter von Jahren	mittlere Lebenserwartung	Vervielfältiger	mittlere Lebenserwartung	Vervielfältiger	bei einem erreichten Alter von Jahren	mittlere Lebenserwartung	Vervielfältiger	mittlere Lebenserwartung	Vervielfältiger
20	53	0,059	59	0,042	35	39	0,124	44	0,095
21	52	0,062	58	0,045	36	38	0,131	43	0,100
22	51	0,065	57	0,047	37	37	0,138	42	0,106
23	50	0,069	56	0,050	38	36	0,146	41	0,111
24	49	0,073	55	0,053	39	35	0,154	40	0,117
25	48	0,077	54	0,056	40	34	0,162	40	0,117
26	47	0,081	53	0,059	41	33	0,171	39	0,124
27	46	0,085	52	0,062	42	32	0,180	38	0,131
28	45	0,090	51	0,065	43	31	0,190	37	0,138
29	44	0,095	50	0,069	44	30	0,201	36	0,146
30	43	0,100	49	0,073	45	29	0,212	35	0,154
31	42	0,106	48	0,077	46	29	0,212	34	0,162
32	42	0,106	47	0,081	47	28	0,223	33	0,171
33	41	0,111	46	0,085	48	27	0,236	32	0,180
34	40	0,117	45	0,090	49	26	0,249	31	0,190

	Männer		Frauen			Männer		Frauen	
bei einem erreichten Alter von Jahren	mittlere Lebenserwartung	Vervielfältiger	mittlere Lebenserwartung	Vervielfältiger	bei einem erreichten Alter von Jahren	mittlere Lebenserwartung	Vervielfältiger	mittlere Lebenserwartung	Vervielfältiger
50	25	0,262	30	0,201	75	8	0,652	10	0,585
51	24	0,277	29	0,212	76	8	0,652	9	0,618
52	23	0,292	28	0,223	77	7	0,687	9	0,618
53	23	0,292	27	0,236	78	7	0,687	8	0,652
54	22	0,308	27	0,236	79	6	0,725	8	0,652
55	21	0,325	26	0,249	80	6	0,725	7	0,687
56	20	0,343	25	0,262	81	6	0,725	7	0,687
57	19	0,362	24	0,277	82	5	0,765	6	0,725
58	19	0,362	23	0,292	83	5	0,765	6	0,725
59	18	0,381	22	0,308	84	5	0,765	6	0,725
60	17	0,402	21	0,325	85	4	0,807	5	0,765
61	17	0,402	21	0,325	86	4	0,807	5	0,765
62	16	0,425	20	0,343	87	4	0,807	4	0,807
63	15	0,448	19	0,362	88	4	0,807	4	0,807
64	14	0,473	18	0,381	89	3	0,852	4	0,807
65	14	0,473	17	0,402	90	3	0,852	4	0,807
66	13	0,499	17	0,402	91	3	0,852	3	0,852
67	12	0,526	16	0,425	92	3	0,852	3	0,852
68	12	0,526	15	0,448	93	3	0,852	3	0,852
69	11	0,555	14	0,473	94	2	0,898	3	0,852
70	11	0,555	14	0,473	95	2	0,898	3	0,852
71	10	0,585	13	0,499	96	2	0,898	2	0,898
72	10	0,585	12	0,526	97	2	0,898	2	0,898
73	9	0,618	11	0,555	98	2	0,898	2	0,898
74	8	0,652	11	0,555	99	2	0,898	2	0,898
					100	2	0,898	2	0,898

BEISPIEL

Wegen eines Nießbrauchsrechts an einem 1996 vererbten Zweifamilienhaus zugunsten der überlebenden Ehefrau F des Erblassers ist Erbschaftsteuer in Höhe von 20.000 DM zinslos gestundet. Der Erbe E beantragt 1999 die Ablösung. Zu diesem Zeitpunkt ist F 68 Jahre alt.

Der Ablösungsbetrag beträgt 20.000 DM x 0,448 = 8.960 DM.

Bei *befristeten Nutzungen und Leistungen* sind für die Berechnung des Ablösungsbetrags die Faktoren in Anhang 3, Tabelle 1 zu § 12 Abs. 3 BewG, abgedruckt in der amtlichen Vermögensteuer-Handausgabe 1995, auf den Nennbetrag der Steuerschuld anzuwenden.

Für die Ermittlung des Ablösungsbetrags ist es ohne Bedeutung, daß die Möglichkeit eines *vorzeitigen Wegfalls der Belastung* besteht. Ein solcher vorzeitiger Wegfall führt auch nachträglich nicht mehr zu einer Änderung des Ablösungsbetrags. Über den Ablösungsbetrag erteilt das Finanzamt einen Bescheid. Der Ablösungsbetrag ist innerhalb eines Monats zu entrichten.

PRAXISHINWEIS:

Grundstückserwerbe von Todes wegen und durch Schenkung unter Lebenden sind von der *Grunderwerbsteuer* ausgenommen - Ausnahme bei Schenkungen unter einer Auflage (§ 3 Nr. 2 GrEStG). Die Abzugsbeschränkung für bestimmte Auflagen in § 25 ErbStG eröffnet jedoch grundsätzlich die Möglichkeit eines Nebeneinander von Schenkungsteuer und Grunderwerbsteuer. Aufgrund einer einschränkenden Auslegung von § 3 Nr. 2 GrEStG durch die Rechtsprechung sind jedoch Grundstücksschenkungen unter der Auflage einer Nießbrauchsbestellung zugunsten des Schenkers vollständig von der Grunderwerbsteuer befreit. Dies muß entsprechend auch für alle anderen Grundstücksschenkungen unter *Duldungsauflagen* gelten, deren Abzug gemäß § 25 ErbStG ausgeschlossen ist.

Stundung der Steuer für Betriebsvermögen

232 Gehört zum Erwerb *Betriebsvermögen oder land- und forstwirtschaftliches Vermögen*, ist dem Erwerber die darauf entfallende Steuer auf Antrag bis zu zehn Jahren zu stunden, soweit dies zur Erhaltung des Betriebs notwendig ist (§ 28 ErbStG).

In dieser Vorschrift wird die Stundung gesetzlich verankert. Sind die Voraussetzungen erfüllt, muß das Finanzamt die Stundung gewähren. Bei der Prüfung bleiben Nachlaßverbindlichkeiten, die nicht zu den Betriebsschulden gehören (z.B. Pflichtteile, Vermächtnisse) außer Betracht (vgl. R 86 Abs. 2 ErbStR).

Gemäß § 238 AO ist die gestundete Steuer grundsätzlich zu verzinsen. Bei Erwerben von Todes wegen erfolgt die Stundung jedoch zinslos. Die zinslose Stundung über 10 Jahre entspricht einem *Steuerrabatt* von ca. 40 %.

PRAXISHINWEIS:

Die gestundete Steuer ist in Schenkungsfällen weiter mit 6 % jährlich zu verzinsen (§ 238 AO), wobei Stundungszinsen nicht als Betriebsausgaben abzugsfähig sind. Die Stundungszinsen sind jedoch Sonderausgaben gemäß § 10 Abs. 1 Nr. 5 EStG.

Die *besondere Stundungsvorschrift gilt nicht* für zum Erwerb gehörende Aktien oder GmbH-Anteile unabhängig vom Umfang der Beteiligung. Hier kommt, ebenso wie in den Fällen, in denen die Stundung nicht zur Erhaltung des Betriebs notwendig ist, ausnahmsweise eine Stundung gemäß § 222 AO in Betracht.

Anzeigepflichten und Steuererklärung

Anzeigepflichten

Jeder der Erbschaftsteuer bzw. Schenkungsteuer unterliegende Erwerb ist *innerhalb von drei Monaten* nach erlangter Kenntnis vom Erwerber, bei Schenkungen auch vom Schenker, dem zuständigen Finanzamt anzuzeigen (§ 30 ErbStG). 233
Diese Anzeige darf nur unterbleiben, wenn der Erwerb auf einer eröffneten Verfügung von Todes wegen beruht und sich daraus das Verwandtschaftsverhältnis des Erwerbers zum Erblasser unzweifelhaft ergibt. Der Entwurf eines Steuerbereinigungsgesetzes 1999 (BR-Drucksache 475/99) sieht jedoch vor, daß eine Anzeige immer dann erfolgen muß, wenn zum Erwerb Grundbesitz, Betriebsvermögen, Anteile an Kapitalgesellschaften oder Auslandsvermögen gehört. Bei notarieller Beurkundung einer Schenkung ist eine Anzeige entbehrlich. In diesen Fällen muß das Gericht oder der Notar die Anzeige erstatten (§ 34 ErbStG).

Solche Anzeigepflichten bestehen darüber hinaus auch für Banken und Kreditinstitute, Bausparkassen und Versicherungsunternehmen (§ 33 ErbStG). Diese müssen innerhalb eines Monats nach Kenntnis vom Erbfall die Guthaben aller für den Erblasser geführten Konten und Depots bzw. die Auszahlung von Versicherungssummen dem Finanzamt mitteilen, wenn die Summe von insgesamt 2.000 DM überschritten wird. Die Standesämter teilen alle Sterbefälle mit (§ 34 ErbStG).

PRAXISHINWEIS:

Die Finanzämter prüfen anhand der eingehenden Anzeigen insbesondere der Banken auch, ob das übertragene Kapitalvermögen bisher ordnungsgemäß bei der Einkommen- und Vermögensteuer deklariert war. Sonst muß nachversteuert werden (vgl. Rdn. 146).

Steuererklärung

234 Anhand der eingehenden Anzeigen prüft das zuständige Finanzamt zunächst, bei welchem Erbfall oder welcher Schenkung mit einer Steuerfestsetzung gerechnet werden kann. In diesen Fällen fordert es die Beteiligten zur Abgabe einer Steuererklärung auf (§ 31 ErbStG). Die Frist für die Steuerfestsetzung (§ 169 Abs. 2 AO) beginnt mit Ablauf des Kalenderjahrs, in dem die Steuererklärung eingereicht wird, spätestens aber mit Ablauf des dritten Kalenderjahrs, das auf das Kalenderjahr folgt, in dem die Steuer entstanden ist.

Mehrere Erwerber können eine gemeinsame Steuererklärung abgeben, die von allen unterschrieben werden muß. Testamentsvollstrecker, Nachlaßverwalter und Nachlaßpfleger sind ebenfalls zur Abgabe der Steuererklärung verpflichtet. Die Steuererklärung ist auf amtlichem Vordruck innerhalb der gesetzlichen Frist abzugeben. Diese muß mindestens einen Monat betragen.

Welche Besonderheiten sind noch zu berücksichtigen?

Erlöschen der Steuer in besonderen Fällen

235 Die Steuerpflicht einer Zuwendung wird normalerweise nicht davon berührt, wie der Erwerber später über das zugewendete Vermögen verfügt. Hiervon gibt es aber Ausnahmen.

In der *Rückgabe des Geschenks an den Schenker* wird regelmäßig sogar eine weitere steuerpflichtige Zuwendung zu sehen sein. Eine Ausnahme davon regelt § 29 Abs. 1 Nr. 1 ErbStG, falls die Rückgabe wegen eines Rückforderungsrechts des Schenkers erfolgt. Die Rückübertragung ist nicht freigebig, damit keine Schenkung. Zusätzlich erlischt rückwirkend die ursprünglich entstandene

Steuer. Soweit eine Steuer bereits festgesetzt war, ist der Steuerbescheid zu ändern (§ 175 AO) und die Steuer ggf. zu erstatten. Einzelne Rückforderungsrechte sind gesetzlich normiert (z.B. §§ 527, 528, 530 BGB).

Praktische Bedeutung hat die Vorschrift auch bei *vertraglichen Widerrufsvorbehalten* (vgl. Rdn. 70, 116). Der Umstand, daß ein solcher Vorbehalt vereinbart wurde, berührt zunächst die Steuerpflicht der Zuwendung nicht. Erst wenn auf der Grundlage dieses Vorbehalts die Schenkung widerrufen und rückgängig gemacht wird, erlischt die zunächst festgesetzte Steuer. 236

Die Steuer *erlischt rückwirkend*, soweit das Erworbene binnen 24 Monaten nach Entstehung der Steuer (vgl. Rdn. 132f.) an eine gemeinnützige, wissenschaftlichen oder kulturellen Zwecken dienende inländische Stiftung oder an den Bund, ein Land oder eine inländische Gemeinde weitergegeben wird (§ 29 Abs. 1 Nr. 4 ErbStG). Es müssen unmittelbar angefallene Vermögensgegenstände weitergeleitet werden (keine Surrogate). Die Bereicherung entfällt auch nur in Höhe des Steuerwerts dieser Gegenstände. 237

Damit das Einkommen der empfangenden Stiftung ungeschmälert den begünstigten Zwecken zugute kommen kann, darf die Stiftung keine Unterhaltsleistungen u. ä. (§ 58 Nr. 5 AO) an den Erwerber oder seine nächsten Angehörigen erbringen. Außerdem ist eine doppelte Begünstigung durch gleichzeitigen Spendenabzug bei der Einkommen-, Körperschaft- oder Gewerbesteuer ausgeschlossen.

Gemäß § 29 Abs. 2 ErbStG ist der Erwerber für die Zeit, in der ihm die Nutzungen des Vermögens zugestanden haben, wie ein Nießbraucher zu behandeln. Insoweit wird also eine steuerpflichtige Zuwendung an ihn angenommen. (Wegen der Bewertung vgl. Rdn. 275 f.).

Ansprüche nach dem Gesetz zur Regelung offener Vermögensfragen

Das Vermögensgesetz regelt, unter welchen Voraussetzungen u.a. enteignete oder unter sonstigen näher bezeichneten Umständen auf staatliche Stellen oder Dritte übergegangene sowie unter staatlicher Verwaltung stehende Vermögenswerte an den Berechtigten zurückzuübertragen sind. Dabei können Wertausgleiche vorzunehmen und sonstige Ansprüche Dritter zu erfüllen sein. 238

Ist eine Rückübertragung ausgeschlossen, wird eine Entschädigung gewährt; dies gilt auch, wenn der Berechtigte von sich aus eine Entschädigung wählt. Einzelheiten der Entschädigung müssen noch gesetzlich geregelt werden.

Rückübertragung oder Entschädigung haben *keine Rückwirkung auf Erbfälle, die vor dem 29. September 1990 eingetreten sind.* Zum steuerpflichtigen Erwerb gehören keine der genannten Ansprüche. Das gilt auch für entsprechende Belastungen bei einem Rückübertragungsverpflichteten.

Ab Inkrafttreten des Vermögensgesetzes ist folgendes zu beachten:

Erwerbe auf seiten eines Berechtigten

239 Bei Erwerben *nach dem 28. September 1990* ist der Anspruch auf Rückübertragung bzw. Entschädigung im Nachlaß zu erfassen, wenn der *Berechtigte* einen Antrag nach dem Vermögensgesetz gestellt hat. Wird der Antrag erst zu einem späteren Zeitpunkt von einem Rechtsnachfolger gestellt und ist der Berechtigte nach dem 28. September 1990 verstorben, so gehört der Anspruch bereits zum Nachlaß des verstorbenen Berechtigten. Dies gilt selbstverständlich auch für Erbfälle, die nach dem Tod des Berechtigten eingetreten sind.

Soweit nicht feststeht, ob und in welcher Höhe der Anspruch erfüllt werden wird und welche Gegenansprüche des Verpflichteten dabei zu erfüllen sind, ist eine *Bewertung des Anspruchs zunächst nicht möglich*. Die Erbschaftsteuer ist hinsichtlich des Anspruchs und möglicher Gegenansprüche vorläufig zu veranlagen. Die Besteuerung richtet sich danach, was dem Berechtigten *endgültig rückübertragen* oder *entschädigt* wurde. Der Anspruch ist somit im Fall der Rückübertragung nach den *Steuerwerten der rückübertragenen Vermögensgegenständen* zu bewerten (vgl. gleichlautender Ländererlaß vom 11. März 1991, BStBl 1991 I S. 369). Aufgrund der neueren Rechtsprechung zur Bewertung von Sachleistungsansprüchen (vgl. Rdn. 281) muß dies in Frage gestellt werden. Da zum Bewertungszeitpunkt (vgl. Rdn. 132f.) nur der Anspruch auf Übertragung des Vermögensgegenstands und nicht bereits der Vermögensgegenstand selbst zu bewerten ist, sollte nicht mehr der Steuerwert, sondern der gemeine Wert der rückübertragenen Vermögensgegenstände anzusetzen sein. Dies ist insbesondere für die Steuerzahler von Bedeutung, die solche Ansprüche im Wege der vorweggenommenen Erbfolge übertragen wollen. Denn die oben dargestellten Bewertungsgrundsätze gelten auch hier. Wer also den Steuerwert, insbesondere bei Ansprüchen auf Rückübertragung von Grundbesitz, nutzen will, sollte dies möglichst jetzt tun.

Erwerbe auf seiten des Verpflichteten

Wenn ein Berechtigter oder einer seiner Rechtsnachfolger einen Antrag auf Rück- 240
übertragung bestimmter Vermögenswerte gestellt hat, ist das Vermögen bis zum Abschluß des Verfahrens dem Verpflichteten weiter zuzurechnen. Die drohende Rückübertragung belastet jedoch dieses Vermögen. Stirbt ein Verpflichteter nach dem 28. September 1990, ist dieses Vermögen mit seinem Steuerwert in seinem Nachlaß zu erfassen, gleichzeitig jedoch die Rückübertragungsverpflichtung mit eben diesem Steuerwert abzuziehen. Eine Bewertung evtl. bestehender eigener Ausgleichsansprüche seitens des Verpflichteten wird jedoch erst möglich sein, wenn das Verfahren abgeschlossen ist.

Beim Verpflichteten ist das Interesse darauf gerichtet, eine *möglichst hohe Verpflichtung* bei der Ermittlung der Bereicherung *abziehen* zu können. Nach Auffassung der Finanzverwaltung ist die Rückübertragungsverpflichtung mit dem Steuerwert des zurückgeforderten Vermögens zu bewerten. Diese Auffassung ist durch die neuere BFH-Rechtsprechung zur Sachleistungsverpflichtung (vgl. Rdn. 281) in Frage gestellt. Hier könnte ebenfalls mit einer Änderung in der Weise zu rechnen sein, daß nicht mehr der Steuerwert, sondern der gemeine Wert des zurückgeforderten Vermögens abzuziehen ist.

Die Finanzämter werden die Erbschaftsteuerveranlagungen zunächst vorläufig nach § 165 AO durchführen und den konkreten Verfahrensabschluß abwarten.

3. Was Sie über die Ermittlung des steuerpflichtigen Erwerbs wissen sollten

Grundsätzliches zur Wertermittlung

Die Bewertung des Vermögens für erbschaft- und schenkungsteuerliche Zwecke sowie der Wertansatz von Schulden und Lasten ist in einer gesonderten Vorschrift, dem § 12 ErbStG, geregelt. Wer dort allerdings nach den einzelnen Wertansätzen für das von ihm im Schenkungs- oder Erbfall erworbene Vermögen sucht, der wird enttäuscht werden. Denn fast immer dann, wenn die Frage nach der Höhe des Wertansatzes zu beantworten ist, verweist § 12 ErbStG auf die Vorschriften des Bewertungsgesetzes. Nur bei den Bodenschätzen, die nicht zum Betriebsvermögen gehören, enthält er eine selbständige Bewertung für Erbschaft- und Schenkungsteuerzwecke. 241

§ 12 Abs. 1 ErbStG regelt den allgemeinen Bewertungsgrundsatz: Maßgebend sind die Vorschriften des ersten Teils des Bewertungsgesetzes oder anders ausgedrückt: Maßgebend ist der dort geregelte gemeine Wert (§ 9 BewG). Alles das, was nicht in Anteilen an Kapitalgesellschaften, Grundbesitz, Bodenschätze oder Betriebsvermögen besteht, häufig auch als übriges Vermögen bezeichnet, wird also mit dem gemeinen Wert angesetzt. 242

243 *§ 12 Abs. 2 ErbStG* bestimmt die Bewertung von Anteilen an einer Kapitalgesellschaft, die nicht börsennotiert sind und bei der sich der Anteilswert nicht aus Verkäufen ableiten läßt. Hier ist für die Wertfindung auf das Vermögen der Kapitalgesellschaft und deren Ertragsaussichten abzustellen.

244 *§ 12 Abs. 3 ErbStG* regelt den Ansatz von land- und forstwirtschaftlichem Vermögen sowie von Grundstücken ab dem 1.1.1996. Maßgebend sind hier die neuen Grundbesitzwerte, ermittelt nach dem vierten Abschnitt des zweiten Teils des Bewertungsgesetzes.

245 *§ 12 Abs. 4 ErbStG* enthält die Bewertungsvorschrift für Bodenschätze, die nicht zum Betriebsvermögen gehören. Sie sind mit ihren ertragsteuerlichen Werten anzusetzen.

246 In *§ 12 Abs. 5 und Abs. 6 ErbStG* wird die Bewertung von Betriebsvermögen, einerseits das inländische und andererseits das ausländische, behandelt.

Bewertung des übrigen Vermögens sowie der Schulden und Lasten

247 Für die Bewertung des Vermögens, das nicht aus nichtnotierten Anteilen an Kapitalgesellschaften, Grundbesitz, Bodenschätzen und Betriebsvermögen besteht, nachfolgend als übriges Vermögen bezeichnet, ist mit dem gemeinen Wert (§ 9 BewG) oder mit den an deren Stelle tretenden Hilfsmaßstäben zu bewerten (§ 12 Abs. 1 ErbStG). Dies gilt auch für Schulden und Lasten, die bei der Ermittlung des steuerpflichtigen Erwerbs abzugsfähig sind.

Vermögensgegenstand	Bewertungsmaßstab
Börsennotierte Wertpapiere	Kurswert
Investmentzertifikate	Rücknahmepreis
Kapitalforderungen	Nennwert/Gegenwartswert (§ 12 BewG)
Renten und andere wiederkehrende Nutzungen und Leistungen	Kapitalwert (§§ 13 bis 16 BewG)
Erfindungen und Urheberrechte Kleidung Hausrat Edelsteine Edelmetalle	gemeiner Wert (Verkehrswert)

Vermögensgegenstand	Bewertungsmaßstab
Perlen Münzen Medaillen Schmuck Kunstgegenstände Sammlungen andere bewegliche Vermögensgegenstände Sachleistungsansprüche	gemeiner Wert (Verkehrswert)

Bedingung und Befristung

Bevor Sie sich mit der Frage des Wertansatzes auseinandersetzen, müssen Sie klären, ob der Vermögensgegenstand oder die Schuld bei der Ermittlung der Bereicherung anzusetzen ist. In Testamenten finden Sie häufig eine Formulierung, nach der ein Vermögensgegenstand unter einer Bedingung auf einen anderen übergeht. Denken Sie z.B. an den Fall, daß ein Grundstück, das zum Nachlaß gehört, auf einen nahen Angehörigen bei Vollendung des 18. Lebensjahrs zu übertragen ist. Aber auch Schenkungen sind häufig an Bedingungen geknüpft, wie z.B. bei der mittelbaren Grundstücksschenkung, bei der ein Geldbetrag hingegeben wird unter der Bedingung, daß hierfür ein bestimmtes Grundstück zu erwerben ist (vgl. Rdn. 117). 248

Man unterscheidet im Erbschaft- und Schenkungsteuerrecht zwischen der *aufschiebenden* und der *auflösenden* Bedingung.

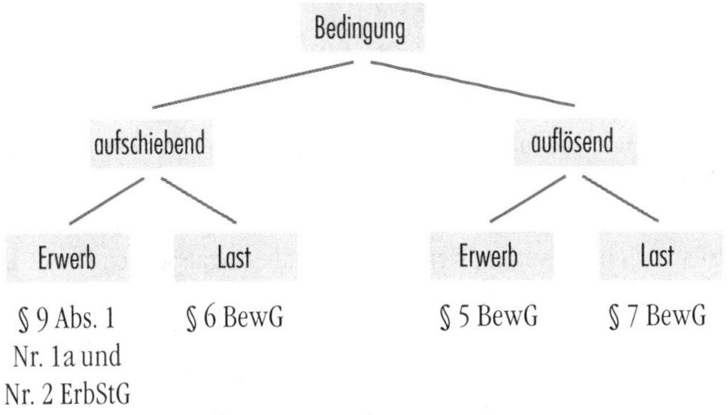

Aufschiebende Bedingung

249 Eine aufschiebende Bedingung liegt vor, wenn die *Wirkungen eines Rechtsgeschäfts* von *einem künftigen ungewissen Ereignis abhängig* sind (R 91 Abs. 1 Satz 1 ErbStR). Wegen der Ungewißheit werden Erwerbe, die unter einer aufschiebenden Bedingung stehen, bei der Erbschaft- oder Schenkungsteuer erst dann berücksichtigt, wenn die Bedingung eingetreten ist (vgl. § 9 Abs. 1 Nr. 1a und Nr. 2 ErbStG). Erst zu diesem Zeitpunkt stellt sich dann die Frage, wie die Vermögensgegenstände zu bewerten sind.

Vergleichbar ist die Regelung bei *aufschiebend bedingten Lasten.* Sie bleiben bei der Ermittlung der Bereicherung außer Ansatz (§ 6 Abs. 1 BewG). Sollte die Bedingung zu einem späteren Zeitpunkt eintreten, so ist der Bescheid über die Erbschaft- oder Schenkungsteuer zu berichtigen (§ 6 Abs. 2 BewG; R 91 Abs. 2 ErbStR).

PRAXISHINWEIS:

Wirkt sich die Berichtigung zu Ihren Gunsten aus, ist hierfür ein *Antrag* erforderlich; eine Berichtigung zu Ihren Ungunsten wird *von Amts wegen* durchgeführt. Mit der Berichtigungsveranlagung wird die Erbschaft- oder Schenkungsteuer nach dem tatsächlichen Wert im Zeitpunkt des Eintritts der Bedingung festgesetzt.

BEISPIEL

A hat in seinem Testament verfügt, daß seine Haushälterin B ein lebenslängliches Nutzungsrecht an einer Dachgeschoßwohnung erhält, wenn sie das 60. Lebensjahr vollendet hat und bis zu diesem Zeitpunkt für seine Ehefrau tätig war.

Verstirbt A, bevor die Haushälterin das 60. Lebensjahr vollendet hat, so ist der Anspruch auf das Nutzungsrecht aufschiebend bedingt und erst dann der Erbschaftsteuer zu unterwerfen, wenn die Haushälterin tatsächlich ihr 60. Lebensjahr vollendet und bis dahin für die Ehefrau des A tätig war. Für die Bewertung des Nachlasses bedeutet dies, daß die Überlassung der Dachgeschoßwohnung bei der ursprünglichen Erbschaftsteuerfestsetzung als aufschiebend bedingte Last unberücksichtigt bleibt. Sollte die Bedingung eintreten, so ist die Erbschaftsteuerfestsetzung zu berichtigen.

Auflösende Bedingung

Von der aufschiebenden Bedingung ist die auflösende Bedingung zu unterscheiden. Sie liegt vor, wenn die *Wirkungen eines Rechtsgeschäfts* mit dem *Eintritt der Bedingung* wegfallen (R 91 Abs. 1 Satz 2 ErbStR). 250

Steht der Erwerb eines Vermögensgegenstands unter einer auflösenden Bedingung, wird er erbschaft- oder schenkungsteuerlich so behandelt, als ob keine Bedingung vorläge (§ 5 Abs. 1 BewG). Eine Wiederverheiratungs- oder Ausbildungsklausel wirkt sich daher nicht auf die Bewertung der Vermögensgegenstände aus.

BEISPIELE

C hat in seinem Testament verfügt, daß seine Ehefrau Alleinerbin seines gesamten Vermögens ist, und zwar unter der Voraussetzung, daß sie nicht mehr heiratet. Sollte sie eine neue Ehe eingehen, so geht das Vermögen auf seine beiden Enkel D und E über.

F hat seinem Sohn G ein Mietwohngrundstück zugewendet unter der Voraussetzung, daß er dieses Mietwohngrundstück nach Abschluß der Ausbildung auf die Ehefrau des F überträgt.

In beiden Fällen liegen auflösende Bedingungen vor. Bis zum Eintritt dieser Bedingungen sind die Vermögensgegenstände dem Berechtigten, im ersten Fall der Ehefrau und im zweiten Fall dem in Ausbildung befindlichen Kind, zuzurechnen.

PRAXISHINWEIS:

Ein vertraglich vereinbartes *Rücktrittsrecht* wirkt bewertungsrechtlich wie eine auflösende Bedingung; dagegen ist ein vertraglich vereinbartes *Optionsrecht* wie eine aufschiebende Bedingung zu behandeln (R 91 Abs. 1 Satz 5 ErbStR).

Tritt die auflösende Bedingung ein und kommt es dadurch zu Vermögensverlagerungen, so hat dies zur Folge, daß die bisherige Steuer unter Berücksichtigung des tatsächlichen Werts des Erwerbs neu festgesetzt wird.

PRAXISHINWEIS:

Auch hier ist darauf zu achten, daß derjenige, zu dessen Gunsten sich der Eintritt der Bedingung auswirkt, einen *Antrag* auf Durchführung einer Berichtigungsveranlagung stellen muß, und zwar bis zum Ablauf des Jahres, das auf den Eintritt der Bedingung folgt.

Bei Schenkungen kann der Eintritt einer Bedingung dazu führen, daß aus der reinen Schenkung eine gemischte Schenkung oder eine Schenkung unter Auflage wird.

Befristung

251 Neben der aufschiebenden und auflösenden Bedingung kennt das Erbschaft- oder Schenkungsteuerrecht auch den Begriff der Befristung. Eine Befristung liegt vor, wenn der *Erwerb eines Vermögensgegenstands* oder die *Entstehung* bzw. der *Wegfall einer Last* von einem Ereignis abhängt, bei dem *nur der Zeitpunkt ungewiß* ist. Denken Sie z.B. an eine Rente, die erst bei Tod einer Person zu zahlen ist. Hier liegt eine aufschiebend bedingte Befristung vor, so daß die künftigen Rentenzahlungen bei der Ermittlung der Bereicherung unberücksichtigt bleiben. Ist die Befristung dagegen auflösend bedingt, so hat die Bedingung auf die Bewertung des Vermögensgegenstands und auf den Ansatz der Schuld keinen Einfluß (R 91 Abs. 1 Satz 4 ErbStR).

Betagung

252 Schließlich ist noch der Begriff der Betagung anzutreffen. Bei der Betagung ist der Anspruch oder die Verpflichtung bereits entstanden und nur die *Fälligkeit hinausgeschoben*. Die Betagung wirkt sich somit nicht auf den Ansatz dem Grunde nach, sondern auf die Höhe des Anspruchs oder der Verpflichtung aus. Denken Sie z.B. an eine Rente, die aus der Sicht des Erwerbszeitpunkts erst in vier Jahren zu zahlen ist. Hier ist für die ersten vier Jahre (*Aufschubzeitraum*) eine Abzinsung des Rentenanspruchs vorzunehmen.

Bewertung mit dem gemeinen Wert

253 Nachdem wir nun wissen, ob die Vermögensgegenstände oder die Schulden bei der Ermittlung der Bereicherung zu berücksichtigen sind, stehen wir vor der Frage, mit welchem Wert diese Vermögensgegenstände, soweit sie nicht in Grundbesitz, Bodenschätzen, Betriebsvermögen, Anteilen an Kapital- und Personengesell-

schaften sowie ausländischem Vermögen bestehen, zu bewerten sind. Die Antwort hierauf ergibt sich aus dem nachfolgenden ABC der Vermögensgegenstände und Schulden und der für sie anzusetzenden Werte.

Aktien

Aktien, die im Erwerbszeitpunkt an einer deutschen Börse zum amtlichen Han- 254
del oder zum geregelten Markt zugelassen oder in den Freiverkehr einbezogen waren, sind mit dem *Börsenkurs* anzusetzen. Als Börsenkurs kommen neben dem bezahlt-Kurs auch der Geld-, Brief- und Taxkurs in Betracht. Nicht berücksichtigt werden dagegen variable Kursnotierungen; vielmehr gilt stets der *Kassa-Kurs*. Sind Aktien sowohl im amtlichen Handel als auch im geregelten Markt zugelassen, so genießt der amtliche Handel Vorrang vor dem geregelten Markt. Freiverkehrskurse sind nur dann bei der Erbschaft- oder Schenkungsteuer anzusetzen, wenn keine Kurse im amtlichen Handel oder im geregelten Markt zustande gekommen sind.

Liegen im Erwerbszeitpunkt mehrere Kurse, z.B. im amtlichen Handel, vor, so ist der *niedrigste Kurs* maßgebend. Es empfiehlt sich daher, über Ihre Bank sämtliche Börsenplätze abfragen zu lassen, an denen die Aktie gehandelt wird. Dies wird in der Praxis häufig übersehen. Die im Xetra-Handel zustande gekommenen Kurse können bei der Wertfindung nicht berücksichtigt werden.

PRAXISHINWEIS:

§ 12 Abs. 1 ErbStG i.V.m. § 11 Abs. 1 BewG gilt nach der derzeitigen Formulierung nur für den amtlichen Handel, den geregelten Markt und den Freiverkehr. Nicht erwähnt ist in diesen Vorschriften das neue Marktsegment „*neuer Markt*". Hier muß der Gesetzgeber in § 11 Abs. 1 BewG noch nachbessern, denn auch die im neuen Markt zustande gekommenen Kurse sind u.E. für eine Wertableitung geeignet, auch wenn der neue Markt als sog. Zocker-Markt verschrien ist. Wegen der unklaren Gesetzeslage kann sich der Steuerpflichtige auch auf den Standpunkt stellen, daß bei den Kapitalgesellschaften, deren Anteile im neuen Markt notiert sind, eine Wertableitung des Anteilswerts aus Verkäufen nach § 11 Abs. 2 Satz 2 BewG erfolgen muß. Sollte sich diese Wertableitung für den Steuerpflichtigen günstig auswirken, z.B. bei einem Kursrückgang nach Feststellung des Kassa-Kurses, bestehen gute Erfolgschancen, diesen Rechtsstandpunkt im finanzgerichtlichen Verfahren durchzusetzen.

Liegen im Erwerbszeitpunkt keine Kurse vor, so ist nach dem Bewertungsrecht auf die Börsenkurse innerhalb von 30 Tagen vor dem Stichtag zurückzugreifen. Selbstverständlich sollten für eine Wertableitung aus zurückliegenden Kursen die ausgewählt werden, bei denen der zeitliche Abstand zum Erwerbszeitpunkt möglichst gering ist.

PRAXISHINWEIS:

Abweichungen vom Börsenkurs im Erwerbszeitpunkt sind faktisch kaum gegenüber dem Finanzamt durchzusetzen.

Handelt es sich bei den zum steuerpflichtigen Erwerb gehörenden Aktien um ein Paket, so ist der Börsenkurs um einen Paketzuschlag zu erhöhen. Ein Aktienpaket liegt vor, wenn Sie mehr als 25 % der stimmberechtigten Anteile einer Kapitalgesellschaft besitzen (R 95 Abs. 6 Satz 1 ErbStR). Bei einer Beteiligung zwischen 25 % und 50 % des Nennkapitals nimmt die Finanzverwaltung einen Zuschlag von 10 % bis 20 % und bei Beteiligungen über 75 % einen Zuschlag von 25 % vor. Ob ein solcher Paketzuschlag in Betracht kommt, entscheidet sich danach, mit welcher Beteiligung der Erblasser oder Schenker an der Kapitalgesellschaft beteiligt war (R 95 Abs. 6 Satz 2 i. V. m. R 101 Abs. 2 bis 6 ErbStR). Der Umstand, daß diese Aktien auf mehrere Erwerber im Wege der Erbauseinandersetzung übergehen, hat für die Gewährung des Paketzuschlags keine Bedeutung (vgl. Rdn. 313; die dortigen Ausführungen gelten hier entsprechend).

Werden die Aktien nicht an der Börse gehandelt, so ist ihr Wert entweder aus Verkäufen abzuleiten (vgl. Rdn. 264) oder nach dem Stuttgarter Verfahren zu schätzen (vgl. Rdn. 292f.).

Bedingte Erwerbe bzw. Lasten

255 Aufschiebend bedingte oder befristete *Erwerbe* werden erst zur Erbschaft- oder Schenkungsteuer herangezogen, wenn die Bedingung eingetreten ist. Aufschiebend bedingte und befristete *Lasten* können bei der Ermittlung der Bereicherung nicht abgezogen werden (R 91 Abs. 2 ErbStR). Wird der Vermögensgegenstand unter einer auflösenden Bedingung erworben, so hat dies weder auf den Ansatz noch auf die Bewertung irgendwelche Auswirkungen. Dies gilt auch für auflösend bedingte Lasten. Wegen der Berichtigungsmöglichkeit bei Eintritt der Bedingung vgl. Rdn. 249 f.

Bezugsrechte

Bezugsrechte zum Erwerb neuer Aktien werden in der Regel bei einer Kapitalerhöhung ausgegeben. Sie sind mit dem gemeinen Wert anzusetzen. Dieser entspricht bei börsennotierten Bezugsrechten dem Börsenkurs im Erwerbszeitpunkt. 256

Bundesschatzbriefe

Bundesschatzbriefe *Typ A* sind mit dem *Nennwert* zuzüglich der Zinsen anzusetzen, die bis zum Erwerbszeitpunkt angefallen sind (R 110 Abs. 1 Satz 1 ErbStR). Bei Bundesschatzbriefen *Typ B* erfolgt die Bewertung mit dem *Rückzahlungswert* vom Erwerbszeitpunkt (R 110 Abs. 1 Satz 2 ErbStR). 257

Edelmetalle

Edelmetalle sind mit den an der *Börse gehandelten Werten* anzusetzen. 258

Edelsteine

Edelsteine sind mit dem bei einer Veräußerung im Erwerbszeitpunkt erzielbaren *Verkaufspreis* zu bewerten. Soweit kurze Zeit nach dem Erwerbszeitpunkt Verkäufe stattgefunden haben, kann der Wert hieraus abgeleitet werden. 259

Erbbauzinsen

Erbbauzinsen, die bis einschließlich 1995 getrennt von dem erbbaurechtsbelasteten Grundstück mit dem Kapitalwert angesetzt wurden, bleiben ab 1996 bei der *Ermittlung des steuerpflichtigen Erwerbs* außer Ansatz. Durch die neue Bewertung des Erbbaurechts und des mit dem Erbbaurecht belasteten Grundstücks sind die Erbbauzinsansprüche bzw. Erbbauzinsverpflichtungen bereits berücksichtigt. Daher bestimmt § 148 Abs. 1 Satz 3 BewG, daß das Recht auf den Erbbauzins bzw. die Verpflichtung zur Zahlung des Erbbauzinses weder als Bestandteil des Grundstücks noch als gesondertes Recht anzusetzen sind. Wegen weiterer Einzelheiten vgl. Rdn. 422. 260

Erbersatzansprüche

Erbersatzansprüche sind, soweit sie geltend gemacht worden sind, als Kapitalforderungen bzw. -schulden mit dem *Nennwert* im Erwerbszeitpunkt anzusetzen. Durch das *Erbrechtsgleichstellungsgesetz* sind nichteheliche Kinder, die nach dem 30.6.1949 geboren wurden, den ehelichen Kindern gleichgestellt, 261 wenn der Erwerb nach dem 31.3.1998 eingetreten ist. Für die Vorzeit bleibt es bei dem Ansatz des Erbersatzanspruchs als Kapitalforderung mit dem Nennwert.

Erfindungen

262 Erfindungen sind mit dem *Kapitalwert* des jährlichen Reinertrags anzusetzen (R 93 ErbStR).

Finanzierungsschätze

263 Finanzierungsschätze des Bundes sind mit dem *Ausgabewert* zuzüglich der bis zum Erwerbszeitpunkt angefallenen Zinsen zu bewerten.

Der Stichtagswert ist dabei unter Berücksichtigung der bis zum Erwerbszeitpunkt angefallenen Zinsen wie folgt zu ermitteln (R 110 Abs. 2 Sätze 9f. ErbStR):

$$\text{Stichtagswert} = \text{Ausgabewert} \times q^n \times \left(\frac{R \times T}{360 \times 100} + 1\right)$$

Dabei ist

q^n: Aufzinsungsfaktor für volle n Jahre = $\left(1 + \frac{R}{100}\right)^n$

R: Emissionsrendite

T: Jahresbruchteile in Tagen

PRAXISHINWEIS:

Da die vorgenannte Formel zur Ermittlung des Stichtagswerts bereits die Zinsen bis zum Erwerbszeitpunkt berücksichtigt, kommt ein gesonderter Ansatz von *Stückzinsen* ab Beginn des periodischen Zinszeitraumes bis zum Erwerbszeitpunkt nicht in Betracht (R 110 Abs. 2 Satz 12 ErbStR).

GmbH-Anteile

264 Der *gemeine Wert* von GmbH-Anteilen ist in erster Linie aus Verkäufen abzuleiten. Dabei dürfen jedoch nur solche Verkäufe berücksichtigt werden, die im Erwerbszeitpunkt weniger als ein Jahr zurückliegen. Verkäufe nach diesem Zeit-

punkt bleiben stets unberücksichtigt. Als weitere Einschränkung ist zu beachten, daß nur Verkaufserlöse, die im gewöhnlichen Geschäftsverkehr erzielt worden sind, bei der Wertermittlung berücksichtigt werden dürfen. Liegen keine geeigneten Verkäufe vor, so ist der Anteilswert nach dem Stuttgarter Verfahren zu schätzen (vgl. Rdn. 292 f.).

Hausrat

Gegenstände, die zum Hausrat gehören und die nicht steuerfrei sind (vgl. § 13 Abs. 1 Nr. 1 ErbStG), sind mit dem *voraussichtlich erzielbaren Verkaufspreis* anzusetzen. 265

Immobilienfonds-Anteile

Anteile an einem offenen Immobilienfonds sind als Investment-Anteile mit dem *Rücknahmepreis* im Erwerbszeitpunkt zu bewerten (vgl. Rdn. 268). Bestehen die Anteile an einem geschlossenen Immobilienfonds, so entspricht der Wert in Erbfällen den Nettosteuerwerten des Fondsvermögens vom Stichtag. Es bestehen keine Bedenken, den letzten Vermögensteuerwert zuzüglich der bis zum Erwerbszeitpunkt angefallenen Gewinnausschüttung anzusetzen. 266

Im Fall der Schenkung gilt der unmittelbare oder mittelbare Erwerb einer *Beteiligung an einer vermögensverwaltenden Personengesellschaft* als Erwerb der anteiligen Wirtschaftsgüter, und - nach Verwaltungsmeinung (vgl. R 26 Abs. 1 Satz 2 ErbStR) - auch der anteiligen Schulden. Dies hat der Gesetzgeber im Jahressteuergesetz 1997 rückwirkend für Erwerbe ab 1996 geregelt (§ 10 Abs. 1 Satz 3 ErbStG). Bei einer Zuwendung unter Lebenden führt die getrennte Beurteilung von Wirtschaftsgütern und Schulden zur Annahme einer *gemischten Schenkung*, wobei der Steuerwert des Grundbesitzes im Verhältnis der Nettobereicherung unter Ansatz der Verkehrswerte der Grundstücke abzüglich Schulden zum Bruttowert der Bereicherung in Form der Verkehrswerte der Grundstücke angesetzt wird. Aus der Sicht der Finanzverwaltung (vgl. R 17 Abs. 6 Sätze 3 f. ErbStR) bestehen im Regelfall keine Bedenken, wenn der Verkehrswert für unbebaute Grundstücke mit dem 1,2fachen und für bebaute Grundstücke mit dem 2fachen des festgestellten Grundstückswerts angesetzt werden. Die Berechnungsmethode nach den Grundsätzen der gemischten Schenkung schließt bei der Übertragung von Anteilen an einen geschlossenen Immobilienfonds aus, daß es zu einem *Schuldenüberhang* kommt, der mit anderen Vermögensgegenständen verrechnet werden kann. 267

PRAXISHINWEIS:

Die *Rechtslage* hinsichtlich der Annahme einer gemischten Schenkung bei *Übertragung einer Beteiligung* an einer vermögensverwaltenden Personengesellschaft scheint vom *Gesetzeswortlaut* her *nicht eindeutig* zu sein. Denn im *Steuerbereinigungsgesetz 1999* soll in diesem Punkt nochmals *nachgebessert* werden. Nach der geplanten Neufassung des § 10 Abs. 1 Satz 3 ErbStG soll die Verpflichtung des Beschenkten, gesellschaftsintern die anteiligen Schulden der Gesellschaft gegen sich gelten zu lassen, wie eine Gegenleistung des Beschenkten behandelt werden. Dies soll dann die Anwendung der Grundsätze der gemischten Schenkung „sichern". Für Stichtage vor dem Inkrafttreten des Steuerbereinigungsgesetzes 1999 wird Ihnen daher empfohlen, bei Zuwendung eines Anteils an einer vermögensverwaltenden Personengesellschaft den Steuerfall offen zu halten und eine gerichtliche Erklärung in diesem Punkt abzuwarten.

Investment-Anteile

268 Für Investment-Anteile ist der *Rücknahmepreis* vom Erwerbszeitpunkt maßgebend (R 95 Abs. 7 ErbStR). Bei ausländischen Investment-Anteilen, bei denen der Rücknahmepreis nicht bekannt ist, kann ggf. eine Schätzung unter Ansatz des Ausgabepreises erfolgen.

Kapitalforderungen bzw. -schulden

269 Zu den Kapitalforderungen rechnen alle verzinslichen und unverzinslichen auf Geld gerichtete Forderungen, unabhängig davon, ob sie in inländischer oder ausländischer Währung bestehen. Beispielhaft sind zu nennen die Forderungen aus Darlehen, Hypotheken, Grundschulden, Tantiemeansprüchen und Steuererstattungsansprüchen. Grundsätzlich sind Kapitalforderungen mit ihrem *Nennwert* anzusetzen, sofern nicht besondere Umstände einen höheren oder geringeren Wertansatz begründen (§ 12 Abs. 1 BewG). Zu den Gründen, die eine Bewertung unter dem Nennwert rechtfertigen, gehören insbesondere die Uneinbringlichkeit oder die Zweifelhaftigkeit der Forderung sowie das Zusammenwirken von niedriger Verzinsung und längerer Unkündbarkeit (R 109 Abs. 1 ErbStR).

Uneinbringliche Forderungen bleiben bei der Ermittlung der Bereicherung außer Ansatz. *Zweifelhafte Forderungen* sind mit dem Betrag anzusetzen, den der Schuldner voraussichtlich zahlen wird (R 109 Abs. 3 ErbStR).

Forderungen, deren Verzinsung unter 3 % liegt und deren Realisierbarkeit im Erwerbszeitpunkt für mindestens vier Jahre eingeschränkt oder ausgeschlossen ist, sind als niedrig verzinsliche Forderungen mit dem *Nennwert unter Abzug des Kapitalwerts des jährlichen Zinsverlustes* zu bewerten (R 109 Abs. 2 Satz 1 ErbStR).

BEISPIEL

A ist am 1. Februar 1999 verstorben. Zu seinem Vermögen gehört eine Darlehensforderung in Höhe von 50.000 DM, die mit 1 % jährlich verzinst wird und die frühestens am 31. Januar 2009 kündbar ist.

Der Nennwert der Forderung von 50.000 DM ist um den Kapitalwert des jährlichen Zinsverlustes von 7.745 DM (3 % - 1 % = 2 % von 50.000 DM = 1.000 DM x Vervielfältiger von 7,745 laut Tabelle 2 zu dem gleichlautenden Ländererlaß vom 15. September 1997, BStBl 1997 I S. 832) zu kürzen, so daß der Gegenwartswert der Forderung 42.255 DM beträgt.

Wird die Forderung *überhaupt nicht verzinst* und beträgt die Laufzeit im Erwerbszeitpunkt noch mehr als ein Jahr, so ist sie mit dem abgezinsten Betrag unter Ansatz eines Zinssatzes von 5,5 % zu bewerten.

BEISPIEL

Zum Vermögen des am 5. Januar 1999 verstorbenen Erblassers B gehört eine unverzinsliche Kapitalforderung im Wert von 200.000 DM. Die Kapitalforderung soll, so die Anordnungen im Testament, fünf Jahre nach dem Tod des B in einer Summe fällig werden. Der Gegenwartswert der unverzinslichen Kapitalforderung berechnet sich wie folgt:

Nennwert:	200.000 DM
Vervielfältiger (lt. Tabelle 1 zu dem o. a. Ländererlaß):	0,765
Gegenwartswert:	153.000 DM

Sind die Kapitalforderungen *hochverzinslich* (Verzinsung über 9 %) und ist die Kündigungsmöglichkeit für mindestens vier Jahre ausgeschlossen, so ist der *Nennwert* der Kapitalforderung um den *kapitalisierten Zinsgewinn,* der sich aus der Differenz zwischen dem tatsächlichen Zinssatz und dem Zinssatz von 9 %

errechnet, bei der Ermittlung der Bereicherung anzusetzen (R 109 Abs. 2 Satz 3 ErbStR).

Die dargestellten Grundsätze zu den niedrig und hoch verzinslichen sowie zu den unverzinslichen Forderungen gelten entsprechend für die Bewertung von *Kapitalschulden*.

270 Stehen einer unverzinslichen oder niedrig verzinslichen Kapitalforderung wirtschaftliche Vorteile oder einer unverzinslichen oder niedrig verzinslichen Kapitalschuld andere wirtschaftliche Nachteile gegenüber, so kommt eine Bewertung unter dem Nennwert nicht in Betracht (R 109 Abs. 2 Satz 2 ErbStR). Die im Zusammenhang mit unverzinslichen oder niedrig verzinslichen *Wohnungsbaudarlehen* bestehenden *Mietpreisbindungen* sind als Zinsausgleich anzusehen, so daß der Ansatz dieser Darlehen mit dem Nennwert gerechtfertigt ist.

Ein bei Auszahlung der Kapitalforderung einbehaltenes *Damnum* ist, soweit es nicht als Zinsvorauszahlung bei der Ermittlung des Zinssatzes zu berücksichtigen ist, nicht als Umstand anzusehen, der für sich allein eine Bewertung unter dem Nennwert rechtfertigt. Dies gilt auch für eine Abschlußprovision, die von dem Darlehensgeber bei Hingabe eines Darlehens einbehalten wird.

PRAXISHINWEIS:

Unterliegt eine Kapitalforderung bei ihrer Auszahlung dem Steuerabzug, z.B. die Tantieme dem Lohnsteuerabzug und die Dividende der Kapitalertragsteuer, so ist trotz der steuerlichen Belastung der *volle Forderungsbetrag* anzusetzen.

Forderungen in *ausländischer Währung* sind bei der Ermittlung der Bereicherung in DM umzurechnen. Die Umrechnung erfolgt mit dem *Mittelkurs vom Erwerbszeitpunkt* (R 109 Abs. 5 ErbStR). In kleineren Erb- und Schenkungsfällen bestehen u. E. keine Bedenken, für die Umrechnung den monatlichen Durchschnittskurs bei der Umsatzsteuer zugrunde zu legen, der im Bundessteuerblatt Teil I veröffentlicht wird.

Kaufrechtsvermächtnisse

271 Hat der Erblasser einem *Nicht-Erben* testamentarisch das Recht vermacht, einen bestimmten Nachlaßgegenstand zu einem von ihm festgelegten Kaufpreis zu erwerben, so ist beim Vermächtnisnehmer der Anspruch auf Übereignung des

Vermögensgegenstands mit dem gemeinen Wert und der zu zahlende Kaufpreis als Verbindlichkeit anzusetzen; die Differenz ist als Bereicherung aufgrund des Vermächtnisses zu besteuern. Bei den Erben ist der Steuerwert des herauszugebenden Vermögensgegenstands, die Verpflichtung zur Übereignung dieses Gegenstands mit dem gemeinen Wert und der Anspruch auf die Kaufpreisforderung mit dem Nennwert zu berücksichtigen.

Wird ein Kaufrechtsvermächtnis *einem Miterben* eingeräumt und hat es den Charakter einer Teilungsanordnung, so bleibt es bei der Ermittlung der Bereicherung unberücksichtigt.

Kunstgegenstände

Kunstgegenstände, insbesondere Gemälde und Skulpturen, sind mit dem *gemeinen Wert* zu bewerten. Bei der Wertfindung ist es geboten, besonders vorsichtig vorzugehen und dabei den schwierigen Verwertungsmöglichkeiten angemessen Rechnung zu tragen. 272

Leistungen

Wiederkehrende Leistungen sind mit dem *Kapitalwert* zu bewerten (vgl. Rdn. 275 f.). Im Gegensatz zu den wiederkehrenden Nutzungen ist hier der Jahreswert nicht begrenzt. 273

Münzen

Für Münzen ist der voraussichtlich erzielbare *Verkaufspreis* maßgebend. Bei bestimmten Goldmünzen kann dieser Verkaufspreis den Veröffentlichungen im Börsenteil von Finanzzeitungen entnommen werden. Die in den Münzkatalogen angegebenen Preise sind für eine Wertableitung ungeeignet, da sie sich nur zu einem Bruchteil realisieren lassen. 274

Nutzungen

Wiederkehrende Nutzungen, zu denen insbesondere der Nießbrauch und das Wohnrecht gehören, sind mit ihrem *Kapitalwert* anzusetzen, der sich aus dem Nettojahreswert und einem an der Dauer der Nutzung ausgerichteten Vervielfältiger berechnet (R 113 ErbStR). 275

Immerwährende Nutzungen werden mit dem 18,6fachen des Jahreswerts bewertet. Immerwährend ist eine Nutzung, wenn ihr Ende von Ereignissen abhängt, von denen ungewiß ist, ob und wann sie in absehbarer Zeit eintreten. Beispielhaft sei auf eine Rente hingewiesen, die nach dem Tod des Berechtigten auf die Erben und Erbeserben übergehen soll.

276 Bei *Nutzungen von unbestimmter Dauer* ist anstelle des Vervielfachers 18,6 ein Vervielfacher 9,3 anzusetzen. Eine Nutzung von unbestimmter Dauer liegt vor, wenn das Ende der Nutzung in absehbarer Zeit sicher, aber der genaue Zeitpunkt des Wegfalls noch ungewiß ist. Denken Sie z.B. an eine Rente, die nacheinander an mehrere Berechtigte auf Lebenszeit zu zahlen ist. Maßgebend für die Bewertung ist allein das Lebensalter des jeweils am Stichtag Berechtigten. Nutzungen von unbestimmter Dauer können auch zusätzlich noch auf die Lebenszeit einer Person abgestellt sein. In einem solchen Fall ist ausschließlich auf die voraussichtliche Lebenszeit abzustellen. Dies gilt auch für eine Rente, die einer Witwe auf Lebenszeit, längstens aber bis zu ihrer evtl. Wiederverheiratung, zusteht.

Bei *Nutzungen oder Leistungen,* die auf die *Lebenszeit einer Person abgestellt* sind, ergibt sich der Vervielfältiger aus der Anlage 9 zu § 14 BewG. Unter Berücksichtigung der zwischenzeitlich in den alten und auch in den neuen Bundesländern gestiegenen Lebenserwartung ist nunmehr folgende Vervielfältiger-Tabelle anzuwenden:

Vollendetes Lebensalter in Jahren	Männer	Frauen	Vollendetes Lebensalter in Jahren	Männer	Frauen
0	17,908	18,136	15	17,453	17,842
1	18,040	18,239	16	17,393	17,800
2	18,019	18,227	17	17,332	17,756
3	17,992	18,210	18	17,272	17,712
4	17,961	18,189	19	17,212	17,665
5	17,927	18,166	20	17,151	17,616
6	17,891	18,142	21	17,086	17,564
7	17,853	18,115	22	17,018	17,510
8	17,813	18,087	23	16,945	17,452
9	17,769	18,058	24	16,867	17,392
10	17,723	18,026	25	16,785	17,328
11	17,674	17,993	26	16,699	17,261
12	17,623	17,958	27	16,608	17,190
13	17,569	17,921	28	16,512	17,116
14	17,512	17,882	29	16,411	17,038

Vollendetes Lebensalter in Jahren	Männer	Frauen	Vollendetes Lebensalter in Jahren	Männer	Frauen
30	16,306	16,956	60	10,448	12,034
31	16,196	16,870	61	10,171	11,763
32	16,080	16,781	62	9,889	11,484
33	15,960	16,687	63	9,603	11,197
34	15,833	16,589	64	9,313	10,903
35	15,700	16,486	65	9,019	10,601
36	15,562	16,379	66	8,723	10,292
37	15,417	16,267	67	8,422	9,977
38	15,267	16,150	68	8,120	9,654
39	15,109	16,029	69	7,816	9,325
40	14,945	15,902	70	7,511	8,990
41	14,775	15,770	71	7,206	8,650
42	14,598	15,632	72	6,904	8,037
43	14,415	15,489	73	6,604	7,962
44	14,225	15,341	74	6,310	7,616
45	14,030	15,186	75	6,020	7,271
46	13,828	15,025	76	5,738	6,930
47	13,620	14,858	77	5,464	6,592
48	13,406	14,684	78	5,198	6,261
49	13,187	14,503	79	4,941	5,937
50	12,961	14,316	80	4,693	5,622
51	12,730	14,122	81	4,456	5,317
52	12,494	13,920	82	4,228	5,022
53	12,253	13,711	83	4,010	4,739
54	12,008	13,495	84	3,802	4,468
55	11,759	13,271	85	3,603	4,210
56	11,506	13,040	86	3,415	3,964
57	11,249	12,801	87	3,235	3,731
58	10,987	12,553	88	3,065	3,511
59	10,720	12,298	89	2,904	3,304

Vollendetes Lebensalter in Jahren	Männer	Frauen	Vollendetes Lebensalter in Jahren	Männer	Frauen
90	2,753	3,109	100	1,662	1,761
91	2,609	2,927	101	1,589	1,675
92	2,475	2,756	102	1,520	1,595
93	2,348	2,597	103	1,455	1,522
94	2,229	2,448	104	1,394	1,453
95	2,118	2,310	105	1,334	1,387
96	2,014	2,183	106	1,272	1,318
97	1,917	2,064	107	1,199	1,238
98	1,826	1,955	108	1,095	1,125
99	1,741	1,854	109	0,908	0,924
			..110 und darüber	0,500	0,500

Wichtig: *Gesetzlich ist ausgeschlossen, daß Sie bei Ihrer Erbschaft- und Schenkungsteuer einen geringeren oder höheren Wertansatz geltend machen können, weil Sie mit einer kürzeren oder längeren Lebenserwartung, mit einem anderen Zinssatz oder mit einer anderen Zahlungsweise rechnen, als sie in Anlage 9 zugrunde gelegt ist.*

BEISPIEL

E hat seinem Bruder F in seinem Testament die Zahlung einer jährlichen Rente in Höhe von 2.000 DM bis zu seinem Lebensende zugesagt. E ist in 1999 verstorben. Im Erwerbszeitpunkt hat F das 58. Lebensjahr vollendet.

Der Jahreswert der Rente beläuft sich auf 2.000 DM. Dieser Jahreswert ist mit dem Vervielfältiger laut Anlage 9 zu § 14 BewG, der im vorliegenden Fall 10,987 beträgt, zu kapitalisieren. Bei der Erbschaftsbesteuerung ist somit ein Kapitalwert von 21.974 DM zugrunde zu legen.

Bestehen die Nutzungen oder Leistungen nicht in Geld, sondern in der *Nutzungsüberlassung* oder in der *Gewährung von Sachleistungen* (z.B. freie Kost), so sind sie in Geld umzurechnen, wobei die üblichen Mittelpreise des Verbraucherorts anzusetzen sind (§ 15 Abs. 2 BewG). Bei Leistungen, die in ihrem Betrag ungewiß sind oder schwanken, ist als Jahreswert der Betrag zugrunde zu legen, der in Zukunft im Durchschnitt der Jahre voraussichtlich erzielt werden wird.

Beachten Sie: Der *Jahreswert von Nutzungen*, z.B. von Nießbrauchs- und Wohnrechten, kann mit keinem höheren Betrag als dem 18,6. Teil des Werts angesetzt werden, der sich nach den Vorschriften des Bewertungsgesetzes für das genutzte Wirtschaftsgut ergibt (§ 16 BewG).

Bei Grundstücken und den wie Grundvermögen bewerteten Betriebsgrundstükken sind dies ab 1. Januar 1996 die neuen Grundstückswerte. Beim land- und forstwirtschaftlichen Vermögen sind ab 1996 ebenfalls die neuen land- und forstwirtschaftlichen Grundbesitzwerte anzusetzen. In diesem Zusammenhang ist noch zu klären, ob die für das Grundstück zuständige Bewertungsstelle allein für die Ermittlung der Höchstgrenze einen Feststellungsbescheid über den neuen Grundbesitzwert erteilt. Die Finanzverwaltung verzichtet in den Fällen, in denen Grundbesitzwerte nur *mittelbar* als *Berechnungsgröße* benötigt werden, auf deren gesonderte und ggf. einheitliche Feststellung durch das Bewertungsfinanzamt. Dies gilt nicht nur für die Ermittlung von Anteilswerten bei Personen- und Kapitalgesellschaften, sondern auch für den Grundbesitzwert, der für die Bestimmung der *Höchstgrenze erforderlich* ist. Die Berechnung des Grundbesitzwerts für diese Zwecke erfolgt im Rahmen der Erbschaftsteuerfestsetzung als unselbständige Besteuerungsgrundlage, wobei es in der Praxis häufig so sein wird, daß sich die Erbschaftsteuerstelle der Amtshilfe des zuständigen Bewertungsfinanzamts bedient.

Besteht der *Nießbrauch an einer Vermögensmasse*, so kommt es auf den Wert 277
des Ertrags des gesamten Vermögens an. Von den Einnahmen der zu der Vermögensmasse gehörenden ertragsbringenden Wirtschaftsgüter sind alle Aufwendungen, auch die auf ertragslose Wirtschaftsgüter, abzuziehen. Ist das Nutzungsrecht auf einen *Teil der Gesamtnutzung* beschränkt, so ermäßigt sich der Höchstbetrag des Jahreswerts entsprechend. Ist dagegen das Nutzungsrecht auf einen bestimmten *abgrenzbaren Teil des Wirtschaftsguts* beschränkt, so kommt es für die Ermittlung des Höchstbetrags auf den Wert an, der von dem steuerlich maßgebenden Wert für das gesamte Wirtschaftsgut auf diesen Teil entfällt. Dabei ist der anteilige Wert von Wirtschaftsgütern, für die ein Grundbesitzwert festgestellt worden ist, nach den Merkmalen zu bestimmen, die für die Feststellung des Grundbesitzwerts maßgebend waren, z.B. bei der Bewertung nach dem Ertragswertverfahren das Verhältnis der durch-

schnittlichen Jahresmieten. Die Begrenzung auf den Steuerwert des genutzten Wirtschaftsguts gilt nicht nur für dingliche, sondern auch für obligatorische Nutzungsrechte, vorausgesetzt, daß es sich um eine sachbezogene Nutzung des Wirtschaftsguts handelt.

Ist das Recht auf wiederkehrende Nutzungen oder Leistungen nicht nur von der Lebenserwartung einer Person, sondern auch von einer bestimmten *Mindest-* oder *Höchstlaufzeit* abhängig, so ist neben dem Vervielfältiger laut Anlage 9 zu § 14 BewG auch der Vervielfältiger für die Mindest- bzw. Höchstlaufzeit zu bestimmen. Bei einer vereinbarten Mindestlaufzeit ist stets der höhere der beiden Vervielfältiger anzusetzen. Bei einer vereinbarten Höchstlaufzeit ist dagegen der niedrigere der beiden Vervielfältiger für die Kapitalisierung maßgebend.

278 Der Kapitalwert von *Nutzungen* und *Leistungen*, die auf *bestimmte Zeit beschränkt* sind, ist unter Verwendung der Vervielfältigertabelle in Anlage 9a zum BewG zu ermitteln. Diese Vervielfältigertabelle geht, wie bei den Kapitalforderungen und -schulden, von einer jährlich mittelschüssigen Zahlungsweise aus (vgl. Rdn. 269).

Pflichtteilsansprüche

279 Pflichtteilsansprüche sind als Kapitalforderungen bzw. -schulden grundsätzlich mit dem *Nennwert* anzusetzen, vorausgesetzt, der Pflichtteilsberechtigte hat seinen Anspruch geltend gemacht.

Erhält ein Pflichtteilsberechtigter zur Befriedigung des von ihm geltend gemachten Pflichtteilsanspruchs an Erfüllungs Statt ein Grundstück übertragen, so ist der Pflichtteilsanspruch mit dem Grundbesitzwert des Grundstücks anzusetzen, so der BFH im Urteil vom 17. 2. 1982 (BStBl 1982 II S. 50).

Renten

280 Renten sind als wiederkehrende Leistungen mit dem *Kapitalwert* anzusetzen. Bei der Ermittlung des Kapitalwerts ist der Jahreswert, allerdings ohne Begrenzung auf einen bestimmten Höchstwert, mit einem Vervielfältiger zu multiplizieren, der insbesondere von der Laufzeit der Rente abhängig ist (vgl. Rdn. 275 f.).

Sachleistungsansprüche bzw. -verpflichtungen

281 Der Sachleistungsanspruch ist, soweit er nicht zum Betriebsvermögen gehört, mit dem *gemeinen Wert* zu erfassen (R 92 Abs. 1 ErbStR); die noch *nicht erfüllte Verpflichtung zur Gegenleistung*, bei der es sich in der Regel um eine Kapitalschuld handelt, ist mit dem *Nennwert* anzusetzen. Für die Sachleistungs-

verpflichtung gilt ebenfalls die Bewertung mit dem gemeinen Wert. Anspruch und Verpflichtung entstehen im Zeitpunkt des Vertragsabschlusses.

Ein Sachleistunganspruch ist auch dann gesondert anzusetzen und zu bewerten, wenn im Erwerbszeitpunkt noch *keine Vertragspartei* mit der Erfüllung des Vertrags *begonnen* hat (R 92 Abs. 1 Satz 3 ErbStR). Anders ausgedrückt: Der Sachleistungsanspruch und die damit korrespondierende Sachleistungsverpflichtung sind bereits ab dem Zeitpunkt des Vertragsabschlusses zu berücksichtigen.

Sammlungen

Sammlungen, die nicht unter eine Befreiungsvorschrift fallen (vgl. § 13 Abs. 1 282
Nr. 1a und Nr. 2 ErbStG; Rdn. 151), werden bei der Ermittlung der Bereicherung mit dem *gemeinen Wert* angesetzt. Wegen der schwierigen Verwertungsmöglichkeiten ist der Wert besonders vorsichtig zu ermitteln.

Schmuck

Bei Schmuck ist insbesondere wegen der Entwicklung auf den Edelmetall- 283
märkten eine besonders vorsichtige Bewertung angezeigt. Maßgebend ist der Wert, der bei einer *regulären Veräußerung zu erzielen* wäre; Liebhaberpreise bleiben dabei außer Ansatz.

Sparbriefe

Bei den sog. *aufgezinsten Sparbriefen* zahlt der Sparer den in der Urkunde an- 284
gegebenen Nennbetrag voll ein. Die Zinsen werden ihm nachträglich halbjährlich oder jährlich gutgeschrieben, so daß der Sparer über die gutgeschriebenen Zinsen sofort verfügen kann. In diesen Fällen ist der Sparbrief bei der Erbschaft- oder Schenkungsteuer mit dem *Nennwert* anzusetzen. Die am Stichtag bestehenden Zinsansprüche sind zusätzlich anzusetzen.

Bei den sog. *abgezinsten Sparbriefen* werden die Zinsen nicht halbjährlich oder jährlich gutgeschrieben, sondern mit den Zinseszinsen dem eingezahlten Kapitalbetrag zugeschlagen, so daß der Sparer erst bei der Rückzahlung darüber verfügen kann. So zahlt z.B. der Sparer bei Erwerb eines Sparbriefs über 1.000 DM Nennwert bei 5jähriger Laufzeit 750 DM (abgezinster Betrag) ein und erhält dann nach Ablauf von fünf Jahren 1.000 DM ausgezahlt. Der Unterschiedsbetrag zwischen dem Einzahlungsbetrag und dem Nennwert ist die Summe der aufgelaufenen Zinsen. Diese Sparbriefe sind mit dem *Rückzahlungswert im Erwerbs-*

zeitpunkt anzusetzen (R 110 Abs. 3 ErbStR); dieser ist, falls er nicht aus den Unterlagen bekannt ist, wie bei den Finanzierungsschätzen zu ermitteln, und zwar taggenau (vgl. Rdn. 263).

Stille Beteiligungen

285 Die Vermögenseinlage eines typisch stillen Gesellschafters ist wie eine verzinsliche Kapitalforderung zu bewerten. Grundsätzlich ist der *Nennwert* anzusetzen. Besondere Umstände können jedoch einen höheren oder geringeren Wert begründen. Solche besonderen Umstände liegen nach Auffassung der Finanzverwaltung vor, wenn die Einlage des typisch stillen Gesellschafters nach der Vertragsgestaltung aus der Sicht des Erwerbszeitpunkts für mehr als fünf Jahre unkündbar ist und der Durchschnittsertrag über 9 % hinausgeht (R 112 Satz 2 ErbStR). Eine Kürzung des Durchschnittsertrags um einen Abschlag wegen Unwägbarkeiten kommt nicht in Betracht. Bei einer stillen Beteiligung mit überdurchschnittlicher Verzinsung erfolgt die Wertermittlung nach der Gleichung

$$\text{Wert der stillen Beteiligung} = \text{Nennwert} \times \left(1 + 5 \times \frac{\text{Durchschnittsertrag} - 9}{100}\right)$$

Bei einem Durchschnittsertrag unter 3 % ist, soweit auch in Zukunft aufgrund der Gewinnerwartungen des Unternehmens nicht mit einem höheren Ertrag zu rechnen ist, bei einer für mehr als fünf Jahre unkündbaren typisch stillen Beteiligung der Nennwert der Vermögenseinlage um den 5fachen Unterschiedsbetrag, berechnet aus der Differenz zwischen dem Zinssatz von 3 % und dem Durchschnittsertrag, zu kürzen (R 112 Satz 3 ErbStR).

Ist der typisch stille Gesellschafter sowohl am Gewinn als auch am Verlust des Handelsgewerbes beteiligt, so sind *Verluste*, die seine Vermögenseinlage in der Vergangenheit gemindert haben, *vom Nennwert abzuziehen*. Bei der Ermittlung des Durchschnittsertrags ist jedoch darauf zu achten, daß trotz der Verlustverrechnung der Nennwert der Einlage als Bezugsgröße zugrunde zu legen ist.

Urheberrechte

286 Urheberrechte, die in Lizenz vergeben oder in sonstiger Weise gegen Entgelt an Dritte zur Ausnutzung überlassen sind, werden in der Praxis mit dem *Kapitalwert der wiederkehrenden Zahlungen* bewertet. Zu kapitalisieren ist der Reinertrag (wegen weiterer Einzelheiten vgl. R 93 ErbStR).

Vermächtnisse

Geldvermächtnisse sind mit dem *Nennwert* und andere Vermächtnisse, so R 92 Abs. 2 ErbStR, mit dem *Steuerwert* des betreffenden Vermögensgegenstands anzusetzen. 287

Bei einem Geldvermächtnis bleibt auch dann der (Nominal-)Wert der Geldforderung maßgebend, wenn der Erbe an Erfüllungs statt ein Grundstück überträgt (BFH-Urteil vom 25. Oktober 1995, BStBl 1996 II S. 97). Selbst wenn der Vermächtnisnehmer vom Erben ein zum Nachlaß gehörendes Grundstück kauft, wobei er die Kaufpreisforderung durch Aufrechnung mit einem ausgesetzten Geldvermächtnis tilgt, bleibt es bei der Bewertung des Vermächtnisses als Geldforderung (BFH-Urteil vom 21. Juni 1995, BStBl 1995 II S. 783).

Wertpapiere

Festverzinsliche Wertpapiere und Anleihen (Pfandbriefe, Kommunal-, Industrie- oder Bundesobligationen, Schuldverschreibungen usw.), die an einer deutschen Börse zum amtlichen Handel zugelassen sind, werden mit dem niedrigsten am Stichtag für sie im amtlichen Handel *notierten Kurs* angesetzt (§ 12 Abs. 1 ErbStG i. V. m. § 11 Abs. 1 BewG; R 95 Abs. 1 ErbStR). Liegt am Stichtag eine Notierung nicht vor, so ist der letzte innerhalb von 30 Tagen vor dem Stichtag im amtlichen Handel notierte Kurs maßgebend. 288

Wertpapiere, die nur zum *geregelten Markt* zugelassen oder in den *Freiverkehr* einbezogen sind, werden entsprechend mit dem niedrigsten am Stichtag für sie festgestellten Kurs bewertet (§ 12 Abs. 1 ErbStG i.V.m. § 11 Abs. 1 letzter Satz BewG). Auch hier ist die 30 Tage-Regelung zu beachten, wenn im Erwerbszeitpunkt keine Kursfeststellung vorliegt. Sind die Papiere nicht notiert, so ist deren Wert in Anlehnung an die nach Laufzeit und Verzinsung *vergleichbaren notierten Papiere* zu bestimmen (R 95 Abs. 2 Nr. 2 ErbStR). Hierzu können die für vermögensteuerliche Zwecke veröffentlichten Vergleichskurse, letztmals ermittelt zum 1.1.1996, einen Anhalt bieten, wobei allerdings die Werte bis zum Erwerbszeitpunkt fortzuschreiben sind.

Zero-Bonds

Bei den Zero-Bonds erhält der Anleger während der Laufzeit keine Zinsen. Das 289
Entgelt für die Kapitalnutzung besteht vielmehr in der Zahlung eines gegenüber dem Emissionskurs wesentlich höheren *Rückzahlungskurses*. Zero-Bonds, die an der Börse gehandelt werden, sind nach R 111 Abs. 1 ErbStR mit dem *niedrigsten am Stichtag* für sie im amtlichen Handel *notierten Kurs* anzusetzen

(30 Tage-Regelung bei fehlendem Stichtagskurs zu beachten). *Nichtnotierte Zero-Bonds* sind bei einer Rendite von 3 % bis 9 % in Anlehnung an die Kursnotierungen von in Ausstattung und Laufzeit vergleichbaren Anleihen zu bewerten. Bei fehlendem Vergleichskurs berechnet sich ihr Wert nach folgender Gleichung (R 111 Abs. 2 Satz 3 ErbStR):

$$\text{Rückzahlungswert} = \text{Ausgabebetrag} \times \left(1 + \frac{\text{Emissionsrendite}}{100}\right)^{n} \times \left(\frac{\text{Emissionsrendite} \times \text{Tage}}{360 \times 100} + 1\right)$$

n = volle Jahre vom Emissionszeitpunkt bis zum Erwerbszeitpunkt

Geht die Emissionsrendite über 9 % hinaus und ist die Einlösung des Zero-Bonds für mindestens vier Jahre ausgeschlossen, so berechnet sich der Stichtagswert aus dem Rücknahmebetrag abzüglich künftiger, vom Erwerbszeitpunkt bis zum Einlösungszeitpunkt anfallender Zinsen, ermittelt nach dem im Erwerbszeitpunkt bestehenden Kapitalmarktzinssatz für vergleichbare Anleihen (R 111 Abs. 3 ErbStR).

Zinsen

290 Die bei einer Kapitalforderung angefallenen Zinsen sind zusätzlich zum *Nennwert* der Forderung anzusetzen. Dies gilt insbesondere für Sparguthaben, aufgezinste Sparbriefe sowie Bundesschatzbriefe Typ A.

Zugewinnausgleichsforderung

291 Die Zugewinnausgleichsforderung stellt für den Erwerber eine mit dem *Nennwert* abzugsfähige Kapitalschuld dar, vorausgesetzt, sie ist von dem überlebenden Ehegatten geltend gemacht worden.

Bewertung von Anteilen an Kapitalgesellschaften

292 Anteile an Kapitalgesellschaften sind mit dem *gemeinen Wert* anzusetzen. Soweit diese Anteile an einer deutschen Börse zum amtlichen Handel oder zum geregelten Markt zugelassen oder in den Freiverkehr einbezogen sind, ist der *Kurswert* maßgebend (vgl. auch Rdn. 254). Bei *nichtnotierten Anteilen an Kapitalgesellschaften* ist der gemeine Wert möglichst aus *Verkäufen abzuleiten*. Liegen keine geeigneten Verkäufe vor, so ist der gemeine Wert unter Berücksichtigung des Vermögens und der Ertragsaussichten des Unternehmens *zu schätzen* (§ 12

Abs. 2 ErbStG i.V.m. § 11 Abs. 2 Satz 2 BewG), und zwar nach den Grundsätzen des sog. Stuttgarter Verfahrens (vgl. R 96 bis 108 ErbStR). Es gilt also:

Anteilswert = Vermögen + Ertragswert

Das *Stuttgarter Verfahren* basiert auf zwei Ausgangsgrößen, und zwar dem *Vermögenswert*, der die Substanz des Unternehmens widerspiegeln soll, und dem *Ertragswert*, der mit Hilfe eines Ertragshundertsatzes ausgedrückt wird . Bei der Beurteilung der *Ertragsaussichten* wird die zu erwartende Rendite mit den Zinsen verglichen, die auf dem Kapitalmarkt überlicherweise für vergleichbare Vermögensanlagen gezahlt würden. Ergibt dieser Vergleich, daß die aus dem Erwerb der Anteile resultierenden Erträge in einem übersehbaren Zeitraum den Betrag der üblichen Zinsen übersteigen, so ist der Vermögenswert um den Kapitalwert zu erhöhen. Liegen die Anteilserträge unter der üblichen Verzinsung für Kapitalanlagen vergleichbarer Art, so ist ein entsprechender Abschlag vom Vermögenswert vorzunehmen (R 97 Abs. 1 ErbStR). 293

Vermögenswert

Maßgebend bei der Ermittlung des Vermögenswerts ist nicht der tatsächliche Wert des Vermögens, sondern wie bei der Ermittlung des Betriebsvermögens der Steuerbilanzwert. Dieser Wert ist unabhängig von einem eventuell noch vorliegenden Einheitswert des Betriebsvermögens eigenständig und stichtagsbezogen zu berechnen (§ 12 Abs. 2 Satz 1 BewG). 294

Für die Ermittlung des stichtagsbezogenen Werts ist es grundsätzlich erforderlich, daß der Anteilseigner auf den Erwerbszeitpunkt eine Zwischenbilanz erstellt, die sowohl den Bestand an Wirtschaftsgütern als auch deren Bewertung nach Ertragsteuerrecht berücksichtigt. Aus dieser Zwischenbilanz ist dann nach den Grundsätzen, die für die Berechnung des Betriebsvermögens gelten, das Vermögen abzuleiten (§ 12 Abs. 2 Satz 2 ErbStG). Die Ermittlung des Vermögenswerts sieht demnach wie folgt aus: 295

Besitzposten und Hinzurechnungen

Ausstehende Einlagen, falls eingefordert	.... DM
Immaterielle Vermögensgegenstände (ohne Geschäfts- und Firmenwert und ohne firmenwertähnliche Wirtschaftsgüter)	.... DM

Betriebs-grundstücke	a)	Betriebe der Land- und Forstwirtschaft	.... DM	
	b)	inländische Grundstücke	.... DM	
	c)	ausländische Grundstücke	.... DM	.... DM
Bodenschätze				.... DM
Technische Anlagen und Maschinen				.... DM
Andere Anlagen, Betriebs- und Geschäftsausstattung				.... DM
Technische Anlagen und Maschinen im Bau				.... DM
Finanzanlagen				.... DM
Vorräte				.... DM
Forderungen und sonstige Vermögensgegenstände				.... DM
Wertpapiere, Schecks, Kassenbestand, Guthaben				.... DM
Rechnungsabgrenzungsposten				.... DM
Zwischensumme				.... DM
Schuldposten und Abrechnungen				
Rückstellungen			.... DM	
Verbindlichkeiten			.... DM	
Rechnungsabgrenzungsposten			.... DM	- ...... DM
Vermögen für die Anteilsbewertung				.... DM

PRAXISHINWEIS:

Soweit in der Steuerbilanz ein entgeltlich erworbener Geschäfts- oder Firmenwert oder Werte für firmenwertähnliche Wirtschaftsgüter ausgewiesen sind, bleiben sie bei der Berechnung des Vermögenswerts außer Ansatz (§ 12 Abs. 2 Satz 3 ErbStG). In diesem Punkt unterscheidet sich die Ermittlung des Vermögenswerts von der Bewertung des Betriebsvermögens, bei der entgeltlich erworbene immaterielle Wirtschaftsgüter angesetzt werden. Dies ist darauf zurückzuführen, daß sich bei der Anteilsbewertung der Firmenwert bereits in den Ertragsaussichten widerspiegelt, so daß es bei einem Ansatz im Vermögenswert zu einer Doppelerfassung käme.

296 Um die mit einer stichtagsbezogenen Vermögensermittlung in der Praxis verbundenen Schwierigkeiten zu vermeiden, läßt es die Finanzverwaltung für Erwerbe

in den Jahren 1996 und 1997 zu, daß der Stichtagswert in der Regel aus dem für den Feststellungszeitpunkt vor der Übertragung maßgebenden Einheitswert des Betriebsvermögens abgeleitet wird (vgl. gleichlautende Ländererlasse vom 14. April 1997, BStBl 1997 I S. 399, Tz. 3). Dieser Einheitswert ist auf den der Übertragung vorangehenden Bilanzstichtag auch dann zu ermitteln, wenn er nicht förmlich festgestellt werden kann, weil insbesondere die Grenzen für eine Wertfortschreibung nicht überschritten werden.

Der so ermittelte Einheitswert ist insbesondere zu korrigieren

- um Betriebsgrundstücke, die nicht mit dem Steuerbilanzwert, sondern ab 1996 mit dem neuen Grundstückswert anzusetzen sind,
- um Geld- und Sacheinlagen, die der frühere Anteilseigner der Kapitalgesellschaft nach dem Bilanzstichtag zugeführt hat,
- zur Erfassung von steuerfreien Wirtschaftsgütern, insbesondere von Schachtelbeteiligungen, Betriebsvermögen in den neuen Bundesländern und Auslandsvermögen, wobei die damit im wirtschaftlichen Zusammenhang stehenden Schulden abzuziehen sind, soweit sie bei der Einheitswertermittlung nicht berücksichtigt wurden,
- bei Veräußerung von Wirtschaftsgütern des Betriebsvermögens nach dem Bilanzstichtag, die bei der Kapitalgesellschaft zu einer wesentlichen Wertänderung gegenüber dem bisherigen Steuerbilanzwert oder dem bewertungsrechtlichen Wertansatz geführt haben.

PRAXISHINWEIS:

Auch bei einer Kapitalerhöhung und -herabsetzung ist die Hilfsgröße »Einheitswert auf den vorangegangenen Bilanzstichtag« zu korrigieren.

Für Stichtage ab dem 1.1.1998 steht wegen Wegfalls der Vermögen- und Gewerbekapitalsteuer *kein Einheitswert des Betriebsvermögens* als Hilfsgröße für die Ableitung des Vermögenswerts zur Verfügung. Um auch hier zu einer vereinfachten Wertermittlung zu kommen, sieht R 98 Abs. 2 und 3 ErbStR für *Erwerbe ab dem 1.1.1999* eine Ermittlung des Vermögenswerts auf der Grundlage der zuletzt vor dem Erwerbszeitpunkt aufgestellten Steuerbilanz vor. U.E. kann diese vereinfachte Wertermittlung auch für Erwerbe vor dem 1.1.1999 angewendet werden. 297

Ausgangswert für die Ermittlung des Vermögens der Kapitalgesellschaft im Erwerbszeitpunkt sind die Bilanzansätze für Wirtschaftsgüter, sonstige aktive

Ansätze, Schulden und sonstige Abzüge aus der *letzten Schlußbilanz vor dem Erwerbszeitpunkt.* Bei diesen Bilanzansätzen ist nach den Grundsätzen des § 12 Abs. 5 ErbStG i.V.m. den Bewertungsvorschriften zum Betriebsvermögen zu entscheiden, ob sie dem Grunde nach für die Ermittlung des Vermögens der Kapitalgesellschaft übernommen werden können. Ist dies der Fall, ist weiter zu klären, ob für einzelne Bilanzposten ein Sonderwert anzusetzen ist (R 98 Abs. 2 Sätze 2 und 3 ErbStR). Auf diese Weise ergibt sich das Vermögen der Kapitalgesellschaft, nach steuerlichen Bewertungsregeln ermittelt, auf den letzten Bilanzstichtag vor dem Erwerbszeitpunkt. Um die Entwicklung bis zum Erwerbszeitpunkt zu berücksichtigen, muß geprüft werden, welcher dieser Bilanzposten im Erwerbszeitpunkt noch vorhanden ist und ob ggf. neue Bilanzposten bis zum Erwerbszeitpunkt hinzugekommen sind, für die bewertungsrechtliche Sonderregelungen ein Abweichen vom Steuerbilanzwert vorsehen.

PRAXISHINWEIS:

Sind im Erwerbszeitpunkt ein *Geschäfts- oder Firmenwert* oder Werte von firmenwertähnlichen Wirtschaftsgütern in einer stichtagsbezogenen Steuerbilanz auszuweisen, bleiben diese bei der Ermittlung des Vermögenswerts im Rahmen der vereinfachten Wertermittlung außer Ansatz (R 98 Abs. 2 Satz 4 i.V.m. Abs. 1 Satz 3 ErbStR).

298 In einem zweiten Rechenschritt ist aus dem *Ausgangswert* das stichtagsbezogene Vermögen der Kapitalgesellschaft zu ermitteln. Dafür sind alle Wirtschaftsgüter des Anlage- und Umlaufvermögens sowie die aktiven Rechnungsabgrenzungsposten einerseits und die auf der Passivseite ausgewiesenen Verbindlichkeiten und Rechnungsabgrenzungsposten andererseits bis zum Besteuerungszeitpunkt *weiter zu entwickeln.* Dies kann vereinfacht in der Weise erfolgen, daß der Ausgangswert um den *Gewinn bzw. Verlust* korrigiert wird, der auf den Zeitraum *vom letzten Bilanzstichtag bis zum Erwerbszeitpunkt* entfällt (R 98 Abs. 3 Satz 2 Nr. 1 ErbStR). Dabei kommt es auf den Gewinn bzw. Verlust laut Steuerbilanz für das Wirtschaftsjahr an, in das der Erwerbszeitpunkt fällt, wobei das Betriebsergebnis zeitanteilig als Korrektur anzusetzen ist.

Der zeitanteilige Gewinn bzw. Verlust ist um den Aufwand bzw. Ertrag zu korrigieren, der auf Wirtschaftsgüter entfällt, für die *bewertungsrechtliche Sonderwerte* anzusetzen sind. Dies gilt insbesondere für Betriebsgrundstücke. Hier sind sämtliche Abschreibungen, unabhängig davon, ob linear oder degressiv, in Form der erhöhten Absetzungen oder Sonderabschreibungen oder Teilwertabschreibungen, hinzuzurechnen, soweit sie auf den Zeitraum vom letzten Bilanzstichtag bis zum Erwerbszeitpunkt entfallen (R 98 Abs. 3 Satz 2 Nr. 1 Satz 3 ErbStR).

Auch bei *Beteiligungen an Personen- und Kapitalgesellschaften*, notierten Wertpapieren und Zero-Bonds, Investmentzertifikaten und Anteilen an offenen Immobilienfonds sind Vermögensänderungen, soweit sie sich in der Zeit vom letzten Bilanzstichtag bis zum Erwerbszeitpunkt über den Gewinn oder Verlust ausgewirkt haben, zu korrigieren; entsprechend ist bei ausländischem Sachvermögen vorzugehen. Die ErbStR enthalten hierzu keine Anweisungen.

PRAXISHINWEIS:

Bei *6b-Rücklagen* und vergleichbaren Rücklagen ist der mit den Anschaffungs- oder Herstellungskosten bis zum Erwerbszeitpunkt verrechnete Auflösungsbetrag als Kürzung zu berücksichtigen, soweit er auf Wirtschaftsgüter des Anlagevermögens entfällt, für die der Steuerbilanzwert zu übernehmen ist. Wird eine 6b-Rücklage nach dem letzten Bilanzstichtag bis zum Erwerbszeitpunkt wegen der Veräußerung eines Wirtschaftsguts neu gebildet, muß der Rücklagenbetrag dem Betriebsergebnis hinzugerechnet werden.

Vermögenszuführungen durch *verdeckte Einlagen* oder infolge von *Kapitalerhöhungen* sind dem Betriebsvermögen hinzuzurechnen; *Gewinnausschüttungen* oder Kapitalherabsetzungen führen zu *Kürzungen des Betriebsvermögens* (R 98 Abs. 3 Satz 2 Nr. 3 bis 5 ErbStR). Diese lassen sich stichtagsgenau ermitteln, so daß die dadurch bedingten Korrekturen keine praktischen Schwierigkeiten bereiten. 299

PRAXISHINWEIS:

Der Katalog der Korrekturen in R 98 Abs. 3 ErbStR ist nur beispielhaft. Daher ist diesen Ausführungen mit Vorsicht zu begegnen. Dies gilt z.B. für die Formulierung in R 98 Abs. 3 Satz 2 Nr. 2 ErbStR zu den Vermögensänderungen infolge Veräußerung oder Erwerb von Betriebsvermögen, die zu einer Korrektur des Ausgangswerts führen sollen, soweit sie sich noch nicht über den Gewinn oder Verlust ausgewirkt haben. Solche Korrekturen sind jedoch wegen des Ansatzes eines stichtagsbezogenen Sonderwerts, hier des Grundstückswerts, nicht vorzunehmen. In diesem Punkt irrt der Richtliniengeber.

---

300 Ein weiteres Problem ergibt sich für die vereinfachte Wertermittlung durch das *Steuerentlastungsgesetz 1999/2000/2002*. Aufgrund der neuen Bilanzierungsgrundsätze, insbesondere zur Teilwertabschreibung und zur Rückstellungsbewertung, ergibt sich aus der Steuerbilanz für die Ermittlung des Vermögenswerts ab dem 1.1.1999 in vielen Fällen ein wesentlich höheres Betriebsvermögen. Die durch die Bilanzkorrekturen für das nach dem 31.12.1998 endende Wirtschaftsjahr werden ertragsteuerlich durch die Bildung einer *gewinnmindernden Rücklage* und Verteilung auf 4 Jahre bzw. 9 Jahre „abgemildert“. Die in die Rücklage eingestellten Gewinne können bei der Ermittlung des Betriebsvermögens für erbschaft- und schenkungsteuerliche Zwecke nicht abgezogen werden (§ 12 Abs. 5 Satz 2 ErbStG i.V.m. § 103 Abs. 3 BewG). Würde man die vereinfachte Wertermittlung wie oben beschrieben für Erwerbe im ersten Wirtschaftsjahr nach dem 31.12.1998 anwenden, würde der Ausgangswert aus dem Betriebsvermögen der Schlußbilanz vor dem 1.1.1999 - noch nach alten Bilanzierungsgrundsätzen ermittelt - nur um den zeitanteiligen Gewinn bzw. Verlust korrigiert. In den Gewinn bzw. Verlust wäre z.B. bei Rückgängigmachung einer Teilwertabschreibung nur ein anteiliger Gewinn von 20% enthalten; der restliche Gewinn würde durch die Bildung der gewinnmindernden Rücklage in diesem Wirtschaftsjahr nicht berücksichtigt. Der Gewinn durch Neubewertung der Rückstellungen würde sogar nur mit 10% einfließen, und 90% würden sich über die Bildung und Auflösung der gewinnmindernden Rücklage erst in den Folgejahren auswirken.

Um auch im Rahmen einer vereinfachten Wertermittlung den zutreffenden Stichtagswert des Betriebsvermögens zu berechnen, ist es daher erforderlich, den Ausgangswert „Betriebsvermögen laut letzten Bilanzstichtag, ermittelt nach bewertungsrechtlichen Grundsätzen“ den durch die *neuen Bilanzierungsgrundsätze ausgelösten Gewinn voll hinzuzurechnen*, soweit er nicht auf bewertungsrechtliche Sonderwerte, wie z.B. Betriebsgrundstücke, entfällt. Der restliche Gewinn bzw. Verlust kann dann nach den oben beschriebenen Grundsätzen zeitanteilig zur Angleichung an das stichtagsbezogene Betriebsvermögen vom Erwerbszeitpunkt angesetzt werden.

PRAXISHINWEIS:

In den Wirtschaftsjahren *nach dem 31.12.1999* kann die vereinfachte Wertermittlung ebenfalls nicht ohne weiteres durch Rückgriff auf den anteiligen Gewinn bzw. Verlust durchgeführt werden. Denn in dieser Berechnungsgröße sind die *Abschmelzungsbeträge* der gewinnmindernden Rücklage mit jeweils 1/4 bzw. 1/9 enthalten. Diese dürfen jedoch nicht berücksichtigt werden, weil die Bilanzansätze für das zweite Wirtschaftsjahr nach dem 31.12.1998 bereits sämtliche Korrekturen nach den neuen Bewertungsgrundsätzen beinhalten.

Ist ein Unternehmen im Rahmen der vorweggenommenen Erbfolge oder durch Erbanfall übergegangen und wird im nachhinein bei diesem Unternehmen eine Außenprüfung durchgeführt, können sich aufgrund dieser Prüfung die Steuerbilanzansätze für Bilanzstichtage unmittelbar vor dem Erwerbszeitpunkt ändern. Hier sieht § 12 Abs. 5 Satz 4 ErbStG in der Fassung des Steuerbereinigungsgesetzes 1999 vor, daß die Auswirkungen einer solchen *Bilanzberichtigung* für die *Ermittlung des Vermögenswerts* bei der Anteilsbewertung *nachzuvollziehen* sind. Dabei dürften sich allerdings in der Praxis Schwierigkeiten ergeben, wenn das Betriebsvermögen durch eine Zwischenbilanz stichtagsbezogen ermittelt wurde. Denn dann muß geprüft werden, inwieweit die Korrekturen der letzten Schlußbilanz vor dem Erwerbszeitpunkt auf die Bilanzansätze in der Zwischenbilanz „ausstrahlen". Ohne große Schwierigkeiten läßt sich diese Frage beantworten, wenn auch die Schlußbilanz nach dem Erwerbszeitpunkt entsprechend korrigiert wurde.

Und noch eins ist in diesem Zusammenhang wichtig: Um in den Fällen der Bilanzberichtigung keine Probleme mit den *Verjährungsfristen* zu bekommen, sieht § 12 Abs. 5 Satz 5 ErbStG in der Fassung des Steuerbereinigungsgesetzes 1999 vor, daß die Frist für die Erbschaftsteuerfestsetzung nicht vor Ablauf der Frist endet, innerhalb der die berichtigten Steuerbilanzwerte der Körperschaftsbesteuerung zugrunde gelegt werden können.

Das stichtagsbezogene Vermögen der Kapitalgesellschaft ist *zum Nennkapital* 301
ins Verhältnis zu setzen. Als Ergebnis erhält man den Vermögenswert in Prozent, der den weiteren Berechnungen zugrunde zu legen ist (R 98 Abs. 4 ErbStR).

Ertragswert

302 Als zweite Berechnungsgröße für die Ermittlung des gemeinen Werts nichtnotierter Anteile ist der Ertragswert der Kapitalgesellschaft zu bestimmen. Maßgebend hierfür ist der künftige *ausschüttungsfähige Gewinn,* der aus dem in der Vergangenheit tatsächlich erzielten *Durchschnittsertrag* abzuleiten ist.

Ermittlung der Betriebsergebnisse

303 Für die Ermittlung des Durchschnittsertrags werden die Betriebsergebnisse der letzten drei Jahre vor dem Stichtag benötigt. Ausgangsgröße für das jeweilige Betriebsergebnis ist das zu versteuernde Einkommen, das durch Hinzurechnungen und Kürzungen an den tatsächlichen Ertrag des Unternehmens herangeführt wird (R 99 Abs. 1 ErbStR).

Ertrags- bzw. Aufwandsposten	Betrag DM
Zu versteuerndes Einkommen lt. Körperschaftsteuerbescheid	....
Sonderabschreibungen und erhöhte Absetzungen, z.B. nach § 7g EStG, § 14 Fördergebietsgesetz – Differenz zur normalen AfA –	+ ....
Bewertungsabschläge (z.B. § 80 EStDV) und Zuführungen zu steuerfreien Rücklagen (z.B. § 1 und 3 AIG, *nicht* jedoch § 6b EStG) sowie Teilwertabschreibungen	+ ....
Absetzungen wegen außergewöhnlicher technischer oder wirtschaftlicher Abnutzung	+ ....
Absetzungen auf den Geschäfts- oder Firmenwert oder auf firmenwertähnliche Wirtschaftsgüter	+ ....
Verlustabzug	+ ....
Einmalige Veräußerungsverluste	+ ....
Steuerfreie Vermögensmehrungen	+ ....
Investitionszulagen, soweit künftig in gleichem Umfang zu erwarten	+ ....
Zwischensumme	....

Steuerfreie negative Einkünfte	- ....
Einmalige Veräußerungsgewinne sowie Gewinne aus der Auflösung steuerfreier Rücklagen (z.B. § 6b EStG)	- ....
Nichtabziehbare Aufwendungen mit Ausnahme der Körperschaftsteuer (z.B. Solidaritätszuschlag, Vermögensteuer bis 1996, 50 % der Aufsichtsratsvergütung)	- ....
Körperschaftsteuer auf nichtabziehbare Aufwendungen	- ....
Betriebsergebnis	....

Durch Anwendung der neuen Bilanzierungsgrundsätze nach dem Steuerentlastungsgesetz 1999/2000/2002 fallen in dem ersten Wirtschaftsjahr nach dem 31.12.1998 erhebliche *Übergangsgewinne* an, die als *einmalig* oder *außergewöhnlich* anzusehen sind. Sie dürfen daher bei der Ermittlung des Ertragshundertsatzes nicht berücksichtigt werden. Hat sich die GmbH für die Bildung einer gewinnmindernden Rücklage in Höhe von 80% bzw. 90% entschieden, müssen die *Auflösungsbeträge* in den Wirtschaftsjahren, die nach dem 31.12.1999 enden, ebenfalls als einmalig und außergewöhnlich angesehen werden; sie bleiben daher bei der *Ermittlung des Ertragshundertsatzes ebenfalls außer Ansatz*. In der Anlage „Anteilsbewertung zur Erbschaft- und Schenkungsteuererklärung" ist dies noch nicht berücksichtigt; ergänzende Anweisungen der Finanzverwaltung zu den Erbschaftsteuer-Richtlinien liegen in diesem Punkt ebenfalls noch nicht vor. 304

Ein ähnliches Problem ergibt sich in der Vergangenheit für die *Drohrückstellungen*, die zwangsweise für Wirtschaftsjahre nach dem 31.12.1996 - gestreckt über 5 Wirtschaftsjahre - aufzulösen sind. Hierbei handelt es sich ebenfalls um einen außergewöhnlichen Geschäftsvorfall, so daß die Auflösungsbeträge vom zu versteuernden Einkommen abzuziehen sind. Auch hier fehlt ein Hinweis in den Erbschaftsteuer-Richtlinien. Dabei hätte sich die Finanzverwaltung nur an den gewinnerhöhenden Auflösungsbeträgen von Jubiläumsrückstellungen orientieren müssen, die in der Vergangenheit bei den Betriebsergebnissen der Wirtschaftsjahre bis Ende 1994 das zu versteuernde Einkommen erhöht haben und bei der Ermittlung des Ertragshundertsatzes abgerechnet wurden.

Bei den *Zuschreibungen zur Pensionsrückstellung* aufgrund geänderter biometrischer Rechnungsgrundlagen ab 1999 ist die Interessenlage genau umgekehrt. Hier dürfte die Finanzverwaltung in dieser Zuschreibung einen einmaligen Geschäftsvorfall sehen, so daß die Kürzungsbeträge in den drei Wirtschaftsjahren nach dem 31.12.1998 dem Betriebsergebnis im jeweiligen Wirtschaftsjahr hinzuzurechnen sind.

PRAXISHINWEIS:

Für die Ermittlung des Ertragshundertsatzes sollen nach Auffassung der Finanzverwaltung (R 99 Abs. 1 Satz 3 ErbStR) die Betriebsergebnisse der letzten drei vor dem Erwerbszeitpunkt abgelaufenen Wirtschaftsjahre zugrunde gelegt werden. Das *Betriebsergebnis des im Erwerbszeitpunkt laufenden Wirtschaftsjahres* soll somit nicht berücksichtigt werden. Dem steht das BFH-Urteil vom 6. Februar 1991 (BStBl 1991 II S. 459) entgegen. In diesem Urteil hat der BFH entschieden, daß der Ertragshundertsatz für Zwecke der Erbschafts- und Schenkungsbesteuerung aus dem Betriebsergebnis des laufenden Wirtschaftsjahres bis zum Erwerbszeitpunkt und aus den Betriebsergebnissen der beiden vorangegangenen Wirtschaftsjahre zu ermitteln sei. In den Fällen, in denen der Ertrag des Unternehmens rückläufig ist, dürfte der Steuerpflichtige ein Interesse daran haben, daß die Berechnungsmethode des BFH angewendet wird. Wegen des Widerspruchs zu den Erbschaftsteuer-Richtlinien dürften Schwierigkeiten mit der Finanzverwaltung bereits vorprogrammiert sein.

Durchschnittsertrag

305 In der 3. Auflage der Broschüre, Erbschaft, Schenkung, Immobilien und das Finanzamt haben wir zur Ermittlung des Durchschnittsertrags darauf hingewiesen, daß die Aussagekraft dieser Berechnungsgröße für die Schätzung der künftigen Ertragsaussichten verbessert würde, wenn eine *Wertigkeit der einzelnen Betriebsergebnisse vorgenommen* würde. Dem ist nun der Richtliniengeber in R 99 Abs. 3 ErbStR gefolgt. Mit Inkrafttreten der Erbschaftsteuer-Richtlinien ab dem 1. Januar 1999 sind die Betriebsergebnisse zu gewichten, und zwar dergestalt, daß

- das *letzte Betriebsergebnis* vor dem Erwerbszeitpunkt mit dem *Faktor 3*,
- das *vorletzte Betriebsergebnis* mit dem *Faktor 2* und
- das *vorvorletzte Betriebsergebnis* mit dem *Faktor 1* vervielfacht wird.

Die Summe der gewichteten Betriebsergebnisse ist durch *6 zu dividieren* und ergibt erst dann den Durchschnittsertrag.

BEISPIEL

Die A-GmbH hat in den letzten drei Wirtschaftsjahren vor dem Erwerbszeitpunkt Betriebsergebnisse von 400.000 DM, 200.000 DM und 100.000 DM erwirtschaftet.

Unter Berücksichtigung der neuen Gewichtung für die Ermittlung des Ertragshundertsatzes errechnet sich folgender Durchschnittsertrag:

400.000 DM x 1 =	400.000 DM
200.000 DM x 2 =	400.000 DM
100.000 DM x 3 =	300.000 DM
Summe:	1.100.000 DM

Durchschnittsertrag: 1.100.000 DM : 6 = 183.333 DM

PRAXISHINWEIS:

Für Erwerbe vor dem 1. Januar 1999 bleibt es bei der bisherigen Ermittlung des 306
Durchschnittsertrags, in den die einzelnen Betriebsergebnisse „gleichgewichtig" einfließen. Bezogen auf das vorangegangene Beispiel hätte sich bei einem Erwerb vor dem 1. Januar 1999 ein Durchschnittsertrag von 400.000 DM + 200.000 DM + 100.000 DM = 700.000 DM, dividiert durch 3 = 233.333 DM ergeben. Die Gewichtung wirkt sich somit im vorliegenden Beispiel für den Steuerpflichtigen vorteilhaft aus. Dies ist dann der Fall, wenn die *Betriebsergebnisse rückläufig* sind. Bei *steigenden Betriebsergebnissen* führt die Gewichtung allerdings zu einem wesentlich höheren Ertragshundertsatz. Daraus läßt sich die Schlußfolgerung ziehen: Für denjenigen, der im Wege einer vorweggenommenen Erbfolge die Übertragung eines GmbH-Anteils plant, empfiehlt es sich, eine solche Übertragung möglichst dann vorzunehmen, wenn die Betriebsergebnisse rückläufig sind.

Abschlag/Ertragshundertsatz

Zur Absicherung aller Unwägbarkeiten, die bei der Ermittlung des Durchschnitts- 307
ertrags durch Ableitung aus den Betriebsergebnissen der Vergangenheit oder bei der Schätzung der künftigen Ertragsaussichten auftreten können, ist der Durchschnittsertrag um 15 % zu kürzen. Der danach verbleibende Jahresertrag ist dem

Nennkapital gegenüberzustellen und ergibt dann den Ertragshundertsatz. Dieser Abschlag gehört der Vergangenheit an. Denn er wird nur noch für Erwerbe von Anteilen an Kapitalgesellschaften gewährt, die vor dem 1. Januar 1999 erfolgt sind. Bei Erwerben ab dem 1. Januar 1999 *entfällt der Abschlag* in Höhe von 15%. Dies bedeutet für den betroffenen Steuerpflichtigen, daß sich seine Bemessungsgrundlage für die Erbschaft- und Schenkungsteuer um 15 % erhöht. Die Finanzverwaltung verfolgt mit der Versagung des Abschlags eine ganz klare Tendenz: Erhöhung des Anteilswerts. Sie übersieht allerdings dabei, daß der Abschlag alle Unwägbarkeiten einer Schätzung abgelten soll. Solche Unwägbarkeiten werden nicht nur von dem Steuerpflichtigen gesehen, sondern auch von der höchstrichterlichen Rechtsprechung. Dabei gibt es zumindest zwei Möglichkeiten, diesen Unwägbarkeiten Rechnung zu tragen:

Die erste Möglichkeit besteht darin, wie bisher einen *Abschlag zu gewähren*. Die zweite Möglichkeit besteht darin, die Vergleichsgröße, an der der Unternehmensertrag gemessen wird, nämlich die *marktübliche Verzinsung*, mit einem *Sicherheitszuschlag zu versehen*. Orientiert man sich bei dem Sicherheitszuschlag an dem, was bei der Bewertung von Erfindungen und Urheberrechten üblich ist, nämlich 50 % Zuschlag zur Normalverzinsung, müßte der Vergleichszinssatz, der in R 100 Abs. 2 ErbStR mit 9 % angesetzt ist, auf 12 % (= 8 % normale Verzinsung wie bei Erfindungen + 50 % von 8 %) erhöht werden.

Es geht aber nicht an, weder das eine noch das andere zu gewähren, auch nicht vor dem Hintergrund, daß der Vermögenswert durch die Übernahme der Steuerbilanzwerte „unterrepräsentiert" ist. Das, was die Finanzverwaltung mit dem Wegfall des Abschlags von 15 % versucht, ist im Grunde genommen eine Korrektur dessen, was der Gesetzgeber beschlossen hat, nämlich Übernahme der Steuerbilanzwerte für die Ermittlung des Vermögenswerts. Unsere Empfehlung lautet daher: Die Verschärfung bei der Ermittlung des Ertragshundertsatzes durch Wegfall des Sicherheitsabschlags sollte nicht ohne weiteres hingenommen werden; vielmehr sollte die Entscheidung des Richtliniengebers im finanzgerichtlichen Verfahren zur Prüfung gestellt werden.

Ergibt sich aus den Betriebsergebnissen ein *negativer Durchschnittsertrag*, ist der Ertragshundertsatz mit 0 % anzusetzen. Eine weitere Herabsetzung des auf der Grundlage eines Ertragshundertsatzes von 0 % ermittelten gemeinen Werts kommt nur dann in Betracht, wenn die im Erwerbszeitpunkt vorhandenen objektiven Verhältnisse auf einen alsbaldigen Zusammenbruch des Unternehmens hindeuten (R 99 Abs. 4 ErbStR).

Gemeiner Wert

Der gemeine Wert der nichtnotierten Anteile errechnet sich aus dem Vermögenswert, erhöht oder gemindert um den Unterschiedsbetrag zwischen dem Ertragshundertsatz und der Verzinsung des investierten Kapitals, wobei der sich danach ergebende Übergewinn mit dem Faktor 5 zu kapitalisieren ist.Unter Berücksichtigung einer langfristigen Verzinsung geht die Finanzverwaltung von einer üblichen Verzinsung von 9 % aus (R 100 Abs. 2 ErbStR). Es gilt somit folgende Gleichung: 308

$$\text{Anteilswert} = \frac{68}{100} \times (\text{Vermögenswert} + 5 \times \text{Ertragshundertsatz}).$$

BEISPIEL

Der Vermögenswert der B-GmbH beträgt im Erwerbszeitpunkt 1. September 1998 150 %; aus den Betriebsergebnissen der letzten drei Jahre ergibt sich ein Ertragshundertsatz von 10 %.

Aus dem Vermögenswert und dem Ertragshundertsatz errechnet sich ein gemeiner Wert der Anteile von 136 %.

Vermögenswert:	150 %
5facher Ertragshundertsatz (5 x 10 %):	+ 50 %
Zwischensumme:	200 %
davon 68 %:	136 %

PRAXISHINWEIS

Sind Sie Eigentümer eines Einzelunternehmens und wollen Sie dieses *Einzelunternehmen* im Rahmen einer vorweggenommenen Erbfolge auf Ihren Sohn oder Ihre Tochter übertragen, so sollten Sie, falls Ihr Unternehmen nur eine geringe Rendite abwirft, prüfen, ob Sie nicht vor der Übertragung eine *Umwandlung in eine GmbH* vornehmen. Denn in diesem Fall würde die vorhandene Vermögenssubstanz durch die geringe Rendite zum einen über den Ertragshundertsatz und zum anderen über den Renditenabschlag (vgl. Rdn. 309) gemindert. Durch die Umwandlung ließe sich somit Schenkungsteuer sparen.

Achten Sie in diesem Zusammenhang allerdings auf die Vergünstigungen für das Produktivvermögen nach § 13 a ErbStG (Rdn. 161 f.). Diese Vergünstigungen stehen Ihnen bei Anteilen an Kapitalgesellschaften nur dann zu, wenn der Anteil, den der Erblasser oder Schenker hält, im Erwerbszeitpunkt mehr als 25 % des Nennkapitals der Kapitalgesellschaft ausmacht.

Zu- und Abschläge

309 Besondere Umstände, die sich in dem Vermögenswert oder in dem Ertragshundertsatz nicht hinreichend widerspiegeln, sind durch Zu- oder Abschläge zu dem o.a. Anteilswert zu berücksichtigen (R 100 Abs. 3 und 4 ErbStR). Ein Abschlag kommt insbesondere wegen unverhältnismäßig geringer Erträge in Betracht. Dieser Abschlag kann bis zu 30 % des Anteilswerts betragen (R 100 Abs. 3 Satz 6 ErbStR).

Sonderfälle

310 Das oben dargestellte Bewertungsverfahren, das auch als *Regelbewertung* bezeichnet wird, kann nicht in allen Fällen unverändert angewandt werden. Vielmehr muß dieses Bewertungsverfahren in einigen Sonderfällen den gesellschaftlichen Gestaltungen angepaßt werden. Solche Sonderfälle sind insbesondere die Bewertung von Anteilen

- eines Minderheitsgesellschafters (R 101 ErbStR),
- einer Komplementär-GmbH (R 105 Abs. 1 ErbStR),
- einer Liquidationsgesellschaft (R 105 Abs. 2 ErbStR),
- einer Beteiligungsgesellschaft (R 103 und 104 ErbStR),
- einer GmbH mit ungleichen Gesellschaftsrechten (R 106 ErbStR),
- einer GmbH, die eigene Anteile hält (R 107 ErbStR), und
- einer neu gegründeten GmbH (in den ersten drei Jahren in der Regel 100 %-Ansatz; R 102 ErbStR).

Minderheitsgesellschafter, Frage der Bewertung

311 Im Gegensatz zu börsennotierten Aktien wird bei der Bewertung nach dem Stuttgarter Verfahren die Möglichkeit der Einflußnahme auf die Geschäftspolitik der Gesellschaft, deren Ausmaß sich in der Regel in der Höhe der Beteiligung widerspiegelt, nicht durch einen Paketzuschlag berücksichtigt. Vielmehr stellt der im Rahmen der Regelbewertung ermittelte Anteilswert stets einen Wert dar, der die Einflußnahme auf die Geschäftsführung beinhaltet. Folglich ist dem Umstand, daß ein Gesellschafter wegen der Höhe seines Anteilsbesitzes *keinen Einfluß auf die Gesellschaft* ausüben kann, durch eine Wertkorrektur Rechnung zu tra-

gen. Dies geschieht dadurch, daß der Anteilswert, der sich im Regelfall unter Ansatz des Vermögenswerts und des Ertragshundertsatzes ergibt (vgl. Rdn. 292 f.), um einen *Abschlag von 10 %* gekürzt wird. Für die betroffenen Minderheitsgesellschafter bedeutet dies, daß ihr Anteilswert dann stets 10 % unter dem Anteilswert liegt, der für die Anteile mit Einfluß auf die Geschäftsführung angesetzt wird (R 101 Abs. 8 ErbStR).

Kein Einfluß auf die Gesellschaft

Die Frage, wann Anteile an einer Kapitalgesellschaft keinen Einfluß auf die Geschäftsführung erlauben, ist in bezug auf die Anteile einer GmbH wie folgt entschieden worden: 312

- Anteile an einer GmbH, die weniger als 10 % des Stammkapitals - ggf. gekürzt um die Eigenanteile - ausmachen, gewähren auf keinen Fall Einfluß auf die Geschäfstführung.
- Bei einem Anteilsbesitz zwischen 10 % und 25 % des Stammkapitals kommt es darauf an, ob ein anderer Gesellschafter eine Beteiligung von mehr als 50 % hat. Ist dies der Fall, so gewährt eine Beteiligung von bis zu 25 % ebenfalls keinen Einfluß auf die Geschäftsführung.
- Bei einem Anteilsbesitz von mehr als 25 % des Stammkapitals ist stets von einer Einflußnahme auf die Geschäftsführung auszugehen (R 101 Abs. 1 ErbStR).

Aufspaltung der Beteiligung im Erbfall - Schenkungsfällen -

Wie ist es nun, wenn Anteile an einer GmbH, die dem Erblasser einen Einfluß auf die Geschäftsführung gewährten, auf mehrere Erben übergehen und die Aufteilung unter den Erben dazu führt, daß jeder der Erben nur eine Beteiligung ohne Einfluß auf die Geschäftsführung erhält? Hierzu wird von seiten der Finanzverwaltung folgende Auffassung vertreten (vgl. R 101 Abs. 2 ErbStR). 313

Die Anteile sind im Nachlaß mit dem Wert anzusetzen, den sie in der *Person des Erblassers* hatten; es findet somit eine Regelbewertung statt, wenn die Anteile dem Erblasser Einfluß auf die Geschäftsführung der GmbH gewähren. Dies gilt auch für den Fall, in dem die Aufteilung der GmbH-Anteile auf die Miterben nach Maßgabe einer Teilungsanordnung erfolgt. Erlangt neben den Erben ein Vermächtnisnehmer einen schuldrechtlichen Anspruch auf die GmbH-Anteile und gewähren die den Erben verbleibenden Anteile bei Erfüllung des Vermächtnisses keinen Einfluß mehr auf die Geschäftsführung, so sind die Anteile bei den Erben als solche im *Streubesitz* (vgl. 311 f.) zu bewerten. Der Anteilswert für den Vermächtnisnehmer richtet sich danach, ob die vermachten Anteile für sich einen Einfluß auf die Geschäftsführung eröffnen. Handelt es sich jedoch bei dem Vermächtnis um ein Vorausvermächtnis zugunsten eines Miterben, so berührt dieses Vorausvermächtnis nicht den Wert der geerbten Beteiligung (R 101 Abs. 3 ErbStR).

Bei *Schenkungen unter Lebenden* ist der auf den Erwerber übergehende einzelne Anteil zu besteuern. Die Bewertung dieses Anteils richtet sich grundsätzlich danach, ob dieser allein dem Beschenkten einen Einfluß auf die Geschäftsführung gewährt (R 101 Abs. 4 ErbStR). Führt die Vereinigung der zugewendeten Anteile mit bereits vorhandenen eigenen Anteilen des Erwerbers dazu, daß ein Einfluß auf die Geschäftsführung entsteht, ist dies für die Bewertung der zugewendeten Anteile grundsätzlich unbeachtlich (R 101 Abs. 5 ErbStR). Werden nacheinander mehrere Anteile zugewendet, die zusammengerechnet dem Erwerber einen Einfluß auf die Geschäftsführung gewähren, sind, soweit die Voraussetzungen für eine Zusammenrechnung dieser Erwerbe erfüllt sind, der Anteil, der dem Erwerber erstmals den Einfluß auf die Geschäftsführung eröffnet, und jeder weitere Anteil nach dem Regelverfahren zu bewerten (R 101 Abs. 6 ErbStR).

Vereinfachte Anteilsbewertung als Auslaufmodell

314 In der Praxis wird der stichtagsbezogene Wert nichtnotierter Anteile an einer GmbH häufig durch Interpolation der vermögensteuerlichen Stichtagswerte ermittelt.

Für das Interpolationsverfahren werden *zwei vermögensteuerliche Stichtagswerte* benötigt, und zwar ein Wert *vor* dem Erwerbszeitpunkt und ein Wert *nach* dem Erwerbszeitpunkt. Da die Vermögensteuer ab dem 1. Januar 1997 weggefallen ist, steht ab diesem Stichtag kein vermögensteuerlicher Wert für Zwecke der Anteilsbewertung zur Verfügung. Daher dürfte das Interpolationsverfahren bereits für Erwerbe in 1996 nicht mehr anwendbar sein, da hier i.d.R. nur der vermögensteuerliche Wert zum 1. Januar 1996 vorliegt. In den Folgejahren kann auf keinen Wert mehr zurückgegriffen werden, weder vor noch nach dem Erwerbszeitpunkt. Lediglich in den Fällen, in denen auf den 1. Januar 1997 für Zwecke der Gewerbekapitalsteuer ausnahmsweise eine Anteilsbewertung erfolgen sollte, könnte theoretisch bei Erwerben in 1996 eine Interpolation durchgeführt werden. Dabei muß allerdings beachtet werden, daß sowohl dem vermögensteuerlichen Stichtagswert zum 1. Januar 1996 als auch dem gewerbesteuerlichen Stichtagswert zum 1. Januar 1997 beim Grundbesitz noch die alten

Einheitswerte 1964 zugrunde liegen. Zumindest in diesem Punkt müßten dann die Anteilswerte korrigiert und neu durchgerechnet werden.

Als Fazit bleibt festzuhalten: Für Erwerbe ab 1996 ist i.d.R. eine *stichtagsbezogene Anteilsbewertung* mit stichtagsbezogenem Vermögenswert und stichtagsbezogenem Ertragshundertsatz durchzuführen.

Amtshilfeverfahren

Der Erbschaft- bzw. Schenkungsteuererklärung ist ein Verzeichnis der zum Nachlaß gehörenden Gegenstände beizufügen, das auch die zur Wertermittlung erforderlichen Angaben enthalten soll (§ 31 Abs. 1 und 2 ErbStG). Auf dieser Rechtsgrundlage wird die Erbschaftsteuerstelle von dem Steuerpflichtigen die Abgabe einer *Anlage „Ermittlung des gemeinen Werts von nichtnotierten Anteilen an Kapitalgesellschaften“* anfordern. I.d.R. wird diese Anlage von der Erbschaftsteuerstelle an das Betriebsfinanzamt der Kapitalgesellschaft weitergeleitet mit der Bitte um Überprüfung im Wege der *Amtshilfe*. Das Betriebsfinanzamt wird die erklärten Daten mit den vorhandenen Bilanzunterlagen abgleichen und daraus den Anteilswert ableiten. Das Betriebsfinanzamt ist hinsichtlich der Betriebsgrundstücke auf die Amtshilfe der Bewertungsstellen der zuständigen Lagefinanzämter angewiesen. Von dort aus werden die Grundstückswerte als unselbständige Besteuerungsgrundlage für die Vermögensermittlung bei der Anteilsbewertung angefordert. 315

PRAXISHINWEIS:

Durch dieses doppelte Amtshilfeverfahren sind Schwierigkeiten bereits vorprogrammiert. Denn will der Steuerpflichtige nähere Einzelheiten über die Ermittlung seines Anteilswerts, vor allem über die Ermittlung der dort angesetzten Grundstückswerte, erfahren, so muß dies über das Betriebsfinanzamt bei dem für das Grundstück zuständigen Lagefinanzamt abgefragt werden. Besondere praktische Schwierigkeiten bereiten die Fälle, in denen eine Kapitalgesellschaft an einer anderen Kapitalgesellschaft oder an einer Personengesellschaft beteiligt ist, die wiederum Beteiligungen hält, für deren Bewertung Grundstückswerte benötigt werden. Hier stellt sich die Frage, ob dies noch im Amtshilfeverfahren unter Berücksichtigung der Vorschrift zum Steuergeheimnis leistbar ist oder ob die Finanzverwaltung nicht besser beraten sein wird, in diesem Fall eine Schätzung des Anteilswerts unter Ansatz des Steuerbilanzwerts vorzunehmen.

BEISPIEL

Die A-GmbH ist zu 10 % an der B-GmbH beteiligt. Die B-GmbH ist wiederum Anteilseigner der C-GmbH in Höhe von 20 %. Zum Betriebsvermögen der C-GmbH gehören u.a. drei Betriebsgrundstücke. Zu bewerten ist der Anteil des A in Höhe von 5 % an der A-GmbH.

Für die Bewertung der Anteile an der A-GmbH werden beim Vermögenswert der Steuerwert der Anteile der B-GmbH benötigt. Dieser Steuerwert läßt sich für die B-GmbH nur unter Berücksichtigung der Beteiligung an der C-GmbH ermitteln. Also muß der Vermögenswert der C-GmbH unter Ansatz der Betriebsgrundstücke berechnet werden; er ergibt zusammen mit dem Ertragshundertsatz den Anteilswert der C-GmbH. Dieser fließt dann in den Vermögenswert der B-GmbH ein, aus dem sich zusammen mit dem Ertragshundertsatz der Anteilswert der B-GmbH ermittelt. Steht dieser fest, kann er bei der Berechnung des Vermögenswerts der A-GmbH angesetzt werden.

Das Beispiel zeigt deutlich, daß der Steuerberater die für eine Vermögensermittlung der A-GmbH erforderlichen Daten nicht liefern kann. Die Finanzverwaltung sieht sich ebenfalls nicht in der Pflicht, die unzureichenden Angaben zum Anteilswert von Amts wegen aufwendig zu ermitteln. Es wird in diesem Fall die *Besteuerungsgrundlagen schätzen* (H 96 ErbStH 1999).

PRAXISHINWEIS:

Die Finanzverwaltung geht davon aus, daß die Informationen zur Anteilsbewertung von dem Steuerpflichtigen erst mit erheblichem zeitlichen Vollzug beigebracht werden können. Um in diesen Fällen die Erbschaft- bzw. Schenkungsteuerfestsetzung nicht allzu lange wegen des fehlenden Anteilswerts zurückstellen zu müssen, wird in der Praxis häufig eine überschlägige Schätzung vorgenommen und der Steuerbescheid entweder unter dem Vorbehalt der Nachprüfung (§ 164 AO) erteilt oder hinsichtlich des Anteilswerts teilweise für vorläufig erklärt (H 96 ErbStH 1999).

Bewertung des Grundbesitzes

Aufgrund des Beschlusses des Bundesverfassungsgerichts zur Erbschaftsteuer vom 22. Juni 1995 (BStBl 1995 II S. 671) mußte der Gesetzgeber das Erbschaft- und Schenkungsteuergesetz *ab dem 1. Januar 1996* ändern, und zwar auch hinsichtlich der *Grundstücksbewertung*. Mit dem Jahressteuergesetz 1997 wurden diese Anforderungen erfüllt. Durch Artikel 1 des Jahressteuergesetzes 1997 wurde im *Vierten Abschnitt des Bewertungsgesetzes* die neue Grundbesitzbewertung geregelt. Auf diese Grundbesitzbewertung nimmt § 12 Abs. 3 ErbStG Bezug; sie gilt *rückwirkend ab 1996* für Erbschaft- und Schenkungsteuerzwecke. 316

Wegen des Wegfalls der Vermögensteuer ab 1997 mußte nicht nur die Grunderwerbsteuer, sondern auch die Erbschaft- und Schenkungsteuer erheblich „aufgestockt" werden. Dies führt dazu, daß sich insbesondere die *Besteuerung von Grundbesitz wesentlich verschärft hat*, im Vergleich zu der Besteuerung von Kapitalvermögen, das mit dem Nennwert angesetzt wird, allerdings weiterhin privilegiert ist.

Daher ist es nicht verwunderlich, wenn die Steuerpflichtigen wegen der Erhöhung der Bemessungsgrundlage insbesondere bei der Grundbesitzbewertung nach Auswegen suchen, die Erbschaft- und Schenkungsteuerbelastung für sie erträglich zu gestalten, andere, die bisher in Kapitalvermögen investiert haben, Umschichtungen in Grundbesitz vornehmen, um an der Privilegierung teilzuhaben.

Für die Steuerplanung, insbesondere beim Übergang von Grundbesitz, ist es wichtig, daß die Bemessungsgrundlage für die Erbschaft- und Schenkungsteuer feststeht; daran mangelt es jedoch im neuen Recht.

Grundstückswert nur noch im Bedarfsfall

Bisher wurden im Rahmen der alten Einheitsbewertung alle wirtschaftlichen Einheiten des Grundvermögens sowie der Land- und Forstwirtschaft flächendeckend bewertet; sie waren Bemessungsgrundlage für alle Substanzsteuern. 317

Von diesem Prinzip hat sich der Gesetzgeber bei der neuen Grundbesitzbewertung getrennt. Zum einen gelten die neuen Grundbesitzwerte nicht mehr für alle Substanzsteuern: Bei der *Grundsteuer* ist es bei den *alten Einheitswerten* geblieben; nur für Zwecke der *Erbschaft- und Grunderwerbsteuer* werden zusätzlich *neue Grundbesitzwerte* – im Bereich des Grundvermögens auch als Grundstückswerte bezeichnet (§ 138 Abs. 3 Satz 1 BewG) – festgestellt. Und zum anderen werden die neuen Grundbesitzwerte nur dann ermittelt, wenn sie für erbschaft- und schenkungsteuerliche Zwecke und in Ausnahmefällen für grunderwerbsteuerliche Zwecke *benötigt* werden (§ 138 Abs. 5 Satz 1 BewG; R 124 Abs. 1 ErbStR).

Letzteres hat folgenden Hintergrund: Hätte sich der Gesetzgeber für eine flächendeckende Neubewertung entschieden, so hätte dies bedeutet: Bewertung von ca. 25 Mio Grundstücken und ca. 5 Mio land- und forstwirtschaftlichen Betrieben in den alten und neuen Bundesländern. Und das, obwohl hiervon nur 1 % im Kalenderjahr, also ca. 300.000 Grundstücke und Betriebe, zur Besteuerung herangezogen werden.

Es ist daher verständlich, und zwar sowohl aus der Sicht der Finanzverwaltung als auch aus der Sicht des Steuerpflichtigen, daß man sich künftig nur noch auf die Fälle beschränkt, in denen der Grundbesitzwert für Erbschaft- und Grunderwerbsteuerzwecke erforderlich ist; man spricht in diesem Zusammenhang von *Bedarfsbewertung*.

PRAXISHINWEIS:

Für den Praktiker bedeutet dies, daß er in einem Erbschaftsteuerfall nicht mehr auf einen vorhandenen Steuerwert zurückgreifen kann, sondern gezwungen ist, „seinen“ Grundbesitzwert im Vorfeld z.B. einer Schenkung, selbst zu ermitteln. Denn nur dann kann er sich ausrechnen, was auf ihn an Steuern zukommt.

Ablauf einer Bedarfsbewertung

318 Beim Erbschaftsteuer-Finanzamt gehen eine Reihe von Anzeigen, z.B. von Banken, Vermögensverwaltern und Vermögensverwahrern ein, die daraufhin geprüft werden, ob sich eine *Erbschaft- oder Schenkungsteuerpflicht* ergibt. Bei dieser Prüfung muß die Erbschaftsteuerstelle eine *überschlägige Ermittlung des steuerpflichtigen Erwerbs* unter Berücksichtigung der persönlichen Freibeträge vornehmen. Diese Überprüfung bereitet dann Schwierigkeiten, wenn in den Unterlagen zwar etwas zum Umfang der übertragenen Vermögensgegenstände gesagt wird, jedoch nicht zu deren Wert.

BEISPIEL

Dem Finanzamt liegt ein Notarvertrag vor, aus dem sich ergibt, daß ein Einfamilienhaus im Wege der vorweggenommenen Erbfolge auf den Sohn übertragen wurde.

Hier wird das Finanzamt überprüfen, ob der Notarvertrag Angaben zum Wert des Einfamilienhauses enthält. Dies ist i.d.R. der Fall: Zur Ermittlung der Notarkosten wird der Wert des übertragenen Vermögens angegeben. Diese Angaben wird das Finanzamt jedoch kritisch betrachten. Denn jeder, der ein Grundstück unentgeltlich auf einen anderen übertragen hat oder von einem anderen erhalten hat, weiß, daß der Notar den Grundstückswert nur sehr grob geschätzt hat.

Sind aus den vorliegenden Unterlagen überhaupt keine Anhaltspunkte zum Wert des Grundstücks ersichtlich, bleibt der Erbschaftsteuerstelle nichts anderes übrig, als auf die alten Einheitswerte zurückzugreifen und diese überschlägig auf das Wertniveau von 1996 hochzurechnen.

Stellt sich bei Ansatz der so ermittelten Grundstückswerte heraus, daß sich unter 319
Berücksichtigung der Schulden und der persönlichen Freibeträge eine Erbschaft- oder Schenkungsteuer ergeben könnte, wird das Erbschaftsteuer-Finanzamt den Steuerpflichtigen zur Abgabe einer Erbschaft- oder Schenkungsteuererklärung auffordern. Zur *vorläufigen Ermittlung des Grundbesitzwerts* hat der Steuerpflichtige bei Abgabe seiner Steuererklärung eine Anlage „Grundstücke" auszufüllen.

In dieser Anlage „Grundstücke" sind z.B. bei unentgeltlicher Übertra- 320
gung eines Einfamilienhauses die für die Berechnung des Grundstückswerts nach dem Ertragswertverfahren erforderlichen *Grundstücksdaten* anzugeben, und zwar

- bei Eigennutzung durch den Voreigentümer die übliche Miete der letzten drei Jahre vor dem Besteuerungszeitpunkt,
- der Zeitpunkt der Bezugsfertigkeit für die Berechnung der Alterswertminderung,
- für Wohngrundstücke mit nicht mehr als zwei Wohnungen *und* ausschließliche Nutzung zu Wohnzwecken für den Zuschlag von 20 %,
- die Grundstücksfläche und der Bodenrichtwert zum 1. Januar 1996 für die Ermittlung des Mindestwerts und
- bei entsprechendem Antrag: der nachgewiesene niedrigere Verkehrswert.

In der Anlage „Grundstücke" kann der Steuerpflichtige den Grundstückswert *selbst berechnen*. Damit verschafft er sich einen Überblick darüber, was das Finanzamt zumindest bei einer vorläufigen Veranlagung für das Grundstück an Wert ansetzt.

Selbstverständlich lassen sich mit der Anlage „Grundstücke" auch Industriebauten, Erbbaurechte, unbebaute Grundstücke und Grundstücke im Zustand der Bebauung überschlägig bewerten.

321 Die beim Erbschaftsteuer-Finanzamt eingegangene Steuererklärung wird daraufhin geprüft, ob sich eine Erbschaft- oder Schenkungsteuer ergibt. Um die Steuer zeitnah festzusetzen, wird das Erbschaftsteuer-Finanzamt häufig im Vorgriff auf die Feststellung des Grundbesitzwerts bereits tätig: Es wird den *Grundbesitzwert vorläufig ermitteln* – ggf. unter Mithilfe der Bewertungsstelle des Lagefinanzamts – und der Erbschafts- und Schenkungsbesteuerung zugrunde legen. Rechtsgrundlage für diese vorläufige Wertschätzung ist § 162 Abs. 3 i.V.m. § 155 Abs. 2 Abgabenordnung.

PRAXISHINWEIS:

Sie haben die Möglichkeit, gegen den vorläufigen Wertansatz des Grundstücks *Einspruch einzulegen*. Im Rahmen des Einspruchsverfahrens können Sie dann alles das vortragen, was aus Ihrer Sicht zu einem geringeren Grundbesitzwert führt.

322 Das Erbschaftsteuer-Finanzamt richtet – auch wenn es eine vorläufige Veranlagung unter Ansatz eines geschätzten Grundbesitzwerts vorgenommen hat – in dem Bedarfsfall eine Anfrage an das für das Grundstück zuständige Lagefinanzamt. Aufgrund dieser Anfrage übersendet die Bewertungsstelle des Lagefinanzamts dem Steuerpflichtigen eine *Feststellungserklärung*. In der Feststellungserklärung werden die für die Grundstücksbewertung erforderlichen Daten abgefragt.

PRAXISHINWEIS:

Um der Bewertungsstelle die Versendung der Feststellungserklärung zu erleichtern, wird das Erbschaftsteuer-Finanzamt seiner Anfrage i.d.R. eine Ablichtung der Anlage „Grundstücke" beifügen. Insoweit ist für die Bewertungsstelle bei Eingang der Feststellungserklärung eine Plausibilitätsprüfung möglich.

Aufgrund der Feststellungserklärung erteilt die Bewertungsstelle gegenüber dem Steuerpflichtigen einen *Feststellungsbescheid*. In dem Feststellungsbescheid wird u.a. die Höhe des Grundbesitzwerts ausgewiesen. 323

PRAXISHINWEIS:

Der Feststellungsbescheid hat *Grundlagencharakter*. Das bedeutet für Sie: Bestehen Einwendungen gegen die Höhe des Grundbesitzwerts, so müssen Sie diese Einwendungen im Einspruchsverfahren gegen den Feststellungsbescheid vortragen. Versäumen Sie hier die Einspruchsfrist, so können Sie die Einwendungen nicht nachträglich bei der Erbschaft- oder Schenkungsteuer-Veranlagung geltend machen. Dies gilt auch dann, wenn sich wegen der Höhe des persönlichen Freibetrags keine Erbschaft- oder Schenkungsteuer ergibt. Denn durch nachfolgende Erwerbe innerhalb von 10 Jahren kann die Vorschenkung nachträglich Bedeutung erlangen. Denken Sie z.B. an den Fall, daß Sie als Sohn oder Tochter von Ihren Eltern eine Eigentumswohnung (Grundbesitzwert: 200.000 DM) erhalten haben. Zwei Jahre später sollen Sie noch zusätzlich 400.000 DM Kapitalvermögen erben. Bei der ersten Zuwendung ergibt sich aufgrund des persönlichen Freibetrags von 400.000 DM keine Steuerpflicht. Diese tritt erst zwei Jahre später ein, und zwar durch Erbfall. Ist der Bescheid über den Grundbesitzwert bestandskräftig, wird er bei der Erbschaftsteuer-Veranlagung auch dann zugrunde gelegt, wenn er unzutreffend sein sollte.

Hat das Erbschaftsteuer-Finanzamt bei der Grundstücksschenkung auf eine Bedarfsbewertung verzichtet, weil absehbar war, daß der Steuerwert der Eigentumswohnung nicht über den persönlichen Freibetrag von 400.000 DM hinausging, stellt sich die Frage, ob und in welchem Zeitraum eine solche *Bedarfsbewertung nachgeholt* werden kann. Formell läßt sich hierzu folgendes sagen: Eine gesonderte Feststellung des Grundbesitzwerts ist auch nach Ablauf der „Verjährungsfrist" für das Feststellungsverfahren möglich, und zwar so lange, bis die „Verjährungsfrist" für die Erbschaft- oder Schenkungsteuerveranlagung, bei der der Grundbesitzwert als Bemessungsgrundlage benötigt wird, noch nicht abgelaufen ist. Im vorangegangenen Beispiel kommt es somit auf die *Verjährungsfrist der Erbschaftsteuer-Veranlagung* an. Solange diese noch nicht abgelaufen ist, kann auch die Bedarfsbewertung des Grundbesitzwerts durchgeführt werden (R 124 Abs. 7 ErbStR).

Und wie sieht es mit der Bedarfsbewertung selbst aus? Maßgebend für die Bedarfsbewertung sind die Verhältnisse im *Zeitpunkt der Ausführung der Grundstücksschenkung*. Es kommt also *nicht* auf die Verhältnisse im Zeitpunkt des *nachfolgenden Erbfalls* an. Dies macht die Sache in der Praxis schwierig, je länger die Grundstücksschenkung aus der Sicht des Erbfalls zurückliegt. Meist bereitet die Ermittlung der tatsächlich erzielten oder der üblichen Miete, z.B. bei Eigennutzung, Schwierigkeiten. Sollten diese nicht mehr ermittelt werden können, sind sie zu schätzen (R 124 Abs. 7 Satz 3 ErbStR), wobei der Steuerpflichtige darauf achten muß, daß das Finanzamt den Mietwert nicht „zu üppig" ansetzt. Sollte die Bewertungsstelle auf die Einkommensteuerakte des Erblassers zurückgreifen, muß bei den *Anlagen V* zur Einkommensteuererklärung vor 1996 berücksichtigt werden, daß die dort erklärten Mieteinnahmen *teilweise Bruttowerte* sind, in denen die umlagefähigen Betriebskosten, die nach Bewertungsrecht außer Ansatz bleiben, enthalten sind. Für Sie bedeutet dies: Unbedingt auf eine *Bereinigung der Mietansätze* achten.

Feststellungsverfahren

324 Die neuen Grundbesitzwerte sind *gesondert festzustellen*, wenn sie für die Erbschaftsteuer oder Grunderwerbsteuer erforderlich sind (§ 138 Abs. 5 Satz 1 BewG). Ob sie auch *einheitlich* festzustellen sind, läßt sich dem Gesetzeswortlaut nicht eindeutig entnehmen. Aus praktischen Erwägungen geht die Finanzverwaltung wie folgt vor:

- Geht ein Grundstück im Wege der *Schenkung* auf einen Erwerber über, kommt nur eine *gesonderte Feststellung* des Grundbesitzwerts in Betracht (R 124 Abs. 4 ErbStR). Wird das Grundstück auf mehrere Erwerber übertragen, bleibt es ebenfalls bei der gesonderten Feststellung, wobei zusätzlich zum Grundbesitzwert auch der Anteil daran für jeden Erwerber verbindlich anzugeben ist. Dies kann dazu führen, daß gegenüber den Erwerbern unterschiedliche Grundbesitzwerte für ein und dasselbe Grundstück festgestellt werden.

BEISPIEL

A überträgt im Rahmen der vorweggenommenen Erbfolge ein Mietwohngrundstück auf seine beiden Söhne B und C zu je $^1/_2$. Das Mietwohngrundstück ist im Ertragswertverfahren unter Ansatz der durchschnittlichen Jahresmiete zu bewerten. Die Bewertungsstelle stellt sowohl gegenüber B als auch gegenüber C einen Grundstückswert von 1.000.000 DM mit deren Anteil von 500.000 DM fest. B läßt den gegenüber ihm erteilten Feststellungsbescheid bestandskräftig werden. C legt dagegen Einspruch ein und wendet sich gegen die Höhe der durchschnittlichen Miete. Er hat mit seinem Einspruch Erfolg; der Grundstückswert wird auf 900.000 DM herabgesetzt und sein Anteil auf 450.000 DM festgelegt.

Die Änderung des Grundstückswerts gegenüber C führt nicht zu einer Änderung des Feststellungsbescheids, der gegenüber B erteilt wurde. Es kommt also bei B und C zu unterschiedlichen Besteuerungsergebnissen; bei B sind 500.000 DM und bei C 450.000 DM als Anteil am Grundstückswert der Schenkungsteuer zu unterwerfen.

- Im Erbfall ist die Rechtslage eindeutig, wenn ein Grundstück oder ein Grundstücksteil auf einen *Alleinerben* übergeht. Hier kommt es nur zu einer gesonderten Feststellung des Grundbesitzwerts.
- Geht ein Grundstück oder ein Grundstücksteil auf *mehrere Miterben* über, ist, so die Auffassung der Finanzverwaltung (R 124 Abs. 2 ErbStR), eine *einheitliche und gesonderte Feststellung* durchzuführen.

PRAXISHINWEIS:

Sowohl bei der Grundstücksübertragung im Schenkungsfall als auch im Erbfall muß von der Erbschaftsteuerstelle geprüft werden, inwieweit für das Grundstück oder für den Anteil daran ein Wert zwecks Steuerfestsetzung erforderlich ist. In den Fällen der gesonderten Feststellung muß dies stets für den Einzelfall geprüft werden. Bei einer einheitlichen und gesonderten Feststellung reicht es dagegen aus, wenn bei einem Miterben ein „Bedarf" besteht. Dann ist es zweckmäßig, für *alle Miterben* den Grundbesitzwert einheitlich und gesondert festzustellen (R 124 Abs. 2 Satz 2 Nr. 2 Satz 2 ErbStR).

Beabsichtigte Gesetzesänderung:

Für Erwerbe ab 2000 ist im Entwurf des Steuerbereinigungsgesetzes 1999 vorgesehen, daß bei *mehreren Miterben nur noch der Grundbesitzwert* und der Anteil des Erblassers an diesem Grundbesitzwert einheitlich und gesondert *festgestellt* wird. Auf eine Aufteilung dieses Werts auf die einzelnen Erben soll künftig im Feststellungsverfahren verzichtet werden. Dies entbindet allerdings die Finanzverwaltung nicht von ihrer Verpflichtung, im Feststellungsbescheid die Erben zu benennen, denen der Wert zuzurechnen ist. Denn nur so kommt eine wirksame *Bekanntgabe des Feststellungsbescheids* zustande. Für die Betroffenen bedeutet dies, daß sie sich gegen die Höhe des Grundbesitzwerts im Feststellungsverfahren wenden müssen, soweit es um die Aufteilung dieses Grundbesitzwerts auf die Erben geht, müssen die Einwendungen im Erbschaftsteuer-Veranlagungsverfahren vorgetragen werden.

325 Auch für den *Vermächtnisnehmer* wird zur *Bewertung seines Herausgabeanspruchs* ein Grundbesitzwert benötigt. Hier stellt sich die Frage, ob dieser Grundbesitzwert als unselbständige Besteuerungsgrundlage im Erbschaft- oder Schenkungsteuerverfahren zu ermitteln ist oder - wie bei der eigentlichen Grundstücksübertragung - gesondert festgestellt werden muß. Die Finanzverwaltung beantwortet diese Frage in der Weise, daß sie bei Zuwendung eines Grundstücks oder eines Grundstücksanteils per *Vermächtnis* stets eine *gesonderte Feststellung des Grundbesitzwerts* oder eines Anteils daran durchführt und dem Vermächtnisnehmer zurechnet. Die Feststellung gegenüber dem Vermächtnisnehmer erfolgt unabhängig davon, ob gegenüber den *Erben* eine gesonderte, bei mehreren Erben eine einheitliche und gesonderte Feststellung des Grundbesitzwerts erfolgt (R 124 Abs. 3 ErbStR). Dies kann in der Praxis dazu führen, daß der Grundbesitzwert für ein und dasselbe Grundstück gegenüber den Erben anders festgestellt wird als gegenüber dem Vermächtnisnehmer. Dies läßt sich dadurch erklären, daß bei den Erben das, was sie an den Vermächtnisnehmer herausgeben müssen, nur als durchlaufender Posten angesetzt wird, zum einen als Gegenstand des Nachlasses und zum anderen in gleicher Höhe als Nachlaßverbindlichkeit. Dagegen hat der Vermächtnisnehmer ein berechtigtes Interesse an der Höhe des Grundbesitzwerts. Seine Einwendungen kann er in dem Feststellungsverfahren - unabhängig von der Feststellung gegenüber den Erben - geltend machen.

326 Dient der Grundbesitzwert nur als *mittelbare Besteuerungsgrundlage*, wie z.B. bei der Ermittlung des anteiligen Betriebsvermögens einer Personengesellschaft oder bei der Berechnung des Anteilswerts einer GmbH, *verzichtet* die Finanzverwaltung auf die *Durchführung eines Feststellungsverfahrens* (R 124 Abs. 6 ErbStR). Der Grundbesitzwert ist in diesem Fall von der Erbschaftsteuerstelle als *unselbständige Besteuerungsgrundlage* im Rahmen der Erbschaft- oder Schenkungsteuerveranlagung zu ermitteln. Dabei kann sich das Erbschaftsteuer-Finanzamt der Amtshilfe der Bewertungsstelle des Lagefinanzamts bedie-

nen. Für den Steuerpflichtigen hat diese amtsinterne Hilfe keinerlei Bedeutung. Er muß darauf achten, daß er seine Einwendungen gegen die Höhe des Grundbesitzwerts im Rahmen des Einspruchsverfahrens gegen den Erbschaft- oder Schenkungsteuerbescheid geltend macht.

Und noch ein Problem ergibt sich in der Praxis bei der Feststellung von 327
Grundbesitzwerten, und zwar dann, wenn es darum geht, den *Anteil an einer vermögensverwaltenden Grundstücksgesellschaft*, insbesondere an einem geschlossenen Immobilienfonds, zu ermitteln. Hier sieht die Finanzverwaltung folgende Regelung vor (R 124 Abs. 5 ErbStR):

- In jedem Erwerbsfall sind *Feststellungsbescheide über alle Grundstücke*, die zum Vermögen der Grundstücksgesellschaft gehören, zu erteilen. In den Feststellungsbescheiden ist neben dem Grundbesitzwert und dem Anteil des Erblassers bzw. Schenkers auch der Anteil anzugeben, der davon auf den Erwerber übergeht.
- Folgen innerhalb eines Jahres *nach dem ersten Erwerb* weitere Erwerbe, kann das Bewertungsfinanzamt bei der Erteilung des Feststellungsbescheids für jeden weiteren Erwerb auf den bereits *für den Ersterwerb festgestellten Grundbesitzwert zurückgreifen*, vorausgesetzt, es sind keine wesentlichen Änderungen tatsächlicher Art an dem Grundstück eingetreten. Man bezeichnet den für den Ersterwerb ermittelten Grundbesitzwert auch als *Basiswert*. Nach Ablauf der Jahresfrist muß dann wieder ein neuer Basiswert nach den tatsächlichen Verhältnissen von dem dann maßgebenden Besteuerungszeitpunkt ermittelt werden.

PRAXISHINWEIS

Der Erwerber hat jederzeit die Möglichkeit, durch *Abgabe einer Feststellungserklärung* einen vom Basiswert *abweichenden Grundbesitzwert* feststellen zu lassen. Dies lohnt sich für den Erwerber dann, wenn z.B. bei einer Bewertung im Ertragswertverfahren die Mieten stark rückläufig sind.

Die Basiswerte dürfen der *Grundstücksgesellschaft* wegen des Steuergeheimnisses *nicht mitgeteilt* werden, es sei denn, der Anteilserwerber hat das Bewertungsfinanzamt von der Einhaltung des Steuergeheimnisses entbunden.

PRAXISHINWEIS:

Nach den Vorgaben der Finanzverwaltung in R 124 Abs. 5 ErbStR darf der Basiswert nur für *nachfolgende Grundstückserwerbe* der Besteuerung zugrunde gelegt werden. Was ist aber, wenn ein Basiswert bereits feststeht und im nachhinein ein Grundstückserwerb bekannt wird, der vor dem Feststellungsstichtag des Basiswerts liegt? U.E. sollte auch hier der Basiswert von der Finanzverwaltung als Grundbesitzwert akzeptiert werden, wenn der Erwerb *innerhalb eines Jahres vor dem Feststellungsstichtag* für den Basiswert erfolgt ist. Denn es macht unter Vereinfachungsgesichtspunkten keinen Sinn, nur die Jahresfrist auf Erwerbe nach dem Feststellungsstichtag für den Basiswert anzuwenden.

Erklärungspflicht

328 Das für den Grundbesitz zuständige Lagefinanzamt wird im Fall einer gesonderten Feststellung denjenigen zur Abgabe einer Erklärung auffordern, für den sich ein „Bedarf" ergibt. Bei einer *einheitlichen und gesonderten Feststellung* wird dagegen ein *Vertreter der Erbengemeinschaft* zur Abgabe der Feststellungserklärung verpflichtet; i.d.R. wird sich das Finanzamt an den „halten", der die Erbschaftsteuererklärung abgegeben hat.

PRAXISHINWEIS:

Für die Abgabe der Feststellungserklärung steht dem Steuerpflichtigen eine Frist von *mindestens einem Monat* zu (§ 138 Abs. 6 BewG). Sollte die Frist nicht eingehalten werden können, so empfiehlt es sich, Fristverlängerung zu beantragen. Denn bei Versäumnis der Erklärungsfrist droht die Festsetzung eines Verspätungszuschlags. Darüber hinaus kann das Finanzamt die Abgabe der Erklärung durch Festsetzung eines Zwangsgelds mehr oder weniger erzwingen. Auch eine Schätzung des Grundbesitzwerts, die i.d.R. zu Ungunsten des Steuerpflichtigen ausgeht, ist möglich.

329 Probleme bereiten in der Praxis die Fälle, in denen der Erwerber mit einer *Vielzahl anderer Miteigentümer* an dem Grundstück beteiligt ist. Solche Probleme können z.B. bei den oben beschriebenen geschlossenen Immobilienfonds auftreten. I.d.R. verfügt der Erwerber nämlich nicht über die Daten, die für die Ermittlung des Grundbesitzwerts benötigt werden. Diese kann er sich nur von der Im-

mobiliengesellschaft „besorgen“. Wegen des damit verbundenen Erklärungsaufwands hat die Finanzverwaltung die unter Rdn. 316b beschriebenen Basiswerte zugelassen.

Bewertung unbebauter Grundstücke

Die Bewertung unbebauter Grundstücke erfolgt unter Ansatz der Grundstücksfläche und des *Bodenrichtwerts*, gekürzt um einen pauschalen Abschlag von 20 % (§ 145 Abs. 3 BewG). Gegenüber der Einheitsbewertung 1964 hat sich an dem Bewertungsverfahren kaum etwas geändert, sieht man einmal davon ab, daß die Abschläge künftig pauschal und nicht mehr individuell angesetzt werden. Auch die Begriffsbestimmung „unbebautes Grundstück“ deckt sich weitestgehend mit dem Recht zur Einheitsbewertung 1964; lediglich bei den Grundstükken von untergeordneter Bedeutung hat sich eine Änderung ergeben. 330

Begriff „unbebautes Grundstück“

Unbebaute Grundstücke sind Grundstücke, auf denen sich *keine benutzbaren Gebäude* befinden oder auf denen sich zwar Gebäude befinden, die aber keiner oder nur einer *unbedeutenden Nutzung* zugeführt werden können (§ 145 Abs. 1 und 2 BewG). Unbebaute Grundstücke sind auch Grundstücke mit im Bau befindlichen Gebäuden, wobei diese Grundstücke nach einer Sonderregelung (§ 149 BewG) zu bewerten sind (R 159 Abs. 1 ErbStR). 331

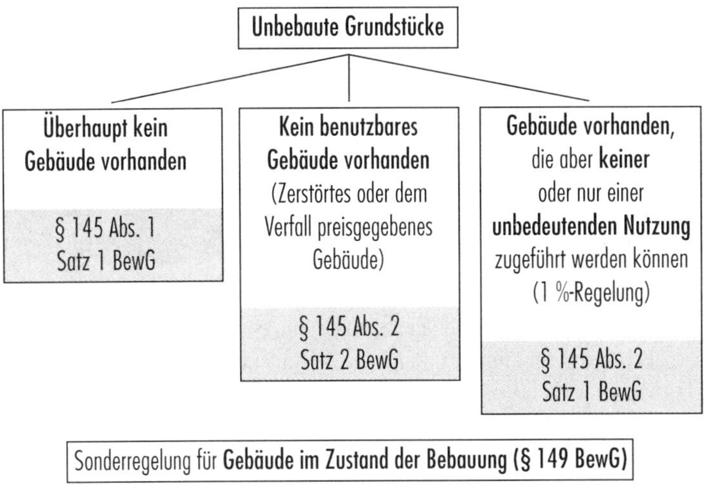

332 Ein Grundstück ist *unbebaut*, wenn sich auf ihm überhaupt keine Bauwerke befinden oder wenn es sich bei den Bauwerken nicht um Gebäude handelt. Als Gebäude sind solche Bauwerke anzusehen, die Menschen oder Sachen durch räumliche Umschließung Schutz gegen Witterungseinflüsse gewähren, den Aufenthalt von Menschen gestatten, fest mit dem Grund und Boden verbunden, von einiger Beständigkeit und ausreichend standfest sind.

333 Keine benutzbaren Gebäude liegen vor, wenn die Gebäude *zerstört* sind, so daß sie auf Dauer nicht mehr genutzt werden können (§ 145 Abs. 2 Satz 2 BewG).

PRAXISHINWEIS:

Ist nur ein Teil des Gebäudes zerstört und kann der restliche Gebäudeteil, wenn auch nur eingeschränkt, genutzt werden, ist das Grundstück als bebaut nach dem Ertragswert- oder Steuerbilanzwertverfahren zu bewerten.

334 Befinden sich auf dem Grundstück Gebäude, die *dem Verfall preisgegeben* und daher vom Grundstückseigentümer nicht mehr genutzt werden können, ist ebenfalls eine Bewertung als unbebautes Grundstück durchzuführen. In diesen Fällen muß der Steuerpflichtige damit rechnen, daß das Finanzamt bei der Frage, ob das Gebäude dem Verfall preisgegeben ist, strenge Maßstäbe anlegt. Von einem Verfall ist nur dann auszugehen, wenn erhebliche *Schäden an den konstruktiven Teilen des Gebäudes* eingetreten sind und ein Zustand vorliegt, der aus bauordnungsrechtlicher Sicht die sofortige Räumung nach sich ziehen würde (R 159 Abs. 4 ErbStR). Können Sie der Bewertungsstelle eine Anordnung der Aufsichtsbehörde zur sofortigen Räumung Ihres Grundstücks vorlegen, bestehen gegen die Annahme eines dem Verfall preisgegebenen Gebäudes keine Bedenken (vgl. auch BFH-Urteil vom 20. Juni 1975, BStBl 1975 II S. 803).

PRAXISHINWEIS:

Behebbare Baumängel und *Bauschäden* sowie ein *aufgestauter Reparaturbedarf* infolge von unterlassenen Instandhaltungsarbeiten führen i.d.R. nur vorübergehend zu einer Einschränkung der Gebäudenutzung; auf die Konstruktion des Gebäudes wirken sie sich nicht aus. Daher ist es verständlich, daß die Finanzverwaltung in R 159 Abs. 4 Satz 7 ErbStR davon ausgeht, daß ein solches Gebäude nicht als dem Verfall preisgegeben anzusehen ist. Sind Gebäudeteile aufgrund von Umbauarbeiten *vorübergehend nicht benutzbar*, führt dies nicht zur Annahme eines unbebauten Grundstücks; vielmehr ist auch in diesem Fall ein bebautes Grundstück anzunehmen (R 156 Abs. 4 Satz 8 ErbStR). Davon zu unterscheiden ist der Fall der Entkernung. Solche Gebäude sind, falls dieser Zustand im Besteuerungszeitpunkt besteht, nicht als benutzbar anzusehen.

Bebaute Grundstücke gelten als unbebaut, wenn die auf dem Grundstück befindlichen Gebäude keiner oder nur einer unbedeutenden Nutzung zugeführt werden können (§ 145 Abs. 2 Satz 1 BewG). *Unbedeutend* ist die Nutzung dann, wenn die hierfür erzielte Miete oder bei einer Eigennutzung die übliche Miete weniger als 1 % des für das unbebaute Grundstück anzusetzenden Bodenwerts (§ 145 Abs. 3 BewG) ausmacht. Aus Gründen der Verwaltungsvereinfachung wird hier auf die durchschnittliche Miete abgestellt, die bei einer Bewertung nach dem Ertragswertverfahren zugrunde gelegt wird (R 159 Abs. 5 Satz 4 ErbStR). 335

PRAXISHINWEIS:

Bei der Bewertung nach dem Steuerbilanzwertverfahren (§ 147 BewG) fehlt es für den Wertabgleich sowohl an einer Jahresmiete als auch an einer üblichen Miete. Hier hat sich die Finanzverwaltung in der Weise beholfen, daß sie auf die Größe des Gebäudes abstellt. Bei *eingeschossigen Bauwerken* nimmt sie ein Gebäude von untergeordneter Bedeutung an, wenn die bebaute Fläche *nicht über 25 m^2* hinausgeht (R 159 Abs. 5 Satz 5 ErbStR). Dabei ist die bebaute Fläche in Anlehnung an die DIN 277 nach den Außenmaßen zu berechnen.

Wegen der Bewertung von Grundstücken im Zustand der Bebauung vgl. Rdn. 411 f.

Bewertung unter Ansatz des Bodenrichtwerts

Der Wert eines unbebauten Grundstücks bestimmt sich zum einen nach der *Grundstücksfläche* und zum anderen nach dem *Bodenrichtwert*. 336

Die Ermittlung der Grundstücksfläche bereitet in der Praxis kaum Schwierigkeiten. Sie kann entweder über die Katasterverwaltung erfragt oder dem Grundbuchauszug entnommen werden. Schwierigkeiten bereiten in der Praxis lediglich die Fälle, in denen das Grundstück im bewertungsrechtlichen Sinne aufgrund der Verkehrsanschauung von dem Grundstück im Sinne des bürgerlichen 337

Rechts abweicht. Hier stellt sich dann die Frage, was zu einer *wirtschaftlichen Einheit* für Zwecke der Grundstücksbewertung zusammengefaßt werden muß. Es gilt der Grundsatz: Nur solche Flächen dürfen in die wirtschaftliche Einheit einbezogen werden, die *demselben Eigentümer* gehören. Flächen, die im Eigentum eines Eigentümers stehen, und Flächen, die ihm und anderen Personen gemeinsam gehören, können daher keine wirtschaftliche Einheit bilden (R 158 Abs. 1 Satz 5 ErbStR). Dies gilt selbst dann, wenn es sich bei dem anderen Miteigentümer um den Ehegatten handeln sollte.

Problematisch sind in der Praxis die Fälle, in denen eine unbebaute Fläche an eine Grundstücksfläche angrenzt, die mit einem *Einfamilienhaus* bebaut ist. Hier stellt sich die Frage, ob zwei wirtschaftliche Einheiten vorliegen oder ob die unbebaute Fläche derart in die mit dem Einfamilienhaus bebaute Fläche einbezogen ist, daß nach der Verkehrsanschauung von einer wirtschaftlichen Einheit auszugehen ist. Diese Frage läßt sich nur unter Berücksichtigung der Verhältnisse im Einzelfall klären. Der Steuerpflichtige dürfte dazu tendieren, eine wirtschaftliche Einheit anzunehmen, da durch den Ertragswert des Einfamilienhauses i.d.R. die Grundstücksfläche, unabhängig von ihrer Größe, mit abgegolten ist. Bei Annahme von zwei wirtschaftlichen Einheiten käme zu diesem Ertragswert noch der Wert der unbebauten Grundstücksfläche hinzu, was zu einem merklich höheren Besteuerungswert führen kann. Argumente für die Annahme einer wirtschaftlichen Einheit sind z.B.

- die Summe der beiden Grundstücksflächen entspricht auch vergleichbaren Grundstücken in der Gegend,
- die unbebaute Grundstücksfläche wird über Zu- und Ableitungen des Einfamilienhausgrundstücks z.B. mit Strom und Wasser versorgt,
- das Gesamtgrundstück ist einheitlich „eingezäunt", und zwar ohne Trennung der beiden Grundstücksflächen,
- auf dem unbebauten Grundstück befinden sich Außenanlagen ergänzend zu dem Einfamilienhausgrundstück,
- auf dem unbebauten Grundstück befindet sich die Garage zu dem Einfamilienhausgrundstück,
- ein Außenschwimmbecken ist „grenzüberschreitend" auf beiden Grundstücken errichtet.

PRAXISHINWEIS

Wird von einem größeren unbebauten Grundstück eine *Teilfläche verpachtet* und errichtet der Pächter auf dieser Fläche ein Gebäude, liegen zwei wirtschaftliche Einheiten vor, und zwar zum einen die verpachtete Teilfläche als Grundstück mit einem fremden Gebäude und die übriggebliebene unbebaute Grundstücksfläche (R 158 Abs. 2 Satz 3 ErbStR).

Beim *Bodenrichtwert* handelt es sich um einen statistischen *Durchschnittswert*, den die i.d.R. bei den Gemeinden oder Kreisen ansässigen Gutachterausschüsse aus der von ihnen zu führenden Kaufpreissammlung ableiten (§ 193 Abs. 3 i.V.m. § 196 Abs. 1 Baugesetzbuch). Für Zwecke der Grundstücksbewertung haben die Gutachterausschüsse die Bodenrichtwerte nach den Wertverhältnissen vom 1.1.1996 zu ermitteln und den Finanzämtern mitzuteilen (§ 145 Abs. 3 Satz 2 BewG; § 196 Abs.1 Satz 4 Baugesetzbuch; R 160 Abs. 2 ErbStR). Dabei haben die Gutachterausschüsse darauf zu achten, daß die von ihnen ermittelten Bodenrichtwerte möglichst Gebieten, sog. *Bodenrichtwertzonen*, zugeordnet werden, die hinsichtlich der baulichen Nutzung und der Wertverhältnisse homogen sind. Die einzelnen Bodenrichtwertzonen sollen räumlich abgegrenzt werden.

PRAXISHINWEIS

Jeder Bodenrichtwert soll in der Richtwertkarte eine Umschreibung des ihm zugrundeliegenden, gebietstypischen Grundstücks enthalten. Daher sollten Angaben gemacht werden, ob es sich um erschließungsbeitragspflichtiges oder erschließungsbeitragsfreies Bauland handelt, welche *Art der Nutzung* vorliegt (z.B. reines Wohngebiet, gemischte Baufläche oder gewerbliche Baufläche), ob eine offene oder geschlossene Bauweise zulässig ist, wie viele *Geschosse* möglich sind und welche *bauliche Nutzungsmöglichkeit* darüber hinaus besteht (R 161 Abs. 1 ErbStR).

Sind die zu einer Bodenrichtwertzone zusammengefaßten *Grundstücke in etwa vergleichbar*, so ergibt sich der Grundbesitzwert aus der Grundstücksfläche und dem Bodenrichtwert, gekürzt um einen Abschlag von 20 %. Dies dürfte jedoch in der Praxis nicht die Regel sein. Vielmehr wird das zu bewertende Grundstück in seinen Merkmalen häufig von denen des Bodenrichtwertgrundstücks abwei- 338 chen. Dem ist dadurch Rechnung zu tragen, daß der *Bodenrichtwert* den Merkmalen des zu bewertenden Grundstücks *angepaßt* wird (R 161 Abs. 1 Satz 3 ErbStR).

339 Bei Bebauung mit Mietwohngrundstücken, gemischtgenutzten Grundstücken und Gewerbeimmobilien ist der Bodenrichtwert im wesentlichen von der baulichen Nutzungsmöglichkeit abhängig. Diese drückt sich i.d.R. in der Geschoßflächenzahl aus. Bei der *Geschoßflächenzahl* handelt es sich um das Verhältnis der Wohn-/Nutzfläche zur Grundstücksfläche. Hat z.B. ein Bürohaus eine Nutzfläche von 400 m^2 und ist das Grundstück 800 m^2 groß, so errechnet sich hieraus eine Geschoßflächenzahl von 0,5.

Weicht die bauliche Nutzungsmöglichkeit des zu bewertenden Grundstücks aufgrund der Geschoßflächenzahl von der des Bodenrichtwertgrundstücks ab, ist dies durch Wertkorrekturen zu berücksichtigen. Dazu werden die Geschoßflächenzahlen in *Umrechnungskoeffizienten* ausgedrückt, die entweder durch den örtlichen Gutachterausschuß bestimmt werden oder, falls keine regionalen Koeffizienten vorliegen, nach Anlage 23 zu den Wertermittlungsrichtlinien in der Fassung von 1996 zu bestimmen sind (R 161 Abs. 2 ErbStR). Danach sind folgende Umrechnungskoeffizienten anzusetzen:

Geschoßflächenzahl	Umrechnungskoeffizient	Geschoßflächenzahl	Umrechnungskoeffizient
0,4	0,66	1,4	1,19
0,5	0,72	1,5	1,24
0,6	0,78	1,6	1,28
0,7	0,84	1,7	1,32
0,8	0,90	1,8	1,36
0,9	0,95	1,9	1,41
1,0	1,00	2,0	1,45
1,1	1,05	2,1	1,49
1,2	1,10	2,2	1,53
1,3	1,14	2,3	1,57
		2,4	1,61

PRAXISHINWEIS:

Sind die Umrechnungskoeffizienten für das zu bewertende Grundstück bzw. für das Bodenrichtwertgrundstück nicht in der Anlage 23 angegeben, so besteht die Möglichkeit, die jeweiligen *Umrechnungskoeffizienten* auch nach folgender *Formel zu berechnen* (R 161 Abs. 2 Satz 5 ErbStR):

$$\text{Umrechnungskoeffizient} = 0{,}6 \times \sqrt{\text{Geschoßflächenzahl}} + 0{,}2 \times \text{Geschoßflächenzahl} + 0{,}2$$

Der Umrechnungskoeffizient für das zu bewertende Grundstück ist zum Umrechnungskoeffizient für das Bodenrichtwertgrundstück ins Verhältnis zu setzen; die so berechnete *„Verhältniszahl"* ist auf den Bodenrichtwert anzuwenden und ergibt dann den Wert, mit dem die Grundstücksfläche des zu bewertenden Grundstücks zu multiplizieren ist. Das Ergebnis stellt nach Abrundung auf volle 1.000 DM den Grundstückswert dar.

BEISPIEL

Ein unbebautes Grundstück hat eine Straßenfront von 20 m und eine Grundstückstiefe von 60 m. Aus der Bodenrichtwertkarte ergibt sich ein Bodenrichtwert von 100 DM/m², wobei die Geschoßflächenzahl 0,6 beträgt. Das zu bewertende Grundstück hat eine Geschoßflächenzahl von 0,8.

Die höhere Geschoßflächenzahl drückt die bessere bauliche Nutzungsmöglichkeit des zu bewertenden Grundstücks im Vergleich zum Bodenrichtwertgrundstück aus. Dem ist durch folgende Wertkorrektur Rechnung zu tragen:

- Umrechnungskoeffizient für das zu bewertende Grundstück bei einer Geschoßflächenzahl von 0,8: *0,90*
- Umrechnungskoeffizient für das Bodenrichtwertgrundstück bei einer Geschoßflächenzahl von 0,6: *0,78*
- $\frac{0{,}90}{0{,}78} \times 100\ \text{DM/m}^2 = 115{,}38\ \text{DM/m}^2$
- abgerundet: 115 DM/m²

Mit dem so abgeleiteten Bodenrichtwert ist die Grundstücksfläche von 20 m x 40 m = 800 m² zu multiplizieren. Es ergibt sich ein Grundstückswert von 92.000 DM abzüglich Abschlag von 20 % (= 18.400) = 73.600 DM nach Abrundung 73.000 DM.

340 In manchen Bodenrichtwertkarten werden insbesondere für Gebiete mit Ein- und Zweifamilienhausbebauung *Umrechnungsfaktoren* vorgegeben, die die Abhängigkeit des Bodenrichtwerts von der Grundstücksgröße wiedergeben (R 161 Abs. 3 ErbStR). Diese Umrechnungsfaktoren sind auf den Bodenrichtwert anzuwenden, um den zutreffenden Wert für das zu bewertende Grundstück zu berechnen.

BEISPIEL

Ein Grundstück mit einer Straßenfront von 20 m und einer Grundstückstiefe von 40 m ist zu bewerten. In der Bodenrichtwertkarte ist für die Gegend ein Bodenrichtwert von 500 DM/m^2 vorgegeben. Zur Erläuterung des Bodenrichtwerts sind dort folgende Umrechnungsfaktoren aufgeführt:

Grundstücksgröße in m^2	Umrechnungsfaktoren
150	1,56
200	1,42
300	1,28
400	1,18
500	1,10
600	1,05
700	1,00
800	0,96
900	0,93
1.000	0,91
1.100	0,88
1.200	0,86
1.300	0,84
1.400	0,82
1.500	0,80

Das zu bewertende Grundstück hat eine Grundstücksgröße von 800m² (20 m x 40 m). Nach der o.a. Tabelle ist für dieses Grundstück nicht der Bodenrichtwert von 500 DM/m² anzusetzen, sondern ein korrigierter Bodenrichtwert von

500 DM/m² x 0,96 = 480 DM.

Demnach ergibt sich ein Grundstückswert von

800 m² x 480 DM/m² =		384.000 DM
Abschlag von 20 %:	·/·	76.800 DM
Grundstückswert vor Abrundung:		307.200 DM
abgerundet:		**307.000 DM**

Statt der Umrechnungsfaktoren wird von Gutachterausschüssen, die für kleinere oder mittelgroße Gemeinden zuständig sind, im Bereich der Ein- und Zweifamilienhausbebauung häufig die *Grundstückstiefe* als Umschreibung der Grundstücksfläche angegeben, die für die Bebauung tatsächlich zur Verfügung steht. Man bezeichnet diese Teilfläche als Vorderland, im Gegensatz zum *Hinterland*, das baurechtlich nur beschränkt nutzbar ist. Daher ist es verständlich, daß das Hinterland im Vergleich zum Vorderland einen wesentlich geringeren Wert hat. Bei der Einheitsbewertung 1964 wurde für das Hinterland nur die Hälfte des Vorderlandpreises angesetzt, unter bestimmten Voraussetzungen sogar noch weniger. 341

Sieht die Bodenrichtwertkarte eine *Unterteilung in Vorder- und Hinterland* vor, ist die Grundstücksfläche des zu bewertenden Grundstücks nach ihrer Tiefe in Zonen zu gliedern, und zwar nach den Vorgaben des Gutachterausschusses (R 161 Abs. 4 ErbStR).

BEISPIEL

Zu bewerten ist ein Grundstück mit einer Straßenfront von 20 m und einer Grundstückstiefe von 90 m. In der Bodenrichtwertkarte ist für die betreffende Gegend ein Bodenrichtwert von 300 DM/m² ausgewiesen. Zu diesem Bodenrichtwert ist eine Vorderlandtiefe von 40 m angegeben. In den Erläuterungen zur Bodenrichtwertkarte ist festgehalten, daß für Grundstückstiefen, die über 40 m hinausgehen, nur die Hälfte des Bodenrichtwerts anzusetzen ist.

Für die Ermittlung des Grundstückswerts ist das zu bewertende Grundstück in Vorder- und Hinterland zu unterteilen, und zwar entsprechend den Vorgaben in der Bodenrichtwertkarte. Für das Vorderland bis zu einer Grundstückstiefe von 40 m ist ein Bodenrichtwert von 300 DM/m² anzusetzen. Für das Hinterland, das über die Vorderlandtiefe von 40 m hinausgeht, beträgt der Bodenrichtwert 150 DM/m².

Vorderland 20 m x 40 m = 800 m² x 300 DM/m²:		240.000 DM
Hinterland 20 m x 50 m = 1.000 m² x 150 DM/m²:	+	150.000 DM
		390.000 DM
Abschlag (20 % von 390.000 DM):	·/·	78.000 DM
Grundstückswert:		**312.000 DM**

PRAXISHINWEIS:

Weitere Besonderheiten sind bei der Bewertung von Bauerwartungsland, Rohbauland sowie Frei- und Verkehrsflächen zu beachten (R 160 Abs. 2 und R 161 Abs. 5 ErbStR).

342 Befinden sich auf dem Grundstück *Außenanlagen*, gehören diese zwar zu der wirtschaftlichen Einheit „unbebautes Grundstück"; sie sind jedoch nicht werterhöhend zu berücksichtigen. Dies gilt selbst dann, wenn die Außenanlagen, z.B. bei einer großen Parkfläche, einen erheblichen Wert darstellen (R 162 Satz 2 ErbStR).

Abschlag von 20 %

343 *Schätzungsungenauigkeiten* sowie *wertmindernde Umstände*, wie z.B. Lärm-, Rauch-, Staub- und Geruchsbelästigungen, werden durch einen *generellen Abschlag von 20 %* abgegolten (R 162 ErbStR). Dies gilt auch für Grunddienstbarkeiten, Altlasten, die Unterschutzstellung bei einem Bodendenkmal sowie Abbruchkosten von zerstörten oder dem Verfall preisgegebenen Gebäuden. Reicht der Abschlag von 20 % zur Berücksichtigung der Wertminderung nicht aus, bleibt dem Steuerpflichtigen nichts anderes übrig, als dem Finanzamt gegenüber einen unter dem Steuerwert liegenden Verkehrswert des Grundstücks nachzuweisen (vgl. Rdn. 344).

Nachgewiesener niedrigerer Verkehrswert

344 Ergibt sich im Einzelfall für das zu bewertende Grundstück ein unter dem Steuerwert liegender Verkehrswert, so hat der Steuerpflichtige die Möglichkeit, den

niedrigeren Verkehrswert gegenüber seinem Finanzamt *nachzuweisen* (§ 145 Abs. 3 Satz 3 BewG). Folgt das Finanzamt dem Nachweis des Steuerpflichtigen, wird der Verkehrswert nach Abrundung auf volle 1.000 DM nach unten als Grundstückswert festgestellt. Der Nachweis eines niedrigeren Verkehrswerts sollte in folgenden Fällen geprüft werden:

- ungünstiger Zuschnitt des Grundstücks,
- ungünstige Lage des Grundstücks, z.B. Ecklage am Schnittpunkt von Wohnstraßen,
- ungünstige Bodenverhältnisse, die zu höheren Gründungskosten führen,
- erhebliche Belastungen durch Immissionen und Emissionen,
- Unterschutzstellung als Bodendenkmal,
- Bodenverunreinigungen und
- Abbruchkosten in nicht unerheblichem Umfang.

Der Nachweis eines geringeren Verkehrswerts wird i.d.R. durch ein Gutachten eines öffentlich bestellten und vereidigten Sachverständigen erbracht. Auch der örtlich zuständige Gutachterausschuß kann ein solches Gutachten erstellen (R 163 Satz 2 ErbStR). Die damit verbundenen Gutachterkosten hat der Steuerpflichtige zu tragen. So fallen z.B. für die Begutachtung eines Grundstücks im Wert von 400.000 DM ca. 1.700 DM bis 2.800 DM an Gutachterkosten an, je nach Schwierigkeitsstufe.

PRAXISHINWEIS:

Der Gutachter hat u.E. den Grundbesitzwert - wie den Bodenrichtwert - nach den *Wertverhältnissen vom 1. Januar 1996* zu ermitteln. Diese Wertverhältnisse gelten für die Dauer von 6 Jahren, und zwar bis zum 31. Dezember 2001 (§ 138 Abs. 4 BewG). Das Festhalten an den Wertverhältnissen vom 1. Januar 1996 wirkt sich für den Steuerpflichtigen dann nachteilig aus, wenn sich der *Grundstücksmarkt rückläufig* entwickelt. In diesem Fall sollte man sich der Auffassung der Finanzverwaltung anschließen, die in R 163 Satz 1 ErbStR beim Gutachterwert nicht auf die Wertverhältnisse vom 1. Januar 1996 abstellt, sondern die Wertermittlung nach den Verhältnissen vom Besteuerungszeitpunkt fordert.

Der Gesetzeswortlaut (vgl. § 145 Abs. 3 und § 148 Abs. 1 und 2 BewG) gibt dies nicht her. Um die Auffassung der Finanzverwaltung zu stützen, müßte der

Gesetzgeber in diesem Punkt nachbessern. Dies soll nunmehr im Steuerbereinigungsgesetz 1999 geschehen. Bis zum 1.1.2000 sollten sich Steuerpflichtige, die über einen Gutachterwert einen niedrigeren Grundbesitzwert erreichen wollen und bei denen sich *Wertsteigerungen* in der Zeit vom 1. Januar 1996 bis zum Besteuerungszeitpunkt ergeben, auf die derzeitige Fassung des Gesetzes berufen. Notfalls muß die Rechtsansicht im Klageverfahren durchgesetzt werden.

Ein unter dem Steuerwert liegender Verkehrswert kann auch durch einen *Kaufpreis* nachgewiesen werden, der kurze Zeit vor dem Besteuerungszeitpunkt im gewöhnlichen Geschäftsverkehr zustande gekommen ist. Als kurzer Zeitraum dürfte in Anlehnung an die Anteilsbewertung nach dem Stuttgarter Verfahren ein Zeitraum von *einem Jahr* anzusehen sein. Grundsätzlich ist auch der Kaufpreis auf die Wertverhältnisse vom 1. Januar 1996 zurückzurechnen. Aus Vereinfachungsgründen dürfte jedoch auf eine solche Rückrechnung verzichtet werden können, wenn der Steuerpflichtige damit einverstanden ist. Letzteres sieht auch die Finanzverwaltung so. Sie läßt sogar einen Kaufpreis innerhalb eines Jahres nach dem Stichtag zu (R 163 Satz 3 ErbStR).

Bewertung eigengenutzter Ein- und Zweifamilienhäuser im Ertragswertverfahren

345 Vor allem in Erbfällen spielt die Frage, wie *eigengenutzte Ein- und Zweifamilienhäuser* zu bewerten sind, eine erhebliche Rolle. Ausgangsgröße ist die Miete, die mit 12,5 zu kapitalisieren ist und den Ausgangswert ergibt. Von diesem Ausgangswert ist die Alterswertminderung vorzunehmen. Wird das Ein- oder Zweifamilienhaus ausschließlich zu Wohnzwecken genutzt, ist noch ein *Zuschlag von 20 % vorzunehmen.*

346 Bei Ein- oder Zweifamilienhäusern, die der Grundstückseigentümer oder dessen Familie selbst genutzt hat oder die er an seine Angehörigen bzw. an seine Arbeitnehmer vermietet hat, ist die *übliche Miete* anzusetzen. Hierbei handelt es sich um die Miete, die für vergleichbare Gebäude auf dem nicht preisgebundenen Mietenmarkt gezahlt wird. Betriebskosten bleiben außer Ansatz.

PRAXISHINWEIS:

Für den Ansatz der üblichen Miete hat die Nutzung des Erwerbers nach Übergang des Grundstücks in sein Eigentum keinerlei Auswirkungen. Der Erwerber kann also das Grundstück zu eigenen Wohnzwecken nutzen, er kann es aber auch vermieten.

BEISPIEL

A ist Eigentümer eines Einfamilienhauses, das er Anfang 1999 auf seinen Sohn B übertragen hat. Das Einfamilienhaus wurde vor der Grundstücksübertragung von A zu eigenen Wohnzwecken genutzt. Nach dem Eigentumsübergang bezog A eine kleine Wohnung in einem Altenwohnheim. Der Sohn vermietete das Einfamilienhaus an C.

Für das von A genutzte Einfamilienhaus ist als Bemessungsgrundlage für den Ertragswert die übliche Miete anzusetzen, die A im Fall einer Vermietung erzielt hätte.

Wird ein Ein- oder Zweifamilienhaus an andere *unentgeltlich zur Nutzung überlassen*, ist ebenfalls die übliche Miete maßgebend, unabhängig davon, ob es sich bei den „Anderen" um Angehörige des Grundstückseigentümers oder um Fremde handelt. Wer also seiner Lebensgefährtin ein Einfamilienhaus unentgeltlich zur Verfügung stellt, dessen Grundstückswert wird im Erb- oder Schenkungsfall nach der üblichen Miete ermittelt (R 171 Abs. 2 Satz 3 ErbStR).

PRAXISHINWEIS:

Zahlt ein Fremder für die Nutzungsüberlassung eine Miete, die *bei weitem nicht der ortsüblichen Miete* entspricht, ist das Ertragswertverfahren unter Ansatz der vereinbarten Miete durchzuführen (R 171 Abs. 2 Satz 7f. ErbStR), also kein Ansatz der üblichen Miete.

BEISPIEL

D vermietet ein ihm gehörendes Einfamilienhaus an seine Lebensgefährtin für eine monatliche Miete von 300 DM, obwohl 1.200 DM ortsüblich wären.

Bei der Ermittlung des Grundstückswerts ist die vereinbarte Miete von 300 DM zugrunde zu legen. Der Ansatz der ortsüblichen Miete von 1.200 DM scheitert daran, daß weder eine unentgeltliche Nutzungsüberlassung noch eine Vermietung an Angehörige vorliegt.

Zwei Dinge sind in diesem Zusammenhang zu beachten:

- Eine völlige Unterbewertung durch Ansatz der vereinbarten Miete wird in diesen Fällen dadurch vermieden, daß es zum Ansatz des *Mindestwerts* (= Wert für das unbebaute Grundstück) kommt.
- Im übrigen wird das Finanzamt prüfen, ob in der *verbilligten Nutzungsüberlassung* eine ständige *Zuwendung* an die Lebensgefährtin zu sehen ist, die beim Überschreiten des persönlichen Freibetrags von 10.000 DM innerhalb des 10-Jahres-Zeitraums zu einer Schenkungsteuerpflicht führt.

Begriff und Ermittlung der üblichen Miete

347 Bei der *üblichen Miete* handelt es sich um die Miete, die für nach Art, Lage, Größe, Ausstattung und Alter vergleichbare, nicht preisgebundene Grundstücke von fremden Mietern bezahlt wird (§ 146 Abs. 3 Satz 2 BewG). Der öffentlich geförderte Wohnungsbau bleibt somit bei der Bestimmung der üblichen Miete außer Betracht. Dies gilt ebenfalls für Wohnungen in den neuen Bundesländern, die vor dem 3. Oktober 1990 fertiggestellt worden sind (R 171 Abs. 3 Satz 5 ErbStR), und zwar für Mieten vor dem 1.1.1998.

PRAXISHINWEIS:

Obwohl bei der Ermittlung der üblichen Miete nicht an preisgebundene Mieten angeknüpft werden darf, läßt es die Finanzverwaltung aufgrund der Besonderheiten in den neuen Bundesländern zu, daß bei *Wohnungen*, die *vor dem 3.10.1990 fertiggestellt* worden sind, dort die übliche Miete durch *Rückgriff auf die Mieten für preisgebundenen Wohnraum* bestimmt wird (R 171 Abs. 3 Satz 5 ErbStR).

Ähnlich ist die Problematik beim Ansatz der üblichen Miete für Wohnungen im *öffentlich geförderten Wohnungsbau*; auch hier bestehen von seiten der Finanzverwaltung keine Bedenken, bei Bedarf die übliche Miete aus der Miete vergleichbarer preisgebundener Wohnungen, also entgegen dem Gesetzeswortlaut, abzuleiten.

➤ *Ableitung aus Mietspiegel der Gemeinde*

348 Sollte für die Gemeinde ein *Mietspiegel erstellt* worden sein, der eine gewisse Zeitnähe zum Besteuerungszeitpunkt aufweist, dürfte die übliche Miete aus diesem Mietspiegel abzuleiten sein. Hierauf ist das Finanzamt insbesondere bei

eigengenutzten Ein- und Zweifamilienhäusern angewiesen. Bei einem Mietspiegel, der von anderen Institutionen aufgestellt worden ist, wird das Finanzamt darauf achten, daß die dort angegebenen Mietansätze einen repräsentativen Querschnitt der ortsüblichen Entgelte vergleichbarer Wohnungen widerspiegeln (R 172 Abs. 3 ErbStR). Dies ist gewährleistet, wenn an der Aufstellung des Mietspiegels Interessenvertreter der Vermieter und der Mieter beteiligt waren (R 172 Abs. 3 Satz 2 ErbStR).

Der Mietspiegel muß eine gewisse Zeitnähe zum Besteuerungszeitpunkt aufweisen. Er sollte daher innerhalb der letzten drei Jahre vor dem Besteuerungszeitpunkt aufgestellt sein (R 172 Abs. 3 Satz 1 ErbStR).

PRAXISHINWEIS:

Aus Gründen der Verwaltungsvereinfachung dürften keine Bedenken bestehen, die Mietansätze aus dem für die letzten drei Jahre vor dem Besteuerungszeitpunkt aufgestellten Mietspiegel als durchschnittliche übliche Miete bei der Grundstücksbewertung zugrunde zu legen (R 172 Abs. 5 Satz 2 ErbStR). Wegen eines Abweichens von dieser Vereinfachungsregelung (vgl. Rdn. 352 f.).

Es empfiehlt sich, die Mietansätze daraufhin zu untersuchen, ob in ihnen Betriebskosten i.S. der Anlage 3 zur II. Berechnungsverordnung enthalten sind (R 171 Abs. 3 Satz 2 ErbStR). Dies war z.B. bei dem Berliner Mietspiegel in der Vergangenheit der Fall. Die in den Mietansätzen enthaltenen Betriebskosten sind dann mit den Werten herauszurechnen, die in den Erläuterungen zu dem Mietspiegel angegeben sind.

Für Einzel- und Doppelgaragen sind i.d.R. unabhängig von der Größe des Stellplatzes bzw. der Garage monatliche *Festpreise* pro Stellplatz anzusetzen (R 172 Abs. 1 Satz 2 ErbStR).

PRAXISHINWEIS:

Wird der *Mietwert von Ein- oder Zweifamilienhäusern* aus einem Mietspiegel abgeleitet, der nur für Mietwohngrundstücke gilt, so sind die dort angegebenen Mietansätze wegen des „ungestörten“ Wohnens in einem Ein- oder Zweifamilienhaus zu erhöhen. In Anlehnung an die Einheitsbewertung 1964 macht das Finanzamt i.d.R. folgende Zuschläge:

- für ein freistehendes Einfamilienhaus: 20 %,
- bei einem Reiheneinfamilienhaus: 10 % und
- bei einem Zweifamilienhaus: 5 %.

➤ *Vergleichsmieten*

349 Bei eigengenutzten Einfamilienhäusern dürfte es schwierig sein, die übliche Miete aus Vergleichsmieten abzuleiten. Dies erfordert nämlich die Kenntnis über Mieten, die Dritte in der betreffenden Gegend bei der Vermietung ihres Einfamilienhauses vereinbart haben. An solchen Kenntnissen dürfte es dem Grundstückseigentümer i.d.R. mangeln, es sei denn, daß er neben dem eigengenutzten Einfamilienhaus über weitere Einfamilienhäuser in der Gegend verfügt, die vermietet sind (R 172 Abs. 2 Nr. 2 ErbStR).

Eine Ableitung aus Vergleichsmieten ist jedoch bei *Zweifamilienhäusern* möglich, in denen sich zwei in etwa gleich ausgestattete Wohnungen befinden. Ist eine dieser Wohnungen vermietet und wird die andere zu eigenen Wohnzwecken genutzt, kann für die Ableitung der üblichen Miete auf die vereinbarte Miete zurückgegriffen werden. Das Finanzamt wird allerdings in diesem Fall prüfen, ob es sich bei dem Mieter um einen Angehörigen oder um einen fremden Dritten handelt (R 172 Abs. 2 Nr. 1 ErbStR).

BEISPIEL

In einem Zweifamilienhaus ist die Erdgeschoßwohnung, Wohnfläche 110 m^2, in den letzten drei Jahren zu einer Miete von 1.500 DM pro Monat vermietet. Im 1. Obergeschoß befindet sich eine Wohnung, die von dem Grundstückseigentümer genutzt wird; sie ist in ihrer Ausstattung und Größe mit der Erdgeschoßwohnung vergleichbar.

Wäre dieses Zweifamilienhaus für Zwecke der Erbschaft- und Schenkungsteuer zu bewerten, kann für die eigengenutzte Wohnung die Miete angesetzt werden, die für die Erdgeschoßwohnung vereinbart ist. Die durchschnittliche Miete beträgt demnach für das gesamte Zweifamilienhaus 3.000 DM x 12 = 36.000 DM.

PRAXISHINWEIS:

Auch die Finanzverwaltung versucht in den Gegenden, für die keine gemeindlichen Mietspiegel vorliegen, bei der Grundstücksbewertung an *Vergleichsmieten anzuknüpfen*. Diese Vergleichsmieten können ihr aus den Einkommensteuerakten von Steuerpflichtigen bekannt sein, die Objekte in der betreffenden Gegend vermieten (R 172 Abs. 2 Nr. 3 ErbStR). Dabei ist es dem Finanzamt allerdings aus Gründen des Steuergeheimnisses untersagt, die Vergleichsobjekte konkret zu benennen; vielmehr darf es die ihm bekannten Mieten nur ohne Bezug zu den Vermietungsobjekten an den Erwerber bekannt geben.

➤ *Mietgutachten*

Kann die übliche Miete weder aus Mietspiegelmieten noch aus Vergleichsmieten 350
abgeleitet werden, dürfte die übliche Miete eine „*Verhandlungsmiete*" sein. Verhandlungsmiete deshalb, weil das Finanzamt bei der Ermittlung der üblichen Miete seine bisherigen Erfahrungen einbringt, dem die Mietschätzung durch den Steuerpflichtigen gegenübersteht. Werden sich Steuerpflichtiger und Finanzamt über die Höhe des Mietansatzes nicht einig, dürfte die übliche Miete, zumindest im finanzgerichtlichen Verfahren, durch einen Gutachter zu ermitteln sein. Die damit verbundenen Kosten trägt im finanzgerichtlichen Verfahren derjenige, der unterliegt.

Bezugsgröße „Wohn-/Nutzfläche"

Wird die übliche Miete aus Mietspiegeln und aus Vergleichsmieten abgeleitet, so 351
handelt es sich i.d.R. um eine Miete, die auf 1 m² Wohn-/Nutzfläche bezogen ist. In diesem Fall muß der Steuerpflichtige zusätzlich zur üblichen Miete die *Wohn-/Nutzfläche berechnen*. Bei einer Ableitung der üblichen Miete aus einem Mietspiegel gelten für die Ermittlung der Wohn-/Nutzfläche die Vorgaben in dem Mietspiegel. Dort wird i.d.R. auf die Vorschriften zur *II. Berechnungsverordnung* (§§ 42 bis 44) verwiesen (R 173 Abs. 1 Satz 4 ErbStR). Danach gilt für die Berechnung der *Wohnfläche* (H 173 ErbStH 1999) folgendes:

- Die Wohnfläche ist aus der Summe der *anrechenbaren Grundfläche* der Räume abzuleiten, die ausschließlich zu der jeweiligen Wohnung gehören.
- Als Grundflächen bleiben insbesondere *außer Betracht*
  - Treppen mit mehr als 3 Steigungen und deren Treppenabsätze,
  - Hausflure in Wohngebäuden mit mehr als einer Wohnung,

- Zubehörräume zur Wohnung, insbesondere Keller, Waschküchen, Abstellräume außerhalb der Wohnung, Dachböden, Trockenräume, Garagen und ähnliche Räume,
- Wirtschaftsräume bei einer Wohnnutzung, insbesondere Futterküchen, Vorratsräume, Backstuben, Räucherkammern, Ställe, Scheunen, Abstellräume und ähnliche Räume,
- Räume und Raumteile mit einer lichten Höhe von weniger als 1 m,
- Räume, die den an eine Wohnnutzung zu stellenden Anforderungen des Bauordnungsrechts nicht genügen.

■ Nur mit der *Hälfte der Grundfläche* sind anzusetzen
  - Räume und Raumteile mit einer lichten Höhe von mindestens 1 m und weniger als 2 m sowie Wintergärten, Schwimmbäder und ähnliche nach allen Seiten geschlossene Räume,
  - Balkone, Loggien, Dachgärten oder gedeckte Freisitze.

■ Die Wohn-/Nutzfläche ist auf volle m² nach unten *abzurunden* (R 173 Abs. 4 ErbStR).

PRAXISHINWEIS:

■ Rechnen bei einem Einfamilienhaus, in dem sich neben einer abgeschlossenen Wohnung eine nicht abgeschlossene Wohneinheit befindet oder das über zwei nichtabgeschlossene Wohneinheiten verfügt, Hausflure mangels Abgeschlossenheit im vollen Umfang zur Wohnfläche, ist die für jede *nicht abgeschlossene Wohneinheit* ermittelte Grundfläche um 10 % zu kürzen. Die Grundfläche wird auch bei einem *typischen Einfamilienhaus*, in dem sich nur eine Wohnung befindet, um 10 % gekürzt (H 173 letzter Satz ErbStH 1999). Eine solche Kürzung sah Tz. 6.5 der gleichlautenden Ländererlasse vom 28. Mai 1997 (BStBl 1997 I S. 592) noch nicht vor. U.E. gilt die großzügigere Regelung im ErbStH 1999 auch für Erwerbe vor dem 1. Januar 1999. Dies bedeutet für die Eigentümer von Einfamilienhäusern, daß sich dadurch ihr Ertragswert um 10 % mindert.

■ In den Mietspiegeln können die *Flächen für Balkone und Terrassen* nach den DIN-Vorschriften statt mit der Hälfte nur mit ¼ der Fläche bei der Ermittlung der Wohnfläche einbezogen sein. In diesen Fällen dürfen die Flächen mit diesem Prozentsatz in die Berechnung der Wohnfläche einfließen.

Durchschnittliche Miete

Bei *Eigennutzung durch den Grundstückseigentümer* und bei einer vergleichbaren Nutzung tritt an die Stelle der Jahresmiete die übliche Miete. Ansonsten gelten für die weitere Berechnung des Grundstückswerts die Grundsätze für vermietete Objekte. Bei vermieteten Objekten ist auf die im Durchschnitt der letzten drei Jahre vor dem Besteuerungszeitpunkt erzielte Miete abzustellen (§ 146 Abs. 2 Satz 1 BewG; vgl. Rdn. 377 f.). Demnach muß auch die *übliche Miete aus den letzten drei Jahren* vor dem Besteuerungszeitpunkt ermittelt und in eine Durchschnittsmiete umgerechnet werden (R 172 Abs. 5 Satz 1 ErbStR). 352

PRAXISHINWEIS:

Wird die übliche Miete aus Mietspiegeln abgeleitet, so ist bei Rückgriff auf den für die letzten drei Jahre vor dem Besteuerungszeitpunkt aufgestellten Mietspiegel gewährleistet, daß es sich hierbei bereits um eine durchschnittliche übliche Miete handelt (R 172 Abs. 5 Satz 2 ErbStR). Nur dann, wenn sich diese Vereinfachungsregelung zu Ungunsten des Steuerpflichtigen auswirken sollte, z.B. bei Ableitung der üblichen Miete aus einem kurz vor dem Besteuerungszeitpunkt aufgestellten Mietspiegel und steigenden Mieten im Vergleich zu den „Vergangenheitsmieten", ist eine genaue Ermittlung der üblichen Miete aus den Mietansätzen der letzten drei Jahre vor dem Besteuerungszeitpunkt vorzunehmen.

Gewerbliche bzw. freiberufliche Nutzung

Nutzt der Grundstückseigentümer einen Teil des Ein- oder Zweifamilienhauses zu *gewerblichen oder freiberuflichen Zwecken*, sind hierfür die Mietansätze aus den Mietspiegeln für Büro- und Praxisräume anzusetzen (R 171 Abs. 2 Satz 1 ErbStR). Es dürfte i.d.R. genügen, diese Mietansätze als durchschnittliche übliche Miete zugrunde zu legen und auf eine genaue Ableitung der Durchschnittsmiete aus den üblichen Mieten der letzten drei Jahre vor dem Besteuerungszeitpunkt zu verzichten. 353

Vervielfältiger

Die durchschnittliche übliche *Miete* ist mit dem *Einheitsvervielfältiger 12,5 zu multiplizieren* und ergibt den Ausgangswert (§ 146 Abs. 2 Satz 1 BewG). Der Umstand, daß Ein- oder Zweifamilienhäuser einen höheren Vervielfältiger als 354

Mietwohngrundstücke haben, wird bei der Ertragsbewertung durch einen Zuschlag in Höhe von 20 % berücksichtigt (vgl. Rdn. 360 f.).

Sollte sich durch den Ansatz des Einheitsvervielfältigers ein über dem Verkehrswert liegender Grundstückswert ergeben, bleibt dem Steuerpflichtigen nichts anderes übrig, als den niedrigeren Verkehrswert gegenüber dem Finanzamt nachzuweisen, i.d.R. durch ein Gutachten (§ 146 Abs. 7 BewG; vgl. Rdn. 385 f.).

Alterswertminderung

355 Der Ausgangswert ist um eine Alterswertminderung zu kürzen, die für jedes *volle Jahr* ab Bezugsfertigkeit des Gebäudes bis zum Besteuerungszeitpunkt *0,5 %, höchstens* jedoch *25 %* beträgt (§ 146 Abs. 4 Satz 1 BewG).

PRAXISHINWEIS:

Unter Berücksichtigung der Alterswertminderung ergibt sich stets ein *Restwert* von „durchschnittliche Miete x 9,375".

Für die Alterswertminderung kommt es grundsätzlich auf den Fertigstellungszeitpunkt und auf den Besteuerungszeitpunkt an. Da der Fertigstellungszeitpunkt – zumindest bei älteren Objekten – häufig nicht mehr genau ermittelt werden kann, bestehen keine Bedenken, zugunsten des Steuerpflichtigen als Fertigstellungszeitpunkt stets den 1. Januar des Fertigstellungsjahres anzunehmen (R 174 Abs. 1 Satz 2 ErbStR).

BEISPIEL

A hat im Rahmen einer vorweggenommenen Erbfolge ein Einfamilienhaus erhalten. Besteuerungszeitpunkt ist der 4. März 1999. Das Einfamilienhaus ist im Jahre 1986 fertiggestellt worden.

Geht man aus Vereinfachungsgründen von einem Fertigstellungszeitpunkt „1. Januar 1986" aus, so errechnet sich hieraus eine Alterswertminderung von 13 Jahre x 0,5 % = 6,5 %, bezogen auf den Ausgangswert.

Die Alterswertminderung ist *auf 25 % des Ausgangswerts* begrenzt. Bei einem Besteuerungszeitpunkt im Laufe des Jahres 1999 ist bei Anwendung der Vereinfachungsregelung „Bezugsfertigkeitszeitpunkt stets 1. Januar" der Höchstwert anzusetzen, wenn das Gebäude *vor 1950 fertiggestellt* worden ist. Bei Grundstücken, die im Laufe des Jahres 2000 übergehen, wird der Höchstwert bei Gebäuden mit einem Baujahr vor 1951 erreicht.

In der Praxis ergeben sich bei der Alterswertminderung Probleme, wenn es 356
zu einer *Verlängerung* oder *Verkürzung* der gewöhnlichen Nutzungsdauer kommt oder wenn sich auf dem Grundstück Gebäude bzw. Gebäudeteile befinden, die in *unterschiedlichen Jahren fertiggestellt* worden sind.

➤ *Verlängerung der gewöhnlichen Nutzungsdauer*

357 Bauliche Maßnahmen, die nach Bezugsfertigkeit des Gebäudes durchgeführt worden sind und die gewöhnliche Nutzungsdauer des Gebäudes um *mindestens 25 Jahre* verlängern, wirken sich bei der Alterswertminderung in der Weise aus, daß nicht vom Jahr der Bezugsfertigkeit, sondern von einem *fiktiven Fertigstellungsjahr* auszugehen ist (§ 146 Abs. 4 Satz 2 BewG; R 174 Abs. 2 Satz 1 ErbStR). Den Nachweis, ob diese Voraussetzungen im Einzelfall erfüllt sind, hat das Finanzamt zu führen. Es wird einem solchen Einzelfall nachgehen, wenn die durch die Baumaßnahme eingefügten Neubauteile dem Gesamtgebäude das Gepräge geben und verbrauchte Teile ersetzt werden, die für die Nutzungsdauer des Gebäudes bestimmend sind, wie z.B. Fundamente, tragende Außen- und Innenwände, Geschoßdecken und die Dachkonstruktion (R 174 Abs. 2 Sätze 3 und 4 ErbStR). Anhaltspunkte für solche Baumaßnahmen ergeben sich i.d.R. aus den Angaben in der Anlage V zur Einkommensteuererklärung, und zwar dann, wenn die Baumaßnahme dort zu nachträglichen Herstellungskosten oder Erhaltungsaufwendungen in größerem Umfang geführt hat.
Kommt das Finanzamt zum Ergebnis, daß die Baumaßnahme zu einer Verlängerung der gewöhnlichen Nutzungsdauer um mindestens 25 Jahre geführt hat, ist für die Alterswertminderung von einem fiktiven Fertigstellungsjahr auszugehen. Das *fiktive Fertigstellungsjahr* errechnet sich aus dem Jahr der Bezugsfertigkeit zuzüglich der Verlängerung der gewöhnlichen Nutzungsdauer aufgrund der baulichen Maßnahme (R 174 Abs. 2 Satz 4 ErbStR).

BEISPIEL

Ein Einfamilienhaus, alter Fachwerksbau, Baujahr 1920, ist im Jahre 1995 komplett saniert und modernisiert worden. Die dafür aufgewandten Herstellungskosten haben 400.000 DM betragen. Der Bausachverständige kommt zu dem Ergebnis, daß sich durch die Baumaßnahme die gewöhnliche Nutzungsdauer des Einfamilienhauses um 50 Jahre verlängert hat.

Bei der Berechnung der Alterswertminderung ist ein fiktives Fertigstellungsjahr zugrunde zu legen. Dies berechnet sich wie folgt:

Baujahr:	1920
Verlängerung der gewöhnlichen Nutzungsdauer:	+ 50 Jahre
fiktives Baujahr:	1970

Wird das Einfamilienhaus im Jahr 1999 im Wege der vorweggenommenen Erbfolge übertragen, ist bei der Berechnung des Grundstückswerts eine Alterswertminderung von 1999 ·/· 1970 = 29 Jahre x 0,5 % = 14,5 % anzusetzen.

➤ *Verkürzung der gewöhnlichen Nutzungsdauer*

Hat sich aufgrund nicht behebbarer Baumängel oder Bauschäden oder wegen einer Abbruchverpflichtung die gewöhnliche Nutzungsdauer des Ein- oder Zweifamilienhauses verkürzt, kann dieser Umstand bei der Berechnung der Alterswertminderung nicht berücksichtigt werden. Vielmehr ist der Steuerpflichtige gezwungen, dem Finanzamt einen insgesamt *niedrigeren Verkehrswert* als den Ertragswert *nachzuweisen* (R 174 Abs. 3 ErbStR; vgl. Rdn. 365 f.). 358

➤ *Unterschiedliche Fertigstellungsjahre*

Bei Grundstücken, auf denen sich Gebäude mit unterschiedlichen Fertigstellungsjahren befinden, ist grundsätzlich für jedes Gebäude eine *gesonderte Alterswertminderung* vorzunehmen. Hierzu ist für jedes Gebäude ein getrennt berechneter Ausgangswert aus *Miete x Vervielfacher 12,5* zu ermitteln. 359

Häufig sind bei Ein- und Zweifamilienhäusern die Fälle, in denen an das Hauptgebäude *Wohnräume angebaut* oder aufgestockt worden sind oder das Dachgeschoß umgebaut worden ist. Dazu kommt noch der Fall, daß nachträglich eine *Garage* errichtet worden ist. U.E. sind hier folgende Grundsätze anzuwenden:

- Der *Anbau von Wohnräumen* teilt bei der Alterswertminderung im allgemeinen das Schicksal des Hauptgebäudes, also Ansatz desselben Baujahres bei der Alterswertminderung (R 174 Abs. 4 Sätze 4 und 5 ErbStR).
- Wurde das *Hauptgebäude aufgestockt*, ist für die Alterswertminderung auf das Fertigstellungsjahr des darunterliegenden Gebäudes abzustellen (R 174 Abs. 4 Satz 6 ErbStR).
- Ist das vorhandene *Dachgeschoß ausgebaut* worden, so kommt es ebenfalls auf das Fertigstellungsjahr des Hauptgebäudes an.
- Ist auf dem Ein- oder Zweifamilienhausgrundstück nachträglich eine *Garage* errichtet worden, teilt diese Garage als Nebengebäude bei der Alterswertminderung das Schicksal des Hauptgebäudes (R 174 Abs. 4 Satz 3 ErbStR).

BEISPIEL

Ein Einfamilienhaus ist im Jahre 1975 fertiggestellt worden. Im Jahre 1980 ist an das Einfamilienhaus eine Garage angebaut worden. Im Jahre 1990 wurde das Dachgeschoß ausgebaut.

Sowohl die Garage als auch der Dachgeschoßausbau teilen hinsichtlich der Alterswertminderung das Schicksal des Hauptgebäudes. Bei den Berechnungen ist somit von einem einheitlichen Baujahr des Hauptgebäudes „1975" auszugehen.

Zuschlag bei ausschließlicher Nutzung zu Wohnzwecken

360 Der nach Abzug der Alterswertminderung verbleibende Ausgangswert ist bei Grundstücken, deren Gebäude *nicht mehr als zwei Wohnungen* enthält und die darüber hinaus *ausschließlich Wohnzwecken* dienen, um *20 % zu erhöhen* (§ 146 Abs. 5 BewG). Für die Vornahme des Zuschlags kommt es somit auf zwei Merkmale an, und zwar auf den Wohnungsbegriff und auf die Nutzung zu Wohnzwecken.

➤ *Wohnungsbegriff*

361 Der Zuschlag ist bei Gebäuden mit einer Wohnung oder mit zwei Wohnungen vorzunehmen, also bei den *typischen Ein- und Zweifamilienhäusern*. Unter einer *Wohnung* ist die Zusammenfassung von Räumen zu verstehen, die von anderen Wohnungen oder Räumen baulich getrennt sind. Es muß also ein dauerhafter baulicher Abschluß vorhanden sein, der jedoch nicht in allen Belangen den Anforderungen an die Abgeschlossenheit nach den Bestimmungen zum Wohnungseigentumsgesetz oder nach den DIN-Vorschriften entsprechen muß. Weiter muß ein eigener Zugang bestehen, der nicht durch einen anderen Wohnbereich hindurchführt. Diese Voraussetzung ist dann erfüllt, wenn ein eigener Zugang unmittelbar von außen vorhanden ist oder wenn jede Wohneinheit in dem Gebäude jeweils durch eine abschließbare Eingangstür gegenüber dem gemeinsamen Treppenhaus oder Vorraum wie bei einem Mietwohngrundstück abgetrennt ist. Die zu einer Wohneinheit zusammengefaßten Räume müssen über eine Küche verfügen. Dabei ist es als ausreichend anzusehen, wenn in dem als Küche vorgesehenen Raum die Anschlüsse für diejenigen Einrichtungs- und Ausstattungsgegenstände vorhanden sind, die für die Führung eines selbständigen Haushalts notwendig sind. Hierzu rechnen insbesondere der Stromanschluß für den Elektroherd bzw. der Gasanschluß für den Gasherd, Kalt- und ggf. Warmwasserzuleitung sowie ein Ausguß. Darüber hinaus müssen ein Bad mit

Wanne oder Dusche und eine Toilette vorhanden sein. Ein Waschbecken reicht als Ersatz für ein Bad nicht aus. Die Wohnfläche muß mindestens 23 m² betragen (R 175 Abs. 2 ErbStR). Maßgebend für deren Berechnung sind die Vorschriften der II. Berechnungsverordnung (vgl. Rdn. 351).

➤*Ausschließliche Nutzung zu Wohnzwecken*

Das Ein- oder Zweifamilienhaus muß ausschließlich Wohnzwecken dienen. Befinden sich in diesem Gebäude neben Wohnräumen auch *gewerblich oder freiberuflich genutzte Räume*, so ist bei der Grundstücksbewertung kein Zuschlag anzusetzen. Dies gilt auch bei einer Mitbenutzung zu öffentlichen oder sonstigen Zwecken (R 175 Abs. 3 ErbStR). 362

PRAXISHINWEIS:

Die Nutzung als *häusliches Arbeitszimmer* ist nach der höchstrichterlichen Rechtsprechung des Bewertungssenats als Nutzung zu Wohnzwecken anzusehen (BFH-Urteil vom 9. November 1988, BStBl II 1989 S. 135). Ob sich diese Rechtsauffassung wegen der abweichenden ertragsteuerlichen Beurteilung des häuslichen Arbeitszimmers - hier wird keine Nutzung zu Wohnzwecken angenommen - aufrecht erhalten läßt, bleibt abzuwarten (vgl. R 175 ErbStR). Rechtsstreitigkeiten dürften bereits vorprogrammiert sein.

Ist auf dem Ein- oder Zweifamilienhausgrundstück noch ein weiteres Gebäude vorhanden, das gewerblichen oder freiberuflichen Zwecken dient, dürfte sich ebenfalls die Frage stellen, ob in diesen Fällen ein Zuschlag von 20 % vorzunehmen ist. U.E. läßt es sich im Hinblick auf die Gesetzesbegründung, nur typische Ein- und Zweifamilienhäuser mit einem Zuschlag zu „versehen", rechtfertigen, bei der Grundstücksbewertung des Gesamtobjekts auf einen solchen Zuschlag zu verzichten (s. auch R 180 Abs. 3 Satz 2 ErbStR).

Mindestbewertung

Der nach dem oben beschriebenen Ertragswertverfahren ermittelte Grundstückswert für das Ein- oder Zweifamilienhaus darf nicht geringer sein als der Wert, mit dem der *Grund und Boden allein als unbebautes Grundstück anzusetzen wäre* (§ 146 Abs. 6 i.V.m. § 145 Abs. 3 BewG). Diese Untergrenze für den Grundstückswert, vom Gesetzgeber als *Mindestwert* bezeichnet, errechnet sich 363 i.d.R. aus der Grundstücksfläche und dem auf 80 % ermäßigten Bodenrichtwert (R 176 Abs. 1 ErbStR). In diesem Zusammenhang ist darauf zu achten, daß bei der Ermittlung des Bodenrichtwerts Wertkorrekturen vorgenommen werden müssen, wenn das zu bewertende Grundstück in seinen Merkmalen von den Vorgaben des Bodenrichtwertgrundstücks abweicht (vgl. Rdn. 336f.). Auch der Nachweis eines niedrigeren Verkehrswerts für das „gedachte" Grundstück im unbebauten Zustand ist zulässig (R 176 Abs. 2 Satz 8 ErbStR).

364 Darüber hinaus dürfte eine Wertminderung für das bebaute Grundstück „Ein- oder Zweifamilienhaus" in Betracht kommen, wenn der Bodenrichtwert aufgrund der *tatsächlichen Bebauung* erheblich zu mindern ist. Ein solcher Fall kann in der Praxis dann eintreten, wenn es für den Grundstückseigentümer objektiv keine Möglichkeit gibt, die zulässige bauliche Nutzung seines Grundstücks durch eine Erweiterung des Gebäudes zu erreichen. Dies gilt insbesondere für Gebäude, die unter Denkmalschutz stehen und bei denen zumindest in ihren Außenmaßen keine Veränderung eintreten darf. Die Wertminderung ist in der Weise zu berechnen, daß für das zu bewertende Grundstück die Geschoßflächenzahl unter Berücksichtigung der tatsächlichen Nutzung ermittelt und der Geschoßflächenzahl aufgrund der rechtlich zulässigen Nutzung des Bodenrichtwertgrundstücks gegenübergestellt wird, wobei beide Geschoßflächenzahlen – wie bei unbebauten Grundstücken (vgl. Rdn. 339) – in Umrechnungskoeffizienten auszudrücken sind, bevor das Verhältnis

$$\frac{\text{zu bewertendes Grundstück}}{\text{Bodenrichtwertgrundstück}}$$

ermittelt wird (R 172 Abs. 2 ErbStR).

BEISPIEL

Ein Einfamilienhaus, ein alter Fachwerkbau, steht unter Denkmalschutz. In seinen Außenmaßen kann dieses Gebäude nicht verändert werden. Die bebaute Fläche beträgt 65 m², die Geschoßfläche bei zweigeschossiger Bebauung 130 m². Das Grundstück ist 325 m² groß. Der Bodenrichtwert beträgt 700 DM/m²; er gilt für eine Geschoßflächenzahl von 0,8.

Die Geschoßflächenzahl des zu bewertenden Grundstücks beträgt

$$\frac{130\ \text{m}^2\ \text{(Geschoßfläche)}}{325\ \text{m}^2\ \text{(Grundstücksfläche)}} = 0{,}4$$

Für die Geschoßflächenzahl des zu bewertenden Grundstücks ist nach Anlage 23 zu den Wertermittlungsrichtlinien (vgl. Rdn. 339) ein Umrechnungskoeffizient von 0,66 und für das Bodenrichtwertgrundstück - Geschoßflächenzahl 0,8 - ein Umrechnungskoeffizient von 0,90 anzusetzen. Hieraus errechnet sich folgendes Verhältnis:

$$\frac{0{,}66}{0{,}90} = 0{,}73$$

Das Ergebnis 0,73 ist auf den Bodenrichtwert von 700 DM/m² zu beziehen und führt dann zu einem abgeleiteten Bodenrichtwert von 511 DM/m². Hieraus ergibt sich folgender Mindestwert:

Grundstücksfläche:		325 m²
Bodenrichtwert:	x	511 DM/m²
	=	166.075 DM
Abschlag (20 % von 166.075 DM):	·/·	33.215 DM
Mindestwert:		*132.860 DM*

Die Mindestbewertung unter Berücksichtigung einer *Wertminderung wegen tatsächlicher Bebauung* war innerhalb der Finanzverwaltung bis zum Inkrafttreten der ErbStR ab 1.1.1999 stets ein Zankapfel. Bayern vertrat hierzu die Auffassung, daß der Mindestwert für Ein- und Zweifamilienhausgrundstücke stets unter Berücksichtigung der tatsächlichen Bebauung ermittelt werden müsse, wie in dem obigen Beispiel dargestellt, wenn es dadurch zu einer Ermäßigung des Bodenrichtwerts kam. Dagegen vertraten die anderen Bundesländer die Auffassung, daß nur in den Sonderfällen „Denkmalschutz" und „Einschränkung der Bebauung aufgrund von Baulasten" ein Bebauungsabschlag bei der Mindestbewertung in Betracht kam. Letztere Auffassung hat sich in den ErbStR durchgesetzt. Bis zum Inkrafttreten der ErbStR ab 1. Januar 1999 verbleibt es allerdings bei den unterschiedlichen Verwaltungsmeinungen. Man darf gespannt sein, wie die Rechtsprechung hierauf reagieren wird. Den Betroffenen wird empfohlen, bei einer ablehnenden Entscheidung der Finanzverwaltung zur Berücksichtigung eines Bebauungsabschlags den Steuerfall offenzuhalten. Dadurch läßt sich noch ein unter dem Bodenrichtwert abzüglich eines Abschlags von 20 % liegender Gutachterwert nachschieben, falls die Rechtsprechung zu Ungunsten der betroffenen Grundstückseigentümer entscheiden sollte.

PRAXISHINWEIS:

Auch bei der Ermittlung des Mindestwerts besteht für den Grundstückseigentümer die Möglichkeit, den Verkehrswert des Grundstücks in unbebautem Zustand durch ein Gutachten nachzuweisen, wenn der Wert niedriger ist als der Steuerwert unter Ansatz des auf 80 % ermäßigten Bodenrichtwerts.

Verkehrswert als Höchstwert

365 Durch den Ansatz des einheitlichen Vervielfältigers können sich bei Ein- und Zweifamilienhäusern in ländlichen Bereichen sowie bei älteren Objekten in den neuen Bundesländern Ertragswerte ergeben, die über den tatsächlichen Wert des Grundstücks hinausgehen. Um hier eine *„Überbesteuerung“* zu verhindern, sieht das Gesetz folgendes vor: Der Steuerpflichtige kann nach § 146 Abs. 7 BewG gegenüber dem Finanzamt einen *unter dem Steuerwert liegenden Verkehrswert* für sein gesamtes Ein- oder Zweifamilienhausgrundstück nachweisen. Gelingt ihm dieser Nachweis, so ist der Verkehrswert als neuer Grundstückswert im Feststellungsbescheid anzusetzen (R 163 Satz 1 ErbStR).

366 Der Nachweis über einen geringeren Verkehrswert wird i.d.R. durch ein Gutachten eines öffentlich bestellten und vereidigten Bausachverständigen oder des örtlich zuständigen Gutachterausschusses erbracht werden können (R 163 Satz 2 ErbStR). Dies ist allerdings für den Steuerpflichtigen mit *Kosten* verbunden. Um sich über die Höhe der Kosten einen Überblick machen zu können, ist nachfolgend die Honorartafel zu § 34 Abs. 1 Honorarordnung für Architekten und Ingenieure auszugsweise wiedergegeben:

Wert des zu begutachtenden Grundstücks	Gutachterkosten
50.000 DM	440 DM bis 850 DM
100.000 DM	640 DM bis 1.060 DM
150.000 DM	870 DM bis 1.450 DM
200.000 DM	1.080 DM bis 1.810 DM
250.000 DM	1.270 DM bis 2.110 DM
300.000 DM	1.440 DM bis 2.390 DM
350.000 DM	1.510 DM bis 2.520 DM
400.000 DM	1.720 DM bis 2.860 DM
450.000 DM	1.840 DM bis 3.060 DM

Wert des zu begutachtenden Grundstücks	Gutachterkosten
500.000 DM	1.930 DM bis 3.220 DM
600.000 DM	2.120 DM bis 3.520 DM
700.000 DM	2.270 DM bis 3.770 DM
800.000 DM	2.380 DM bis 3.970 DM
900.000 DM	2.500 DM bis 4.150 DM
1.000.000 DM	2.600 DM bis 4.340 DM

PRAXISHINWEIS:

Die Gutachterkosten bewegen sich, wie aus der abgedruckten Tabelle ersichtlich ist, in einer weiten Spanne. Achten Sie darauf, daß der Gutachter seine Gebühr nicht nach dem oberen Rahmensatz ausrichtet. Beachten Sie aber auch, daß sich ein solches Gutachten nicht lohnt, wenn die steuerlichen Auswirkungen auf den Grundstückswert und somit auf die Erbschaft- und Schenkungsteuer gering sind.

Die Ermittlung des Verkehrswerts erfolgt u.E. nicht, wie die Bewertung im Ertragswertverfahren, auf den Besteuerungszeitpunkt unter Rückgriff auf Vergangenheitsergebnisse, sondern *auf den 1. Januar 1996* (§ 138 Abs. 1 Satz 2 BewG). Hiergegen wird häufig eingewandt, daß durch das Abweichen der Wertermittlungsstichtage die Vergleichbarkeit zwischen niedrigerem Verkehrswert und Ertragswert nicht mehr sichergestellt sei. Eine solche Vergleichbarkeit gibt es auch bei der Wertermittlung auf denselben Stichtag nicht. Denn der Gutachter wendet bei der Ermittlung des Verkehrswerts, insbesondere bei eigengenutzten Ein- und Zweifamilienhäusern, überwiegend das Sachwertverfahren an. Zum anderen deckt sich auch bei einer Verkehrswertermittlung nach dem Ertragswertverfahren der dort angesetzte künftige Mietertrag nicht mit dem aus den Vergangenheitsergebnissen abgeleiteten durchschnittlichen Mietertrag. Nach Auffassung der Finanzverwaltung ist das Gutachten nach den Wertverhältnissen vor dem Besteuerungszeitpunkt zu erstellen (R 163 Satz 1 ErbStR). 367

Es ist damit zu rechnen, daß sich die Finanzverwaltung ihre Auffassung „Feststellung des Gutachtens nach den *Wertverhältnissen im Besteuerungszeitpunkt*" durch den Gesetzgeber bestätigen lassen will und dies dann als Klarstellung „verkauft" (siehe hierzu den Entwurf des Steuerbereinigungsgesetzes 1999: neuer § 138 Abs. 4a BewG). Bis zu einer Gesetzesänderung sollten Sie sich jedoch auf den Gesetzeswortlaut berufen und dann, wenn die Wertermittlung auf den 1. Januar 1996 für Sie günstiger ist, nicht zurückschrecken, dies im Klageverfahren durchzusetzen.

Neben einem Verkehrswertgutachten läßt die Finanzverwaltung auch einen im gewöhnlichen Geschäftsverkehr kurz vor oder nach dem Besteuerungszeitpunkt zustande gekommenen *Kaufpreis* als Nachweis für einen niedrigeren Verkehrswert zu (R 163 Satz 3 ErbStR). Auch in diesem Fall vertritt sie die Auffassung, daß die *Wertverhältnisse im Besteuerungszeitpunkt maßgebend* sind. Es bestehen jedoch - wie beim Gutachterwert - Bedenken gegen diesen Wertermittlungsstichtag, der nach dem Gesetzeswortlaut der 1. Januar 1996 sein müßte. Aus Vereinfachungsgründen verzichtet die Finanzverwaltung auf eine *Korrektur des Kaufpreises* unter Berücksichtigung der Wertverhältnisse im Besteuerungszeitpunkt. Dies ist nicht zu beanstanden, es sei denn, Sie erwarten aus einer solchen Korrektur einen niedrigeren Wertansatz bei Ihrer Besteuerung. Dann sollten Sie auf einer stichtagsgenauen Wertermittlung bestehen.

PRAXISHINWEIS:

Die *Glaubhaftmachung* eines geringeren Verkehrswerts reicht nicht für eine vom Ertragswert abweichende Feststellung des Grundstückswerts aus. Ist das Gutachten durch einen *zertifizierten Sachverständigen* erstellt worden, dürfte das Finanzamt, wenn es ein solches Gutachten überhaupt im Rahmen der Beweiswürdigung akzeptiert, die dort gemachten Angaben besonders kritisch prüfen.

Abrundung

368 Der Grundstückswert, unabhängig davon, ob er nach dem Ertragswertverfahren ermittelt worden ist, unter Ansatz des Mindestwerts zustandegekommen ist oder von dem Steuerpflichtigen nachgewiesen wurde, ist stets auf *volle 1.000 DM* nach unten *abzurunden* (§ 139 BewG).

BEISPIEL

zur Bewertung eines selbstgenutzten Einfamilienhauses

Ein Einfamilienhaus ist im Jahr 1967 fertiggestellt worden. Es wurde am 3. April 369
1999 im Wege der vorweggenommenen Erbfolge übertragen. Das Einfamilienhaus verfügt über eine Wohnfläche von 130 m^2. Zu dem Einfamilienhaus gehört eine Garage mit einem Stellplatz. Das Grundstück ist 580 m^2 groß. Aus dem Mietspiegel, aufgestellt im Jahr 1998, ergibt sich für vergleichbare Häuser eine übliche Miete von 11,50 DM/m^2. Hierbei handelt es sich um die durchschnittliche übliche Miete. Die Miete für den Stellplatz in einer Garage beträgt jährlich 720 DM; auch hier handelt es sich um einen durchschnittlichen Mietansatz. Aus der Bodenrichtwertkarte ergibt sich ein Bodenrichtwert von 280 DM/m^2. Dieser Richtwert gilt für Grundstücke bis zu einer Größe von 700 m^2.

Die Bewertung des Einfamilienhauses ist auf den Besteuerungszeitpunkt 3. April 1999 wie folgt durchzuführen:

Die übliche Miete für das Einfamilienhaus - ohne Garage - beträgt 17.940 DM (130 m^2 x 11,50 DM/m^2 x 12). Dazu kommt noch die übliche Miete für den Stellplatz in der Garage von 720 DM. Anzusetzen sind als durchschnittliche Miete 18.660 DM.

Die durchschnittliche Miete ist mit 12,5 zu multiplizieren. Hieraus ergibt sich ein Ausgangswert von 233.250 DM. Da das Einfamilienhaus im Besteuerungszeitpunkt bereits 32 Jahre steht - es wurde die Vereinfachungsregelung angewandt „Fertigstellung stets am 1. Januar" -, ist eine Alterswertminderung von 16 % abzuziehen. Die Alterswertminderung beträgt 37.320 DM (16 % von 233.250 DM); es verbleibt ein Betrag von 195.930 DM.

Der gekürzte Ausgangswert ist bei einem Einfamilienhaus, das ausschließlich Wohnzwecken dient, um einen Zuschlag von 20 % zu erhöhen. Der Grundstückswert beträgt demnach 235.116 DM (195.930 DM + 39.186 DM). Dieser Wert ist noch mit dem Mindestwert als unterstem Grundstückswert abzugleichen. Der Mindestwert beträgt 580 m^2 x 280 DM/m^2 x 80 %: 129.920 DM. Da der Ertragswert nicht unter dem Mindestwert liegt, ist ersterer anzusetzen. Nach Abrundung auf volle 1.000 DM nach unten ergibt sich ein Grundstückswert von 235.000 DM.

Hätte der Steuerpflichtige z.B. durch ein Gutachten eines öffentlich bestellten und vereidigten Sachverständigen nachgewiesen, daß der Grundstückswert, z.B. aufgrund nicht behebbarer Baumängel oder Bauschäden, nur 210.000 DM beträgt, wäre anstelle des Ertragswerts der niedrigere Verkehrswert von 210.000 DM festzustellen.

Bewertung von Mietwohngrundstücken und Renditeobjekten

370 Bei Mietwohngrundstücken sowie bei Grundstücken, die zu gewerblichen oder freiberuflichen, in Ausnahmefällen zu öffentlichen Zwecken vermietet werden, ist der Grundstückswert stets nach dem Ertragswertverfahren zu ermitteln (§ 146 Abs. 2 BewG).

PRAXISHINWEIS:

Im Vermietungsfall gilt dies auch für typische Industriegrundstücke, die bei Eigennutzung nach § 147 BewG unter Ansatz des Boden- und Gebäudewerts zu bewerten wären (vgl. Rdn. 399 f.).

Bei der *Grundstücksbewertung im Ertragswertverfahren* wird die in den letzten drei Jahren vor dem Besteuerungszeitpunkt vereinbarte Miete ohne Berücksichtigung von Umlagen nach der II. Berechnungsverordnung in eine durchschnittliche Jahresmiete umgerechnet und mit 12,5 vervielfacht; als Ergebnis erhält man den Ausgangswert. Von dem Ausgangswert ist die Alterswertminderung in Höhe von 0,5 % für jedes volle Jahr ab Bezugsfertigkeit bis zum Besteuerungszeitpunkt abzuziehen, höchstens 25 %. Handelt es sich bei dem Mietwohnobjekt um ein Ein- oder Zweifamilienhaus, das ausschließlich Wohnzwecken dient, ist der um die Alterswertminderung gekürzte Ausgangswert um einen Zuschlag von 20 % zu erhöhen.

Im Anschluß an die Ertragsbewertung ist der Wert für das Grundstück zu ermitteln, und zwar ohne Aufbauten (sog. *Mindestwert*). Dazu ist die Grundstücksfläche mit dem um 20 % ermäßigten Bodenrichtwert zu multiplizieren. Der Mindestwert ist in den Fällen anzusetzen, in denen er über dem Ertragswert liegt.

Für den Steuerpflichtigen besteht die Möglichkeit, wie bei unbebauten Grundstücken einen *unter dem Ertragswert liegenden Verkehrswert nachzuweisen*. Der Grundstückswert, ob nach dem Ertragswertverfahren ermittelt, als Mindestwert angesetzt oder als nachgewiesener Verkehrswert festgestellt, ist stets auf volle 1.000 DM nach unten abzurunden (§ 139 BewG).

Darstellung des Ertragswertverfahrens

Miete im **3. Jahr** vor dem Besteuerungszeitpunkt + Miete im **2. Jahr** vor dem Besteuerungszeitpunkt + Miete im **1. Jahr** vor dem Besteuerungszeitpunkt

Summe

: **3**

= **Durchschnittliche Jahresmiete**
§ 146 Abs. 2 Satz 1 BewG

x Vervielfältiger **12,5**
§ 146 Abs. 2 Satz 1 BewG

= **Ausgangswert**

– **Alterswertminderung** (0,5 % pro Jahr, höchstens 25 %)
§ 146 Abs. 4 BewG

= **gekürzter Ausgangswert**

+ **Zuschlag von 20 % für Ein- und Zweifamilienhäuser**
§ 146 Abs. 5 BewG

= **vorläufiger Grundstückswert**

Mindestwert (Grundstücksfläche x 80 % des Bodenrichtwerts)
§ 146 Abs. 6 BewG

nachgewiesener Grundstückswert
§ 146 Abs. 7 BewG

Jahresmiete

371 Zur Jahresmiete rechnet alles das, was der Mieter bzw. Pächter für die Nutzung des bebauten Grundstücks oder eines Teils davon aufgrund der getroffenen Vereinbarungen zu zahlen hat (R 167 ErbStR).

Checkliste „Jahresmiete"

Mietentgelt	gehört zur Jahresmiete	gehört nicht zur Jahresmiete
Baukostenzuschüsse und Mietvorauszahlungen bei Anrechnung auf die Miete	✘	
Entgelt für das Anbringen von Werbeschildern	✘	
Entgelt für das Aufstellen von Automaten	✘	
Entgelt für die Überlassung von Einrichtungsgegenständen, z.B. in einer Studenten- oder Ferienwohnung		✘
Entgelt für die Überlassung von Maschinen und Betriebsvorrichtungen		✘
Entgelt für die Überlassung von Waschautomaten, soweit nicht durch Umlage abgerechnet	✘	
Leistungen des Mieters, die nicht in Geld bestehen, soweit sie nicht gleichzeitig als umlagefähige Betriebskosten zu berücksichtigen wären	✘	
Miete für die Überlassung von Gaststätteninventar		✘
Mietzahlungen für Stellplätze	✘	
Umbauten und Einbauten bei Zahlung einer angemessenen Entschädigung nach Beendigung des Mietverhältnisses		✘
Umbauten und Einbauten, die nach Beendigung des Mietverhältnisses nicht beseitigt werden dürfen und daher den Mietwert erhöhen	✘	
Umsatzsteuer, insbesondere bei gewerblicher Nutzung		✘
Untermietzuschläge	✘	
Vereinbarte Miete	✘	
Vereinbarte Pacht	✘	

Mietentgelt	gehört zur Jahresmiete	gehört nicht zur Jahresmiete
Vergütungen für außergewöhnliche Nebenleistungen des Vermieters, die nicht die Raumnutzung betreffen, aber neben der Raumnutzung aufgrund des Mietvertrags gewährt werden (z.B. Bereitstellung von Schwachstrom).	✗	
Vergütungen für Nebenleistungen, die zwar die Raumnutzung betreffen, aber nur einzelnen Mietern zugute kommen	✗	
Zahlungen des Mieters an Dritte für den Eigentümer, soweit es sich nicht um umlagefähige Betriebskosten handelt	✗	
Zuzahlungen aufgrund einer Mietgarantie		✗

PRAXISHINWEIS:

Bei Gewerbeimmobilien, die umsatzsteuerpflichtig vermietet sind, rechnete die *Umsatzsteuer* nach Tz. 5.1 der gleichlautenden Ländererlasse vom 28. Mai 1997 (BStBl 1997 I S. 592) noch zur *Jahresmiete*. Ein solcher Hinweis fehlt in R 167 Satz 2 ErbStR. Daraus ist zu schließen, daß die Finanzverwaltung im nachhinein zu der Erkenntnis gelangt ist, daß sich die Umsatzsteuer nicht werterhöhend auf den Grundstückswert auswirken darf. Obwohl die ErbStR erst für Erwerbe ab dem 1. Januar 1999 gelten, ist diese für den Steuerpflichtigen günstigere Regelung auch auf vorangegangene Erwerbe anzuwenden. Im Ergebnis ist die Anweisung in den gleichlautenden Ländererlassen vom 28. Mai 1997 dadurch überholt.

Sonderproblem „Ferienwohnung"

Werden Ferienwohnungen an Dritte überlassen, z.B. über eine *Feriendienstorganisation*, und werden in dem Vermietungszeitraum hohe Mieteinnahmen erzielt, die sich allerdings durch die Leerstandszeiten relativieren, so ergibt sich nur dann eine sachgerechte Bewertung der Ferienwohnung, wenn entweder die tatsächlich in den letzten drei Jahren vor dem Besteuerungszeitpunkt erzielten Mieten ohne Berücksichtigung des Leerstands in eine Durchschnittsmiete umgerechnet werden oder wenn an Stelle der erzielten Miete die übliche Miete für ver- 372 gleichbare Wohngrundstücke angesetzt wird. Für Zeiträume, in denen die Ferienwohnung vom Eigentümer oder von dessen Angehörigen genutzt wird, ist dagegen die *übliche Miete* anzusetzen. Dies gilt auch für die Zeiten, in denen die Ferienwohnung *zur Eigennutzung bereitgestanden* hat, ohne jedoch tatsächlich von dem Eigentümer genutzt worden zu sein.

Ausscheiden von umlagefähigen Betriebskosten

373 Nicht zur Jahresmiete rechnen die umlagefähigen Betriebskosten, die neben der Miete nach Anlage 3 der II. Berechnungsverordnung gesondert gegenüber dem Mieter abgerechnet werden können (§ 146 Abs. 2 Satz 3 BewG). Dies gilt nicht nur für Wohngrundstücke, sondern auch für *gewerblich oder freiberuflich genutzte Grundstücke*. Die umlagefähigen Kosten bestimmen sich auch im *Saarland* nach Anlage 3 der II. BV, die dort nicht unmittelbar anzuwenden ist (R 168 Abs. 1 Satz 2 ErbStR).

Checkliste „umlagefähige Betriebskosten"

Art der Aufwendungen	umlagefähig	nicht umlagefähig
auf dem Grundstück lastende Vermögensteuer (gilt nur bis Ende 1996)		✘
Aufwendungen für das Mietausfallwagnis		✘
Aufwendungen für den Kabelanschluß	✘	
Aufwendungen für die Außenbeleuchtung sowie die gemeinsam genutzten Gebäudeteile	✘	
Aufwendungen für die Gemeinschaftsantenne	✘	
Aufwendungen für die Ungezieferbekämpfung	✘	
Aufzugskosten	✘	
Beiträge für die Gebäudehaft- und -sachversicherung	✘	
Betriebskosten von Nebengebäuden, Anlagen und Einrichtungen	✘	
Entwässerungspumpe	✘	
Ersatzbeschaffung defekter Glühbirnen und Leuchtstoffröhren		✘
Erschließungsbeiträge		✘
Grundsteuer	✘	

Art der Aufwendungen	umlagefähig	nicht umlagefähig
Instandsetzungskosten		✗
Kosten beim Betrieb einer zentralen Brennstoff-versorgungsanlage	✗	
Kosten der Entwässerung	✗	
Kosten der Gartenpflege	✗	
Kosten der Hausreinigung	✗	
Kosten der Straßenreinigung	✗	
Kosten der Wasserversorgung	✗	
Kosten des Betriebs der maschinellen Wascheinrichtung	✗	
Kosten für den Betrieb einer zentralen Heizungsanlage	✗	
Kosten für den Betrieb einer zentralen Wasserversorgungsanlage	✗	
Kosten für den Hauswart	✗	
Messungen nach dem Bundesemissionsschutzgesetz	✗	
Müllabfuhrgebühren	✗	
Reinigung und Wartung von Etagenheizungen	✗	
Reparaturkosten für den Aufzug		✗
Schornsteinreinigungsgebühren	✗	
Versicherungsbeiträge für Erdbeben- und Hagelzusatzversicherung		✗
Verwaltungskosten		✗
Wasseraufbereitungsanlage	✗	
Wasserenthärtungsanlage	✗	

Sind *sämtliche umlagefähigen Betriebskosten* im Mietvertrag *gesondert ausgewiesen* und werden sie nach Ablauf des Kalenderjahres mit dem Mieter abgerechnet, kann bei der Ermittlung der Jahresmiete auf die vereinbarte Nettomiete lt. Mietvertrag zurückgegriffen werden. Bei älteren Mietverträgen dürfte dagegen die Trennung in Nettomiete und umlagefähige Kosten nur z.T. vorgenommen sein. Hier müssen die Mieteinnahmen um die umlagefähigen Kosten, die nicht 374 mit dem Mieter abgerechnet werden, bereinigt werden. Dabei kommt es für die Zuordnung der umlagefähigen Betriebskosten auf die *wirtschaftliche Zugehörigkeit* an und nicht auf den Zahlungsabfluß (R 168 Abs. 2 ErbStR). Bei *gewerblich oder freiberuflich genutzten Räumen* besteht für den Vermieter keine Verpflichtung, die Betriebskosten nach Ablauf des Kalenderjahres abzurechnen. In der Praxis sind daher Vereinbarungen anzutreffen, nach denen der Mieter eine Betriebskostenpauschale zu zahlen hat, unabhängig davon, ob und in welcher Höhe Betriebskosten angefallen sind. Auch in diesen Fällen muß die vereinbarte Miete, erhöht um die Betriebskostenpauschale, um die tatsächlich angefallenen Betriebskosten bereinigt werden (R 169 Sätze 2 und 3 ErbStR). Entsprechend ist zu verfahren, wenn ein Teil der Betriebskosten durch eine Pauschale und ein Teil der Betriebskosten verbrauchsbezogen abgerechnet wird. Die verbrauchsbezogenen Betriebskosten bleiben sowohl bei der Ermittlung des Mietansatzes als auch bei der Kürzung der Miete um die Betriebskosten unberücksichtigt.

Gespaltener Mietenmarkt in den neuen Bundesländern

375 In den neuen Bundesländern kommt es zu unterschiedlichen Mietansätzen, je nachdem, ob es sich um Wohnungen handelt, die vor dem *3. Oktober 1990 bezugsfertig* geworden sind (= Altbauten), oder um Wohnungen, die danach fertiggestellt worden sind (= Neubauten). Für Altbauten gilt noch bis Ende 1997 die *preisrechtlich gebundene Miete*. Erst danach fallen die früheren Preisbindungen und die Mietzinsbeschränkungen weg, und es kann sich eine Vergleichsmiete bilden. Bei den Neubauten bestimmt sich die Miete nach Angebot und Nachfrage auf dem Grundstücksmarkt, also nach dem Vergleichsmietensystem, wobei die allgemeinen Beschränkungen des Miethöhengesetzes allerdings zu beachten sind. Der „gespaltene" Mietenmarkt führt zu Wertverzerrungen zwischen den Alt- und Neubauten. Trotzdem knüpft die Finanzverwaltung von Gesetzes wegen bei Altbauten an die preisrechtlich gebundene Miete an (R 171 Abs. 3 ErbStR). Solche Wertverzerrungen sind auch – bedingt durch das Anknüpfen an die vereinbarte Miete – bei öffentlich geförderten Wohnungen, die sich in privater Hand befinden, anzutreffen. Hier geht der geringere Mietansatz weit über das hinaus, was an Nachteilen aus der Belegungs- und Mietpreisbindung wertmäßig zu berücksichtigen wäre.

Jahresmiete = Sollmiete

Bei der Jahresmiete handelt es sich um eine Sollmiete. Maßgebend ist das, was zwischen dem Vermieter und dem Mieter *vertraglich vereinbart* wurde. Auf die Zahlung der Miete kommt es nicht an (R 167 Sätze 4 bis 6 ErbStR). Dies bedeutet in der Praxis: 376

- Fällt die vereinbarte Miete insgesamt oder z.T. wegen Liquiditätsproblemen des Mieters aus, so ist trotz des geringeren Ertrags die vereinbarte Miete anzusetzen.
- Gerät der Mieter nicht nur mit der Nettomiete, sondern auch mit den *umlagefähigen Betriebskosten* in Zahlungsverzug, können die ausgefallenen Betriebskosten bei der Ermittlung der Jahresmiete nicht abgezogen werden.
- Kann das Gebäude oder der Gebäudeteil nicht vermietet werden, weil er vom Mieter trotz Kündigung nicht geräumt wird, führt auch dies nicht zu einer Mietminderung.

PRAXISHINWEIS:

Kommt es aufgrund des „Mietwucherparagraphen" im gerichtlichen Verfahren zu einer nachträglichen Korrektur der vereinbarten Miete, handelt es sich u.E. um ein Ereignis mit steuerlicher Rückwirkung, das zu einem geringeren Mietansatz als ursprünglich vereinbart führt. Dies gilt auch für die Fälle, in denen die Miete im nachhinein wegen bestehender Mängel an dem Mietobjekt gerichtlich oder im Vergleichswege herabgesetzt wird.

Durchschnittliche Jahresmiete

Die für die letzten drei Jahre vor dem Besteuerungszeitpunkt ermittelten Jahresmieten sind in eine *Durchschnittsmiete umzurechnen* (§ 146 Abs. 2 Satz 1 BewG). Mietermittlungszeitraum sind die letzten drei Jahre und nicht die letzten drei Kalenderjahre vor dem Besteuerungszeitpunkt. 377

BEISPIEL

A ist am 3.3.1999 verstorben. Zu seinem Nachlaß gehört ein Bürohaus. Die durchschnittliche Jahresmiete für das Bürohaus ist aus den Mieten für die Jahre vom

3.3.1996 bis 2.3.1997,
3.3.1997 bis 2.3.1998 und
3.3.1998 bis 2.3.1999 abzuleiten.

Aus dem Beispiel ist ersichtlich, daß der Besteuerungszeitpunkt nicht in die Mietermittlung einzubeziehen ist. Nach R 170 Abs. 1 Satz 3 ErbStR kann aus Vereinfachungsgründen der Monat, in den der Besteuerungszeitpunkt fällt, mit in den Mietermittlungszeitraum einbezogen werden. Im vorstehenden Beispiel wäre der Ermittlungszeitraum somit 1. April 1996 bis 31. März 1999 (vgl. auch R 170 ErbStR).

---

378 Ist das Gebäude oder ein Teil davon *innerhalb des dreijährigen Mietermittlungszeitraums zeitweise nicht vermietet*, so ist für diesen Zeitraum die übliche Miete anzusetzen (§ 146 Abs. 3 Satz 1 BewG). Maßgebend für den Ansatz der üblichen Miete sind die Wertverhältnisse für den Mietermittlungszeitraum. Betroffen von dieser Regelung sind folgende Fälle:

- Nach Auszug des Mieters mußte die *Wohnung renoviert* werden. Um die erforderlichen Arbeiten durchführen zu können, stand sie bis zur Wiedervermietung eine Zeit lang leer.
- Die Wohnung konnte wegen des Überangebots auf dem Grundstücksmarkt *nicht unmittelbar nach Auszug des Mieters wieder vermietet* werden.
- Der Grundstückseigentümer hat die Wohnung nach Auszug des Mieters zur *Eigennutzung* herrichten lassen. Während der Renovierungsarbeiten stand die Wohnung für *einige Monate leer.*
- Die Räume eines Bürohauses werden zu einer Miete angeboten, die *über der ortsüblichen Marktmiete* liegt. Der Vermieter geht bei seiner Kalkulation davon aus, daß wegen der Miethöhe ein Teil des Gebäudes dauernd leersteht. Um hier eine Besteuerung über dem Verkehrswert zu vermeiden, bleibt dem Steuerpflichtigen nichts anderes übrig, als evtl. einen unter dem Ertragswert liegenden Verkehrswert durch ein Gutachten nachzuweisen (vgl. Rdn. 385 f.).

Wichtig:
Die durchschnittliche Jahresmiete soll für Erwerbe ab 2000 nicht mehr aus den letzten drei Jahren, sondern aus den *letzten 12 Monaten vor dem Besteuerungszeitpunkt* abgeleitet werden (vgl. Entwurf des Steuerbereinigungsgesetzes 1999). Wer hier noch Steuern sparen will, sollte die Übertragung des Mietobjekts noch bis Ende 1999 vornehmen, um sich so bei einer steigenden Mietentwicklung einen geringeren Durchschnittswert zu sichern. I. d. R. ist eine *Grundstücksschenkung ausgeführt*, wenn Schenker und Bedachter vor dem

Notar einen Übertragungsvertrag abgeschlossen haben, in dem die Auflassung erklärt ist und der Notar bevollmächtigt wird, die für die Rechtsänderung erforderlichen Erklärungen abzugeben und entgegenzunehmen. Gleichzeitig müssen mit der Auflassung auch die Besitzverschaffung des Grundstücks erfolgen sowie Nutzungen und Lasten auf den Beschenkten übergehen (R 23 Abs. 1 ErbStR).

PRAXISHINWEIS:

Verfügt der Erbe über keine anderen Erkenntnisquellen als die Anlagen V zur Einkommensteuererklärung, dürfte es bei kleineren Objekten vertretbar sein, die durchschnittliche Jahresmiete aus den letzten drei Kalenderjahren vor dem Besteuerungszeitpunkt abzuleiten oder zumindest in der Weise vorzugehen, daß für das Erwerbsjahr und die beiden vorangegangenen Kalenderjahre auf die Anlage V unmittelbar zurückgegriffen wird und nur für das dritte vor dem Erwerbsjahr liegenden Kalenderjahr eine zeitanteilige Umrechnung der in der Anlage V angegebenen Mieteinnahmen erfolgt.

Ist das Grundstück vor dem Besteuerungszeitpunkt *weniger als drei Jahre vermietet* worden, so ist nach dem Gesetzeswortlaut die Jahresmiete aus dem kürzeren Zeitraum zu ermitteln (§ 146 Abs. 3 Satz 4 BewG). Diese Regelung gilt für Neubauten, die aus der Sicht des Besteuerungszeitpunkts vor weniger als drei Jahren bezugsfertig geworden sind. Hier erfolgt die Ermittlung der Durchschnittsmiete aus den Mieten für den Zeitraum ab Bezugsfertigkeit bis zum Besteuerungszeitpunkt. (Tz. 5.4 der gleichlautenden Ländererlasse vom 28. Mai 1999, BStBl 1997 I S. 592). 379

BEISPIEL

B hat am 5. Mai 1997 ein Mietwohngrundstück fertiggestellt. Das Mietwohngrundstück ist ab dem 1. Juni 1997 vermietet. B ist am 4. April 1999 verstorben.

Der Mietermittlungszeitraum beginnt ab dem 1. Juni 1997 und endet mit dem 30. April 1999. In Monaten gerechnet sind dies 23 Monate. Die Umrechnung der in diesem Zeitraum angefallenen Mieten erfolgt mit

$$\frac{\text{vereinbarte Miete x 12}}{23} = \text{durchschnittliche Jahresmiete.}$$

PRAXISHINWEIS:

Die Umrechnung gilt nicht für solche Vermietungsobjekte, die zu *Beginn des Dreijahreszeitraums vermietet* sind und im Laufe dieses Zeitraums für eine bestimmte Zeit leerstanden. Hier müssen die Leerstandszeiten mit der üblichen Miete aufgefüllt werden, wobei dann die so ermittelten Jahresmieten durch drei zu dividieren sind (R 170 Abs. 3 ErbStR).

380 Kommt es innerhalb des 3jährigen Mietermittlungszeitraums zu einer *Veränderung der Wohn- bzw. Nutzfläche* durch Anbau oder Ausbau, muß dem nach Auffassung der Finanzverwaltung dadurch Rechnung getragen werden, daß bei der Ermittlung der durchschnittlichen Miete auf einen verkürzten Mietermittlungszeitraum, beginnend mit der Fertigstellung des Anbaus bzw. Ausbaus und endend mit dem Besteuerungszeitpunkt, gerechnet in vollen Monaten, abgestellt wird (R 170 Abs. 2 ErbStR). Dem ist u.E. zuzustimmen. Entsprechend ist vorzugehen, wenn an einem Gebäude *Modernisierungsmaßnahmen* durchgeführt werden, die sich erheblich auf den Mietwert auswirken.

Dagegen dürften typische Modernisierungsmaßnahmen, die lediglich zu einer Anpassung der Wohnräume an die *neuzeitlichen Wohnvorstellungen* führen, sowie *Nutzungsänderungen* durch Umwidmung von Wohnraum zu Gewerberaum oder umgekehrt mit Auswirkungen auf die Miethöhe eine Verkürzung des 3jährigen Mietermittlungszeitraums nicht rechtfertigen. In diesem Punkt ist R 170 Abs. 2 ErbStR, der auf einen kürzeren Zeitraum ab Beendigung der letzten baulichen Veränderung bzw. ab Beginn der letzten Nutzungsänderung bis zum Besteuerungszeitpunkt abstellt, abzulehnen, wenn sich die Auffassung der Finanzverwaltung für den Steuerpflichtigen nachteilig auswirkt.

BEISPIEL

C ist am 5.5.1999 verstorben. Zu seinem Nachlaß gehört u.a. eine Eigentumswohnung, die er im letzten Jahr vor seinem Tod zu Wohnzwecken vermietet hat; die erzielte Miete betrug 1.500 DM. Für die davorliegenden Jahre wurde die Eigentumswohnung als Praxis genutzt und zu einer monatlichen Miete von 2.000 DM vermietet.

Nach Auffassung der Finanzverwaltung ist die durchschnittliche Miete für den Zeitraum ab Nutzungsänderung bis zum Besteuerungszeitpunkt zu ermitteln. Dies bedeutet, daß im vorliegenden Fall 1.500 DM x 12 = 18.000 DM als durchschnittliche Miete anzusetzen sind. Hätte man auf den 3jährigen Mietermittlungszeitraum abgestellt, so wären zu dieser Jahresmiete noch zwei Jahresmieten mit 2.000 DM x 12 = 24.000 DM pro Jahr hinzugekommen. Die gesamte Miete von 24.000 DM + 24.000 DM + 18.000 DM = 66.000 DM, geteilt durch 3, hätte dann zu einer durchschnittlichen Miete von 22.000 DM geführt. Hier ist gegen die Auffassung der Finanzverwaltung in R 170 Abs. 2 Satz 2 ErbStR nichts einzuwenden.

Bei Gebäuden oder Gebäudeteilen, die innerhalb des dreijährigen Mietermittlungszeitraums von dem Grundstückseigentümer *selbst bewohnt*, an andere unentgeltlich zur Nutzung überlassen oder an Angehörige bzw. an Arbeitnehmer des Eigentümers vermietet waren, ist für diesen Nutzungszeitraum die *übliche Miete* anzusetzen. Befinden sich in dem Mietobjekt vermietete Räumlichkeiten, die mit dem eigengenutzten Gebäudeteil von der Ausstattung her vergleichbar sind, kann die Ableitung der üblichen Miete aus den Fremdmieten erfolgen. Die Benennung von drei Vergleichswohnungen, die nach dem Miethöhengesetz für das Mieterhöhungsverlangen Voraussetzung ist, muß bei der steuerlichen Grundstücksbewertung nicht beachtet werden (R 172 Abs. 2 ErbStR).

Wichtig:
Die Finanzverwaltung will sich ihre Auffassung zur *Verkürzung des Mietermittlungszeitraums* infolge eines An-, Um- oder Ausbaus, einer Modernisierungsmaßnahme oder einer Nutzungsänderung durch den Gesetzgeber absegnen lassen. So soll im Entwurf des Steuerbereinigungsgesetzes in § 146 Abs. 2 BewG geregelt werden, daß für die Mietermittlung ab 2000 auf den kürzeren Zeitraum ab Beendigung der letzten baulichen Veränderung oder der letzten Nutzungsänderung bis zum Besteuerungszeitpunkt abgestellt wird.

BEISPIEL

In einem Dreifamilienhaus befindet sich im Erdgeschoß eine Wohnung mit einer Wohnfläche von 90 m². Diese Wohnung ist für 1.200 DM vermietet. Im ersten Obergeschoß ist die Wohnung des Grundstückseigentümers gelegen, die mit der Erdgeschoßwohnung von der Größe und Ausstattung her vergleichbar ist. Im

Dachgeschoß ist noch eine fremdvermietete Wohnung mit einer Wohnfläche von 85 m^2. Hierfür ist eine Miete von 1.100 DM zu zahlen.

Die übliche Miete für die eigengenutzte Wohnung im ersten Obergeschoß dürfte in Anlehnung an die Miete im Erdgeschoß 1.200 DM betragen. Dies wird auch durch die Wohnung im Dachgeschoß bestätigt, die nur unwesentlich geringer - bezogen auf den m^2 Wohnfläche - vermietet ist.

Vervielfältiger 12,5

381 Die durchschnittliche Jahresmiete ist im Fall der Vermietung mit dem *Vervielfältiger von 12,5* zu multiplizieren (§ 146 Abs. 2 Satz 1 BewG). Dieser Vervielfältiger gilt nicht nur für Mietwohngrundstücke, sondern auch für gewerblich oder freiberuflich vermietete Objekte. Bei Gewerbeimmobilien kann sich durch den Ansatz des Einheitsvervielfältigers insbesondere bei Bürohäusern und Gewerbeflächen an der Peripherie einer Großstadt eine über dem Verkehrswert liegende Bewertung ergeben. Um eine solche Überbewertung zu vermeiden, ist der Steuerpflichtige gezwungen, einen unter dem Ertragswert liegenden Verkehrswert nachzuweisen (vgl. Rdn. 385 f.). Dies hat für ihn den Nachteil, daß er die damit verbundenen Gutachterkosten tragen muß.

Alterswertminderung

382 Der Ausgangswert „durchschnittliche Miete x 12,5" ist wegen des Alters des Gebäudes für jedes Jahr, das seit Bezugsfertigkeit bis zum Besteuerungszeitpunkt vollendet worden ist, um *0,5 %*, höchstens um *25 %* zu mindern (§ 146 Abs. 4 BewG).

Die Prozentsätze für die Alterswertminderung sind gesetzlich festgeschrieben. Sie gelten nicht nur für Mietwohngrundstücke in Massivbauweise, sondern auch für *Plattenbauten* sowie im gewerblichen Bereich für Gebäude, deren technische *Nutzungsdauer weniger als 50 Jahre* beträgt.

Für die Ermittlung der Alterswertminderung kommt es auf den Zeitraum ab Bezugsfertigkeit bis zum Besteuerungszeitpunkt an, wobei nur *volle Jahre* berücksichtigt werden. Da es bei älteren Objekten häufig schwierig ist, den genauen Zeitpunkt der Bezugsfertigkeit zu bestimmen, ist es aus Gründen der Verwaltungsvereinfachung vertretbar, als Fertigstellungszeitpunkt stets den 1. Januar des Jahres der Bezugsfertigkeit anzunehmen (R 174 Abs. 1 Satz 2 ErbStR).

Unter Berücksichtigung dieser Vereinfachungsregelung ergibt sich der Höchstsatz von 25 % in den Erwerbsjahren 1996 bis 2001 bei folgenden Jahren der Bezugsfertigkeit:

Erwerbsjahr	Jahr der Bezugsfertigkeit
1996	vor 1947
1997	vor 1948
1998	vor 1949
1999	vor 1950
2000	vor 1951
2001	vor 1952

Wegen der Berechnung der Alterswertminderung bei Verlängerung der gewöhnlichen Nutzungsdauer um mindestens 25 Jahre und wegen weiterer Einzelheiten zur Alterswertminderung (vgl. Rdn. 356f.).

Zuschlag für Wohngrundstücke mit nicht mehr als zwei Wohnungen

Bei vermieteten Ein- oder Zweifamilienhäusern, die ausschließlich Wohnzwecken dienen, ist der um die Alterswertminderung gekürzte Ausgangswert um einen Zuschlag von 20 % zu erhöhen (§ 146 Abs. 5 BewG). Nach dem Gesetzeswortlaut müßte der Zuschlag auch bei *Wohngrundstücken vorgenommen werden, die keine Wohnung enthalten*, wie z.B. ein Appartementhaus für Studenten. Voraussetzung ist allerdings in diesen Fällen, daß die einzelnen Appartements nicht als Wohnung anzusehen sind, z.B. weil sie nicht mit einer Küche ausgestattet sind. Dieses Ergebnis entspricht jedoch nicht der Gesetzesbegründung, nach der der Zuschlag ein „Unterrepräsentieren" der Grundstücksfläche im Mietwert ausgleichen soll. U.E. ist es daher vertretbar, im Rahmen einer sinnvollen Gesetzesauslegung auf den Zuschlag von 20 % bei Appartementhäusern zu verzichten. 383

Für die Vornahme des Zuschlags kommt es darauf an, daß das Grundstück *ausschließlich* Wohnzwecken dient. Bei einem vermieteten Einfamilienhaus sowie bei einer vermieteten Wohnung in einem Zweifamilienhaus ist davon auszugehen, daß eine Nutzung zu Wohnzwecken auch dann vorliegt, wenn ein Teil der Wohnung von dem Mieter als häusliches Arbeitszimmer genutzt wird. Hier ist sogar aus ertragsteuerlicher Sicht eine Wohnnutzung anzunehmen (vgl. auch Rdn. 362).

Mindestwert

384 Der nach dem Ertragswertverfahren ermittelte Grundstückswert darf nicht geringer sein als der Wert, mit dem der Grund und Boden allein als unbebautes Grundstück anzusetzen wäre (§ 146 Abs. 4 BewG). I.d.R. wird der Mindestwert „Grundstücksfläche x 80 % des Bodenrichtwerts" betragen (§ 145 Abs. 3 Satz 1 BewG). Nur dann, wenn Wertkorrekturen insbesondere wegen einer abweichenden baulichen Nutzungsmöglichkeit im Vergleich zum Bodenrichtwertgrundstück erforderlich sind, muß dies auch bei der Mindestbewertung berücksichtigt werden. Die Finanzverwaltung läßt nur in Ausnahmefällen die *tatsächliche Bebauung* als Wertminderung bei der Mindestbewertung zu. Nach R 176 Abs. 2 Satz 2 ErbStR liegt ein solcher Ausnahmefall dann vor, wenn ein Gebäude unter Denkmalschutz steht und daher in seinen Außenmaßen nicht mehr verändert werden darf, so daß die bauliche Nutzungsmöglichkeit hinter der des Bodenrichtwertgrundstücks zurückbleibt, ohne daß sich dieser Zustand ändern läßt. Wegen der Berechnung der Wertminderung vgl. Rdn. 362.

Für die Ermittlung des Mindestwerts besteht ebenfalls die Möglichkeit, den Verkehrswert des Grundstücks in „unbebautem Zustand" durch ein *Gutachten nachzuweisen*. Sollte bereits ein Gutachten über den Gesamtwert des bebauten Grundstücks erstellt werden, ist es zweckmäßig, von dem Gutachter auch den Wert des Grundstücks in unbebautem Zustand ermitteln zu lassen, falls dieser Wert nicht bereits als eine Ausgangsgröße für den Verkehrswert des bebauten Grundstücks festgestellt werden muß. Dies dürfte kaum mit Mehrkosten verbunden sein.

Ist der Mindestwert höher als der Ertragswert, ermittelt nach § 146 Abs. 2 bis 5 BewG, so ist ersterer der Erbschaftsbesteuerung zugrunde zu legen. Auch der Mindestwert, unabhängig davon, wie er ermittelt worden ist, muß *auf volle 1.000 DM nach unten abgerundet* werden (§ 139 BewG).

Nachweis eines niedrigeren Verkehrswerts

385 Der Steuerpflichtige hat die Möglichkeit, einen unter dem Ertragswert liegenden Verkehrswert nachzuweisen (§ 146 Abs. 7 BewG). In diesem Fall ist der niedrigere Verkehrswert als Grundstückswert im Feststellungsbescheid auszuweisen, und zwar nach Abrundung auf volle 1.000 DM nach unten.

PRAXISHINWEIS:

Der Nachweis eines niedrigeren Verkehrswerts sollte insbesondere bei Grundstücken in den *neuen Bundesländern* und bei Grundstücken in *ländlichen Gegenden* überprüft werden. Hier kann der Einheitsvervielfältiger von 12,5 zu einer Überbewertung führen.
Dies gilt auch für *Gewerbeimmobilien*, z.B. für Bürohäuser sowie für Gewerbeflächen an der Peripherie einer Großstadt.

Der Nachweis eines geringeren Verkehrswerts wird i.d.R. durch ein Gutachten eines *öffentlich bestellten und vereidigten Sachverständigen* geführt werden können. Anstelle eines Sachverständigen kann auch der örtliche Gutachterausschuß die Erstellung des Gutachtens übernehmen. Legt der Steuerpflichtige dagegen ein Gutachten eines zertifizierten Sachverständigen vor, dürfte, wenn das Finanzamt ein solches Gutachten im Rahmen der Beweiswürdigung akzeptiert, mit einer kritischen Überprüfung zu rechnen sein. Die mit der Erstellung des Gutachtens verbundenen Kosten hat der Steuerpflichtige zu tragen; wegen der Höhe vgl. Rdn. 366.

Als Nachweis genügt auch ein im gewöhnlichen Geschäftsverkehr kurz vor dem Besteuerungszeitpunkt zustandegekommener *Kaufpreis* über das zu bewertende Grundstück (vgl. Rdn. 367). Die Glaubhaftmachung eines niedrigeren Verkehrswerts reicht i.d.R. nicht aus, um das Finanzamt zu einer vom Ertragswert abweichenden Feststellung des Grundstückswerts zu veranlassen.

PRAXISHINWEIS:

Das Verkehrswertgutachten sollte sich nach Möglichkeit nicht nur auf den Verkehrswert des gesamten Grundstücks beziehen, sondern auch auf den Wert des Grundstücks im unbebauten Zustand. Letzterer Wert kann für die Mindestbewertung von Bedeutung sein (vgl. Rdn. 384).

Auch ein ertragsteuerlich anerkannter *Entnahme- oder Einlagewert*, soweit er stichtagsnah ermittelt wurde, kann wie ein Kaufpreis einen niedrigeren Wertansatz des bebauten Grundstücks begründen.

Wertermittlungsstichtag für den nachgewiesenen Verkehrswert ist der 1. Januar 1996 (§ 138 Abs. 1 Satz 2 BewG). Damit weicht die Verkehrswert- 386 ermittlung von der Ertragsbewertung ab, die auf die Mieten der letzten drei Jahre vor dem Besteuerungszeitpunkt zurückgreift. U.E. wäre es vertretbar, neben dem Wertermittlungsstichtag 1. Januar 1996 auch eine *Wertermittlung auf den Besteuerungszeitpunkt* zuzulassen. Dies hätte für den Steuerpflichtigen den Vorteil, daß er bei rückläufigen Grundstückspreisen, z.B. in den neuen Bundesländern, keine Überbesteuerung zu befürchten hat.

Zu einer solch weitreichenden Vereinfachung konnte sich allerdings die Finanzverwaltung in den ErbStR nicht „durchringen". Vielmehr verlangt sie bei dem nachgewiesenen Verkehrswert eine Berechnung auf den *Besteuerungszeitpunkt*; dies entspricht jedoch nicht dem Gesetzeswortlaut. Bei einem seit dem 1. Januar 1996 ansteigenden Grundstücksmarkt sollte daher eine Wertermittlung auf den 1. Januar 1996 - ggf. im Klageverfahren - durchgesetzt werden. Es ist damit zu rechnen, daß der Gesetzgeber in diesem Punkt noch nachbessern wird (vgl. hierzu § 138 Abs. 4a BewG i. d. F. des Entwurfs des Steuerbereinigungsgesetzes 1999). Allerdings kann diese Nachbesserung nur für die Zukunft wirken.

Auch bei einem *stichtagsnahen Kaufpreis* sind grundsätzlich die Wertverhältnisse vom 1. Januar 1996 maßgebend. Das erfordert eine Rückrechnung des Kaufpreises auf diesen Stichtag. Auch hier dürfte es vertretbar sein, auf eine solche Rückrechnung zu verzichten, insbesondere dann, wenn die Grundstückspreise „abbröckeln". Bei steigenden Grundstückspreisen hat der Steuerpflichtige jedoch ein Interesse an einer Rückrechnung. Dann stellt sich die Frage, ob die Rückrechnung durch ein Gutachten belegt werden muß oder eine einfache Rückindizierung ausreicht. Die Finanzverwaltung läßt dagegen nur eine Wertermittlung auf den Besteuerungszeitpunkt zu (R 177 Satz 3 ErbStR), wobei der stichtagsnahe Kaufpreis aus Vereinfachungsgründen nicht zu „korrigieren" ist.

BEISPIEL
zur Bewertung eines **Wohn-/Bürohauses**

387 A ist am 15. März 1999 verstorben. Zu seinem Nachlaß gehört ein bebautes Grundstück in Bonn, das teils zu Wohnzwecken und teils als Praxis- und Büroräume vermietet ist. Aus den Einkommensteuererklärungen sowie aus den sonstigen Unterlagen des Erblassers ergeben sich für die letzten drei Jahre vor dem Besteuerungszeitpunkt folgende Angaben zu den Mieten (s. Tabelle auf S. 263):

Gebäudeteil		vereinbarte Miete	gezahlte Miete	übliche Miete	in der vereinbarten Miete enthaltene Betriebskosten	Entgelt für das Anbringen von Werbeschildern	Umsatzsteuer
Laden im Erdgeschoß (200 m²)							
vermietet	01.04.1996 - 30.09.1997	72.000 DM				1.800 DM	11.070 DM
leergestanden	01.10.1997 - 31.12.1997			13.800 DM			
vermietet	01.01.1998 - 31.03.1999	63.000 DM					9.954 DM*
Steuerberaterpraxis im 1. Obergeschoß (100 m²)							
vermietet	01.04.1996 - 31.03.1998	36.000 DM				1.200 DM	5.580 DM
vermietet mit höherer Miete	01.04.1998 - 31.03.1999	19.200 DM				600 DM	3.168 DM
Arztpraxis im 1. Obergeschoß (100 m²)							
renoviert	01.04.1996 - 30.06.1996			5.175 DM			
vermietet	01.07.1996 - 31.12.1998	55.200 DM			1.800 DM	1.500 DM	
vermietet mit höherer Miete	01.01.1999 - 31.03.1999	5.865 DM			330 DM	150 DM	
Wohnung 1 im 2. Obergeschoß (95 m²)							
vermietet	01.04.1996 - 31.12.1997	21.945 DM			610 DM		
vermietet mit höherer Miete	01.01.1998 - 31.03.1999	17.100 DM					
Wohnung 2 im 2. Obergeschoß (95 m²)							
vermietet	01.04.1996 - 30.06.1997	15.675 DM	12.000 DM		570 DM		
leergestanden	01.07.1997 - 31.08.1997			2.090 DM			
vermietet	01.09.1997 - 31.03.1999	21.660 DM					
Wohnung 3 im Dachgeschoß (75 m²)							
unentgeltlich an Tochter überlassen	01.04.1996 - 31.12.1996			7.425 DM			
vermietet	01.01.1997 - 31.03.1999	24.300 DM					
Wohnung 4 im Dachgeschoß (75 m²)							
vermietet	01.04.1996 - 31.12.1996	7.425 DM					
vermietet mit höherer Miete	01.01.1997 - 31.03.1999	24.300 DM	18.800 DM				

* bis 31.3.1998 15 % Umsatzsteuer und ab 1.4.1998 16 %.

Die übliche Miete wurde aus den vereinbarten Mieten abgeleitet; die Höhe ist mit dem Finanzamt abgestimmt.

Das Gebäude ist in 1975 fertiggestellt worden. Es steht auf einem Grundstück, das 1.500 m^2 groß ist. Der für das gesamte Grundstück anzusetzende Bodenrichtwert beträgt 250 DM/m^2.

Das Grundstück ist im Ertragswertverfahren (§ 146 BewG) zu bewerten. Als Ausgangsgröße für das Ertragswertverfahren sind die in den letzten drei Jahren vor dem Besteuerungszeitpunkt vereinbarten Mieten anzusetzen. Nach der Vereinfachungsregelung in R 170 Abs. 1 Satz 3 ErbStR ist der Monat März noch in den 3jährigen Mietermittlungszeitraum einzubeziehen, so daß bei der Berechnung der Durchschnittsmiete der Mietermittlungszeitraum vom 1. April 1996 bis 31. März 1999 zugrunde zu legen ist.

Bei der Mietermittlung für das *Ladenlokal* im Erdgeschoß sind neben der vereinbarten Miete auch die Entgelte für das Anbringen von Werbeschildern zu erfassen. Für den Zeitraum, in dem das Ladenlokal leergestanden hat, ist die übliche Miete von 13.800 DM anzusetzen. Die Miete für die *Steuerberaterpraxis* umfaßt neben der vereinbarten Miete ebenfalls das Entgelt für das Anbringen von Werbeschildern. Bei der *Arztpraxis* ist neben der vereinbarten Miete und dem Entgelt für das Anbringen von Werbeschildern für die Zeit der Renovierung eine übliche Miete von 5.175 DM zu berücksichtigen. Die in der vereinbarten Miete enthaltenen, umlagefähigen Betriebskosten von 2.130 DM sind herauszurechnen. Die Umsatzsteuer, die im Zusammenhang mit dem Ladenlokal im Erdgeschoß und der Steuerberaterpraxis im 1. Obergeschoß angefallen ist, rechnet nicht zur Jahresmiete. Dies gilt auch für das Entgelt, das die Mieter für das Anbringen von Werbeschildern gezahlt haben; auch hier bleibt die Umsatzsteuer als Bestandteil der Jahresmiete außer Ansatz. Für die *Wohnung 1* im zweiten Obergeschoß ist ebenfalls die vereinbarte Miete um die Betriebskosten von 610 DM zu kürzen. Bei der *Wohnung 2* im zweiten Obergeschoß ist die tatsächlich vereinbarte Miete anzusetzen; auf die gezahlte Miete für den Zeitraum vom 1. April 1996 bis 30. Juni 1997 kommt es nicht an. Für den Leerstandszeitraum vom 1. Juli bis 31. August 1997 ist auf die übliche Miete zurückzugreifen. Auch hier sind die Jahresmieten um die umlagefähigen Betriebskosten, die in der Miete enthalten sind, zu kürzen.

Für die *Wohnung 3* im Dachgeschoß ist die vereinbarte Miete von 24.300 DM und für den Zeitraum der unentgeltlichen Überlassung an die Tochter die übliche Miete von 7.425 DM anzusetzen. Bei der *Wohnung 4* im Dachgeschoß kommt es ebenfalls auf die vereinbarten Mieten an. Der Umstand, daß ein Teil dieser Mieten nicht gezahlt wurde, wirkt sich auf die Bewertung nicht aus.

Folgende Mieteinnahmen sind demnach anzusetzen (s. Tabelle auf S. 266):

Auf den Mietermittlungszeitraum gerechnet sind dies

- vereinbarte Mieten:		383.670 DM
- Entgelte für das Anbringen von Werbeschildern:	+	5.250 DM
- übliche Mieten:	+	28.490 DM
- in den vereinbarten Mieten enthaltene umlagefähige Betriebskosten:	-	3.310 DM
Summe „Jahresmieten":		**414.100 DM**

Hieraus errechnet sich eine durchschnittliche Jahresmiete von 414.100 DM : 3 = 138.033 DM.

Die durchschnittliche Jahresmiete von 138.033 DM ist mit 12,5 zu vervielfachen; es ergibt sich ein Ausgangswert von 1.725.412 DM.

Bei einem Baujahr 1975 ist unter Berücksichtigung der Vereinfachungsregelung „Fertigstellung stets am 1. Januar" eine Alterswertminderung von 24 Jahren zu berücksichtigen, was zu einer Ermäßigung von 12 % (24 x 0,5 %) des Ausgangswerts führt. Es verbleibt somit ein Ertragswert von 1.725.412 DM - 207.049 DM = 1.518.363 DM.

Dieser Ertragswert ist mit dem Mindestwert von 1.500 m² x 250 DM/m² x 80 % = 300.000 DM zu vergleichen. Bei der Erbschaftsbesteuerung ist somit ein Grundstückswert von 1.518.000 DM - nach Abrundung auf volle 1.000 DM nach unten - anzusetzen.

Bewertung von Eigentumswohnungen

Eigentumswohnungen werden nach dem *Ertragswertverfahren* bewertet (§ 146 388
Abs. 8 BewG). Dies gilt auch für das Teileigentum. Dabei kommt es auf die Rechtsform des Wohnungs- oder Teileigentums nicht an. Es kann sich somit nur um Wohnungseigentum oder um Teileigentum, aber auch um Wohnungs-/Teileigentum handeln.

Gebäudeteil		vereinbarte Miete	gezahlte Miete	übliche Miete	in der vereinbarten Miete enthaltene Betriebskosten	Entgelt für das Anbringen von Werbeschildern
Laden im Erdgeschoß (200 m²)						
vermietet	01.04.1996 - 30.09.1997	72.000 DM				1.800 DM
leergestanden	01.10.1997 - 31.12.1997			13.800 DM		
vermietet	01.01.1998 - 31.03.1999	63.000 DM				
Steuerberaterpraxis im 1. Obergeschoß (100 m²)						
vermietet	01.04.1996 - 31.03.1998	36.000 DM				1.200 DM
vermietet mit höherer Miete	01.04.1998 - 31.03.1999	19.200 DM				600 DM
Arztpraxis im 1. Obergeschoß (100 m²)						
renoviert	01.04.1996 - 30.06.1996			5.175 DM		
vermietet	01.07.1996 - 31.12.1998	55.200 DM			1.800 DM	1.500 DM
vermietet mit höherer Miete	01.01.1999 - 31.03.1999	5.865 DM			330 DM	150 DM
Wohnung 1 im 2. Obergeschoß (95 m²)						
vermietet	01.04.1996 - 31.12.1997	21.945 DM			610 DM	
vermietet mit höherer Miete	01.01.1998 - 31.03.1999	17.100 DM				
Wohnung 2 im 2. Obergeschoß (95 m²)						
vermietet	01.04.1996 - 30.06.1997	15.675 DM	12.000 DM		570 DM	
leergestanden	01.07.1997 - 31.08.1997			2.090 DM		
vermietet	01.09.1997 - 31.03.1999	21.660 DM				
Wohnung 3 im Dachgeschoß (75 m²)						
unentgeltlich an Tochter überlassen	01.04.1996 - 31.12.1996			7.425 DM		
vermietet	01.01.1997 - 31.03.1999	24.300 DM				
Wohnung 4 im Dachgeschoß (75 m²)						
vermietet	01.04.1996 - 31.12.1996	7.425 DM				
vermietet mit höherer Miete	01.01.1997 - 31.03.1999	24.300 DM	18.800 DM			
Summe		**383.670 DM**		**28.490 DM**	**3.310 DM**	**5.250 DM**

Entstehung

Wohnungs- und Teileigentum wird entweder durch *vertragliche Einräumung* von Sondereigentum (§ 3 Wohnungseigentumsgesetz) oder durch *Teilung* (§ 8 Wohnungseigentumsgesetz) begründet. Dabei kann in den Fällen des § 3 Wohnungseigentumsgesetz das Sondereigentum auch an Räumen eingeräumt werden, die noch im Entstehen begriffen sind. Ebenso ist die Teilung durch den Eigentümer auch bei einem erst noch zu errichtenden Gebäude möglich. 389

Für das Entstehen von Wohnungs-/Teileigentum reicht es aus, wenn die Teilungserklärung beurkundet und die Anlegung des Grundbuchs beantragt werden kann, so zumindest die Finanzverwaltung (R 165 Abs. 2 Satz 2 ErbStR). Dagegen ist nach der höchstrichterlichen Rechtsprechung (vgl. BFH-Urteil vom 24. Juli 1991, BStBl 1993 II S. 87) für das Vorliegen einer wirtschaftlichen Einheit „Wohnungseigentum" auf das *Anlegen der Wohnungsgrundbücher* abzustellen. Das Urteil wird von der Finanzverwaltung nur in den Fällen angewandt, in denen der Steuerpflichtige dies ausdrücklich beantragt (vgl. Tz. 3.2.1 der gleichlautenden Ländererlasse vom 28. Mai 1997, BStBl 1997 I S. 592; vgl. auch R 165 ErbStR).

Wirtschaftliche Einheit: Umfang und Abgrenzung

Die wirtschaftliche Einheit „Wohnungseigentum" setzt sich aus dem *Sondereigentum* und dem *Miteigentumsanteil an dem gemeinschaftlichen Eigentum* zusammen. Besteht das Wohnungseigentum aus mehreren Wohnungen mit nur einem Miteigentumsanteil, liegt grundsätzlich nur eine wirtschaftliche Einheit vor. Nach der Verkehrsanschauung gilt dies jedoch nicht, wenn die einzelnen Wohnungen nicht derart miteinander verbunden sind, daß sie als ein *Raumkörper* anzusehen sind (R 165 Abs. 3 ErbStR). 390

Handelt es sich um mehrere Wohnungen, die jeweils mit einem Miteigentumsanteil am Grundstück verbunden sind, und liegen mithin zivilrechtlich mehrere selbständige „Eigentumswohnungen" vor, ist trotz des tatsächlichen Aneinandergrenzens und der Eintragung auf ein gemeinsames Wohnungsgrundbuchblatt eine Zusammenfassung zu einer wirtschaftlichen Einheit nicht möglich. Eine Ausnahme gilt jedoch: Werden die Wohnungen durch größere bauliche Maßnahmen *zu einer einzigen Wohnung umgestaltet* und sind sie danach nicht mehr ohne größere bauliche Veränderungen getrennt veräußerbar, ist nur von einer wirtschaftlichen Einheit auszugehen. Dies gilt auch für die bauliche Zusammenfassung einer Wohnung mit Gewerberaum (R 165 Abs. 4 ErbStR).

PRAXISHINWEIS:

Zubehörräume, insbesondere Kellerräume und sonstige Abstellräume, die der Grundstückseigentümer gemeinsam mit seinem Miteigentumsanteil nutzt, sind *ohne Rücksicht auf die zivilrechtliche Gestaltung* in die wirtschaftliche Einheit einzubeziehen. Dies gilt auch für *Garagen*, unabhängig davon, wie das Eigentum des Wohnungseigentümers an der Garage gestaltet ist. Für die Zurechnung zu der wirtschaftlichen Einheit ist es unerheblich, ob sich die Garagen auf dem Grundstück der Eigentumswohnanlage oder auf einem Grundstück in der näheren Umgebung befinden. An Abstellplätzen außerhalb von Sammelgaragen kann kein Sondereigentum begründet werden (§ 2 Abs. 2 Wohnungseigentumsgesetz). Derartige Abstellplätze sind Gemeinschaftseigentum, die jedoch mittels einer Nutzungsvereinbarung einer bestimmten Eigentumswohnung zugeordnet werden können (R 165 Abs. 5 ErbStR).

Ausgangswert

391 Bei vermieteten Eigentumswohnungen ist die durchschnittliche Jahresmiete, bei eigengenutzten, unentgeltlich überlassenen oder an Angehörige bzw. Arbeitnehmer vermieteten Eigentumswohnungen die durchschnittliche übliche Miete anzusetzen. Die Kapitalisierung der Miete erfolgt mit dem Vervielfältiger 12,5 (vgl. Rdn. 354).

Alterswertminderung

392 Der Ausgangswert ist um eine Alterswertminderung zu kürzen. Bei der Bemessung der Alterswertminderung ist von der *Fertigstellung der Wohnanlage* und nicht vom Jahr der Aufteilung in Eigentumswohnungen auszugehen.

BEISPIEL

Im Jahre 1960 ist ein Mietwohngrundstück errichtet worden. Dieses Mietwohngrundstück ist Anfang 1990 in Eigentumswohnungen aufgeteilt worden.

Für die Berechnung der Alterswertminderung kommt es auf das Fertigstellungsjahr 1960 an.

PRAXISHINWEIS:

Bei älteren Wohnanlagen, die grundlegend saniert worden sind und bei denen sich dadurch die gewöhnliche Nutzungsdauer um *mindestens 25 Jahre verlängert* hat, ist von einem fiktiven Baujahr der Anlage auszugehen (wegen weiterer Einzelheiten vgl. Rdn. 357).

Ist an einem vorhandenen Gebäude im nachhinein eine *Eigentumswohnung* durch Aufstockung oder Ausbau des Dachgeschosses *geschaffen* worden, kommt es für die Alterswertminderung der „neuen" Eigentumswohnung auf das Baujahr der Wohnanlage an. Nur dann, wenn die Eigentumswohnung an ein vorhandenes Gebäude *angebaut* worden ist, wird die Finanzverwaltung bei der Alterswertminderung i.d.R. von der Bezugsfertigkeit des Anbaus ausgehen (vgl. R 174 Abs. 2 ErbStR).

Zuschlag von 20 %

Bei Eigentumswohnungen stellt sich die Frage, ob ein *Zuschlag* in Höhe von 20 % 393
wie bei Ein- und Zweifamilienhäusern in Betracht kommt. U.E. ist ein solcher Zuschlag, richtet man sich nach der Begründung im Bericht des Finanzausschusses des Deutschen Bundestages (vgl. BT-Drucks. 13/5952 S. 86), nur bei Eigentumswohnungen gerechtfertigt, die über einen größeren Grundstücksanteil verfügen. Das sind solche Eigentumswohnungen, die in einem *ursprünglichen Zweifamilienhaus* belegen sind, die Wohnanlage also nur aus zwei Einheiten besteht, oder die *baulich wie ein Einfamilienhaus*, i.d.R. ein Reiheneinfamilienhaus, gestaltet sind. Bei Eigentumswohnungen in einer Wohnanlage *mit mehr als zwei Einheiten* ist dagegen *kein Zuschlag* vorzunehmen. Die Finanzverwaltung teilt die Auffassung (R 175 Abs. 1 Satz 3 und 4 ErbStR).

PRAXISHINWEIS:

Bei einer Wohnanlage, die aus *zwei Eigentumswohnungen* und einer *Arztpraxis* in Form des Teileigentums besteht, ist kein Zuschlag in Höhe von 20 % bei der Bewertung der Eigentumswohnungen vorzunehmen.

Mindestwert

394 Bei der Ermittlung des Mindestwerts kommt es auf den *Grundstücksanteil* an, der zu dem Wohnungseigentum gehört. Dieser Grundstücksanteil ist i.d.R. mit dem um 20 % ermäßigten Bodenrichtwert zu multiplizieren. Beim Abgleich der baulichen Nutzungsmöglichkeit des zu bewertenden Grundstücks zum Bodenrichtwertgrundstück kommt es auf das „Gesamtgrundstück" an. Soweit in den Bodenrichtwertkarten gesonderte Bodenrichtwerte für Wohnungseigentum ausgewiesen sind, berücksichtigen diese bereits die Besonderheiten des zu bewertenden Grundstücks, so daß der Bodenrichtwert, gekürzt um einen Abschlag von 20 %, bei der Mindestbewertung anzusetzen ist.

Nachgewiesener Verkehrswert

395 Für den Steuerpflichtigen besteht die Möglichkeit, einen *unter dem Ertragswert liegenden Verkehrswert* seiner Eigentumswohnung als Grundstückswert feststellen zu lassen (§ 146 Abs. 7 BewG). Hierzu hat er entweder ein Verkehrswertgutachten oder einen stichtagsnahen Kaufpreis dem Finanzamt zu „präsentieren" (vgl. Rdn. 365 f.). Häufig wird bei Eigentumswohnungen für Beleihungszwecke eine *Grundstücksschätzung* durch das Kreditinstitut durchgeführt. Eine solche Wertermittlung reicht als Nachweis nicht aus.

Teileigentum

396 Die für die Eigentumswohnung geltenden Bewertungsgrundsätze sind auch bei der *Ermittlung des Grundstückswerts für Teileigentum* zu beachten. Ist das Objekt vermietet oder läßt sich bei Eigennutzung eine übliche Miete ermitteln, erfolgt die Bewertung nach dem Ertragswertverfahren. Nur in Ausnahmefällen dürfte das Bewertungsverfahren nach § 147 BewG anzuwenden sein. Hierzu muß es sich um Teileigentum handeln, das nicht vermietet ist und für das sich auch keine übliche Miete ermitteln läßt. Dies gilt z.B. für ein Werkstattgebäude in der Rechtsform des Teileigentums. Wegen weiterer Einzelheiten vgl. Rdn. 399 f.

Abrundung

397 Sämtliche Werte, die als Grundstückswert angesetzt werden, sei es der Ertragswert, der Mindestwert oder der nachgewiesene Verkehrswert, sind nach § 139 BewG *auf volle 1.000 DM nach unten abzurunden.*

BEISPIEL

zur Bewertung einer **Eigentumswohnung**

Eine Eigentumsowohnung hat eine Wohnfläche von 90 m². Sie befindet sich in einer Wohnanlage, die in 1995 fertiggestellt worden ist. Insgesamt verfügt die Wohnanlage über 8 Eigentumswohnungen. Zu der Eigentumswohnung gehört ein Grundstücksanteil von 80 m². Besteuerungszeitpunkt ist der 1. Februar 1999. In der Zeit ab Bezugsfertigkeit bis zum Besteuerungszeitpunkt wurde die Eigentumswohnung von dem Grundstückseigentümer zu eigenen Wohnzwecken genutzt. Als durJμWschnittliche übliche Miete ist für diesen Zeitraum eine Monatsmiete von 1.000 DM - ohne umlagefähige Betriebskosten - anzusetzen. Der Bodenrichtwert zum 1. Januar 1996 beträgt nach den Angaben in der Bodenrichtwertkarte für das gesamte Grundstück 400 DM/m². 398

Nach dem Ertragswertverfahren ergibt sich eine durchschnittliche übliche Miete von 12.000 DM (1.000 DM x 12). Multipliziert mit 12,5 errechnet sich hieraus ein Ausgangswert von 150.000 DM. Dieser Ausgangswert ist um eine Alterswertminderung von 2 % (für vier Jahre), entspricht 3.000 DM, zu mindern. Es verbleibt ein Betrag von 147.000 DM. Da sich die Eigentumswohnung in einer Wohnanlage befindet, die über mehr als zwei Wohneinheiten verfügt, ist kein Zuschlag von 20 % vorzunehmen.

Der gekürzte Ausgangswert von 147.000 DM ist bereits auf volle 1.000 DM abgerundet; der Grundstückswert beträgt somit 147.000 DM. Im vorliegenden Fall kommt es nicht zu einer Mindestbewertung, da der Bodenwert lediglich 80 m² x 400 DM/m² x 80 % = 25.600 DM beträgt.

Bewertung von typischen Industriegrundstücken

Ist ein bebautes Grundstück nicht vermietet und läßt sich für dieses Grundstück die *übliche Miete nicht ermitteln*, bestimmt sich der Grundstückswert nicht nach dem Ertragswertverfahren, sondern nach dem *Steuerbilanzwertverfahren*. Bei diesem Bewertungsverfahren wird der Boden- und Gebäudewert getrennt ermittelt (§ 147 Abs. 1 Satz 1 BewG). 399

Bewertung nach dem Steuerbilanzwertverfahren

	Bodenwert (70 % ermäßigter Bodenrichtwert x Grundstücksfläche)
+	**Gebäudewert** (Steuerbilanzwert oder vergleichbarer Wert)
=	**Grundstückswert** (abgerundet auf volle 1.000 DM nach unten)

Anwendungsbereich des Steuerbilanzwertverfahrens

400 Für alle innerhalb des Dreijahreszeitraums vor dem Besteuerungszeitpunkt *vermieteten Grundstücke* gilt der Grundsatz: Die Bewertung ist nach dem Ertragswertverfahren durchzuführen, auch wenn es sich bei dem Gebäude um typische Industriebauten handelt, die zur Durchführung bestimmter Fertigungsverfahren, zu Spezialnutzungen oder zur Aufnahme bestimmter technischer Einrichtungen errichtet worden sind.

Von der Bewertung *vermieteter Grundstücke* im Ertragswertverfahren gibt es nur eine Ausnahme: Erfolgt die Vermietung an Angehörige oder Arbeitnehmer des Grundstückseigentümers und wäre demnach statt der tatsächlich vereinbarten Miete die übliche Miete nach § 146 Abs. 3 BewG anzusetzen, kann jedoch die übliche Miete nicht ermittelt werden, ist die Bewertung nach dem Steuerbilanzwertverfahren durchzuführen.

Das Finanzamt wird in diesen Fällen versuchen, wenn es ihm günstig erscheint, aus der tatsächlich vereinbarten Miete mit den Angehörigen bzw. Arbeitnehmern eine *übliche Miete abzuleiten*. Führt eine solche Mietableitung zu einem Grundstückswert, der offenbar vom Verkehrswert erheblich abweicht, dürfte die umgekehrte Tendenz bestehen: Keine Ableitung der üblichen Miete aus der tatsächlich vereinbarten Miete. Der Steuerpflichtige dürfte dies ebenfalls so sehen, allerdings mit umgekehrter Tendenz.

401 Das Steuerbilanzwertverfahren gilt bei

- Eigennutzung durch den Grundstückseigentümer,
- unentgeltlicher Überlassung und
- Vermietung an Angehörige bzw. Arbeitnehmer des Grundstückseigentümers, wenn eine übliche Miete nicht ermittelt werden kann.

Das Gesetz nennt hier beispielhaft Gebäude, die zur Durchführung bestimmter *Fertigungsverfahren*, für *Spezialnutzungen* oder zur Aufnahme *bestimmter Einrichtungen errichtet* worden sind, wenn sie nicht oder *nur mit erheblichem Aufwand für andere Zwecke* nutzbar gemacht werden können (§ 147 Abs. 1 Satz 2 BewG).

U.E. kommt es für die Abgrenzungsfrage „Ertragswertverfahren oder Steuerbilanzwertverfahren" darauf an, ob sich für die Grundstücksgruppe eine *übliche Miete* zumindest regional flächendeckend ermitteln läßt, also keine Einzelmieten. Diese Auffassung wird auch von der Finanzverwaltung geteilt (R 178 Abs. 1 Satz 4 ErbStR). Ist dies nicht der Fall, ist die Bewertung nach § 147 BewG durchzuführen. Liegt dagegen für eine Grundstücksgruppe eine übliche Miete vor, ist das Ertragswertverfahren durchzuführen. Nur dann, wenn für diese Grundstücksgruppe keine übliche Miete gefunden werden kann, ist ein Ausweichen auf das Steuerbilanzwertverfahren zulässig.

PRAXISHINWEIS:

Die *Finanzverwaltung neigt* bei Industriegrundstücken, deren Gebäudewert in der Steuerbilanz weitestgehend abgeschrieben ist, zu einer Bewertung im *Ertragswertverfahren*, wenn sie *ein Entgelt* für die Nutzungsüberlassung *„ausfindig" machen* kann. Dies zeigt z.B. der Erlaß des Finanzministeriums des Saarlandes vom 23.11.1998 (B/5 - 385/98 - S 3014, DStR 1998 S. 2013), in dem die Jahresmiete beim *Immobilien-Leasing* aus der Leasingrate abzüglich Neben- und Betriebskosten abgeleitet werden soll. Und das, obwohl die Leasingrate mit der eigentlichen Grundstücksnutzung nichts zu tun hat. Auch in den Fällen der *Betriebsaufspaltung* und Betriebsverpachtung ist damit zu rechnen, daß die Bewertungsstellen bei geringen Steuerbilanzwerten für das Gebäude auf das Ertragswertverfahren auszuweichen versuchen. Hier bestehen für die Betroffenen gute Chancen, vor dem Finanzgericht mit einer Bewertung nach § 147 BewG anstelle des Ertragswertverfahrens durchzudringen. Grund: Es liegt keine übliche Miete für die Grundstücksüberlassung vor.

Für folgende Gebäudegruppen dürfte die für das Ertragswertverfahren erforder- 402
liche übliche Miete nicht oder nur mit erheblichen Schwierigkeiten ermittelt werden können:

- Badehäuser
- Bootshäuser
- Gewächshäuser
- Hallenbäder
- Kliniken
- Kühlhäuser
- Laboratorien
- Lichtspielhäuser
- Lichtspielzentren
- Molkereigebäude
- Parkhäuser (Hoch- und Tiefgaragen sowie Parkpaletten)
- Pförtnergebäude
- Produktionsgebäude
- Saalbauten
- Sanatorien
- Tankstellengebäude
- Theater
- Transformatorengebäude
- Trinkhallen
- Trockenhäuser
- Vereinshäuser
- Werkstattgebäude

Die oben angeführten Gebäudegruppen sind nach § 147 BewG zu bewerten, es sei denn, daß ausnahmsweise eine tatsächlich vereinbarte Miete vorliegt (vgl. auch R 178 Abs. 1 Satz 3 ErbStR).

Bei einigen Gewerbegrundstücken, insbesondere bei *hallenartigen Gebäuden*, läßt sich zwar die übliche Miete nicht flächendeckend, jedoch begrenzt auf bestimmte Regionen ermitteln. Hier hat sich der Richtliniengeber (R 178 Abs. 1 Satz 4 ErbStR) dafür ausgesprochen, zumindest in den Fällen das Ertragswertverfahren anzuwenden, in denen sich eine übliche Miete auf dem regionalen Grundstücksmarkt bestimmen läßt. Dies gilt für

- Bankgebäude,
- Lagerhäuser, Ausstellungs- und Messehallen sowie andere hallenartige Gebäude,
- Alten-, Pflege- oder Kinderheime sowie andere Heime,
- Hotelgebäude,
- Hotelpensionen,
- Privatschulen,
- Sporthallen, insbesondere Tennis- und Reithallen,
- Vereinshäuser.

Liegt auf dem regionalen Grundstücksmarkt für diese Gebäudegruppen keine übliche Miete vor, ist der Grundstückswert unter Ansatz des Boden- und Gebäudewerts nach Sachwertgesichtspunkten zu berechnen.

PRAXISHINWEIS:

In der Praxis dürfte es häufig zu Streitigkeiten zwischen Finanzamt und Steuerpflichtigen kommen, wenn es darum geht, was *„regional“* bedeutet und inwieweit sich die regionalen Mietansätze auf die oben angeführten Gebäudegruppen anwenden lassen.

PRAXISHINWEIS:

Besonders ausgestattete oder gestaltete Wohngrundstücke, besser bekannt unter dem Begriff *„Luxusvillen“*, sind u.E. wie alle übrigen Wohngrundstücke nach dem Ertragswertverfahren zu bewerten (so auch R 178 Abs. 2 Satz 1 ErbStR). Dabei dürften Schwierigkeiten bei der Ermittlung der üblichen Miete auftreten. Denn die Mietspiegel berücksichtigen i.d.R. nur Gebäude bis zu einer sehr guten Ausstattung, nicht jedoch die Ausstattung und Gestaltung von Luxusvillen. In der Praxis dürfte sich daher die Frage stellen, ob ein Zuschlag zur höchsten Ausstattungsstufe im Mietspiegel für eine angemessene Grundstücksbewertung ausreicht. Sollte die Finanzverwaltung auf die *Kostenmiete* als übliche Miete ausweichen, droht dem betroffenen Steuerpflichtigen eine am Verkehrswert ausgerichtete Bewertung, wobei sogar die Gefahr der Überbewertung besteht.

Steuerpflichtige, deren Luxusvilla aus einem *Altbau* besteht, haben ein Interesse daran, nicht nach dem Ertragswertverfahren bewertet zu werden, sondern nach dem Steuerbilanzwertverfahren. Dies ist darauf zurückzuführen, daß durch die Inanspruchnahme der Abschreibungen kaum noch ein Gebäudewert vorhanden ist. Der Bodenwert wird darüber hinaus nicht um 20 %, sondern um 30 % ermäßigt, was im Vergleich zur Mindestbewertung nach dem Ertragswertverfahren einen niedrigeren Wert beschert.

Hier kann sich der Steuerpflichtige auf den Wortlaut des § 147 Abs. 1 Satz 1 BewG berufen, der stets dann eine Bewertung unter Ansatz des Boden- und Gebäudewerts vorsieht, wenn das Grundstück nicht vermietet ist und die übliche Miete sich auch nicht ermitteln läßt. Da es sowohl an Vergleichsmieten als auch an Mietspiegelansätzen für solche Objekte fehlt, dürfte sich die übliche Miete nicht ermitteln, sondern lediglich grob schätzen lassen. Unter diesem Gesichtspunkt dürfte die Anwendung des Ertragswertverfahrens zumindest zweifelhaft sein.

Bewertungsverfahren

403 Bei der Bewertung nach dem Steuerbilanzwertverfahren setzt sich der Grundstückswert aus dem *Bodenwert* und dem *Gebäudewert* zusammen. Der Bodenwert errechnet sich aus der Grundstücksfläche und dem um *30 % ermäßigten Bodenrichtwert* (§ 147 Abs. 2 Satz 1 BewG; R 179 Abs. 2 ErbStR). Der höhere Abschlag im Vergleich zu der Bewertung unbebauter Grundstücke und zur Mindestbewertung nach dem Ertragswertverfahren wird vom Gesetzgeber damit gerechtfertigt, daß Industriebauten in aller Regel *individuell gestaltet* sind, so daß die Nutzung des Gebäudes, aber auch des Grundstücks, beschränkt ist.

PRAXISHINWEIS:

Der Bodenwert eines Gewerbe- und Industriegrundstücks ist aus den Bodenrichtwerten für Gewerbe- und Industrieland abzuleiten. Eine Aufteilung in *Vorder- und Hinterland* ist i.d.R. nicht vorzunehmen. Bei Industrieland kann allerdings der Bodenwert mit zunehmender Grundstücksgröße *degressiv abnehmen*.

Erscheint der Bodenwert dem Steuerpflichtigen zu hoch, besteht für ihn die Möglichkeit, anstelle des um 30 % ermäßigten Bodenrichtwerts x Grundstücksfläche den Verkehrswert des Grundstücks im unbebauten Zustand nachzuweisen, wenn dieser niedriger sein sollte (R 179 Abs. 2 Satz 3 ErbStR). Der Nachweis dürfte vor allem bei Grundstücken in Betracht kommen, die mit *Altlasten belastet* sind oder auf denen sich Gebäude einer stillgelegten Fabrik befinden. Hier gehen die Abbruchkosten weit über das hinaus, was durch den generellen Abschlag von 30 % berücksichtigt wird.

PRAXISHINWEIS:

Streitanfällig ist die Zurechnung von *Vorrats- und Erweiterungsgelände* zu einer wirtschaftlichen Einheit „bebautes Grundstück, das nach § 147 BewG zu bewerten ist“. Gelingt dem Steuerpflichtigen eine Zusammenfassung von Vorrats- und Erweiterungsgelände mit dem bebauten Grundstück, ist der Bodenrichtwert für die gesamte Grundstücksfläche um einen Abschlag von 30 % zu kürzen. Liegen dagegen zwei wirtschaftliche Einheiten vor, ist das Vorrats- und Erweiterungsgelände als unbebautes Grundstück unter Abzug eines Abschlags von 20

% zu bewerten. Für die Annahme einer wirtschaftlichen Einheit sprechen nach Auffassung der Finanzverwaltung (vgl. R 178 Abs. 6 ErbStR)

- künftige Bebauung des Vorrats- oder Erweiterungsgeländes durch den Betrieb,
- Einbeziehung der Grundstücksflächen durch eine Umzäunung in die wirtschaftliche Einheit des bebauten Grundstücks,
- keine räumliche Trennung der beiden wirtschaftlichen Einheiten, z.B. durch eine öffentliche Straße.

Für das Gebäude kommt es auf den Wert an, der nach *ertragsteuerlichen Bewertungsvorschriften* anzusetzen ist (§ 147 Abs. 2 Satz 2 BewG). Bei bilanzierenden Steuerpflichtigen, bei denen das Grundstück zum Betriebsvermögen rechnet, ist dies der Steuerbilanzwert, und zwar unter Berücksichtigung sämtlicher Abschreibungen. Selbst die Übertragung einer Rücklage nach § 6 b EStG auf den Gebäudewert führt nicht zu einer Korrektur des Steuerbilanzwerts. 404

Folgendes ist in diesem Zusammenhang noch zu beachten:

- Die *Zugehörigkeit von Grundstücken zum Betriebsvermögen* nach Bewertungsrecht unterscheidet sich von der Zugehörigkeit solcher Grundstücke zum Betriebsvermögen nach Ertragsteuerrecht. Denn im Bewertungsrecht gilt der Grundsatz: Entweder rechnet ein Grundstück insgesamt oder überhaupt nicht zum Betriebsvermögen. Bei der Ertragsbesteuerung wird das Grundstück entsprechend seines Nutzungs- und Funktionszusammenhangs in einzelne Wirtschaftsgüter, maximal vier, aufgeteilt. Darüber hinaus wird dann bei jedem eigenständigen Wirtschaftsgut entschieden, ob es zum notwendigen oder gewillkürten Betriebsvermögen oder zum Privatvermögen rechnet. Dies kann in der Praxis dazu führen, daß insbesondere für ein betrieblich genutztes Grundstück eines Einzelunternehmers unterschiedliche ertragsteuerliche Wertansätze zu einem Gesamtwert zusammenzufassen sind.

BEISPIEL

Auf einem Grundstück befindet sich ein Werkstattgebäude, das von dem Grundstückseigentümer zu eigenen gewerblichen Zwecken genutzt wird. Darüber hinaus ist dort auch eine Tankstelle, die an den Sohn unentgeltlich überlassen wird. Die Tankstelle mit dem dazugehörenden Grund und Boden rechnet bei dem Grundstückseigentümer zu seinem Privatvermögen.

In diesem Fall ist für das Werkstattgebäude der Steuerbilanzwert im Besteuerungszeitpunkt und für die Tankstelle der „Restbuchwert", das sind die Anschaffungs- oder Herstellungskosten abzüglich Abschreibungen, anzusetzen. Dazu kommt noch der Bodenwert unter Ansatz der gesamten Grundstücksfläche und des um 30 % gekürzten Bodenrichtwerts.

- Maßgebend ist der *Steuerbilanzwert* im Besteuerungszeitpunkt (§ 147 Abs. 2 Satz 2 BewG). Um hier Kosten für das Aufstellen einer Zwischenbilanz zu sparen, dürfte der Steuerbilanzwert aus dem letzten Bilanzansatz vor dem Besteuerungszeitpunkt unter Abzug der anteiligen Jahres-AfA bis zum Besteuerungszeitpunkt abzuleiten sein.

  Ermittelt der Steuerpflichtige seinen Gewinn durch Einnahme-Überschußrechnung, dies ist häufig bei Freiberuflern der Fall, so entspricht der Wertansatz des Gebäudes dem Restbuchwert, berechnet aus den Anschaffungs- oder Herstellungskosten abzüglich der Abschreibungen, die für die Zeit vom Fertigstellungszeitpunkt bzw. Anschaffungszeitpunkt bis zum Besteuerungszeitpunkt gewährt worden sind.

  Bei Gebäuden, die sich im Privatvermögen befinden, ist ebenfalls von den Anschaffungs- oder Herstellungskosten abzüglich Abschreibungen bis zum Besteuerungszeitpunkt auszugehen.

- Die Übernahme der Steuerbilanzwerte für das Gebäude kann zu folgenden *Steuervorteilen* führen:
  1. Ist das Gebäude bereits auf einen Erinnerungswert von 1 DM abgeschrieben, ist auch dieser Wert für die Grundstücksbewertung zu übernehmen.
  2. Durch erhöhte Absetzungen oder Sonderabschreibungen kann der Steuerbilanzwert bereits frühzeitig auf ein geringes Niveau gebracht werden.
  3. Die Übertragung einer 6 b-Rücklage führt ebenfalls zur Kürzung der Anschaffungs- oder Herstellungskosten und somit zu einem niedrigeren Wertansatz.

  Beim Steuerbilanzwertverfahren hat der Steuerpflichtige ***keine Möglichkeit***, einen ***niedrigeren Verkehrswert nachzuweisen***. Lediglich der Bodenwert kann niedriger angesetzt werden, wenn der Verkehrswert unter dem Steuerwert liegt und der Steuerpflichtige dies durch ein Gutachten oder durch einen stichtagsnahen Kaufpreis nachweist.

Wichtig:
Für Erwerbe ab 2000 soll auch bei der Bewertung von Grundstücken im Steuerbilanzwertverfahren die Möglichkeit bestehen, einen *niedrigeren Verkehrswert* als den Wert nach § 147 BewG *nachweisen zu können* (§ 138 Abs. 4a BewG i.d.F. des Entwurfs des Steuerbereinigungsgesetzes 1999). Dann dürfte allerdings der gesonderte Nachweis eines niedrigeren Bodenwerts als 70 % des Bodenrichtwerts x Grundstücksfläche noch zusätzlich nicht mehr zulässig sein.

- Für Bilanzierende wirkt sich die fehlende Nachweismöglichkeit i.d.R. nicht nachteilig aus, da sie eine Überbewertung durch eine Teilwertabschreibung auf das Gebäude vermeiden können. Allerdings ist die Möglichkeit der *Teilwertabschreibung* für Wirtschaftsjahre nach dem 31.12.1998 durch das Steuerentlastungsgesetz 1999/2000/2002 eingeschränkt. Eine Teilwertabschreibung ist danach nur in den Fällen zulässig, in denen eine voraussichtliche dauernde Wertminderung des Gebäudes vorliegt. Eine vorübergehende Wertminderung, z.B. aufgestauter Reparaturbedarf oder Baumängel, die im zeitlichen Zusammenhang zum Besteuerungszeitpunkt nachträglich beseitigt werden, führen künftig nicht mehr zu einem Ansatz unter den Anschaffungs- oder Herstellungskosten abzüglich Abschreibungen und sonstigen Abzügen. Der Gesetzgeber sollte vor diesem Hintergrund auch bei Grundstücken, die nach § 147 BewG bewertet werden, die Nachweismöglichkeit eines niedrigeren Verkehrswerts zulassen (vgl. Entwurf des Steuerbereinigungsgesetzes). Bei Steuerpflichtigen, die ihre Einkünfte durch Einnahme-Überschußrechnung ermitteln, fehlt allerdings diese Korrekturmöglichkeit. Hier kann nur eine Absetzung wegen außergewöhnlicher technischer oder wirtschaftlicher Abnutzung nach § 7 Abs. 1 Satz 6 EStG weiterhelfen.

Die Summe aus Boden- und Gebäudewert ist auf volle 1.000 DM nach unten abzurunden und als neuer Grundstückswert festzustellen.

„Mischbebauung“
Sind auf einem Grundstück *sowohl Gebäude* errichtet worden, die nach dem *Ertragswertverfahren* zu bewerten sind, als auch *Gebäude*, für die das *Steuerbilanzwertverfahren* anzuwenden ist, stellt sich die Frage, welches der beiden gesetzlich vorgeschriebenen Bewertungsverfahren anzuwenden ist. 405

Die Bewertung nach dem Ertragswertverfahren scheidet aus: Denn für typische Industriebauten läßt sich die übliche Miete, die unbedingt für dieses Bewertungsverfahren erforderlich ist, nicht ermitteln.

Die Bewertung nach dem Steuerbilanzwertverfahren wäre zwar denkbar, jedoch ergeben sich Schwierigkeiten bei der Erfassung von eigengenutzten Wohnungen. Die eigengenutzte Wohnung rechnet, soweit das Grundstück zu mehr als der Hälfte seines Werts eigenbetrieblichen Zwecken dient, bewertungsrechtlich zum Betriebsvermögen. Ertragsteuerlich gehört jedoch die eigengenutzte Wohnung stets zum Privatvermögen, von der Übergangsregelung bis Ende 1998 einmal abgesehen. Dies bedeutet in der Praxis, daß sich der Wert eines eigenbetrieblich genutzten Gebäudes aus dem Steuerbilanzwert des betrieblich genutzten Gebäudeteils und dem ertragsteuerlichen Wertansatz der eigengenutzten Wohnung zusammensetzen würde. Für die eigengenutzte Wohnung fehlt es jedoch häufig an einem ertragsteuerlichen Wertansatz. Dies ist darauf zurückzuführen, daß die ursprünglichen Anschaffungs- oder Herstellungskosten, für die der Steuerpflichtige evtl. 7 b-AfA, einen 10 e-Abzugsbetrag oder eine Eigenheimzulage erhalten hat, nach Auslaufen der steuerlichen Förderung nicht mehr fortgeführt worden sind, weil sie steuerlich keine Bedeutung mehr hatten. In diesen Fällen bliebe dem Steuerpflichtigen und dem Finanzamt nichts anderes übrig, als den ertragsteuerlichen Wert für die eigengenutzte Wohnung unter Berücksichtigung der ursprünglichen Anschaffungs- oder Herstellungskosten und linearer Abschreibungen von jährlich 2 % zu schätzen. Diese Schätzung bereitet dann keine Schwierigkeiten, wenn die eigengenutzte Wohnung nach Ablauf der Übergangsregelung zur Nutzungswertbesteuerung Ende 1998 steuerfrei in das Privatvermögen überführt wurde. Denn dann stehen die Angaben für eine solche Schätzung fest.

PRAXISHINWEIS:

Sollten die Gebäude, die sich auf dem Grundstück befinden, *weitestgehend abgeschrieben* sein, dürfte aus der Sicht des Steuerpflichtigen ein Interesse daran bestehen, die gesamte wirtschaftliche Einheit nach § 147 BewG zu bewerten. Wegen der unklaren Rechtslage sollte bei einer ablehnenden Entscheidung des Finanzamts im Feststellungsverfahren der Bescheid durch Einlegung eines Einspruchs offengehalten werden. Dann kann bei einer für den Steuerpflichtigen günstigen Rechtsprechung noch nachgebessert werden.

Um die praktischen Schwierigkeiten bei der Schätzung des „Restbuchwerts" der eigengenutzten Wohnung zu vermeiden, hat die Finanzverwaltung in R 180 ErbStR in den „Mischfällen" beide Verfahren in einem für die Bewertung eines Grundstücks zugelassen, und zwar das Ertragswertverfahren für die Gebäude oder Gebäudeteile, die vermietet sind oder für die sich eine übliche Miete finden läßt, und das Steuerbilanzwertverfahren für die Gebäude oder Gebäudeteile, für die beides nicht zur Verfügung steht. Dabei ist jedoch zu beachten, daß die Bewertung nach dem Ertragswertverfahren den Grund und Boden mitumfaßt, dieser Grund und Boden aber auch bei der Bewertung nach dem Steuerbilanzwertverfahren berücksichtigt wird. Um hier einen *Doppelansatz* zu vermeiden, sieht R 180 Abs. 3 Satz 4 ErbStR vor, daß der Ertragswert um einen *Bodenwertanteil*, ermittelt aus der bebauten Fläche der „Ertragswertobjekte" und dem auf 70 % ermäßigten Bodenrichtwert, *gekürzt* wird. Die Kürzung darf nicht über den Ertragswert der nach der Miete zu bewertenden Objekte hinausgehen. Demnach läßt sich das Mischverfahren in der Praxis wie folgt umsetzen:

Gebäudewert nach § 147 BewG (Steuerbilanzwert oder vergleichbarer Wertansatz):	..... DM
Gebäudewert nach § 146 BewG (durchschnittliche Miete x 12,5 - Alterswertminderung + evtl. Zuschlag für Ein- und Zweifamilienhäuser - Bodenwertanteil):	+ ..... DM
Wert des Grund und Bodens (Grundstücksfläche x i.d.R. 70 % des Bodenrichtwerts):	+ ..... DM
Grundstückswert:	..... DM
abgerundet auf volle 1.000 DM nach unten:	..... DM

BEISPIEL

Der Einzelunternehmer A hat auf einem Grundstück ein Bürogebäude und ein Werkstattgebäude errichtet, das zu seinem Betriebsvermögen rechnet. Im Besteuerungszeitpunkt 1.2.1999 hat das Werkstattgebäude einen Steuerbilanzwert von 90.000 DM. Das Bürogebäude verfügt über eine Nutzfläche von 1.000 m^2; die bebaute Fläche beträgt 500 m^2. Die durchschnittliche übliche Miete für das Bürogebäude ist mit 20 DM/m^2 im Monat anzusetzen. Das Bürogebäude ist im Jahr 1971 fertiggestellt worden. Das Grundstück hat eine Fläche von 5.000 m^2; der dafür anzusetzende Bodenrichtwert beträgt 50 DM/m^2.

Wert des Grund und Bodens		
5.000 m² x 50 DM/m² x 70 % =		175.000 DM
Wert für das Bürogebäude		
1.000 m² x 20 DM/m² x 12	240.000 DM	
Vervielfacher	x 12,5	
= Ausgangswert	3.000.000 DM	
Alterswertminderung (28 Jahre x 0,5 %		
= 14 % von 3.000.000 DM)	·/· 420.000 DM	
Grundstückswert		
(einschließlich Grund und Boden)	2.580.000 DM	
Bodenwertanteil		
(500 m² x 50 DM/m² x 70 %,		
höchstens 2.580.000 DM) =	·/· 17.500 DM	
Gebäudewertanteil	2.562.500 DM	+ 2.562.500 DM
Wert für das Werkstattgebäude		
Steuerbilanzwert zum 1.2.1999		+ 90.000 DM
Grundstückswert		2.827.500 DM
abgerundet		2.827.000 DM

PRAXISHINWEIS:

Befindet sich auf dem Gewerbegrundstück ein *Ein- oder Zweifamilienhaus*, das für sich gesehen ausschließlich Wohnzwecken dient, kommt es bei der Ertragsbewertung dieses Gebäudes nicht zum Ansatz eines Zuschlags von 20 % (R 180 Abs. 3 Satz 2 ErbStR). Denn für den Zuschlag ist die Gesamtnutzung des Grundstücks maßgebend.

Außenanlagen abgegolten

406 Der Grundstückswert umfaßt auch bei der Bewertung nach § 147 BewG den Grund und Boden, das Gebäude, die Außenanlagen und das Zubehör (R 178 Abs. 3 ErbStR). Damit sind alle diese in der Steuerbilanz gesondert ausgewiesenen Wirtschaftsgüter mit dem Ansatz des Grundstückswerts abgegolten. Für den Steuerpflichtigen bedeutet dies, daß er bei der *Ermittlung seines Betriebsvermögens* darauf achten muß, nicht nur den Grund und Boden und das Gebäude durch den Grundstückswert zu ersetzen, sondern vor allem auch die Außenanlagen.

Erbbaurecht

Bei dem Erbbaurecht handelt es sich um ein vererbliches und veräußerliches Recht, auf oder unter der Oberfläche des Grundstücks des Erbbauverpflichteten ein Bauwerk zu haben. Das Erbbaurecht kann auf ewig oder auf Zeit bestellt sein. Die Bestellung erfolgt *durch Einigung und Eintragung auf dem belasteten Grundstück*. Für das Erbbaurecht wird dann ein besonderes Grundbuchblatt angelegt; es kann wie ein Grundstück belastet werden. Das aufgrund des Erbbaurechts errichtete Bauwerk gilt als *wesentlicher Bestandteil des Erbbaurechts* und steht im Eigentum des Erbbauberechtigten. Der Grund und Boden bleibt dagegen Eigentum des Grundstückseigentümers. Für die Bestellung des Erbbaurechts wird im allgemeinen ein Entgelt in wiederkehrenden Leistungen vereinbart, der sog. Erbbauzins. Er muß nach Höhe und Zeit für die ganze Dauer des Erbbaurechts im voraus bestimmt sein; Gleitklauseln sind zulässig. 407

Besteht an einem Grundstück ein Erbbaurecht, so liegen *zwei wirtschaftliche Einheiten* vor, und zwar das Erbbaurecht und das belastete Grundstück. Für jede der beiden wirtschaftlichen Einheiten ist ein Grundstückswert festzustellen, wenn dieser für Zwecke der Erbschaft- oder Schenkungsteuer benötigt wird (R 181 Abs. 3 ErbStR). Hierzu ist der *Gesamtwert des Grundstücks* einschließlich der aufgrund des Erbbaurechts errichteten Aufbauten zu ermitteln sowie auf den Grundstückseigentümer und den Erbbauberechtigten *aufzuteilen* (§ 148 Abs. 1 BewG). Bei dieser Aufteilung ist das mit dem Erbbaurecht belastete Grundstück das 18,6-fache der nach den vertraglichen Bestimmungen im Besteuerungszeitpunkt zu zahlenden jährlichen Erbbauzinsen anzusetzen. Das Erbbaurecht selbst wird mit dem Unterschiedsbetrag aus dem Gesamtwert abzüglich kapitalisierter Erbbauzinsen bewertet.

Kapitalwert der jährlichen Erbbauzinsen = Wert des belasteten Grundstücks

Das mit dem Erbbaurecht belastete Grundstück ist stets mit dem *18,6-fachen* des im Besteuerungszeitpunkt *jährlich zu zahlenden Erbbauzinses* anzusetzen. Dieser Wert tritt an die Stelle des Grundstückswerts nach § 145 Abs. 3 BewG, errechnet aus der Grundstücksfläche und dem um 20 % ermäßigten Bodenrichtwert. 408

Da der Gesetzgeber den Vervielfältiger festgelegt hat, ist die Höhe des Werts des belasteten Grundstücks *allein von den jährlich zu zahlenden Erbbauzinsen abhängig*.

Keine Schwierigkeiten ergeben sich in der Praxis, wenn es sich um einen Erbbaurechtsvertrag unter Fremden handelt, bei denen die Erbbauzinsen gleichmäßig auf die Laufzeit des Erbbaurechts verteilt sind.

In der Praxis kommen jedoch auch Fälle vor, in denen die Erbbauzinsen während der Laufzeit des Erbbaurechts unterschiedlich hoch sind. Hier schreibt § 148 Abs. 1 BewG vor, daß es auf die Höhe der Erbbauzinsen im Besteuerungszeitpunkt ankommt. Dies kann sich sowohl zum Vor- als auch zum Nachteil des Grundstückseigentümers auswirken. Ein Vorteil ergibt sich dann, wenn die Bewertung in einem Zeitpunkt durchzuführen ist, in dem die *Erbbauzinsen niedrig bemessen* sind, ein Nachteil dann, wenn sie im Besteuerungszeitpunkt über dem Durchschnittswert liegen. Die Finanzverwaltung löst dieses Problem in der Weise, daß sie die insgesamt nach dem Besteuerungszeitpunkt noch zu leistenden Erbbauzinsen auf die Restlaufzeit verteilt und somit einen *Durchschnittswert kapitalisiert* (R 182 Abs. 2 Satz 3 ErbStR). Ob diese Rechtsauffassung auch von den Gerichten geteilt wird, ist wegen des eindeutigen Gesetzeswortlauts äußerst zweifelhaft. Betroffenen Steuerpflichtigen, die durch eine solche Berechnungsweise benachteiligt werden, wird daher empfohlen, gegen den Feststellungsbescheid Einspruch einzulegen und sich ggf. mit dem Ruhen des Verfahrens bis zu einer gerichtlichen Entscheidung einverstanden zu erklären.

Eine ähnliche Problematik ergibt sich in den Fällen, in denen die Erbbauzinsen zu Beginn des Erbbaurechtsvertrags für einen bestimmten Zeitraum *vorausgezahlt* wurden. Nach dem Gesetzeswortlaut ist auch in diesen Fällen von den Erbbauzinsen im Besteuerungszeitpunkt auszugehen. Da die vor dem Besteuerungszeitpunkt vereinnahmten Erbbauzinsen, unabhängig davon, ob dies im Rahmen von laufenden oder einmaligen Zahlungen geschehen ist, das Vermögen z.B. des Erblassers erhöht haben, ist gewährleistet, daß dieses Vermögen, wenn es im Besteuerungszeitpunkt noch vorhanden ist, der Erbschaftsbesteuerung unterliegt. Eine nochmalige Erfassung im Rahmen des erbbaurechtsbelasteten Grundstücks würde daher zu einem Doppelansatz führen. Auch die Finanzverwaltung sieht bei ihrer „wirtschaftlichen Berechnungsweise" nicht vor, daß *bis zum Besteuerungszeitpunkt vorausgezahlte Erbbauzinsen* erfaßt werden. Dies gilt lediglich für Erbbauzinsen, die während der noch verbleibenden Laufzeit des Erbbaurechts in Form von Einmalzahlungen geleistet werden; hier ist - wie oben beschrieben - der Durchschnittswert an Erbbauzinsen zu berechnen (R 182 Abs. 2 Satz 3 ErbStR).

PRAXISHINWEIS:

Die künftige Anpassung der Erbbauzinsen aufgrund von *Wertsicherungsklauseln*, z.B. durch das Anknüpfen an den Lebenshaltungskostenindex, ist nach Auffassung der Finanzverwaltung bei der Ermittlung des Durchschnittswerts nicht zu berücksichtigen (R 182 Abs. 2 Satz 4 ErbStR).

Schließlich besteht noch Klärungsbedarf bei der Einräumung eines Erbbaurechts *zugunsten naher Angehöriger* gegen Zahlung *unangemessener Erbbauzinsen*. Nach dem Gesetzeswortlaut ist immer an den im Besteuerungszeitpunkt zu zahlenden jährlichen Erbbauzins anzuknüpfen. Eine Regelung, nach der bei Angehörigen ein üblicher Erbbauzins anzusetzen wäre, ist in § 148 Abs. 1 BewG nicht vorgesehen. Eine Korrekturmöglichkeit besteht selbst dann nicht, wenn keine Erbbauzinsen vereinbart sind.

PRAXISHINWEIS:

Um hier eine Besteuerung sicherzustellen, dürfte das Finanzamt verstärkt darüber nachdenken, ob die *verbilligte oder unentgeltliche Einräumung* des Erbbaurechts als „gesonderte" Zuwendung *schenkungsteuerpflichtig* ist. Diese Zuwendung wäre mit dem Kapitalwert der Erbbauzinsen anzusetzen. U.E. steht einer solchen gesonderten Zuwendung § 148 Abs. 1 Satz 3 BewG entgegen, nach der weder ein Erbbauzinsanspruch noch eine Erbbauzinsverpflichtung bei der Grundstücksbewertung, aber auch außerhalb der Grundstücksbewertung erfaßt werden darf.

Die Kapitalisierung der Erbbauzinsen ist auch dann mit 18,6 vorzunehmen, 409
wenn die Laufzeit des Erbbaurechts nur noch wenige Jahre beträgt (R 182 Abs. 3 Satz 1 ErbStR). Dies ist damit zu erklären, daß der Wert des Erbbaurechts zwar mit dem Näherrücken des Vertragsendes geringer wird, andererseits die *Möglichkeit einer uneingeschränkten Nutzung* nach Ablauf des Erbbaurechtsvertrags mit dem Näherrücken an Wert gewinnt. Beides zusammen soll, so die Vorstellungen des Gesetzgebers, während der Laufzeit des Erbbaurechtsvertrags in etwa den gleichen Wert haben, allerdings mit unterschiedlicher Gewichtung.

PRAXISHINWEIS:

Ist das aufgrund des Erbbaurechtsvertrags auf dem Grundstück errichtete Gebäude nach Ablauf des Vertrags noch nutzbar, so hat der Grundstückseigentümer hierfür i.d.R. eine *Entschädigung zu zahlen*. Bei der Einheitsbewertung 1964 wurde dies durch Verteilung des Grundstückswerts auf den Grundstückseigentümer und den Erbbauberechtigten berücksichtigt. Dies ist, folgt man der Gesetzesbegründung, auch bei der Grundstücksbewertung ab 1996 der Fall. In der Begründung des Finanzausschusses des Deutschen Bundestages wird nämlich davon ausgegangen, daß der Erbbauberechtigte bei Übergang des Gebäudes nach Ablauf des Erbbaurechtsvertrags hierfür eine entsprechende Vergütung erhält. Ein gesonderter Ansatz der Entschädigung, sei es als *Verpflichtung beim Grundstückseigentümer* oder als *Anspruch beim Erbbauberechtigten*, kommt demnach nicht in Betracht. Geht das Grundstück nach Ablauf des Erbbaurechtsvertrags *entschädigungslos auf den Grundstückseigentümer* über, so erhöht es auch in diesem Fall nicht den Wert des erbbaurechtsbelasteten Grundstücks, so die Finanzverwaltung. In dem Heimfall kann auch keine Zuwendung des Erbbauberechtigten an den Grundstückseigentümer gesehen werden, da es an einer Unentgeltlichkeit der Zuwendung fehlt. Vielmehr ist der Heimfallanspruch als Teil des Entgelts für die Erbbaurechtsbestellung anzusehen (vgl. auch Erlaß des Finanzministeriums Baden-Württemberg vom 27. November 1998, 3 - S 3014/19, DB 1998 S. 2570).

U.E. dürfte der Heimfallanspruch des Grundstückseigentümers als *Sachleistungsanspruch* zu berücksichtigen sein, wenn er sich nicht über den Ansatz der durchschnittlichen Erbbauzinsen auf den Wert des erbbaubelasteten Grundstücks ausgewirkt hat. Hierzu ist es erforderlich, den tatsächlichen Wert des Gebäudes bei Ablauf des Erbbaurechtsvertrags zu ermitteln und diesen Anspruch auf den Besteuerungszeitpunkt abzuzinsen. Das, was bei dem Grundstückseigentümer als Anspruch anzusetzen ist, muß bei dem Erbbauberechtigten als *Sachleistungsverpflichtung abgezogen* werden. Dies sieht die Finanzverwaltung (vgl. Erlaß des Hessischen Finanzministeriums vom 23. November 1998, S 3014b A - 5 - II B 41(k), DStR 1998 S. 2013) zugunsten des erbbaurechtsbelasteten Grundstückseigentümers anders. Danach kommt ein *gesonderter Ansatz eines Sachleistungsanspruchs nicht in Betracht.*

Wert des Erbbaurechts

Der Wert des Erbbaurechts ergibt sich aus dem *Gesamtwert*, ermittelt entweder nach dem Ertragswertverfahren oder dem Steuerbilanzwertverfahren nach § 147 BewG, abzüglich des *Kapitalwerts der im Besteuerungszeitpunkt jährlich zu zahlenden Erbbauzinsen*. Letzteres ist das, was dem Grundstückseigentümer als Wert für sein belastetes Grundstück angesetzt wird. Daraus wird deutlich, daß insgesamt für das Grundstück einschließlich der aufgrund des Erbbaurechts errichteten Gebäude nur das besteuert wird, was ohne Bestellung des Erbbaurechts an Substanz in Form des Grundstücks und des Gebäudes vorhanden ist. Insoweit deckt sich § 148 Abs. 1 BewG mit der Einheitsbewertung 1964, die ebenfalls von einem Gesamtwert ausgeht, diesen aber anders verteilt. 410

In der Praxis sind bei der *Wertermittlung für ein Erbbaurecht folgende Fallgestaltungen* zu beachten:

- Das Erbbaurecht ist an einem *unbebauten Grundstück* bestellt, das im Besteuerungszeitpunkt noch nicht bebaut ist. Hier stellt sich die Frage, ob die Sondervorschrift in § 148 Abs. 1 BewG auf diese Fälle anwendbar ist. Denn § 148 Abs. 1 BewG weist nur auf die Vorschriften zur Bewertung bebauter Grundstücke hin, nicht jedoch auf § 145 BewG. Daraus könnte der Schluß gezogen werden, daß bei einem Erbbaurecht an einem unbebauten Grundstück nur das unbebaute Grundstück und nicht das Erbbaurecht zu bewerten ist. Für die Bewertung des unbebauten Grundstücks wäre die Bewertung nach § 145 Abs. 3 BewG durchzuführen. 411

  Dieses Ergebnis ist u.E. nicht gewollt. Vielmehr dürfte beabsichtigt sein, sämtliche Erbbaurechte, also auch Erbbaurechte an unbebauten Grundstükken, durch die Sondervorschrift (§ 148 Abs. 1 BewG) „abzudecken". Diese Auffassung wird auch von der Finanzverwaltung in R 183 Abs. 1 Satz 2 ErbStR vertreten. Demnach ist das Erbbaurecht an einem unbebauten Grundstück wie folgt zu bewerten: Die Grundstücksfläche unter Ansatz des um 20 % ermäßigten Bodenrichtwerts ist um das 18,6fache der jährlichen Erbbauzinsen zu kürzen; als Ergebnis verbleibt der Grundstückswert für das Erbbaurecht an dem unbebauten Grundstück. In Einzelfällen kann diese Bewertungsmethode zu *Negativwerten* führen, und zwar dann, wenn der kapitalisierte Erbbauzins über den Wert des Grundstücks hinausgeht (vgl. auch R 183 Abs. 2 Satz 2 ErbStR).

412 ■ Hat der Erbbauberechtigte aufgrund des Erbbaurechts auf dem Grundstück ein *Gebäude errichtet* und dieses *im Besteuerungszeitpunkt fertiggestellt*, so ist das bebaute Grundstück entweder im Ertragswertverfahren - dies dürfte die Regel sein - oder bei typischen Industriegrundstücken nach dem Steuerbilanzwertverfahren zu bewerten (R 183 Abs. 1 Satz 4 ErbStR). Von diesem Gesamtwert ist das 18,6fache der jährlichen Erbbauzinsen abzuziehen. Das, was danach verbleibt, hat der Erbbauberechtigte für sein Erbbaurecht als Grundstückswert zu besteuern.

PRAXISHINWEIS:

Ist bei der Bewertung nach dem Ertragswertverfahren der Mindestwert anzusetzen, kann auch dies dazu führen, daß sich für den Erbbauberechtigten ein *Negativwert* ergibt. Beim Steuerbilanzwertverfahren kann sich ein Negativwert einstellen, wenn neben dem Bodenwert ein auf einen Erinnerungswert von 1 DM abgeschriebener Gebäudewert zu berücksichtigen ist.

413 ■ Schließlich sind in der Praxis noch Fälle denkbar, in denen der Grundstückseigentümer auf dem Grundstück ein Gebäude errichtet hat und erst *nach Fertigstellung des Gebäudes* an dem Grundstück einschließlich Aufbauten ein *Erbbaurecht bestellt*. Auch hier hat der Erbbauberechtigte den Gesamtwert des Grundstücks einschließlich Aufbauten, gekürzt um den Kapitalwert der jährlichen Erbbauzinsen, als Grundstückswert der Erbschaftsbesteuerung zu unterwerfen. Da die jährlichen Erbbauzinsen bei einem bebauten Grundstück in etwa dem entsprechen, was für dieses Grundstück langfristig an Miete bzw. Pacht zu zahlen wäre, dürfte nach Abzug des Kapitalwerts der Erbbauzinsen kaum noch etwas von dem Gesamtwert verbleiben, der bei dem Erbbauberechtigten als Besteuerungsgrundlage anzusetzen ist.

414 ■ § 148 Abs. 1 BewG enthält keine Aussage darüber, wie in den Fällen zu verfahren ist, in denen aufgrund eines Erbbaurechts ein Gebäude errichtet wird, das *im Besteuerungszeitpunkt noch nicht fertiggestellt* ist. Der Wert des Grundstücks des Eigentümers beträgt 18,6 x jährlich zu zahlende Erbbauzinsen. Der Erbbauberechtigte hat den Gesamtwert abzüglich kapitialisierter Erbbauzinsen der Besteuerung zu unterwerfen (R 183 Abs. 1

Satz 3 ErbStR). Der Gesamtwert ist hier nach den Grundsätzen des § 149 BewG zu ermitteln (vgl. Rdn. 429 f.).

Abrundung

Sowohl der Wert des belasteten Grundstücks als auch der Wert des Erbbaurechts 415
sind *auf volle 1.000 DM nach unten abzurunden* (§ 139 BewG). Allerdings ist darauf zu achten, daß weder der Gesamtwert noch der Kapitalwert der Erbbauzinsen abgerundet wird.

Geplante Neuregelung ab 2000

Die Grundstücksbewertung von erbbaurechtsbelasteten Grundstücken sowie von 416
Erbbaurechten soll ab dem 1.1.2000 neu geregelt werden (§ 148 BewG), so der Entwurf des Steuerbereinigungsgesetzes 1999.

➤ Erbbaurechtsbelastetes Grundstück

Dem erbbaurechtsbelasteten Grundstück soll stets der Bodenwert zugerechnet 417
werden. Dieser Bodenwert soll in Ausnahmefällen um einen Anteil am Gebäudewert erhöht werden.

Der Bodenwert ist wie bei einem unbebauten Grundstück zu berechnen (§ 148 Abs. 2 BewG i.d.F. des Entwurfs des Steuerbereinigungsgesetzes 1999).

Grundstücksfläche:	.... m^2
x Bodenrichtwert vom 1.1.1996:	.... DM/m^2
= Zwischenwert:	.... DM
·/· Abschlag (20 % vom Zwischenwert):	.... DM
= Grundstückswert (vor Abrundung):	.... DM
Grundstückswert (nach Abrundung auf volle 1.000 DM):	.... DM

Der Bodenwert wird ausnahmsweise um einen Gebäudewertanteil erhöht, wenn

- die Dauer des Erbbaurechts im Besteuerungszeitpunkt weniger als 40 Jahre beträgt und
- der Grundstückseigentümer bei Erlöschen des Erbbaurechts durch Zeitablauf keine dem Wert des Gebäudes entsprechende Entschädigung an den Erbbauberechtigten zu leisten hat.

Unter diesen Voraussetzungen soll dem Grundstückseigentümer folgender Gebäudewertanteil neben dem Bodenwertanteil zugerechnet werden:

Restlaufzeit des Erbbaurechts aufgrund vertraglicher Vereinbarung	Anteil am Gebäudewert
unter 1 Jahr	100 %
unter 2 Jahren bis zu 1 Jahr	95 %
unter 3 Jahren bis zu 2 Jahren	90 %
unter 4 Jahren bis zu 3 Jahren	85 %
unter 5 Jahren bis zu 4 Jahren	80 %
unter 6 Jahren bis zu 5 Jahren	75 %
unter 7 Jahren bis zu 6 Jahren	70 %
unter 8 Jahren bis zu 7 Jahren	65 %
unter 10 Jahren bis zu 8 Jahren	60 %
unter 15 Jahren bis zu 10 Jahren	50 %
unter 20 Jahren bis zu 15 Jahren	40 %
unter 25 Jahren bis zu 20 Jahren	30 %
unter 30 Jahren bis zu 25 Jahren	20 %
unter 35 Jahren bis zu 30 Jahren	15 %
unter 40 Jahren bis zu 35 Jahren	10 %
ab 40 Jahren	0 %

Bei einer Restlaufzeit unter 40 Jahren ist zu prüfen, inwieweit der Grundstückseigentümer bei Ablauf des Erbbaurechtsvertrags eine am Verkehrswert des dann noch vorhandenen Gebäudes ausgerichtete Entschädigung zahlen muß. Ist dies nämlich der Fall, soll dem Grundstückseigentümer kein Gebäudewertanteil zugerechnet werden. Hat der Grundstückseigentümer keine Entschädigung zu leisten, richtet sich die Zurechnung des Gebäudewertanteils nach den oben dargestellten Prozentzahlen. Ist zwar eine Entschädigung zu leisten, entspricht allerdings diese Entschädigung nur einem Teil des Verkehrswerts, ist der Gebäudewertanteil wie folgt zu ermitteln:

$$\frac{\text{Entschädigung}}{\text{Verkehrswert des Gebäudes bei Vertragsabschluß}} \times$$ Gebäudewertanteil, der dem Grundstückseigentümer nach obiger Tabelle zuzurechnen ist = anzusetzender Gebäudewertanteil beim Grundstückseigentümer

➤ Bewertung des Erbbaurechts

Auf die wirtschaftliche Einheit des Erbbaurechts soll nur der Gebäudewert entfallen. Dieser soll zu kürzen sein, soweit dem Grundstückseigentümer ein Anteil hiervon zugerechnet wird (§ 148 Abs. 1 Satz 3 und 4 BewG i.d.F. des Entwurfs des Steuerbereinigungsgesetzes 1999). Zu einer Kürzung des Gebäudewerts beim Erbbauberechtigten soll es dann kommen, wenn die Restlaufzeit des Erbbaurechts im Besteuerungszeitpunkt weniger als 40 Jahre beträgt und keine oder keine angemessene Entschädigung nach Ablauf des Erbbaurechtsvertrags an ihn für das dann vorhandene Gebäude zu zahlen ist. 418

➤ Ermittlung des Gebäudewerts

§ 148 Abs. 3 BewG i.d.F. des Entwurfs des Steuerbereinigungsgesetzes 1999 soll die Ermittlung des Gebäudewerts festlegen. Hier gilt nach dem Gesetzesentwurf folgendes Berechnungsschema: 419

Vertraglich vereinbarte Miete in den letzten 12 Monaten vor dem Besteuerungszeitpunkt:	..... DM
x Vervielfacher:	10
= Zwischenwert:	..... DM
·/· Alterswertminderung (berechnet nach § 146 Abs. 4 BewG mit 0,5 % pro Jahr, höchstens 25 %):	·/· ..... DM
= Gebäudewert:	..... DM

PRAXISHINWEIS:

Sollte es sich bei den Aufbauten um ein Ein- oder Zweifamilienhaus handeln, wird hierfür - abweichend von der Ertragsbewertung nach § 146 Abs. 5 BewG - kein Zuschlag in Höhe von 20 % vorgenommen, wenn das Gebäude ausschließlich Wohnzwecken dient.

Ist das Gebäude in den letzten 12 Monaten vor dem Besteuerungszeitpunkt nicht vermietet, läßt sich aber die übliche Miete ermitteln, ist diese als Ersatz für die tatsächlich vereinbarte Miete anzusetzen, und zwar unter Berücksichtigung der Wertverhältnisse in den letzten 12 Monaten vor dem Besteuerungszeitpunkt.

Kann eine übliche Miete nicht ermittelt werden, soll die Bewertung des Gebäudes nach § 147 BewG unter Ansatz des ertragsteuerlichen Werts erfolgen. Dies ist bei einem Gebäude, das in der Steuerbilanz ausgewiesen ist, der Steuerbilanzwert im Besteuerungszeitpunkt, ansonsten der Restbuchwert im Besteuerungszeitpunkt.

Führt der Ansatz des Gebäudewerts oder des anteiligen Gebäudewerts beim Erbbauberechtigten zu einem Grundstückswert, der über dem Verkehrswert liegt, hat auch er künftig die Möglichkeit, einen niedrigeren Verkehrswert für sein Erbbaurecht nachweisen zu können.

➤ Gestaltungsempfehlungen

420 Derjenige, der Eigentümer eines erbbaurechtsbelasteten Grundstücks oder eines Erbbaurechts ist und in Kürze die Übertragung im Rahmen der vorweggenommenen Erbfolge plant, sollte bis zum Jahresende auf jeden Fall eine Vergleichsrechnung anstellen, und zwar „alte Regelung - neue Regelung". Hierzu einige Anregungen:

- Der Grundstückseigentümer sollte die Übertragung des erbbaurechtsbelasteten Grundstücks noch bis Ende 1999 vornehmen, wenn er z.B. bei Vertragsbeginn eine Einmalzahlung erhalten hat, so daß sich seine jährlichen Erbbauzinsen für die Vertragslaufzeit entsprechend ermäßigen.
- Steht dem Grundstückseigentümer nach Ablauf des Erbbaurechtsvertrags das Gebäude entschädigungslos zu, wirkt sich dies bisher auf seinen Grundstückswert nicht aus. Denn der Verkehrswert des Gebäudes bei Ablauf des Erbbaurechtsvertrags wird weder bei der Grundstücksbewertung durch Erhöhung der jährlichen Erbbauzinsen berücksichtigt noch als gesonderter Anspruch angesetzt. Dies soll ab dem 1.1.2000 anders sein, wenn die Restlaufzeit des Erbbaurechtsvertrags weniger als 40 Jahre beträgt. Denn dann ist dem Grundstückseigentümer neben dem Bodenwert ein Anteil am Gebäudewert, gestaffelt nach der Restlaufzeit, zuzurechnen.
- Ist nach der bisherigen Regelung der Gesamtwert im Ertragswertverfahren zu ermitteln, wird dem Erbbauberechtigten der Saldo „Gesamtwert abzüglich Kapitalwert der jährlichen Erbbauzinsen" zugerechnet. Künftig ist bei ihm i. d. R. das 10fache der Jahresmiete abzüglich Alterswertminderung als Grundstückswert anzusetzen. Immer dann, wenn der Kapitalwert der jährlichen Erbbauzinsen über das 2,5fache der Jahresmiete abzüglich Alterswertminderung hinausgeht - dies dürfte die Regel sein -, muß dem Erbbauberechtigten eine Grundstücksübertragung vor dem 1.1.2000 empfohlen werden. Nur in den Fällen, in denen nach der Neuregelung ein Gebäudewertanteil auf den Grundstückseigentümer entfällt, muß genau gerechnet wer-

den. Dies gilt für Verträge mit einer Restlaufzeit unter 40 Jahren, bei denen der Grundstückseigentümer nach Ablauf des Erbbaurechtsvertrags keine oder keine angemessene Entschädigung für das dann vorhandene Gebäude zahlen muß.

- Ist bei einem Erbbauberechtigten als Gesamtwert bei einer Bewertung im Ertragswertverfahren der Mindestwert anzusetzen und weicht dieser Mindestwert erheblich vom Ertragswert ab, dies ist häufig bei Grundstücken in Ballungsräumen der Fall, kann die künftige Bewertung des Erbbaurechts unter Ansatz der Jahresmiete x 10 % Alterswertminderung günstiger sein als der Mindestwert, gekürzt um den Kapitalwert der jährlichen Erbbauzinsen. Hier sollte mit der Grundstücksübertragung bis zum 1.1.2000 gewartet werden. Das steuerliche Ergebnis fällt für den Erbbauberechtigten noch günstiger aus, wenn ihm nicht der volle Gebäudewertanteil zugerechnet wird, weil die Restlaufzeit des Erbbaurechts weniger als 40 Jahre beträgt und von dem Grundstückseigentümer keine Entschädigung für das vom Erbbauberechtigten errichtete Gebäude zu zahlen ist.

Steuersparmodell

Sie wollen ein Baugrundstück in guter Lage auf eines Ihrer Kinder übertragen. 421
Das Grundstück ist 1.500 m^2 groß; der dafür anzusetzende Bodenrichtwert zum 1. Januar 1996 beläuft sich auf 1.200 DM/m^2. Die Grundstücksübertragung verursacht demnach Schenkungsteuer in Höhe von

1.500 m^2 x 1.200 DM/m^2 =		1.800.000 DM
Abschlag (20 % von 1.800.000 DM):	·/·	360.000 DM
Grundstückswert:		1.440.000 DM
persönlicher Freibetrag:	·/·	400.000 DM
steuerpflichtiger Erwerb:		1.040.000 DM
Schenkungsteuer unter Berücksichtigung der Härteregelung:		170.000 DM

Sie wollen diese Schenkungsteuer sparen. Wie müssen Sie dabei vorgehen?

Räumen Sie Ihrem Kind an dem Grundstück ein Erbbaurecht ein. An monatlichen Erbbauzinsen können Sie bis zu 1.792 DM vereinbaren. Denn dann rechnet das Finanzamt wie folgt:

Jährliche Erbbauzinsen (1.792 DM x 12):	21.504 DM
Grundstückswert für das erbbaurechtsbelastete Grundstück (21.504 DM x 18,6):	399.974 DM

Dieser Betrag liegt unter dem persönlichen Freibetrag von 400.000 DM.

Nach ein paar Jahren gehen Sie hin und übertragen dieses erbbaurechtsbelastete Grundstück mit dem Wert unter 400.000 DM auf Ihren Sohn. Damit vereinen sich die Stellung des Erbbauverpflichteten und des Erbbauberechtigten in einer Person. Der Sohn ist durch diese Übertragung Grundstückseigentümer geworden, und zwar mit allen Rechten und Pflichten.

PRAXISHINWEIS:

Für das Finanzamt besteht keine Möglichkeit, bei Vereinbarung eines unüblichen jährlichen Erbbauzinses diesen durch einen *üblichen Erbbauzins zu ersetzen*. Denn es fehlt in § 148 Abs. 1 BewG eine dem § 146 Abs. 3 BewG vergleichbare Vorschrift, die für das Ertragswertverfahren den Ansatz der üblichen Miete vorschreibt (vgl. auch Wolf, DStR 1997 S. 349).

Um auf Nummer Sicher zu gehen, sollten Sie mit Ihrem Kind den *entschädigungslosen Übergang des Gebäudes nach Ablauf des Erbbaurechtsvertrags* vereinbaren. Hierdurch erhöht sich der wirtschaftliche Wert Ihres erbbaurechtsbelasteten Grundstücks, ohne daß sich dies steuerlich auswirkt. Denn der entschädigungslose Gebäudeübergang führt weder zum Ansatz eines höheren jährlichen Erbbauzinses noch zu einem gesonderten Sachleistungsanspruch neben dem erbbaurechtsbelasteten Grundstück (siehe aber die beabsichtigten Änderungen im Entwurf des Steuerbereinigungsgesetzes 1999; vgl. Rdn. 416 f.).

Keine Nachweismöglichkeit

422 Weder der Grundstückseigentümer noch der Erbbauberechtigte hat die Möglichkeit, einen von den oben dargestellten Werten *niedrigeren Verkehrswert nachzuweisen*. Der Erbbauberechtigte kann lediglich bei einer Bewertung nach dem Ertragswertverfahren einen Gesamtwert nachweisen, der unter dem Ertragswert liegt (R 183 Abs. 3 ErbStR). Auch über den Erbbauzinsanspruch oder die Erbbauzinsverpflichtung erfolgt keine Korrektur. Denn sowohl Anspruch als auch Verpflichtung sind weder bei der Grundstücksbewertung als Bestandteil des Grundstücks noch außerhalb der Grundstücksbewertung als gesondertes Recht zu berücksichtigen (§ 148 Abs. 1 Satz 3 BewG).

Wichtig:
Im Entwurf des Steuerbereinigungsgesetzes 1999 ist sowohl für den Grundstückseigentümer als auch für den Erbbauberechtigten für Erwerbe ab dem 1.1.2000 die Möglichkeit vorgesehen, einen unter dem Steuerwert liegenden Verkehrswert *nachweisen* zu können (neuer § 138 Abs. 4a ErbStG).

Besonderheiten bei Bilanzierenden

Hat der Steuerpflichtige an einem Grundstück, das zu seinem Betriebsvermögen 423 gehört, einem Dritten ein Erbbaurecht eingeräumt, so ist sein *Anspruch auf Erbbauzinsen nicht in der Steuerbilanz auszuweisen*. Vielmehr wird dieser Anspruch unter dem Gesichtspunkt eines schwebenden Geschäfts wie bei Vereinbarung eines Mietverhältnisses nicht berücksichtigt. Lediglich die Einräumung eines Erbbaurechts kann über die dafür aufgewandten Grundbuch- und Notarkosten zur *Aktivierung eines Wirtschaftsguts „Erbbaurecht" führen*. Darüber hinaus können sich die Erbbauzinsen, soweit sie für einen zeitlich begrenzten Zeitraum im voraus geleistet werden, in Form eines aktiven oder passiven *Rechnungsabgrenzungsposten* in der Steuerbilanz niederschlagen (vgl. Rdn. 461).

Bei der Ermittlung des Betriebsvermögens für Erbschaft- und Schenkungsteuerzwecke sind ab 1996 die Erbbauzinsansprüche nicht mehr zusätzlich zu dem, was in der Steuerbilanz ausgewiesen ist, anzusetzen (§ 12 Abs. 5 ErbStG i.d.F. des Jahressteuergesetzes 1997). Vielmehr gilt auch in diesem Bereich der Grundsatz: Es ist das zu übernehmen, was in der Steuerbilanz ausgewiesen ist. Bei *vorausgezahlten Erbbauzinsen*, die der *Berechtigte* in der Steuerbilanz *passiv* durch Einstellung eines Rechnungsabgrenzungspostens *abgegrenzt* hat, ist dieser für Zwecke der Ermittlung des Betriebsvermögens auf den Besteuerungszeitpunkt zu übernehmen. Dies gilt auch für *einmalige Aufwendungen*, die im Zusammenhang mit dem Erwerb des Erbbaurechts angefallen sind, wie z.B. Grunderwerbsteuer, Maklerprovision, Notar- und Gerichtsgebühren. Sie rechnen ertragsteuerlich zu den Anschaffungskosten des Wirtschaftsguts „Erbbaurecht". Da dieses Wirtschaftsgut bereits durch den Grundstückswert für das Erbbaurecht erfaßt wird, ist der Bilanzposten bei der Ermittlung des Betriebsvermögens nicht zu übernehmen.

Verfahrensrecht

Ein Grundstückswert wird nur für die wirtschaftliche Einheit ermittelt, die bei 424 der Erbschaft- und Grunderwerbsteuer zu besteuern ist. Der *Erbbauberechtigte* kann zivilrechtlich das mit dem *Recht belastete Grundstück erwerben*. Trotz Vereinigung des Erbbaurechts und des belasteten Grundstücks in einer Hand bleiben *beide wirtschaftlichen Einheiten* bestehen. Wird nun ein solches Grundstück mit dem Erbbaurecht im Wege der Schenkung oder durch Erbfall übertragen, so müßte sowohl für das Grundstück als auch für das Erbbaurecht ein Grundstückswert ermittelt werden (vgl. zur Einheitsbewertung 1964 Urteil des Niedersächsischen Finanzgerichts vom 21. Februar 1995, I 469-470/91; vgl. auch R 181 Abs. 1 Satz 4 ErbStR). Aus Gründen der Verwaltungsvereinfachung ist es u.E. jedoch vertretbar, auf den Ansatz von zwei wirtschaftlichen Einheiten zu verzichten und statt dessen eine wirtschaftliche Einheit bebautes Grundstück anzunehmen.

Gebäude auf fremdem Grund und Boden

425 Bei einem Gebäude auf fremdem Grund und Boden handelt es sich um ein Objekt, das einem anderen als dem Grundstückseigentümer gehört. Dies führt dazu, daß sowohl das *Gebäude* als auch der *Grund und Boden* als *selbständige wirtschaftliche Einheit* des Grundvermögens zu bewerten ist (§ 70 Abs. 3 BewG; vgl. R 185 Abs. 1 ErbStR). Dies gilt selbst dann, wenn das Gebäude wesentlicher Bestand des Grund und Bodens geworden ist. Steuerlich kommt es nur darauf an, daß der Gebäudeeigentümer wirtschaftlich darüber verfügen kann.

Wirtschaftliches Eigentum

426 Gebäude auf fremdem Grund und Boden werden vor allem im Rahmen von Miet- oder Pachtverträgen errichtet. Das Gebäude ist demjenigen *als wirtschaftlichem Eigentümer zuzurechnen*, der aufgrund vertraglicher Vereinbarungen oder aus anderen Gründen den Eigentümer des Grund und Bodens von der Einwirkung auf das Gebäude ausschließen kann. Eine solche Zurechnung kommt dann in Betracht, wenn nach dem Gesamtbild der Verhältnisse ein anderer als der zivilrechtliche Eigentümer die tatsächliche Herrschaft ausübt und den nach bürgerlichem Recht Berechtigten auf Dauer von der Einwirkung auf das Wirtschaftsgut auszuschließen vermag, so daß der Herausgabeanspruch des bürgerlich-rechtlichen Eigentümers keine wirtschaftliche Bedeutung mehr hat (R 185 Abs. 4 ErbStR). Dies kann nur unter Berücksichtigung der getroffenen Vereinbarungen und ihrer praktischen Durchführung im Einzelfall entschieden werden. Wirtschaftliches Eigentum wird nicht allein dadurch begründet, daß der Eigentümer des Grund und Bodens der Baumaßnahme zugestimmt, der Errichter des Gebäu-

des die Kosten für das Gebäude getragen bzw. das Recht auf ungehinderte Benutzung erlangt hat. Vielmehr müssen für die Annahme einer *tatsächlichen Sachherrschaft* am Gebäude unter Ausschluß des bürgerlich-rechtlichen Eigentümers weitere Merkmale hinzutreten, insbesondere

- das Recht, Ein- und Umbauten ohne Genehmigung des Grundstückseigentümers durchzuführen,
- das Recht, das Gebäude vor oder mit Ablauf der Vertragsdauer abzureißen,
- die Übernahme des Risikos des zufälligen Untergangs des Gebäudes während der Vertragsdauer (R 185 Abs. 4 Sätze 3 und 4 ErbStR).

Zivilrechtlicher Eigentümer des Gebäudes bleibt der Grundstückseigentümer. Warum wird denn bei der Erbschaft- oder Schenkungsteuer, die an das Zivilrecht anknüpft, überhaupt etwas bei dem wirtschaftlichen Eigentümer des Gebäudes angesetzt? Man muß sich das so vorstellen, daß der wirtschaftliche Vorteil aus dem Pachtverhältnis im Erbfall oder bei der Schenkung erfaßt wird, und zwar bewertet als wirtschaftliches Eigentum an dem Gebäude.

Wirtschaftliche Einheit

In den Fällen, in denen der Eigentümer des Gebäudes eine größere, dem Eigentü- 427
mer des Grund und Bodens gehörende Fläche *nur teilweise nutzt*, ist nur die von ihm genutzte Fläche als bebauter Grund und Boden und damit als besondere wirtschaftliche Einheit des Grundvermögens anzusehen (R 185 Abs. 6 ErbStR). Sie ist demnach aus der die gesamte Bodenfläche umfassenden wirtschaftlichen Einheit herauszulösen. Es liegen somit *drei wirtschaftliche Einheiten* vor, und zwar das Gebäude auf fremdem Grund und Boden, der wirtschaftlich zu diesem Gebäude gehörende Grund und Boden und die nach Abtrennung des vom Eigentümer des Gebäudes genutzten Grund und Bodens verbleibende Grundstücksfläche.

Der *Abbruch eines Gebäudes* auf fremdem Grund und Boden ist bei den beiden wirtschaftlichen Einheiten „Grund und Boden" und „Gebäude" in der Weise zu berücksichtigen, daß die bisher selbständige wirtschaftliche Einheit „Gebäude" wegfällt und in die wirtschaftliche Einheit „Grund und Boden" aufgeht. Der *Übergang des Eigentums an einem Gebäude* auf fremdem Grund und Boden auf den Eigentümer des Grund und Bodens führt ebenfalls dazu, daß aus den beiden wirtschaftlichen Einheiten nunmehr eine wirtschaftliche Einheit „bebautes Grundstück" wird. Dies gilt auch für den umgekehrten Fall, in dem der Gebäudeeigentümer den Grund und Boden erwirbt.

Bewertung

428 Für den *verpachteten Grund und Boden* ist wie bei einem Erbbaurecht das 18,6-fache der jährlichen Pacht anzusetzen (§ 148 Abs. 2 BewG). Für die Höhe der Pacht kommt es auf die Verhältnisse im Besteuerungszeitpunkt an (R 186 Satz 2 ErbStR).

Das *Gebäude auf fremdem Grund und Boden* ist mit dem Gesamtwert aus dem Grund und Boden und dem Gebäude abzüglich kapitalisierter Jahrespacht anzusetzen. Der Umstand, ob bei Beendigung des Pachtverhältnisses das Gebäude entschädigungslos, teilweise entschädigungslos oder gegen eine angemessene Entschädigung auf den Grundstückseigentümer übergeht, ist wie beim Erbbaurecht (vgl. Rdn. 396) zu beantworten (R 186 Satz 1 ErbStR).

Wichtig:
Die Bewertung von Gebäuden auf fremdem Grund und Boden soll durch das Steuerbereinigungsgesetz 1999 für Erwerbe ab dem 1.1.2000 *entsprechend* den neuen Bewertungsvorschriften für *erbbaurechtsbelastete Grundstücke* und *Erbbaurechte* geregelt werden (vgl. Rdn. 416 f.). Danach ist der Bodenwert unter Ansatz der Grundstücksfläche x Bodenrichtwert vom 1.1.1996 abzüglich eines Abschlags von 20 % zu berechnen. Der Gebäudewert ist mit dem 10fachen der in den letzten 12 Monaten vor dem Besteuerungszeitpunkt zu zahlenden Miete, gekürzt um die Alterswertminderung, anzusetzen. Bei Industriebauten soll es beim Ansatz des Steuerbilanzwerts bleiben.

Grundstücke im Zustand der Bebauung

429 Befindet sich auf dem Grundstück ein Gebäude, das im Besteuerungszeitpunkt noch *nicht bezugsfertig* ist, so ist der Grundstückswert unter *Ansatz des Grundstückswerts vor Beginn der Baumaßnahme* zuzüglich der *bis zum Besteuerungszeitpunkt neu geschaffenen Bausubstanz* zu bewerten (§ 149 BewG). Ein Grundstück ist im Zustand der Bebauung, wenn bereits mit den *Ausschachtungsarbeiten* begonnen wurde oder Baustoffe zur planmäßigen Errichtung des Gebäudes „eingebracht" wurden (§ 145 Abs. 1 Satz 4 BewG). Die Anfuhr der Baustoffe auf der Baustelle reicht für sich allein noch nicht aus, ein im Bau befindliches Gebäude anzunehmen. Der vorherige *Abbruch eines Gebäudes* oder eines Gebäudeteils ist ebenfalls nicht als Beginn der Baumaßnahme zur Errichtung eines neu geschaffenen Gebäudes anzusehen (R 187 Abs. 1 Satz 2 ErbStR).

Der Zustand „Bebauung" dauert bis zur *Bezugsfertigkeit* des neu geschaffenen Gebäudes oder Gebäudeteils an. Bezugsfertig ist ein Gebäude, wenn es den künftigen Benutzern zugemutet werden kann, die Wohnung, Wohnräume oder in sonstiger Weise genutzte Räume in Gebrauch zu nehmen. Hierzu ist es erforderlich, daß die *wesentlichen Bauarbeiten*, wie der Einbau von Türen und Fenstern, Heizung und sanitären Einrichtungen sowie das Verlegen von Anschlüssen für Strom- und Wasserversorgung abgeschlossen sind. *Kleinere Restarbeiten*, wie z.B. noch ausstehende Malerarbeiten oder das Verlegen von Teppichboden, wirken sich auf den Zeitpunkt der Bezugsfertigkeit nicht aus. Auch die *Abnahme durch die Bauaufsichtsbehörde* ist *nicht entscheidungserheblich* (R 159 Abs. 3 und R 187 Abs. 5 ErbStR).

Bebauung eines unbebauten Grundstücks

Wird ein unbebautes Grundstück erstmals bebaut und ist das Gebäude im Besteuerungszeitpunkt noch nicht fertiggestellt, so ist bei einer *Bewertung im Ertragswertverfahren* wie folgt vorzugehen: 430

Es müssen zwei Werte ermittelt werden, und zwar zum einen der *Wert vor Beginn der Bebauung* als Wert für ein *unbebautes Grundstück* und zum anderen der *Wert nach Bezugsfertigkeit als bebautes Grundstück*.

Der *Wert des unbebauten Grundstücks* ergibt sich i.d.R. aus der Grundstücksfläche x 80 % des Bodenrichtwerts. Ggf. sind noch Wertkorrekturen erforderlich, um die Abweichungen der Merkmale des zu bewertenden Grundstücks im Vergleich zu dem Bodenrichtwertgrundstück zu berücksichtigen. In Ausnahmefällen kann auf Nachweis des Steuerpflichtigen ein niedrigerer Verkehrswert angesetzt werden (R 188 Abs. 2 Satz 4 ErbStR).

Der Wert des *bebauten Grundstücks* nach Bezugsfertigkeit bestimmt sich nach der üblichen Miete im Zeitpunkt der Bezugsfertigkeit, vervielfacht mit 12,5 und bei Ein- und Zweifamilienhäusern, die ausschließlich Wohnzwecken dienen, erhöht um einen Zuschlag von 20 % (R 189 Abs. 1 Satz 1 ErbStR). Dieser Wert muß mindestens das ausmachen, was für das unbebaute Grundstück angesetzt wird. Darüber hinaus besteht für den Steuerpflichtigen die Möglichkeit, für das bebaute Grundstück einen niedrigeren Verkehrswert nachzuweisen.

Aus dem so ermittelten Gesamtwert ist ein *Bodenwertanteil von 20 % des Gesamtwerts herauszurechnen* (§ 149 Abs. 1 Satz 2 BewG). Das, was danach verbleibt, ist der *Gebäudewert nach Fertigstellung* (R 189 Abs. 2 Satz 1 ErbStR). Dieser Gebäudewert ist entsprechend dem *Fertigstellungsgrad* im Besteuerungszeitpunkt anzusetzen. Der Fertigstellungsgrad bestimmt sich nach den *Herstellungskosten bis zum Besteuerungszeitpunkt* im Verhältnis zu den *gesamten Herstellungskosten bis zur Bezugsfertigkeit* (R 188 Abs. 3 Satz 1 ErbStR).

Handelt es sich bei dem im Bau befindlichen Gebäude im Zeitpunkt der Fertigstellung um ein *Ein- oder Zweifamilienhaus*, soll ab dem 1.1.2000 der Gebäudewert nach Fertigstellung um einen Bodenwertanteil von *40 % gekürzt* werden (§ 149 Abs. 1 i.d.F. des Entwurfs des Steuerbereinigungsgesetzes 1999). Wer also beabsichtigt, ein Ein- oder Zweifamilienhaus vor Fertigstellung unentgeltlich zu übertragen, sollte damit bis zum 1.1.2000 warten.

PRAXISHINWEIS:

Kann das Finanzamt anhand der vorgelegten Unterlagen eine Aufteilung der gesamten Herstellungskosten auf den bezugsfertigen und nicht bezugsfertigen Gebäudeteil vornehmen, wird es die bis zum Besteuerungszeitpunkt angefallenen Herstellungskosten für den nicht bezugsfertigen Gebäudeteil *schätzen* (R 188 Abs. 3 Satz 3 ErbStR). Solche Fälle treten in der Praxis dann auf, wenn ein noch nicht bezugsfertiges Gebäude im Erbfall übergeht und der Erblasser über die von ihm getätigten Herstellungskosten keine geeigneten Aufzeichnungen geführt hat.

Der Gebäudewert für das im Bau befindliche Gebäude ist dem Wert des unbebauten Grundstücks hinzuzurechnen, wobei der Gesamtwert auf volle 1.000 DM nach unten abzurunden ist (R 189 Abs. 1 Satz 2 ErbStR).

PRAXISHINWEIS:

Bei der Ermittlung des Fertigstellungsgrads für das im Bau befindliche Gebäude sind noch zwei Dinge zu beachten:

- Fallen vor Beginn der Baumaßnahme *Abbruchkosten* für auf dem Grundstück befindliche „Baulichkeiten" an, rechnen diese unabhängig von ihrer ertragsteuerlichen Beurteilung nicht zu den Herstellungskosten, die für die Bestimmung des Fertigstellungsgrads benötigt werden.
- Stehen im Besteuerungszeitpunkt die insgesamt bis zur Fertigstellung angefallenen Herstellungskosten nicht fest, kann das Finanzamt diesen Betrag

unter Heranziehung von Kostenvoranschlägen oder beim Erwerb einer Eigentumswohnung im Bauträgermodell nach den vereinbarten Kaufpreisraten schätzen. I.d.R. wird es dann den Feststellungsbescheid für vorläufig erklären und nach Vorlage der Schlußrechnung den Grundbesitzwert endgültig ermitteln.

Der so ermittelte Wert darf nicht über den Wert des Grundstücks hinausgehen, der sich nach Bezugsfertigkeit des Gebäudes ergeben würde (§ 149 Abs. 1 Satz 4 BewG; R 189 Abs. 3 Satz 1 ErbStR).

PRAXISHINWEIS:

Der Höchstwert „Grundstückswert nach Bezugsfertigkeit" wird stets dann angesetzt, wenn das Grundstück bei einer Bewertung im Ertragswertverfahren nach Beendigung der Baumaßnahme mit dem *Mindestwert* bewertet wird (R 189 Abs. 3 Satz 2 ErbStR). In diesem Fall erübrigt sich die Berechnung nach § 149 Abs. 1 BewG.

BEISPIEL

A hat auf einem 650 m² großen Grundstück Anfang 1998 mit dem Bau eines Zweifamilienhauses begonnen. Das Bauvorhaben wird im Mai 1999 abgeschlossen. A ist Ende 1998 verstorben. Für das Grundstück ist ein Bodenrichtwert von 200 DM/m² anzusetzen, und zwar nach den Wertverhältnissen vom 1. Januar 1996. Das Zweifamilienhaus verfügt nach Fertigstellung über eine Wohnfläche von 228 m². Die im Zeitpunkt der Fertigstellung anzusetzende Miete beträgt 15 DM/m². Bis zum Besteuerungszeitpunkt sind Herstellungskosten von 400.000 DM angefallen; die gesamten Herstellungskosten bis zur Fertigstellung haben 600.000 DM betragen.

Für das unbebaute Grundstück ergibt sich ein Grundstückswert von 650 m² x 200 DM/m² x 80 % = 104.000 DM.

Zu diesem Grundstückswert kommt noch das Gebäude hinzu, und zwar unter Berücksichtigung des Fertigstellungsgrads im Besteuerungszeitpunkt. Hierzu ist in einem ersten Rechenschritt der Gesamtwert nach Fertigstellung zu ermitteln.

Übliche Miete im Zeitpunkt der Fertigstellung (228 m² x 15 DM/m² x 12):	41.040 DM
Vervielfältiger:	x 12,5
Grundstückswert vor Zuschlag:	513.000 DM
Zuschlag für Zweifamilienhäuser, die ausschließlich Wohnzwecken dienen (20 % von 513.000 DM):	+ 102.600 DM
Grundstückswert nach Fertigstellung:	615.600 DM

Die Mindestbewertung kommt, so hat die Berechnung für das unbebaute Grundstück gezeigt, im vorliegenden Fall nicht zur Anwendung.

Von dem Grundstückswert in Höhe von 615.600 DM entfallen 80 % auf den Gebäudewert; das sind 492.480 DM. Diesen Wert hat das Gebäude im Zeitpunkt der Fertigstellung. Will man nun den Gebäudezustand im Besteuerungszeitpunkt berücksichtigen, so muß in einem zweiten Rechenschritt der Fertigstellungsgrad ermittelt werden, und zwar aus dem Verhältnis

$$\frac{\text{Herstellungskosten bis zum Besteuerungszeitpunkt: 400.000 DM}}{\text{gesamte Herstellungskosten bis zur Bezugsfertigkeit: 600.000 DM}} = 66\,^2/_3\,\%$$

Mit diesem Fertigstellungsgrad ist der Gebäudewert von 492.480 DM zu multiplizieren; das Ergebnis stellt den Gebäudewert im Besteuerungszeitpunkt dar, und zwar sind dies 328.287 DM.

Die Summe aus Bodenwert von 104.000 DM und Gebäudewert von 328.287 DM ergibt einen Grundstückswert von 432.287 DM, abgerundet 432.000 DM. Da dieser Grundstückswert nicht über den Wert nach Fertigstellung als Höchstgrenze hinausgeht, ist er bei der Erbschaftsbesteuerung zugrunde zu legen.

431 Wird das Gebäude nach Bezugsfertigkeit im *Steuerbilanzwertverfahren* nach § 147 BewG bewertet, so ist zusätzlich zu dem Wert des unbebauten Grundstücks der Gebäudewert mit dem Betrag anzusetzen, der nach den ertragsteuerlichen Bewertungsvorschriften an Herstellungskosten für das nicht bezugsfertige Gebäude im Besteuerungszeitpunkt zu berücksichtigen ist (§ 149 Abs. 2 BewG). Gehört das Grundstück zum Betriebsvermögen, so muß hierfür aus den Buchführungsunterlagen ein Zwischenwert auf den Besteuerungszeitpunkt ermittelt werden. Handelt es sich um ein Grundstück, das zum Privatvermögen gehört, so sind die bis zum Besteuerungszeitpunkt angefallenen

Herstellungskosten anzusetzen. Dabei kommt es auf die wirtschaftliche Verursachung und nicht auf die Bezahlung der Baurechnungen an. *Abbruchkosten* bleiben auch hier bei der Ermittlung der Herstellungskosten außer Ansatz (R 190 ErbStR). Der Gesamtwert aus Boden- und Gebäudewert ist auf volle 1.000 DM nach unten abzurunden.

PRAXISHINWEIS:

Sollte im Erbfall der *Erblasser* die von ihm bis zum Besteuerungszeitpunkt durchgeführten *Baumaßnahmen nicht* oder nur *teilweise bezahlt* haben, können die Erben die noch offenen Baurechnungen als *Nachlaßverbindlichkeiten* abziehen. Im Fall der Schenkung führt die Übernahme noch offener Rechnungen zur Annahme einer gemischten Schenkung (vgl. Rdn. 118 f.).

Zusätzliche Bebauung eines bereits bebauten Grundstücks

Wird ein bereits *bebautes Grundstück* durch einen Ausbau, Anbau oder durch 432
ein separates Gebäude *erweitert*, so sind auch in diesem Fall zwei Grundstückswerte zu ermitteln. In einem ersten Rechenschritt ist der Grundstückswert vor Beginn der Baumaßnahme zu berechnen. Nach dem Gesetzeswortlaut ist in einem zweiten Rechenschritt der Grundstückswert nach Fertigstellung des neu geschaffenen Gebäudes zu ermitteln. Der Unterschiedsbetrag zwischen beiden Werten gibt den Wertzuwachs für das neu geschaffene Gebäude im Zeitpunkt der Bezugsfertigkeit wieder. Dieser Wertzuwachs ist mit 80 % als Gebäudewertanteil anzusetzen (§ 149 Abs. 1 Satz 2 BewG). Der Wertzuwachs des Gebäudewertanteils ist entsprechend dem Fertigstellungsgrad im Besteuerungszeitpunkt zusätzlich zu dem Grundstückswert vor Beginn der Baumaßnahme zu erfassen; der Gesamtwert ist dann auf volle 1.000 DM nach unten abzurunden und als Grundstückswert bei der Erbschaftsbesteuerung zugrunde zu legen.

So ist die Finanzverwaltung in Tz. 4.2 der gleichlautenden Ländererlasse vom 17. Juni 1997 (BStBl 1997 I S. 643) vorgegangen.

Nunmehr hat sie das Bewertungsverfahren in R 189 Abs. 2 ErbStR umgestellt. Sie rechnet:

Wert des bereits bebauten Grundstücks ermittelt nach § 146 BewG zu Beginn der Baumaßnahme:	...... DM
80 % der neu geschaffenen Bausubstanz unter Ansatz der üblichen Miete im Zeitpunkt der Bezugsfertigkeit x Fertigstellungsgrad:	+ ...... DM

Grundstückswert nach § 149 Abs. 1 BewG vor Berücksichtigung des Höchstwerts:	...... DM
Höchstwert (Grundstückswert nach Bezugsfertigkeit):	...... DM
Anzusetzen ist der niedrigere Wert:	...... DM
Grundstückswert (abgerundet auf volle 1.000 DM nach unten):	...... DM

BEISPIEL

A ist Eigentümer eines Grundstücks, das mit einem Mehrfamilienhaus bebaut ist. Die Grundstücksfläche beträgt 1.000 m²; aus der Bodenrichtwertkarte ergibt sich zum 1. Januar 1996 ein Bodenrichtwert von 400 DM/m². Aus dem Gutachten eines vereidigten und öffentlich bestellten Sachverständigen ergibt sich für das Grundstück im unbebauten Zustand ein Wert von 300.000 DM. Das Mietwohngebäude wird um einen Anbau erweitert. Während der Bauphase verstirbt der Grundstückseigentümer. Die Herstellungskosten für den Anbau haben bis zum Besteuerungszeitpunkt 50.000 DM betragen. Von den Erben werden nach dem Erbfall noch weitere 150.000 DM an Herstellungskosten für diesen Anbau aufgewandt. Die durchschnittliche Jahresmiete für das „Alt-Gebäude" beläuft sich auf 24.000 DM; an dieser Miete ändert sich bis zur Fertigstellung des Anbaus nichts. Im Besteuerungszeitpunkt ist das „Alt-Gebäude" 10 Jahre und nach Beendigung der Baumaßnahme 12 Jahre alt. Für den Anbau ergibt sich nach Fertigstellung eine übliche Miete von 9.000 DM. Der Anbau teilt bei der Alterswertminderung aufgrund seiner Bauweise nicht das Schicksal des Hauptgebäudes.

Der Wert des bebauten Grundstücks vor Beginn der Baumaßnahme ist wie folgt zu berechnen:

Durchschnittliche Jahresmiete von 24.000 DM x Vervielfacher 12,5 =	300.000 DM
Alterswertminderung (10 x 0,5 % = 5 % des Ausgangswerts):	·/· 15.000 DM
verbleiben:	285.000 DM
Mindestwert 1.000 m² x 400 DM/m² x 80 %:	320.000 DM
nachgewiesener niedrigerer Verkehrswert als Mindestwert:	300.000 DM

Dazu kommt nun nach Auffassung der Finanzverwaltung der Gebäudewert für den Anbau, ermittelt nach dem Grad der Fertigstellung im Besteuerungszeitpunkt.

Übliche Miete von 9.000 DM x Vervielfacher 12,5 =	112.500 DM
Bodenwertanteil (20 % von 112.500 DM):	·/· 22.500 DM
Gebäudewertanteil für den Anbau im Zeitpunkt der Fertigstellung:	90.000 DM
entsprechend dem Fertigstellungsgrad mit 25 % anzusetzen:	22.500 DM
Grundstückswert einschließlich des im Bau befindlichen Gebäudes (300.000 DM + 22.500 DM):	322.500 DM
abgerundet nach § 139 BewG:	322.000 DM

Kontrollrechnung: Der Wert des bebauten Grundstücks nach Beendigung der Baumaßnahme ist als Höchstwert zu beachten; dieser errechnet sich wie folgt:

Durchschnittliche Jahresmiete für den Altbau 24.000 DM x Vervielfacher 12,5 =	300.000 DM
Alterswertminderung (12 x 0,5 % = 6 % des Ausgangswerts):	·/· 18.000 DM
verbleiben:	282.000 DM
übliche Miete für den Anbau nach Fertigstellung von 9.000 DM x Vervielfacher 12,5 =	+ 112.500 DM
Grundstückswert im Zeitpunkt der Fertigstellung:	394.500 DM
abgerundet:	394.000 DM

Da der Höchstwert nicht überschritten wird, ist für das Grundstück im Zustand der Bebauung ein Grundstückswert von 322.000 DM festzustellen.

Ist das Gebäude im *Steuerbilanzwertverfahren* (§ 147 BewG) zu bewerten, so 433
sind zu dem Grundstückswert ohne Berücksichtigung der noch nicht bezugsfertigen Gebäude, ermittelt auf den Besteuerungszeitpunkt, die für das noch nicht bezugsfertige Gebäude angefallenen Herstellungskosten hinzuzurechnen (§ 149 Abs. 2 BewG). Wegen der Bestimmung der Herstellungskosten für im Bau befindliche Gebäude vgl. Rdn. 431.

Der so ermittelte Grundstückswert ist stets auf volle 1.000 DM nach unten abzurunden (§ 139 BewG).

Gebäude und Gebäudeteile, die dem Zivilschutz dienen

Gebäude oder Gebäudeteile, die dem *Zivilschutz dienen* und im Frieden nicht 434
oder *nur gelegentlich* oder *geringfügig* für *andere Zwecke mitbenutzt* werden, bleiben bei der Ermittlung des Grundstückswerts außer Ansatz (§ 150 BewG). Die

Befreiungsvorschrift führt bei der Erbschaft- und Schenkungsteuer dazu, daß dieser Gebäudeteil *wertmäßig nicht erfaßt* wird.

435 In der Praxis führt die Frage, ob nur eine gelegentliche oder geringfügige Benutzung für andere Zwecke vorliegt, häufig zu Abgrenzungsschwierigkeiten. Nach der Verwaltungsauffassung (R 192 Abs. 1 Satz 4 ErbStR) liegt eine nur gelegentliche Nutzung vor, wenn in einem für die begünstigten Zwecke geschaffenen Raum von Zeit zu Zeit Veranstaltungen abgehalten werden, zu deren Durchführung der Raum nicht besonders hergerichtet zu werden braucht. Werden in einem Keller lediglich Gartengeräte, Fahrräder oder dergleichen abgestellt, so handelt es sich ebenfalls um eine geringfügige Nutzung, die steuerunschädlich ist. Werden dagegen die „Zivilschutzräume" ständig zu anderen Zwecken, z.B. als Lagerräume zweckentfremdet, führt dies zum Verlust der sachlichen Befreiung (R 192 Abs. 1 Satz 5 ErbStR).

Freistellung bei Anwendung des Ertragswertverfahrens

436 Bei Anwendung des Ertragswertverfahrens bleiben die begünstigten Gebäude oder Gebäudeteile dadurch unberücksichtigt, daß die *darauf entfallende Miete* aus der durchschnittlichen Jahresmiete *ausgeschieden* wird. Hierzu muß die durchschnittliche Jahresmiete auf die Gebäudeteile, die nicht dem Zivilschutz dienen, und auf die Gebäudeteile, die dem Zivilschutz dienen, aufgeteilt werden. Dies wird meist nur im Schätzungswege möglich sein. Dabei dürfte nicht ohne weiteres eine Aufteilung der Nutzfläche der Schutzräume zur Wohn- bzw. Nutzfläche der nicht begünstigten Räume in Betracht kommen. Denn die Schutzräume wirken sich auf die durchschnittliche Jahresmiete geringerwertig aus als z.B. Wohnräume (R 192 Abs. 2 ErbStR).

Das Ausscheiden aus der durchschnittlichen Jahresmiete kann dazu führen, daß sich ein Grundstückswert ergibt, der geringer ist als der Wert des Grundstücks im „unbebauten" Zustand. Es kommt dann zum Ansatz des Mindestwerts, ohne daß dieser Mindestwert wegen der sachlichen Befreiung der Schutzräume niedriger angesetzt werden könnte. Sollte statt des Ertragswerts oder des Mindestwerts ein nachgewiesener Verkehrswert festzustellen sein, ist darauf zu achten, daß die *Schutzräume bei der Verkehrswertermittlung nicht berücksichtigt* werden.

Freistellung bei Anwendung des Steuerbilanzwertverfahrens

437 Ist das Grundstück nach dem Steuerbilanzwertverfahren zu bewerten, bleibt das begünstigte Gebäude oder der begünstigte Gebäudeteil im Fall der Bilanzierung

mit seinem *anteiligen Steuerbilanzwert außer Ansatz*. Dabei ist zu beachten, daß in der Vergangenheit häufig bei den Schutzräumen statt der linearen AfA erhöhte Absetzungen nach dem Schutzbaugesetz vorgenommen wurden. Entsprechend ist zu verfahren, wenn sich das Grundstück im Privatvermögen befindet; hier bleibt der anteilige Restbuchwert außer Betracht (R 192 Abs. 3 ErbStR).

Bewertung land- und forstwirtschaftlicher Betriebe

Aufgrund der unterschiedlichen Entwicklung der Ertragsfähigkeit innerhalb der Land- und Forstwirtschaft seit 1964 und wegen der Angleichung an die Wertentwicklung anderer Vermögenswerte hielt es der Gesetzgeber aus Gründen der Gleichbehandlung für erforderlich, das *land- und forstwirtschaftliche Vermögen* bei Erwerben ab 1996 für Zwecke der Erbschaft- und Schenkungsteuer ebenfalls *neu zu bewerten*. Die bisherigen Einheitswerte 1964 in den alten Bundesländern bzw. der Ersatzwirtschaftswerte in den neuen Bundesländern bleiben daneben vor allem für die Grundsteuer-Festsetzung weiterhin maßgebend. 438

Auch für das land- und forstwirtschaftliche Vermögen gilt der Grundsatz, daß ein neuer Grundbesitzwert, vom Gesetzgeber als *land- und forstwirtschaftlicher Grundbesitzwert* bezeichnet, nur im *Bedarfsfall* ermittelt wird (§ 138 Abs. 5 Satz 1 BewG). Er setzt sich aus dem Betriebsteil, den Betriebswohnungen und dem Wohnteil des Betriebsinhabers zusammen (§ 141 Abs. 1 BewG). Dabei wird der *Wert des Betriebsteils* in einem vereinfachten Ertragswertverfahren ermittelt. Die hierfür maßgebenden Ertragswerte sind im Gesetz genannt. Der *Wert der Wohnungen*, die einem Arbeitnehmer und dessen Angehörigen zu Wohnzwecken überlassen werden, sog. Betriebswohnungen, wird nach den Vorschriften für Wohngrundstücke berechnet. Dies gilt auch für den *Wohnteil des Betriebsinhabers*.

Zur Erleichterung des Generationenwechsels in der Land- und Forstwirtschaft erhält der Erwerber eines Betriebs einen Freibetrag von 500.000 DM und auf den darüber hinausgehenden Wert einen Bewertungsabschlag von 40 % (vgl. Rdn. 163 f.). Damit ist sichergestellt, daß Kleinbetriebe und bäuerliche Familienbetriebe im Erb- oder Schenkungsfall i.d.R. nicht mit Erbschaft- und Schenkungsteuer belastet werden.

Wirtschaftliche Einheit

In den land- und forstwirtschaftlichen Grundbesitzwert werden alle Wirtschaftsgüter einbezogen, die einem Betrieb der Land- und Forstwirtschaft *dauernd zu* 439 *dienen bestimmt* sind (§ 141 BewG). Dabei kommt es auf die *Zweckbestimmung im Besteuerungszeitpunkt* an. In die wirtschaftliche Einheit sind insbesondere einzubeziehen (R 125 ErbStR)

- der Grund und Boden,
- die Wirtschaftsgebäude,
- die Betriebswohnungen,
- der Wohnteil des Betriebsinhabers,
- die stehenden Betriebsmittel,
- der normale Bestand an umlaufenden Betriebsmitteln.

Zum land- und forstwirtschaftlichen Betrieb gehören auch *Grunddienstbarkeiten*, wiederkehrende Nutzungen und Leistungen sowie immaterielle Wirtschaftsgüter, wie z.B. Brennrechte, Milchlieferrechte, Weiderechte sowie Fischerei- und Jagdrechte.

PRAXISHINWEIS:

Einzelne landwirtschaftlich genutzte Flächen, sog. *Stückländereien*, bilden ebenfalls eine selbständige wirtschaftliche Einheit des land- und forstwirtschaftlichen Vermögens. Soweit sie sich im Privatvermögen befinden, nehmen sie nicht an den Vergünstigungen des § 13 a ErbStG teil (vgl. Rdn. 163).

440 *Zahlungsmittel, Geldforderungen*, Geschäftsguthaben und Wertpapiere rechnen bewertungsrechtlich nicht zum land- und forstwirtschaftlichen Vermögen (§ 33 Abs. 3 Nr. 1 BewG). Bei der Erbschaft- und Schenkungsteuer-Veranlagung sind sie als *übriges Vermögen* zu erfassen. Auch *Geldschulden* sind nicht als land- und forstwirtschaftliches Vermögen anzusetzen (§ 33 Abs. 3 Nr. 2 BewG). Dies gilt auch für Pensionsverpflichtungen, die den Geldschulden gleichgestellt werden (§ 140 Abs. 2 BewG). Schließlich sind auch die über den Normalbestand hinausgehenden Bestände an umlaufenden Betriebsmitteln, die sog. Überbestände, beim übrigen Vermögen zu berücksichtigen (§ 33 Abs. 3 Nr. 3 BewG).

PRAXISHINWEIS:

Das übrige Vermögen nimmt nicht an den Vergünstigungen – einerseits Freibetrag und andererseits Bewertungsabschlag von 40 % – teil. Bei dem Geldvermögen und bei den Überbeständen wirkt sich dies für den Steuerpflichtigen negativ aus, bei den Schulden dagegen positiv, weil es insoweit nicht zu einer Kürzung des begünstigten Vermögens kommt.

Wert des Betriebsteils

Der Betriebsteil setzt sich aus den *gesetzlich genannten Nutzungen* und Wirtschaftsgütern (vgl. § 34 Abs. 2 BewG) sowie aus den Nebenbetrieben einschließlich der dazugehörenden Wirtschaftsgebäude und Betriebsmittel zusammen. Dabei ist die Gesamtfläche des Betriebsteils in 441

- die Flächen der landwirtschaftlichen Nutzung einschließlich der Sonderkulturen „Hopfen und Spargel",
- die forstwirtschaftlich genutzten Flächen,
- die weinbaulich genutzten Flächen,
- die gärtnerisch genutzten Flächen,
- die Flächen für Hof- und Wirtschaftsgebäude, Wege, Hecken, Gräben, Grenzraine und dergleichen, ausgenommen sind die Flächen für Betriebswohnungen und den Wohnteil des Betriebsinhabers, sowie
- die sonstigen Flächen, wie z.B. Geringstland, Unland und Abbauland aufzuteilen (R 130 Abs. 2 ErbStR).

PRAXISHINWEIS:

Zu den *Hof- und Wirtschaftsgebäudeflächen* rechnen die bebaute Fläche von Gebäuden sowie die dazugehörenden Gebäudenebenflächen, wenn sie nicht den Wohngebäuden zuzuordnen sind. Diese Flächen sind durch den Ansatz der Ertragswerte abgegolten (R 130 Abs. 4 ErbStR).

Aufgrund der Ergebnisse der Bodenschätzung ist für die landwirtschaftliche Nutzung ohne Hopfen und Spargel ein Betrag von *0,68 DM je Ertragsmeßzahl* anzusetzen.

BEISPIEL

Ein landwirtschaftlicher Betrieb verfügt über eine landwirtschaftlich genutzte Fläche von 30 ha. Die Ertragsmeßzahl für die landwirtschaftlich genutzte Fläche beträgt 4.000. Der land- und forstwirtschaftliche Grundbesitzwert errechnet sich wie folgt:

4.000 x 0,68 = 2.720 DM/ha

30 ha x 2.720 DM = 81.600 DM.

Bei der *forstwirtschaftlichen Nutzung* beziehen sich die Ertragswerte auf 1 Ar; sie liegen in der Spanne von 0,50 DM bis 40 DM je Ar.

PRAXISHINWEIS:

Bei *Nutzungsgrößen bis zu 10 ha* forstwirtschaftlicher Fläche ist pro Hektar ein Betrag von 50 DM anzusetzen (§ 142 Abs. 2 Nr. 2 a BewG).

Beim Gemüsebau sind für die *Freilandflächen* 110 DM je Ar und für die Flächen unter Glas und Kunststoff 1.000 DM je Ar als Ertragswert zu berücksichtigen (§ 142 Abs. 2 Nr. 4 a BewG).

Anstelle des vereinfachten Ertragswertverfahrens kann der Steuerpflichtige das *Einzelertragswertverfahren beantragen* (§ 142 Abs. 3 BewG), dann allerdings für den gesamten land- und forstwirtschaftlichen Betrieb (R 134 ErbStR). Voraussetzung für das Einzelertragswertverfahren ist: Bei der Ermittlung der Erbschaft- und Schenkungsteuer müssen für den Betriebsteil der Freibetrag von 500.000 DM und der Bewertungsabschlag von 40 % zu gewähren sein. Aufgegebene Betriebe, die in das Privatvermögen überführt worden sind, sind daher vom Einzelertragswertverfahren ausgeschlossen.

Betriebswohnungen

442 Gebäude oder Gebäudeteile, die den Arbeitnehmern des Betriebs und deren Angehörigen zu Wohnzwecken zur Verfügung gestellt werden, sog. *Betriebswohnungen*, sind gesondert neben dem Betriebsteil im land- und forstwirtschaftlichen Grundbesitzwert zu erfassen. Für die Betriebswohnungen erhält der Steuerpflichtige ebenfalls die Vergünstigungen nach § 13 a ErbStG in Form des Freibetrags von 500.000 DM und des Bewertungsabschlags von 40 %.

PRAXISHINWEIS:

Für die Eigenschaft „Arbeitnehmer des Betriebs“ reicht es aus, wenn derjenige, dem die Wohnung überlassen wird, oder dessen Familienangehörige *überwiegend* im Betrieb des Steuerpflichtigen *mitarbeiten. Überwiegend* heißt hier, daß der Arbeitnehmer wenigstens 100 Arbeitstage oder 800 Arbeitsstunden im Jahr in dem Betrieb tätig sein muß (R 131 Abs. 1 Satz 3 ErbStR).

Zu den Betriebswohnungen rechnen neben der bebauten Fläche und dem Gebäude auch das, was an *Nebenflächen* zur Verfügung gestellt wird, z.B. für Pkw-Stellplätze und für einen Hausgarten (R 131 Abs. 2 ErbStR).

Die Bewertung der Betriebswohnungen erfolgt nach § 146 BewG im *Ertragswertverfahren*. Ausgangsgröße ist bei der Vermietung an Arbeitnehmer die übliche Miete (§ 146 Abs. 3 BewG). Sie ist anhand von Mietspiegeln bzw. Vergleichsmieten zu schätzen, wobei insbesondere im Außenbereich Wertkorrekturen nach unten vorzunehmen sind. Die so ermittelte Miete ist mit 12,5 zu vervielfachen und ergibt den Ausgangswert, der um die Alterswertminderung zu kürzen ist. Liegen die Betriebswohnungen in einem Ein- oder Zweifamilienhaus, so ist der gekürzte Ausgangswert um einen Zuschlag von 20 % zu erhöhen. Bei Betriebswohnungen in Mietwohngrundstücken ist dagegen kein Zuschlag anzusetzen. 443

Der so ermittelte Ertragswert für die Betriebswohnungen darf den Mindestwert für das Grundstück im unbebauten Zustand nicht unterschreiten. Bei der Mindestbewertung ist folgende Besonderheit zu beachten: Es darf höchstens das *Fünffache der bebauten Fläche* als Grundstücksfläche berücksichtigt werden (§ 143 Abs. 2 BewG; R 156 ErbStR).

BEISPIEL

ne Betriebswohnung hat eine bebaute Fläche von 100 m². Die dazugehörende Grundstücksfläche hat eine Größe von 1.000 m².

Für Zwecke der Mindestbewertung darf lediglich eine Fläche von 5 x 100 m² = 500 m² zugrunde gelegt werden (§ 143 Abs. 2 BewG).

Befinden sich die Betriebswohnungen im Besteuerungszeitpunkt noch im Zustand der Bebauung, so richtet sich die Bewertung nach § 149 BewG (vgl. Rdn. 429 f.).

PRAXISHINWEISE

1. Sind die Betriebswohnungen in einer *engen räumlichen Verbindung* zum Betrieb belegen, ist der Ertragswert, ggf. mit der Untergrenze „Mindestwert" angesetzt, um einen *Sonderabschlag von 15 %* zu ermäßigen (§ 143 Abs. 3 BewG; R 157 ErbStR; vgl. Rdn. 428). Erst danach ist eine Abrundung auf volle 1.000 DM nach unten vorzunehmen (§ 139 BewG).

2. Den Sonderabschlag von 15 % erhält auch der Steuerpflichtige, der für seine Betriebswohnungen einen unter dem Ertragswert liegenden Verkehrswert nachweist (§ 146 Abs. 7 BewG), vorausgesetzt, die geminderte Verkehrsfähigkeit der Betriebswohnungen wurde nicht bereits bei der Verkehrswertermittlung berücksichtigt (R 157 Abs. 6 ErbStR).

Wohnteil des Betriebsinhabers

444 Gebäude oder Gebäudeteile, die dem *Inhaber eines Betriebs der Land- und Forstwirtschaft* und den zu seinem Haushalt gehörenden *Familienangehörigen* zu Wohnzwecken dienen, sind als Wohnteil dem Betrieb der Land- und Forstwirtschaft zuzurechnen, wenn der Betriebsinhaber oder mindestens einer der zu seinem Haushalt gehörenden Familienangehörigen durch eine mehr als nur gelegentliche Tätigkeit in dem Betrieb an ihn gebunden ist. Ebenfalls dem Wohnteil zuzurechnen sind *Altenteilerwohnungen*, wenn die Nutzung der Wohnung in einem Altenteilervertrag geregelt ist. Auch einzelne zu Wohnzwecken dienende Räume, die dem Hauspersonal überlassen werden, sind in den Wohnteil des Betriebs der Land- und Forstwirtschaft einzubeziehen. Wird dem Hauspersonal eine Wohnung überlassen, so ist diese als Betriebswohnung zu bewerten (R 132 Abs. 1 ErbStR).

PRAXISHINWEIS:

Die Wohnung des Inhabers eines kleineren land- und forstwirtschaftlichen Betriebs ist dem Betrieb dauernd zu dienen bestimmt, wenn der Inhaber oder ein zu seinem Haushalt gehörender Familienangehöriger durch eine mehr als nur gelegentliche Tätigkeit an den Betrieb gebunden ist. Dies ist der Fall, wenn der jährliche Arbeitsaufwand *mindestens 4 bis 6 Wochen ausmacht* (R 132 Abs. 3 ErbStR; BFH-Urteil vom 28. März 1990, BStBl II 1990, S. 727).

In der Praxis dürfte die Frage der *Zurechnung des Grund und Bodens* zum Wohnteil häufig zu Auseinandersetzungen mit der Finanzverwaltung führen. Neben der bebauten Fläche rechnen auch weitere Flächen, wie z.B. für Stellplätze und für den Hausgarten, zum Wohnteil. Maßgebend sind hier die *ertragsteuerlichen Abgrenzungskriterien*. Demzufolge kann nur der Teil des Grund und Bodens dem Wohnteil zugerechnet werden, der im Rahmen der Nutzungswertbesteuerung steuerfrei entnommen werden kann (R 132 Abs. 6 ErbStR).

Die so bestimmte wirtschaftliche Einheit „Wohnteil des Betriebsinhabers" ist nach dem *Ertragswertverfahren zu bewerten* (§ 143 Abs. 1 i.V.m. § 146 BewG). Maßgebend ist die durchschnittliche übliche Miete, ermittelt für die letzten drei Jahre vor dem Besteuerungszeitpunkt (§ 146 Abs. 3 BewG). Bei der üblichen Miete handelt es sich um die Miete, die für nach Art, Lage, Größe, Ausstattung und Alter vergleichbare, nicht preisgebundene Grundstücke von fremden Mietern bezahlt wird (§ 146 Abs. 3 Satz 2 BewG; vgl. Rdn. 347 f.). Betriebskosten sind hierbei nicht einzubeziehen. Die übliche Miete kann aus Mietspiegeln oder Vergleichsmieten abgeleitet oder durch ein Mietgutachten ermittelt werden. Bei der Ableitung aus Mietspiegeln ist darauf zu achten, daß bei Wohnteilen im Außenbereich *der ungünstigen Lage durch Abschläge* angemessen Rechnung zu tragen ist. 445

Wird die übliche Miete aus Mietspiegeln abgeleitet, so handelt es sich um eine Miete, die sich auf 1 m^2 Wohn- bzw. Nutzfläche bezieht. Für die Ermittlung der Wohn- bzw. Nutzfläche kommt es vorrangig auf die Vorgaben im Mietspiegel an. I.d.R. dürfte sich der Mietspiegel an den Vorschriften der II. Berechnungsverordnung (§§ 42 bis 44) ausrichten. Wegen weiterer Einzelheiten zur Berechnung der Wohnfläche vgl. Rdn. 351.

PRAXISHINWEIS:

Bei älteren land- und forstwirtschaftlichen Gebäuden bestehen keine Bedenken, die Wohnfläche des Wohnteils in einem vereinfachten Verfahren unter Ansatz von *Erfahrungswerten für Kernwohnräume* (Wohn-, Schlaf- und Kinderzimmer) und eines entsprechenden Anteils an Nebenräumen, ausgedrückt in einem Prozentsatz der Kernwohnraumfläche, anzusetzen. Die so ermittelte Wohnfläche dürfte für die betroffenen Steuerpflichtigen zu einer günstigen Ausgangsgröße führen.

Bei der Frage, ob ein Zuschlag für Ein- und Zweifamilienhäuser, die ausschließlich Wohnzwecken dienen, vorzunehmen ist (§ 146 Abs. 5 BewG; vgl. Rdn. 360 f.), kommt es nach Auffassung der Finanzverwaltung (R 155 Abs. 3 ErbStR) darauf an, ob der Wohnteil ein *selbständiges Gebäude* darstellt. Sollte dies der Fall sein, so ist der Zuschlag gerechtfertigt. Ist der Wohnteil dagegen mit den Betriebswohnungen oder mit den Wirtschaftsgebäuden verbunden, so dürfte der Zuschlag entfallen.

446 Der so ermittelte Ertragswert ist mit dem *Mindestwert* zu vergleichen. Die Mindestbewertung spielt vor allem im süddeutschen Raum - hier sind auch im Bereich der Land- und Forstwirtschaft hohe Bodenwerte anzusetzen - eine große Rolle. Es gilt der Grundsatz: Der für den Wohnteil anzusetzende Wert darf nicht geringer sein als der Wert, mit dem der Grund und Boden allein als unbebautes Grundstück zu bewerten wäre (§ 146 Abs. 6 BewG; vgl. Rdn. 363 f.). Der Mindestwert bestimmt sich somit nach den Grundsätzen für die Wertermittlung unbebauter Grundstücke (§ 145 Abs. 3 BewG). Danach ist zum einen die *Grundstücksfläche* festzustellen, die dem *Wohnteil zuzurechnen* ist - hierfür sind die ertragsteuerlichen Abgrenzungsgrundsätze maßgebend -, und zum anderen der *Bodenrichtwert zum 1. Januar 1996* - dies ist Aufgabe der Gutachterausschüsse. Der Bodenrichtwert ist anzupassen, wenn die Merkmale des zu bewertenden Grundstücks von denen des Bodenrichtwertgrundstücks abweichen (vgl. Rdn. 338 f.). Darüber hinaus ist zur Berücksichtigung aller möglichen Wertminderungen ein *genereller Abschlag von 20 %* vorzunehmen. Will der Betriebsinhaber eine höhere Wertminderung erreichen, so ist er gezwungen, gegenüber dem Finanzamt einen *niedrigeren Verkehrswert* für das Grundstück im unbebauten Zustand nachzuweisen (§ 145 Abs. 3 Satz 3 BewG). Dies wird i.d.R. durch ein *Gutachten* eines öffentlich bestellten und vereidigten Sachverständigen oder des örtlich zuständigen Gutachterausschusses geschehen. U.E. sollte in den Fällen, in denen im Außenbereich keine Bodenrichtwerte vorliegen, ein bundesdurchschnittlicher Bodenpreis, abgeleitet aus der Statistik für Kauffälle, angesetzt werden. Würde dieser Wert im Einzelfall nicht unterschritten, so sollten gegen seine Übernahme keine Bedenken bestehen.

Besteht zwischen dem Wohnteil und der Hofstelle eine *räumliche Verbindung*, so ist bei der Mindestbewertung der zum Wohnteil gehörende Grund und Boden auf das *Fünffache der bebauten Fläche* des Wohngebäudes zu *begrenzen* (R 156 Abs. 1 ErbStR). Dies gilt auch in den Fällen, in denen der Steuerpflichtige beim Wegfall der Nutzungswertbesteuerung eine größere Grundstücksfläche in das Privatvermögen überführt hat.

PRAXISHINWEIS:

Eine *räumliche Verbindung* zwischen Wohnteil und Hofstelle besteht stets dann, wenn sich der Wohnteil neben den Wirtschaftsgebäuden oder den dazugehörigen Nebenflächen befindet. Dies gilt auch dann, wenn der Wohnteil zwangsläufig durch eine öffentliche Straße mit geringer Verkehrsbelastung von der Hofstelle getrennt ist. Dagegen ist eine räumliche Verbindung zu verneinen, wenn zwischen der Hofstelle und dem Wohnteil Industriegelände oder bebaute Grundstücke liegen, eine Trennung durch Autobahnen oder Flüsse gegeben ist oder bei der Lage in einem geschlossenen Wohnbaugebiet der Wohnteil und die Hofstelle durch eine Straße oder einen Weg getrennt sind (R 157 Abs. 4 ErbStR).

Die *bebaute Fläche* ist nach den DIN-Vorschriften zur Berechnung der Bruttogrundfläche zu ermitteln. Danach stellt die bebaute Fläche die Projektion der Bruttogeschoßfläche dar. Aus Vereinfachungsgründen bestehen keine Bedenken, die Wohnfläche mit dem Faktor 1,25 zu multiplizieren und daraus die bebaute Fläche abzuleiten. Sind die Geschoßflächen unterschiedlich groß, so dürfte die Bruttogrundfläche jedes Vollgeschosses zu ermitteln sein, wobei die Summe dieser Flächen durch die Anzahl der Vollgeschosse zu teilen ist und somit die durchschnittliche bebaute Fläche ergibt (R 156 Abs. 2 ErbStR).

PRAXISHINWEIS:

Die Begrenzung auf das Fünffache der bebauten Fläche gilt auch in den Fällen, in denen der Mindestwert per Gutachten nachgewiesen wird.

Besteht eine räumliche Verbindung zwischen dem Wohnteil und der Hofstelle 447
(vgl. Rdn. 446), ist der nach dem Ertragswertverfahren ermittelte *Wert des Wohnteils* um einen *zusätzlichen Abschlag von 15 %* zu ermäßigen (§ 143 Abs. 3 BewG). Dieser Abschlag ist auch dann vorzunehmen, wenn der Steuerpflichtige für seinen Wohnteil einen niedrigeren Verkehrswert nachgewiesen hat (§ 146 Abs. 7 BewG), vorausgesetzt, die geminderte Verkehrsfähigkeit des Wohnteils hat sich nicht bereits bei der Verkehrswertermittlung ausgewirkt (R 157 Abs. 6 ErbStR).

PRAXISHINWEIS:

Obwohl der *Wohnteil* zum land- und forstwirtschaftlichen Grundbesitzwert gehört, rechnet er *nicht zum begünstigten Vermögen*, für das der Steuerpflichtige die Vergünstigungen nach § 13 a ErbStG erhält. Um die Bemessungsgrundlage für die Vergünstigungen bestimmen zu können, werden daher im Feststellungsbescheid über den land- und forstwirtschaftlichen Grundbesitzwert zumindest der Betriebsteil mit Betriebswohnungen einerseits und der Wohnteil andererseits gesondert ausgewiesen werden müssen.

Abrundung

448 Nur die *Summe* aus Betriebsteil, Betriebswohnungen und Wohnteil ist *auf volle 1.000 DM nach unten abzurunden*. Die einzelnen Berechnungsgrößen bleiben dagegen unabgerundet, und zwar auch dann, wenn sie in die Freibetragsregelung und den Bewertungsabschlag nach § 13 a ErbStG einbezogen werden.

Bodenschätze im Privatvermögen

449 Bodenschätze, die nicht zum Betriebsvermögen gehören, werden bei der Erbschaft- oder Schenkungsteuer nur dann erfaßt, wenn bei der *Einkunftsermittlung Absetzungen für Substanzverringerung* auf den Bodenschatz vorgenommen werden. Ist dies der Fall, so wird bei der Ermittlung des steuerpflichtigen Erwerbs der ertragsteuerliche Wert angesetzt (§ 12 Abs. 4 ErbStG).

Betriebsvermögen

450 Die *Wertermittlung* des Betriebsvermögens für Zwecke der Erbschaft- und Schenkungsteuer richtet sich weitestgehend nach den *bewertungsrechtlichen Vorschriften* (§ 12 Abs. 5 ErbStG unter Hinweis auf das BewG). Dies gilt sowohl für die Frage, was als Betriebsvermögen zu erfassen ist, als auch für die Frage, mit welchem Wert das einzelne Wirtschaftsgut und die sonstigen Aktiva oder die Schulden und sonstigen Abzüge anzusetzen sind. Sonderregelungen gelten nur für Betriebsgrundstücke sowie für Wertpapiere, Anteile und Genußscheine von Kapitalgesellschaften. Für den Bestand und die Bewertung des Betriebsvermögens sind grundsätzlich die Verhältnisse zur Zeit der Entstehung der Steuer maßgebend.

Da ab dem 1. Januar 1993 für die Ermittlung des Betriebsvermögens bewertungsrechtlich dem Grunde und der Höhe nach auf die Steuerbilanzwerte abgestellt wird, gilt dies auch für Erbschaft- und Schenkungsteuerzwecke. Neben dem Vereinfachungseffekt führt die *Übernahme der Steuerbilanzwerte* in vielen Fällen zu einer *erheblichen Steuerentlastung*. Der Entlastungseffekt tritt dadurch ein, daß auf der Aktivseite Wirtschaftsgüter besonders niedrig bewertet werden und auf der Passivseite besonders hohe Werte ausgewiesen werden (vgl. Rdn. 476 f.). Allerdings schwinden die Steuervorteile aus der Übernahme der Steuerbilanzwerte so langsam dahin. Denn der Gesetzgeber neigt im betrieblichen Bereich dazu, die *Bemessungsgrundlage zu verbreitern*, d.h. Aufstockung der Aktivwerte und Kürzungen bei den Passivwerten. Besonders deutlich wird dies durch das Steuerentlastungsgesetz 1999/2000/2002. Bei Wirtschaftsgütern, die in der Vergangenheit aufgrund einer *Teilwertabschreibung* mit einem niedrigeren Wert aktiviert wurden, muß für Wirtschaftsjahre nach dem 31.12.1998 die Berechtigung zur Teilwertabschreibung neu geprüft werden. Meist kommt es in diesen Fällen zu einer sog. Wertaufholung, also zu höheren Aktivwerten. Auch die Passivseite bleibt von Wertkorrekturen nicht verschont. Dies gilt insbesondere für *Rückstellungen*. Hier ist ebenfalls für Wirtschaftsjahre nach dem 31.12.1998 mit einer merklichen Abschmelzung der Rückstellungsbeträge zu rechnen, was dazu führt, daß das Betriebsvermögen für erbschaft- und schenkungsteuerliche Zwecke an Wert zunimmt (wegen weiterer Einzelheiten vgl. auch Rdn. 467 f.). Die Bewertung mit den Steuerbilanzwerten gilt für alle Gewerbebetriebe im Inland, unabhängig davon, ob sich die Betriebsstätte in den alten oder in den neuen Bundesländern befindet. Wegen der Bewertung von ausländischem Betriebsvermögen vgl. Rdn. 492.

Im einzelnen sieht die Bewertung des Betriebsvermögens wie folgt aus: 451

- Es muß der *Bestand der Wirtschaftsgüter* und sonstigen Ansätze sowie der Schulden und sonstigen Abzüge im Besteuerungszeitpunkt festgestellt werden. Für diese Zwecke ist i.d.R. eine Inventur durchzuführen.
- Der Bestand bildet die Grundlage für die *auf den Erwerbsstichtag aufzustellende Steuerbilanz*. Die dort anzusetzenden Werte sind so zu ermitteln, daß durch die Zwischenbilanz die Bilanzkontinuität zwischen der Schlußbilanz vor und der Schlußbilanz nach dem Besteuerungszeitpunkt nicht durchbrochen wird. Anders ausgedrückt: Durch die Zwischenbilanz werden lediglich die Geschäftsvorfälle sowie die Erträge und Aufwendungen, die in dem Wirtschaftsjahr angefallen sind, in das der Besteuerungszeitpunkt fällt, dem Rechtsvorgänger einerseits und dem Rechtsnachfolger andererseits zugerechnet.

PRAXISHINWEIS:

Im allgemeinen wird für die Zurechnung der Einkünfte keine Zwischenbilanz erstellt. In diesem Fall wird der Gewinn bzw. Verlust des Wirtschaftsjahres, in dem der Übergang des Gewerbebetriebs erfolgte, nach Zeitabschnitten aufgeteilt, wobei ggf. einzelne Geschäftsvorfälle dem einen oder anderen Zeitabschnitt individuell zugerechnet werden. Bei einer solchen Schätzung stehen für Erbschaft- und Schenkungsteuerzwecke keine Steuerbilanzwerte auf den Besteuerungszeitpunkt zur Verfügung. Hier muß dann der Wert des Betriebsvermögens aus der letzten Schlußbilanz vor dem Besteuerungszeitpunkt „vereinfachend" abgeleitet werden (vgl. Rdn. 475).

- Die in der Steuerbilanz ausgewiesenen Positionen sind daraufhin zu untersuchen, welche *Wertansätze dem Grunde nach* für die Ermittlung bei der Erbschaft- und Schenkungsteuer zu übernehmen sind. Hier gilt der Grundsatz, daß alles das, was bei der steuerlichen Gewinnermittlung durch Ansatz in der Steuerbilanz berücksichtigt wird, auch bei der Erbschaft- und Schenkungsteuer als Betriebsvermögen anzusetzen ist.

Grundsätzliches zum Einzelunternehmen

452 Bei einem *Einzelunternehmen* rechnen zum Betriebsvermögen die Wirtschaftsgüter, die ausschließlich und unmittelbar für eigenbetriebliche Zwecke genutzt werden (sog. *notwendiges Betriebsvermögen*), aber auch die Wirtschaftsgüter, die in einem gewissen objektiven Zusammenhang mit dem Betrieb stehen sowie ihn zu fördern bestimmt und geeignet sind (sog. *gewillkürtes Betriebsvermögen*).

Grundsätzliches zur Personengesellschaft

Bei einer *Personengesellschaft* setzt sich das Betriebsvermögen aus den Wirtschaftsgütern des *Gesamthandsvermögens* und aus den Wirtschaftsgütern zusammen, die einem Gesellschafter bzw. mehreren oder allen beteiligten Gesellschaftern gehören und die entweder dem Betrieb der Personengesellschaft oder der Mitunternehmerstellung der Gesellschafter in der Personengesellschaft dienen (*Sonderbetriebsvermögen*).

453 Die Zuordnung von Wirtschaftsgütern zum Sonderbetriebsvermögen einer Personengesellschaft geht allen anderen Zuordnungen vor, die das Bewertungsgesetz anordnet (§ 97 Abs. 1 Nr. 5 Satz 2 zweiter Halbsatz BewG; R 115 Abs. 1

Satz 2 BewG). Dieser Zuordnungsgrundsatz gilt auch für Wirtschaftsgüter, die im Eigentum einer Kapitalgesellschaft stehen und an eine Personengesellschaft zur Nutzung überlassen werden oder der Beteiligung einer Personengesellschaft dienen bzw. ihr zu dienen bestimmt sind. Auch sie werden als Sonderbetriebsvermögen der Personengesellschaft behandelt und nicht als originäres Betriebsvermögen der Kapitalgesellschaft.

PRAXISHINWEIS:

Wirtschaftsgüter, die eine gewerblich tätige oder gewerblich geprägte Personengesellschaft an eine ganz oder teilweise *personenidentische Schwestergesellschafter* vermietet, gehören zum Betriebsvermögen der vermietenden Gesellschaft und nicht zum Betriebsvermögen der nutzenden Gesellschaft (BFH-Urteile vom 16. Juni 1994, BStBl 1996 II S. 82, vom 22. November 1994, BStBl 1996 II S. 93, und vom 26. November 1996, BStBl 1998 II S. 328). Die Finanzverwaltung wendet die oben angeführten BFH-Urteile erstmals für Wirtschaftsjahre an, die nach dem 31. Dezember 1998 beginnen (BMF-Schreiben vom 28. April 1998, BStBl 1998 I S. 583). In den Fällen, in denen sich die Zurechnung von Wirtschaftsgütern zum Sonderbetriebsvermögen im Ertragsteuerrecht ändert, ohne daß für diese Wirtschaftsgüter bewertungsrechtliche Sonderregelungen bestehen, wirkt sich dies auch auf die Ermittlung des Betriebsvermögens für erbschaft- und schenkungsteuerliche Zwecke aus. Denn § 97 Abs. 1 Nr. 5 Satz 2 BewG fordert für die Erfassung von Wirtschaftsgütern beim Sonderbetriebsvermögen, daß sie bei der steuerlichen Gewinnermittlung zum Betriebsvermögen der nutzenden Personengesellschaft gehören müssen. Bleiben sie jedoch bei einer Schwester-Personengesellschaft originäres Betriebsvermögen der vermietenden Gesellschaft, ist § 97 Abs. 1 Nr. 5 Satz 2 BewG, insbesondere der zweite Halbsatz „Vorrangprinzip des Sonderbetriebsvermögens" nicht anzuwenden. Die Zurechnungsfrage hat in der Praxis dann Bedeutung, wenn bei personenidentischen Gesellschaften nicht beide Beteiligungen eines Schenkers an einen Bedachten zugewendet werden, sondern lediglich eine dieser Beteiligungen. Dann stellt sich verstärkt die Frage nach dem Umfang des Betriebsvermögens der zugewendeten Beteiligung: Liegt Sonderbetriebsvermögen im Zusammenhang mit der zugewendeten Beteiligung vor oder originäres Betriebsvermögen bei der anderen Schwester-Personengesellschaft?

454 Forderungen und Schulden zwischen der Personengesellschaft und dem an ihr beteiligten Gesellschafter sind nicht anzusetzen, unabhängig davon, ob der Gesellschafter als Privatperson, Einzelunternehmer, Kapitalgesellschaft oder Personengesellschaft auftritt. „Nichtansatz" bedeutet: Gewährt der Gesellschafter der Personengesellschaft ein Darlehen, so wird das Darlehen bei dem Gesellschafter nicht als Forderung und bei der Personengesellschaft nicht als Schuld angesetzt. Gewährt umgekehrt die Personengesellschaft dem Gesellschafter ein Darlehen, so wird dieses Darlehen bei der Personengesellschaft nicht als Besitzposten und bei dem Gesellschafter nicht als Schuld berücksichtigt (§ 97 Abs. 1 Nr. 5 Satz 3 BewG).

Wichtig ist allerdings, daß die nicht bei der Ermittlung des Betriebsvermögens angesetzten Forderungen - hier als höheres Kapitalkonto - und Schulden dem Gesellschafter bei der Berechnung seines Anteilswerts vorweg zugerechnet werden. Dies bedeutet für den Gesellschafter, der eine Forderung an die Personengesellschaft hat, daß er über die Vorwegzurechnung des höheren Kapitalkontos in den Genuß des Freibetrags und des Bewertungsabschlags für das Betriebsvermögen (vgl. Rdn. 485 f.) kommt. Bei einer Verbindlichkeit gegenüber der Personengesellschaft kann die Vorwegzurechnung dazu führen, daß sich die Schuld wegen des Freibetrags für das Betriebsvermögen bei der Erbschaftsteuer nicht auswirkt.

Wichtig:
Bei der Ermittlung des Betriebsvermögens von Personengesellschaften soll hinsichtlich der steuerlichen *Erfassung von Gesellschafterschulden* ab dem 1.1.2000 differenziert werden. Gewährt die Personengesellschaft dem Gesellschafter ein Darlehen, wird dieses ertragsteuerlich nicht in der Steuerbilanz der Personengesellschaft als Schuld ausgewiesen; lediglich die damit korrespondierende Forderung der Gesellschaft findet in der Gesamthandsbilanz ihren Niederschlag. Der Gesetzgeber will bei diesen Gesellschafterschulden auf die Sonderregelung in § 97 Abs. 1 Nr. 5 Satz 3 BewG verzichten, nach der bisher weder Forderung noch Schuld bei der Ermittlung des Betriebsvermögens anzusetzen ist. Dies führt dazu, daß sich das begünstigte Betriebsvermögen durch den Ansatz der Forderung der Gesellschaft erhöht. Im Erbfall wirkt sich dies zugunsten des Erwerbers aus. Denn die Gesellschafterschuld ist künftig außerhalb des Betriebsvermögens abzugsfähig. Bei einem Erwerb im Rahmen der vorweggenommenen Erbfolge gehört allerdings die Gesellschafterschuld, soweit sie von dem Erwerber

übernommen wird, zur Gegenleistung, so daß es deshalb zur Annahme einer gemischten Schenkung kommt. Bei der gemischten Schenkung ist der Steuerwert des Gesellschaftsanteils im Verhältnis „Nettobereicherung zu Bruttobereicherung“ anzusetzen. Dies bedeutet eine Verschlechterung gegenüber der bisherigen Rechtslage. Um diese Nachteile zu vermeiden, sollten die Betroffenen überlegen, ob die vorweggenommene Erbfolge noch im Jahr 1999 durchgeführt werden sollte.

Keine Änderungen sollen sich gegenüber der bisherigen Rechtslage im Hinblick auf den Abzug von Schulden ergeben, die zum *Sonderbetriebsvermögen* rechnen; sie sollen bei der Ermittlung des Betriebsvermögens abzugsfähig bleiben. Hierbei kann es sich um Schulden aus der Finanzierung des Gesellschaftsanteils handeln, aber auch um Schulden, die mit Wirtschaftsgütern des Sonderbetriebsvermögens im wirtschaftlichen Zusammenhang stehen.

PRAXISHINWEIS:

Wird ein Betrieb oder Teilbetrieb *unentgeltlich übertragen*, so führt dies bei der Einkommensteuer nicht zur Aufdeckung der stillen Reserven, wenn die *wesentlichen Grundlagen* des Betriebs oder Teilbetriebs in einem einheitlichen Übertragungsakt *auf den Erwerber überführt* werden. Die Schenkungsteuer bemißt sich in diesem Fall nach den Steuerbilanzwerten der zum Betriebsvermögen gehörenden Wirtschaftsgüter, sonstigen Ansätzen, Schulden und sonstigen Abzüge. 455

Wird nur ein *Teil der wesentlichen Betriebsgrundlagen* übertragen und der andere Teil der Wirtschaftsgüter in das Privatvermögen übernommen, liegt ertragsteuerlich eine Betriebsaufgabe vor mit der Folge, daß als tariflich begünstigter Veräußerungsgewinn der Unterschiedsbetrag zwischen den Buchwerten und den gemeinen Werten der unentgeltlich übertragenen und der ins Privatvermögen übernommenen Wirtschaftsgüter, vermindert um etwaige Veräußerungskosten, anzusetzen ist.

Der Erwerber kann das von ihm übernommene Betriebsvermögen in seiner *Eröffnungsbilanz* i.d.R. mit dem *Teilwert einstellen*. Schenkungsteuerlich führt die Betriebsaufgabe dazu, daß auf den *Erwerber kein Betriebsvermögen übergeht*. Denn die Frage, ob Betriebsvermögen vorliegt, entscheidet sich allein nach ertragsteuerlichen Grundsätzen. Wegen der Betriebsaufgabe kann bei dem Zuwendenden kein Betriebsvermögen vorliegen; vielmehr handelt es sich bei den auf den Erwerber übertragenen Wirtschaftsgütern um Privatvermögen. Die übertragenen Wirtschaftsgüter sind demnach nicht als Betriebsvermögen, sondern als übriges Vermögen zu bewerten. Maßgebend sind somit nicht die Steuerbilanzwerte des bisherigen Betriebsinhabers, sondern es ist der gemeine Wert (§ 12 Abs. 1 ErbStG) anzusetzen; darüber hinaus werden kein Freibetrag bis zu 500.000 DM und kein Bewertungsabschlag von 40 % im Sinne von § 13a ErbStG gewährt.

Ausnahmekatalog bei den Besitzposten

456 Von dem Grundsatz „Übernahme der Steuerbilanzwerte dem Grunde nach" gibt es - abgesehen von den Ausgleichsposten im Fall der Organschaft - bei den Besitzposten zwei Ausnahmen:

Ausnahme „Betriebsgrundstücke"

457 Die Frage, welcher *land- und forstwirtschaftliche Grundbesitz* und welche *Grundstücke* bei der Ermittlung des Betriebsvermögens zu berücksichtigen sind, richtet sich nicht nach ertragsteuerlichen Grundsätzen, sondern nach dem *Bewertungsrecht* (§ 12 Abs. 5 Satz 2 ErbStG i.V.m. § 95 Abs. 1 Satz 1 zweiter Halbsatz und § 99 BewG). Danach ist ein *Betriebsgrundstück* anzunehmen, wenn das Grundstück *zu mehr als der Hälfte seines Werts dem Gewerbebetrieb dient* (R 115 Abs. 2 Satz 6 ErbStR). Das Bewertungsrecht, das von dem Grundsatz „alles oder nichts" geprägt ist, unterscheidet sich somit von der ertragsteuerlichen Behandlung, nach der Grundstücke und Gebäude entsprechend ihrer Zugehörigkeit zum Betriebsvermögen auch anteilig in der Steuerbilanz auszuweisen sind.

BEISPIEL

Zum Betriebsvermögen des Einzelunternehmers A gehört ein Grundstück, das er zu 60 % eigenbetrieblich und zu 40 % zu eigenen Wohnzwecken nutzt.

Das Grundstück ist in der Steuerbilanz nur in Höhe von 60 % als Betriebsvermögen auszuweisen. In der Vermögensaufstellung gehört das Grundstück insgesamt zum Betriebsvermögen, da es zu mehr als der Hälfte eigengewerblichen Zwecken dient (§ 99 Abs. 2 BewG). Für A hat dies den Vorteil, daß der Grundstückswert in die Bemessungsgrundlage für die Gewährung des Freibetrags und des Bewertungsabschlags für das Betriebsvermögen einfließt.

Sind an einem Grundstück neben dem Gewerbetreibenden auch *noch andere Personen beteiligt*, ist das Grundstück, unabhängig von der eigenbetrieblichen Nutzung, stets dem Grundvermögen zuzurechnen.

BEISPIEL

Die Brüder B und C sind zu je 1/2 Miteigentümer eines Grundstücks. B betreibt auf diesem Grundstück sein Einzelunternehmen. C ist an diesem Gewerbebetrieb nicht beteiligt; er hat den Grundstücksanteil an seinen Bruder verpachtet.

Das Grundstück gehört trotz der 100 %igen eigenbetrieblichen Nutzung durch B weder insgesamt noch teilweise zum Betriebsvermögen. Vielmehr ist es dem Grundvermögen zuzurechnen und bei der Ermittlung der Bemessungsgrundlage für die Erbschaft- und Schenkungsteuer mit seinem anteiligen Wert zu erfassen.

Gehört das *Grundstück einer Personengesellschaft*, ist es unabhängig von seiner Nutzung stets als Betriebsgrundstück zu behandeln. Ist die Personengesellschaft als Miteigentümer an dem Grundstück beteiligt, ist der auf die Gesellschaft entfallende Grundstücksteil bei ihr als Betriebsvermögen zu erfassen (§ 99 Abs. 2 Satz 4 BewG). Darüber hinaus rechnen bei einer Personengesellschaft auch solche Grundstücke oder Grundstücksteile zum Betriebsvermögen, die im Sondereigentum der Gesellschafter stehen und der Personengesellschaft zur Nutzung überlassen werden.

PRAXISHINWEIS

Ist ein Grundstück, an dem neben dem Betriebsinhaber sein *Ehegatte* beteiligt ist, bei der Einheitsbewertung 1964 für Grundsteuerzwecke als *Betriebsgrundstück* bewertet worden, so kann diese Zurechnung zum Betriebsvermögen für erbschaft- und schenkungsteuerliche Zwecke nicht übernommen werden. Denn bei der Erbschaft- und Schenkungsteuer ist die Regelung, nach der Ehegattenvermögen beim Grundbesitz dem Betriebsinhaber zuzurechnen ist (§ 26 Nr. 1 BewG), nicht anzuwenden. Folglich handelt es sich bei dem Ehegatten des Betriebsinhabers um eine fremde Person. Die Beteiligung einer solchen Person führt jedoch bei Anwendung der Zurechnungsvorschrift für Betriebsgrundstücke (§ 99 Abs. 2 BewG, hier insbesondere Satz 3), der auch für die Erbschaft- und Schenkungsteuer einschlägig ist, dazu, daß das Grundstück nicht als Betriebsgrundstück zu behandeln ist. Geht somit der Grundstücksanteil des Betriebsinhabers auf den Erwerber über, so liegt *übriges Vermögen in Form von Grundbesitz* vor.

Diese Rechtsauffassung soll nunmehr im Steuerbereinigungsgesetz 1999 gesetzlich abgesichert werden (§ 12 Abs. 5 Satz 2 ErbStG).

Die Zuordnung zum übrigen Vermögen wirkt sich i.d.R. nicht auf die Höhe der Bemessungsgrundlage für die Erbschaft- und Schenkungsteuer aus. Stehen jedoch mit dem Grundstücksteil Schulden im wirtschaftlichen Zusammenhang, so gehören diese Schulden nicht zum Betriebsvermögen, was bei einer Schenkung zur Folge hat, daß in der Übernahme der Schulden eine Gegenleistung für die Zuwendung des Betriebsvermögens und des Grundstücksteils zu sehen ist. Es liegt dann eine *gemischte Schenkung* vor, die anders besteuert wird, als wenn nur Betriebsvermögen, angesetzt mit seinem Nettowert, übergegangen wäre (vgl. Rdn. 118 f.). Darüber hinaus scheidet das Grundstück aus den Vergünstigungen für das Betriebsvermögen nach § 13 a ErbStG aus. Denn handelt es sich bei dem Grundstück um ein Betriebsgrundstück, so werden hierfür zusammen mit den anderen Besitzposten und nach Abzug der Schulden ein Freibetrag von 500.000 DM und ein Bewertungsabschlag von 40 % gewährt. Gehört das Grundstück nicht zum Betriebsvermögen, so entfallen diese Vergünstigungen, und zwar auch insoweit, als das Grundstück für Zwecke des Gewerbebetriebs genutzt wird.

458 Ladeneinbauten, Schaufensteranlagen, Gaststätteneinbauten sowie ähnliche *Einbauten*, die einem schnellen Wandel des modischen Geschmacks unterliegen, stellen ertragsteuerlich selbständige Gebäudeteile dar. Sie können daher in der Steuerbilanz getrennt von den Grundstücken aktiviert werden. Da diese *selbständigen Gebäudeteile* im Grundstückswert erfaßt werden, müssen sie - will man einen doppelten Wertansatz bei demselben Eigentümer vermeiden - bei der Ermittlung des Betriebsvermögens ausgeschieden werden. Hier läßt sich die Auffassung vertreten, daß der festgestellte Grundstückswert die selbständigen Gebäudeteile mit „abdeckt“. Unklar ist allerdings die Rechtslage in den Fällen, in denen das Eigentum an dem Grundstück und das Eigentum an den selbständigen Gebäudeteilen auseinanderfallen. Derjenige, der die Einbauten als Mieter oder Pächter in seiner Steuerbilanz ausweist, muß damit rechnen, daß die Finanzverwaltung ihm trotz nochmaliger Erfassung der Einbauten im Grundstückswert des Eigentümers keine Kürzung gewährt. Bei dem Grundstückseigentümer kann ein sonstiger Abzug in Höhe der Differenz zwischen Grundstückswert vor Mieter-

einbau und Grundstückswert nach Mietereinbau nur dann gewährt werden, wenn sich das Grundstück bei ihm nicht im Betriebsvermögen befindet. Ansonsten fehlt es nämlich an dem Ausweis einer Schuld in der Steuerbilanz und somit an einer Voraussetzung für den Abzug beim Betriebsvermögen des Grundstückseigentümers (§ 103 Abs. 1 BewG).

Von den Betriebsgrundstücken sind darüber hinaus die *Betriebsvorrichtungen* zu unterscheiden. Sie gehören zum beweglichen Anlagevermögen und werden mit dem Steuerbilanzwert angesetzt. Zu den Betriebsvorrichtungen gehören alle Vorrichtungen einer Betriebsanlage, die in so enger Beziehung zu einem Gewerbebetrieb stehen, daß dieser unmittelbar mit ihnen betrieben wird. Für die Annahme einer Betriebsvorrichtung reicht es nicht aus, wenn die Anlage für einen Gewerbebetrieb lediglich nützlich oder notwendig oder sogar gewerbepolizeilich vorgeschrieben ist. In folgenden Fällen sind Betriebsvorrichtungen anzunehmen: 459

- Abladevorrichtungen,
- Autoaufzüge in Parkhäusern,
- Bäder, die in Kur- oder Krankenhäusern Heilzwecken dienen,
- Baustellencontainer zur Verwendung auf wechselnden Einsatzstellen,
- Bedienungsvorrichtungen,
- Befeuchtungs- und Lüftungsanlagen zur Möbellagerung,
- Förderbänder,
- Hofbefestigungen, die speziell auf einen Betrieb ausgerichtet sind,
- Klimaanlagen in Chemiefaser- und Tabakfabriken,
- Kühleinrichtungen, die einen nur kurzfristigen Aufenthalt von Menschen ermöglichen,
- Lastenaufzüge,
- Schallschutzeinrichtungen nur ausnahmsweise, wenn infolge starken Lärms ohne sie der reibungslose Betriebsablauf in Frage gestellt wäre,
- Schaukästen,
- Schutz- und Sicherungsvorrichtungen,
- Schwimmbecken sowie Zusatzeinrichtungen in Hallen- und Freibädern, nicht hingegen in Hotelbetrieben, und
- Verkaufsautomaten.

Ein weiteres Problem tritt in der Praxis in den Fällen auf, in denen Betriebsgrundstücke und die damit im Zusammenhang stehenden *Verbindlichkeiten* in 460 der Steuerbilanz nur anteilig erfaßt sind, bei der Wertermittlung für erbschaft- oder schenkungsteuerliche Zwecke jedoch das Grundstück insgesamt zum Betriebsvermögen rechnet. Hier stellt sich die Frage, ob trotz der Erfassung des gesamten Grundstücks bei der Wertermittlung des Betriebsvermögens die damit im Zusammenhang stehenden Schulden nur berücksichtigt werden können, soweit sie in der Steuerbilanz ausgewiesen sind.

U.E. hat sich der Gesetzgeber im Bewertungsrecht für die Übernahme der in der Steuerbilanz ausgewiesenen Schulden ausgesprochen; ein weitergehender Schuldenabzug ist daher bei der Ermittlung des Betriebsvermögens nicht möglich. Diese Auffassung wird auch von der Finanzverwaltung geteilt (R 120 ErbStR).

BEISPIEL

C hat in 1998 für seinen Gewerbebetrieb ein Grundstück mit aufstehendem Gebäude erworben. Ein Teil des Gebäudes wird von ihm zu eigenen gewerblichen Zwecken genutzt; der übrige Teil des Gebäudes dient zu eigenen Wohnzwecken. Von den Anschaffungskosten für das Gebäude in Höhe von 1.000.000 DM sind 600.000 DM entsprechend der gewerblichen Nutzung aktiviert. Der Kaufpreis wurde in Höhe von 200.000 DM durch Eigenmittel und in Höhe von 800.000 DM durch Hypotheken finanziert. Entsprechend der gewerblichen Nutzung sind 480.000 DM (60 % von 800.000 DM) in der Steuerbilanz als Verbindlichkeit ausgewiesen. C ist Ende 1998 verstorben. Bis zu diesem Zeitpunkt soll sich an den Wertansätzen nichts geändert haben.

Das Grundstück dient zu mehr als 50 % dem eigenen Gewerbebetrieb des C; es ist somit bei der Ermittlung des Betriebsvermögens als Betriebsgrundstück zu erfassen, und zwar im vollen Umfang (§ 99 Abs. 2 Satz 1 BewG). Trotz der 100 %igen Zuordnung des Grundstücks zum Betriebsvermögen können die damit im wirtschaftlichen Zusammenhang stehenden Schulden nur in Höhe von 480.000 DM (= Steuerbilanzansatz) dem Betriebsvermögen zugerechnet werden. Der Restbetrag von 320.000 DM ist zu 100 % bei der Ermittlung des übrigen Vermögens abzuziehen. Für die Erben des C hat dies den Vorteil, daß die Bemessungsgrundlage für die Vergünstigungen des Betriebsvermögens zwar durch die Zurechnung des Betriebsgrundstücks erhöht, jedoch nicht um die Schulden, die auf den privat genutzten Grundstücksteil entfallen, gemindert wird; auch hier kommt es hinsichtlich des „privaten“ Schuldenteils zum vollen Abzug (§ 10 Abs. 6 Satz 4 ErbStG).

Ab Inkrafttreten des Steuerbereinigungsgesetzes 1999 soll es hier zu einer Änderung kommen: Soweit Schulden bei der Ermittlung des Betriebsvermögens nicht abzugsfähig sind, obwohl sie mit dem Betriebsvermögen im wirtschaftlichen Zusammenhang stehen, soll ein Abzug außerhalb des Betriebsvermögens nur noch in begrenzter Höhe möglich sein, und zwar im Verhältnis „steuerpflichtiger Wertansatz des Betriebsvermögens zu Wert vor Abzug der Vergünstigungen nach § 13a ErbStG".

Wird die Schuld vom Erwerber insgesamt übernommen, so kann sie im Erbfall als *Nachlaßverbindlichkeit* abgezogen werden. Im Fall der unentgeltlichen Betriebsübertragung stellt sie eine Gegenleistung für den übernommenen Gewerbebetrieb dar mit der Folge, daß der Vorgang als *gemischte Schenkung* (vgl. Rdn. 118 f.) zu besteuern ist.

PRAXISHINWEIS:

Geht der Gewerbebetrieb nur mit dem in der Steuerbilanz anteilig ausgewiesenen Grundstück auf den Erwerber über und verbleibt der nicht im Betriebsvermögen befindliche Grundstücksanteil bei dem bisherigen Eigentümer, so kann als Bereicherung nur der übergegangene Grundstücksteil, bewertet mit dem anteiligen Grundstückswert, als Betriebsvermögen berücksichtigt werden. Da nach der Übertragung des Gewerbebetriebs an dem Grundstück ein fremder Dritter, nämlich der bisherige Grundstückseigentümer, beteiligt ist, fällt im nachhinein die *Betriebsvermögenseigenschaft* des Grundstücks weg (§ 99 Abs. 2 Satz 3 BewG). Folglich kann dieses Grundstück für die Ermittlung des begünstigten Vermögens im Sinne des § 13a ErbStG nicht als Betriebsvermögen berücksichtigt werden. Diese Entscheidung trifft nicht die Bewertungsstelle, die ansonsten für die Grundstücksbewertung zuständig ist, sondern die Erbschaftsteuerstelle.

Ist an einem Grundstück ein *Erbbaurecht* bestellt, so wird sowohl das erbbaurechtsbelastete Grundstück als auch das Erbbaurecht gesondert bewertet. Mit den Grundstückswerten sind sowohl der Erbbauzinsanspruch als auch die Verpflichtung zur Zahlung von Erbbauzinsen abgegolten (§ 148 Abs. 1 Satz 3 BewG). 461

Soweit in der Steuerbilanz einmalige Aufwendungen für den Erwerb eines Erbbaurechts, insbesondere Grunderwerbsteuer, Maklerprovision, Notar- und Gerichtskosten, als Anschaffungskosten des Wirtschaftsguts „Erbbaurecht" aktiviert sind, ist dieser Bilanzposten beim Erbbauberechtigten ebenfalls durch den Grundstückswert für das Erbbaurecht abgedeckt und nicht bei der Ermittlung des Betriebsvermögens anzusetzen.

PRAXISHINWEIS:

Für voraus bezahlte Erbbauzinsen ist in der Steuerbilanz ein Rechnungsabgrenzungsposten zu bilden, der bei der Berechnung des Betriebsvermögens zu erfassen ist. Auch rückständige Erbbauzinsen oder ausstehende Erbbauzinsen für zurückliegende Zeiträume werden als Schulden bzw. Forderungen aus der Steuerbilanz übernommen (R 114 Abs. 2 ErbStR).

Ausnahme „Steuerfreie Wirtschaftsgüter"

462 Das Erbschaft- und Schenkungsteuerrecht kennt, von einigen wenigen Ausnahmen einmal abgesehen, keine Steuerbefreiungen für Wirtschaftsgüter des Betriebsvermögens, also insbesondere nicht für solche Wirtschaftsgüter, die urheberrechtlich geschützt sind, Entschädigungsansprüche darstellen oder zu den Kunstgegenständen und Handschriften rechnen. Auch Schachtelbeteiligungen, d.h. Beteiligungen von Kapitalgesellschaften an Kapitalgesellschaften, sind bei der Ermittlung des Betriebsvermögens nicht freigestellt.

Damit stellt sich für erbschaft- und schenkungsteuerliche Zwecke auch nicht die Frage, ob und in welchem Umfang die mit solchen Wirtschaftsgütern im wirtschaftlichen Zusammenhang stehenden Schulden abzuziehen sind (vgl. § 103 Abs. 1 BewG).

Ausnahmekatalog bei den Schuldposten

463 Die auf der Passivseite der Steuerbilanz ausgewiesenen Posten sind, soweit ihnen *kein Eigenkapitalcharakter* beizumessen ist, ebenfalls dem Grunde nach bei der Ermittlung des Betriebsvermögens zu übernehmen. Dies gilt auch für *aufschiebend bedingte Schulden* (§ 98a Satz 2 BewG). So können *Rückstellungen* für ungewisse Verbindlichkeiten, bei denen die Entstehung der Schuld vorläufig noch ungewiß ist, von den Besitzposten abgezogen werden.

464 Folgende Grundsätze sind für den Schuldenabzug zu beachten (§ 103 Abs. 1 BewG):

- Die Schulden und sonstigen Abzüge müssen in der *Steuerbilanz ausgewiesen sein*.
- Es muß ein *Zusammenhang* zwischen der Schuld bzw. den sonstigen Abzügen und dem Gewerbebetrieb oder einzelnen Wirtschaftsgütern des Gewer-

bebetriebs *bestehen*. Schulden und sonstige Abzüge, die mit Wirtschaftsgütern zusammenhängen, die nicht zum Betriebsvermögen gehören, können somit bei der Ermittlung des Betriebsvermögens nicht berücksichtigt werden.

Darüber hinaus haben Sie beim Schuldenabzug noch *zwei Sonderregelungen* zu beachten: 465

- *Gewinnansprüche*, die ein Gesellschafter gegen eine von ihm beherrschte Kapitalgesellschaft hat, sind bei der beherrschten Gesellschaft zusätzlich zu den in der Steuerbilanz ausgewiesenen Passivposten als Schuld zu berücksichtigen (§ 103 Abs. 2 BewG).

  Diese Vorschrift hat für die Ermittlung des Betriebsvermögens bei der Erbschaft- und Schenkungsteuer keine Bedeutung, da der Schuldposten nur von Kapitalgesellschaften gebildet werden kann, für die es aus erbschaft- und schenkungsteuerlicher Sicht nicht auf den Anteil am Betriebsvermögen, sondern auf den Anteilswert, ermittelt nach dem Stuttgarter Verfahren (vgl. Rdn. 292 f.), ankommt. Bei der Anteilsbewertung ist allerdings für die Berechnung des Vermögenswerts ein Abzug vorzunehmen.
- *Rücklagen* sind unabhängig davon, ob es sich um gesetzliche Rücklagen, um Rücklagen im Zusammenhang mit Eigenanteilen, um satzungsmäßige Rücklagen oder um andere Gewinnrücklagen handelt, nicht abzugsfähig (§ 103 Abs. 3 BewG). Betroffen von dem Abzugsverbot sind auch Sonderposten mit Rücklagenanteil, insbesondere die Rücklage nach § 6b EStG, die Rücklage für Ersatzbeschaffung sowie die Ansparrücklage nach § 79g EStG. Weiterhin sind Gewinne, die aus Billigkeitsgründen in eine Rücklage eingestellt werden können und dadurch zeitlich gestreckt der Besteuerung unterliegen, vom Abzug ausgeschlossen.

  Das Abzugsverbot gilt nicht für Rücklagen, deren *Abzug* für Bewertungszwecke durch Gesetz *ausdrücklich zugelassen* ist, z.B. für die Rücklage nach dem Entwicklungshilfesteuergesetz. Die Durchbrechung des Abzugsverbots ist auch bei der Erbschaft- und Schenkungsteuer zu beachten.

PRAXISHINWEIS:

Gewinne, die im ersten Wirtschaftsjahr nach dem 31.12.1998 durch das *neue Wertaufholungsgebot* beim Anlage- und Umlaufvermögen sowie durch die neuen Bewertungsgrundsätze für Rückstellungen und Verbindlichkeiten anfallen, dürfen zu 80 % bzw. 90 % in eine *gewinnmindernde Rücklage* eingestellt werden, die dann in den Folgejahren gewinnerhöhend aufzulösen ist. Diese gewinnmindernde Rücklage zählt ebenfalls zu den Bilanzposten, die unter das Abzugsverbot des § 103 Abs. 3 BewG fallen. Damit wirken sich die Korrekturen aufgrund des Steuerentlastungsgesetzes 1999/2000/2002 in voller Höhe für Erwerbe nach dem 31.12.1998 auf die Ermittlung des Betriebsvermögens aus.

Den Rücklagen vergleichbar sind *Ausgleichsposten*, die insbesondere bei Überführung von Wirtschaftsgütern in eine ausländische Betriebsstätte in die Steuerbilanz eingestellt worden sind; solche Ausgleichsposten sind ebenfalls wegen ihres Eigenkapitalcharakters nicht abzugsfähig.

PRAXISHINWEIS:

Das *Sonderverlustkonto*, das *Beteiligungsentwertungskonto* und das *Kapitalentwertungskonto* - alles Bilanzposten aus der DM-Eröffnungsbilanz für Gewerbebetriebe in den neuen Bundesländern - sind bei der Ermittlung des Betriebsvermögens nicht zu berücksichtigen (§ 137 BewG). Diesen Bilanzposten ist ebenfalls Eigenkapitalcharakter beizumessen. Die *Gegenposten zur vorläufigen Gewinnrücklage*, und zwar der nicht entgeltlich erworbene Geschäfts- oder Firmenwert, die Aufwendungen für die Ingangsetzung oder Erweiterung des Geschäftsbetriebs und die Zuschüsse, Beihilfen und anderen Vermögensvorteile, die mit künftigen Investitionen verbunden sind, werden bereits in der Steuerbilanz nicht angesetzt. Eines Abzugsverbots bedurfte es in diesen Fällen nicht.

Übernahme der Steuerbilanzwerte der Höhe nach

466 Die aus der Steuerbilanz zu übernehmenden Wirtschaftsgüter, sonstigen aktiven Ansätze, Schulden und sonstigen Abzüge sind bei der Ermittlung des Betriebsvermögens grundsätzlich mit ihrem Steuerbilanzwert anzusetzen.

Der Steuerbilanzwert ist auch dann maßgebend, wenn bei den beweglichen abnutzbaren Wirtschaftsgütern *erhöhte Absetzungen* oder *Sonderabschreibungen* vorgenommen worden sind. Selbst die Verrechnung der Anschaffungs- oder Herstellungskosten mit *Zuschüssen* sowie die Übertragung einer *6b-Rücklage* führen nicht zu einer Korrektur des Wertansatzes. Bei den *geringwertigen Wirtschaftsgütern*, deren Anschaffungs- oder Herstellungskosten sofort abgeschrieben werden können, ist i.d.R. der Erinnerungswert von 1 DM in die Vermögensaufstellung zu übernehmen.

PRAXISHINWEIS:

Der Entlastungseffekt, der sich aus der Übernahme der Steuerbilanzwerte ergibt, tritt ab 1996 auch bei den *Betriebsgrundstücken* ein, soweit es sich hierbei um typische Industriegrundstücke handelt. Denn bei dieser Grundstücksgruppe wird der neue Grundstückswert unter Ansatz des Bodenwerts, ermittelt aus dem Bodenrichtwert, und dem Gebäudewert, angesetzt mit dem Wert in der Steuerbilanz im Besteuerungszeitpunkt, berechnet (vgl. Rdn. 404). Demnach kommt es bei dem Gebäudewert ebenfalls zu einem besonders niedrigen Wertansatz, wenn es sich um ein älteres Gebäude handelt oder wenn der Steuerpflichtige insbesondere Sonderabschreibungen oder erhöhte Absetzungen vorgenommen hat.

Durch das Steuerentlastungsgesetz 1999/2000/2002 ergeben sich auf der Aktivseite der Steuerbilanz höhere Wertansätze für das Anlage- und Umlaufvermögen. 467
Zum einen läßt der Gesetzgeber eine *Teilwertabschreibung* für Wirtschaftsjahre, die nach dem 31.12.1998 enden, nur noch dann zu, wenn eine voraussichtlich *dauernde Wertminderung* vorliegt. Dies wird vor allem beim Anlagevermögen zu höheren Wertansätzen führen. Hinzu kommt, daß Wirtschaftsgüter, bei denen in der Vergangenheit eine Teilwertabschreibung vorgenommen wurde und bei denen die niedrigen Wertansätze in der Folgezeit beibehalten wurden, nunmehr für das erste Wirtschaftsjahr nach dem 31.12.1998 neu bewertet werden müssen. Sind die Gründe für eine Teilwertabschreibung im nachhinein weggefallen, führt dies aufgrund des neuen Wertaufholungsgebots beim „Alt-Bestand" zu wesentlich höheren Werten in der Steuerbilanz. Ertragsteuerlich wird die dadurch ausgelöste Gewinnerhöhung zeitlich gestreckt besteuert, und zwar mit 20 % im ersten Wirtschaftsjahr nach dem 31.12.1998; 80 % werden in eine gewinnmindernde Rücklage eingestellt, die in den 4 Folgejahren aufzulösen ist. Die Rücklage ist nach § 103 Abs. 3 BewG bei der Ermittlung des Betriebsvermögens nicht abzugsfähig.

Betriebe, die *ausländische Ware* importieren, müssen für Wirtschaftsjahre nach dem 31.12.1998 mit höheren Wertansätzen des Umlaufvermögens rechnen. Denn der *Importwarenabschlag* (§ 80 EStDV) fällt künftig weg.

Auf der Passivseite ergeben sich für Wirtschaftsjahre nach dem 31.12.1998 468
erhebliche Einschränkungen bei der *Rückstellungsbildung*. Hier sind folgende Grundsätze zu beachten:

- Bei gleichartigen Verpflichtungen sind die Abläufe in der Vergangenheit zu berücksichtigen,
- bei Sachleistungsverpflichtungen können nur die Einzelkosten und die angemessenen Teile der notwendigen Gemeinkosten in die Rückstellung einfließen,
- künftige Vorteile, die mit der Rückstellungsverpflichtung zusammenhängen, müssen gegengerechnet werden,
- bei wirtschaftlicher Verursachung sind entsprechende Ansammlungsrückstellungen pro rata temporis zu bilden,
- Geld- und Sachleistungsverpflichtungen sind abzuzinsen (§ 6 Abs. 1 Nr. 3a EStG).

Besondere Bedeutung hat in der Praxis das *Abzinsungsgebot* (§ 6 Abs. 1 Nr. 3a Buchst. e EStG). Danach sind Geld- und Sachleistungsverpflichtungen künftig mit einem Zinssatz von 5,5 % abzuzinsen; davon ausgenommen sind

- Verpflichtungen, die aus der Sicht des Bilanzstichtags in einem Zeitraum von weniger als 12 Monaten zu erfüllen sind, sowie
- Verpflichtungen, die verzinslich sind.

Die neuen Rückstellungsgrundsätze sind im ersten Wirtschaftsjahr, das nach dem 31.12.1998 endet, nicht nur für neue Verpflichtungen im abgelaufenen Wirtschaftsjahr anzuwenden, sondern auch auf alle „Alt-Rückstellungen", die bereits zum Ende eines vor dem 1.1.1999 endenden Wirtschaftsjahres passiviert worden sind (§ 52 Abs. 16 Satz 8 EStG). Durch die Anwendung der neuen Grundsätze auf „Alt-Rückstellungen" kommt es im ersten Wirtschaftsjahr nach dem 31.12.1998 vielfach zu einem Abschmelzen des Rückstellungsbetrags und dadurch bedingt zu einem sog. Übergangsgewinn. Dieser Übergangsgewinn ist grundsätzlich auf 10 Jahre verteilt zu versteuern (§ 52 Abs. 16 Satz 10 EStG). Bei der Verteilung sind 10 % im ersten Wirtschaftsjahr nach dem 31.12.1998 gewinnerhöhend zu berücksichtigen; der Restbetrag von 90 % ist in eine gewinnmindernde Rücklage einzustellen und in den 9 Folgejahren mit mindestens 1/9 gewinnerhöhend aufzulösen. Höhere Auflösungsbeträge sind möglich.

Für die Ermittlung des Betriebsvermögens bedeutet dies, daß die Passivwerte abgeschmolzen werden, ohne daß die gewinnmindernde Rücklage als zusätzlicher Ausgleichsposten von den Aktivwerten abgezogen werden kann. Dies führt beim Betriebsvermögen zu einer wesentlich höheren Bemessungsgrundlage als bei Erwerben vor Anwendung des Steuerentlastungsgesetzes 1999/2000/2002.

Und noch eine Änderung bei den Rückstellungen: Bereits durch das Steueränderungsgesetz 1998 hat der Gesetzgeber bestimmt, daß die Änderungen bei den *Pensionsrückstellungen* wegen Anwendung neuer Heubeck-Tafeln erstmals für Wirtschaftsjahre berücksichtigt werden dürfen, die nach dem 31.12.1998 enden. Die Zuführung zur Pensionsrückstellung darf dabei nicht in einem Einmalbetrag vorgenommen werden, sondern sie muß *gleichmäßig auf drei Wirtschaftsjahre verteilt* werden (§ 52 Abs. 17 EStG). Für die Ermittlung des Betriebsvermögens bedeutet dies, daß der volle Zuschreibungsbetrag erst am Ende des Wirtschaftsjahres erreicht wird, das im Jahr 2001 endet. Bis dahin wird die wirtschaftliche Belastung durch die höheren Pensionsrückstellungen nur teilweise in der Steuerbilanz angesetzt. 469

Für Wirtschaftsjahre nach dem 31.12.1998 sind *Verbindlichkeiten* unter sinngemäßer Anwendung der Vorschriften zur Teilwertermittlung in der Steuerbilanz anzusetzen. Dies bedeutet, daß nur bei einer voraussichtlich dauernden Wertminderung nach dem umgekehrten Niederstwertprinzip ein höherer Teilwert angesetzt werden darf. Betroffen sind insbesondere Auslandsschulden, bei denen es am Bilanzstichtag zu einer „Neubewertung" unter Berücksichtigung des aktuellen Umrechnungskurses kommt. 470

Neu ist für Wirtschaftsjahre nach dem 31.12.1998 auch das *Abzinsungsgebot* für unverzinsliche Verbindlichkeiten. Hier ist die Abzinsung unter Ansatz eines Zinssatzes von 5,5 % vorzunehmen. Von dem Abzinsungsgebot ausgenommen sind Verbindlichkeiten, deren Laufzeit aus der Sicht des Bilanzstichtags weniger als 12 Monate beträgt oder bei denen es sich um Anzahlungen und Vorausleistungen handelt (§ 6 Abs. 1 Nr. 3 Satz 2 EStG). Auch hier gilt für Übergangsgewinne, die im ersten Wirtschaftsjahr nach dem 31.12.1998 durch die Anwendung der neuen Bewertungsregeln aufgedeckt werden, die Verteilungsmöglichkeit wie bei Rückstellungen.

Wegen der Auswirkungen der Einschränkungen bei den Sonderabschreibungen für kleine und mittlere Betriebe (§ 7g EStG; vgl. Rdn. 477) und wegen der Einschränkungen bei der Bildung von 6b-Rücklagen vgl. Rdn. 478.

PRAXISHINWEIS:

Überträgt der Gesellschafter einer Personengesellschaft ein *Wirtschaftsgut aus seinem Sonderbetriebsvermögen* in das Gesamthandsvermögen der Personengesellschaft oder wird ein solches Wirtschaftsgut umgekehrt aus dem Gesamt- 471 handsvermögen in das Sonderbetriebsvermögen des Gesellschafters übertragen, kommt es für Erwerbe nach dem 31.12.1998 zur *Aufdeckung der stillen Reserven* (§ 6 Abs. 5 Satz 3 EStG). Für die Ermittlung des Betriebsvermögens bedeutet dies, daß diese Wirtschaftsgüter nach einer solchen Übertragung mit höheren Steuerbilanzwerten angesetzt werden. Dies gilt auch für die Fälle, in denen Wirtschaftsgüter des Sonderbetriebsvermögens von einem Mitunternehmer auf einen anderen Mitunternehmer unentgeltlich übertragen werden. Auch hier ist bei der Übertragung der Teilwert anzusetzen.

---

472 Von dem Grundsatz „Übernahme der Steuerbilanzwerte für Zwecke der Bewertung" gibt es drei Ausnahmen:

- Für die Bewertung von *Betriebsgrundstücken* enthält das Erbschaftsteuergesetz eine Sonderregelung (§ 12 Abs. 3 ErbStG). Danach ist für diese Wirtschaftsgüter der neue Grundstückswert (vgl. Rdn. 316 f.) maßgebend. Der Grundstückswert wird von dem zuständigen Lagefinanzamt, falls er für die Erbschaft- oder Schenkungsteuer von Bedeutung ist, auf den Besteuerungszeitpunkt ermittelt und festgestellt. Aufgrund der Sonderwerte für Betriebsgrundstücke wirken sich die Belastungen des Steuerentlastungsgesetzes 1999/2000/2002 bei der Bewertung des Anlagevermögens nur in den Fällen aus, in denen für das Gebäude der Steuerbilanzwert (§ 147 BewG) anzusetzen ist.
- *Beteiligungen an Personengesellschaften* stellen Anteile an einem Betriebsvermögen dar. Das Betriebsvermögen selbst ist nach der Sonderregelung des § 12 Abs. 5 ErbStG zu ermitteln. Steht dieses Betriebsvermögen fest, so ist der Anteil daran zu berechnen, und zwar soweit er als Beteiligung an einer Personengesellschaft zum Betriebsvermögen des Gewerbebetriebs gehört (vgl. Rdn. 485 f.).
- Zum Betriebsvermögen gehörende *Wertpapiere, Anteile* und *Genußscheine von Kapitalgesellschaften* sind mit ihrem Börsenkurs, dem aus Verkäufen abgeleiteten Wert, dem Stuttgarter Wert, dem Nennwert oder dem Gegenwartswert anzusetzen. Notierte Aktien und Wertpapiere bereiten bei der Vermögensermittlung für Erbschaft- und Schenkungsteuerzwecke keine Schwierigkeiten. Hier ist auf den Börsenkurs, und zwar dem niedrigsten im Besteuerungszeitpunkt, zurückzugreifen (vgl. Rdn. 254). Bei *nichtnotierten Anteilen an Kapitalgesellschaften,* insbesondere bei GmbH-Anteilen, kommt es in erster Linie auf den aus Verkäufen abgeleiteten Wert an (vgl. Rdn. 264). Steht ein solcher Wert nicht zur Verfügung, so sind die Anteile an der Kapitalgesellschaft nach dem Stuttgarter Verfahren zu ermitteln (§ 12 Abs. 5 Satz 3 ErbStG; vgl. Rdn. 292 f.). Durch den An-

satz von Sonderwerten für Beteiligungen an Kapitalgesellschaften wirkt sich die Wertaufholung für Wirtschaftsjahre nach dem 31.12.1998 in diesem Bereich auf die Ermittlung des Betriebsvermögens nicht aus.

PRAXISHINWEIS:

Will das Finanzamt künftige Ergebnisse von Betriebsprüfungen bei der Ermittlung der Bemessungsgrundlage berücksichtigen, so müssen die Bescheide unter dem Vorbehalt der Nachprüfung erteilt werden. Ist ein solcher Vorbehalt nicht in dem Erbschaft- oder Schenkungsteuerbescheid aufgenommen worden, können die Wertansätze nicht an die Steuerbilanzwerte aufgrund der Betriebsprüfung angepaßt werden, es sei denn, diesen Wertansätzen liegen neue Tatsachen zugrunde. 473

Ab Inkrafttreten des Steuerbereinigungsgesetzes 1999 sollen die geänderten Bilanzansätze aufgrund einer Betriebsprüfung auch dann bei der Erbschaft- und Schenkungsteuer berücksichtigt werden können, wenn der Steuerbescheid bereits bestandskräftig ist. Die „Verjährung“ soll entsprechend hinausgeschoben werden.

BEISPIEL

Der Unternehmer A ist in 1999 verstorben. Auf den Todestag ist eine Steuerbilanz erstellt worden, in der folgende Aktiva und Passiva ausgewiesen sind:

Grund und Boden:	1.000.000 DM
Gebäude:	2.000.000 DM
Maschinen:	1.050.000 DM
Betriebsvorrichtungen:	160.000 DM
Fuhrpark:	220.000 DM
geringwertige Wirtschaftsgüter:	1 DM
Vorratsvermögen:	2.798.018 DM
Beteiligungen an Kapitalgesellschaften:	1.445.620 DM
Forderungen, Kasse und Bank:	4.224.020 DM
Eigenkapital:	3.090.060 DM
Rücklagen:	1.136.000 DM
Darlehen und sonstige Verbindlichkeiten:	7.440.000 DM
Rückstellungen:	1.231.600 DM

Für die Betriebsgrundstücke sind Grundstückswerte in Höhe von 1.344.000 DM ermittelt worden. Für die Beteiligungen an Kapitalgesellschaften sind nach dem Stuttgarter Verfahren Werte von insgesamt 1.020.000 DM anzusetzen. Das Betriebsvermögen auf den Todesstichtag ist wie folgt zu ermitteln:

Betriebsgrundstück:		1.344.000 DM
Maschinen:		1.050.000 DM
Betriebsvorrichtungen:		160.000 DM
Fuhrpark:		220.000 DM
geringwertige Wirtschaftsgüter:		1 DM
Vorratsvermögen:		2.798.018 DM
Beteiligungen an Kapitalgesellschaften:		1.020.000 DM
Finanzkonten:		4.224.020 DM
Zwischensumme:		10.816.039 DM
Darlehen und sonstige Verbindlichkeiten:	·/·	7.440.000 DM
Rückstellungen:	·/·	1.231.600 DM
Betriebsvermögen:		2.144.439 DM

Zu der Vermögensermittlung ist noch folgendes anzumerken: Die Bewertung der Betriebsgrundstücke erfolgt mit den ab 1996 geltenden Grundstückswerten. Für die Beteiligungen an Kapitalgesellschaften ist der Stuttgarter Wert maßgebend (§ 12 Abs. 5 Satz 3 ErbStG). Die Rücklagen in Höhe von 1.136.000 DM sind ebenso wie das Eigenkapital nicht als Schuldposten und sonstige Abzüge zu berücksichtigen.

---

474 Ist für einen auf den Besteuerungszeitpunkt vorangegangenen 1. Januar ein *Einheitswert des Betriebsvermögens* noch festgestellt worden, z.B. für Zwecke der Vermögen- oder Gewerbekapitalsteuer, kann in den Fällen von geringer Bedeutung für die Wertermittlung des Betriebsvermögens an diesen Einheitswert angeknüpft werden. Dabei sind folgende Korrekturen vorzunehmen:

- Die mit den alten Einheitswerten angesetzten Betriebsgrundstücke sind mit den neuen Grundstückswerten zu erfassen.
- Steuerbefreites Betriebsvermögen, z.B. ausländisches Betriebsstättenvermögen oder Betriebsvermögen in den neuen Bundesländern, ist i.d.R. mit den Steuerbilanzwerten hinzuzurechnen. Die damit im Zusammenhang stehenden Schulden können abgezogen werden.
- Der bis zum Besteuerungszeitpunkt anteilig angefallene Gewinn bzw. Verlust ist um Aufwendungen, die ertragsteuerlich Betriebsausgaben sind, jedoch bei

der Ermittlung des Betriebsvermögens außer Ansatz bleiben, zu korrigieren. Dies gilt insbesondere für Abschreibungen auf Betriebsgebäude. Das so ermittelte Betriebsergebnis ist dann als Wertsteigerung zwischen dem letzten Bilanzstichtag und dem Besteuerungszeitpunkt als Betriebsvermögensmehrung bzw. bei einem Verlust als Betriebsvermögensminderung zu berücksichtigen.

Vereinfachte Wertermittlung

Vielfach stehen Einheitswerte des Betriebsvermögens für eine Wertableitung 475
nicht mehr zur Verfügung, da sie letztmals für Zwecke der Gewerbekapitalsteuer auf den 1.1.1998 ermittelt worden sind. Um auch hier ohne Zwischenbilanz den Wert des Betriebsvermögens ermitteln zu können, läßt es die Finanzverwaltung in R 39 Abs. 2 ErbStR aus Vereinfachungsgesichtspunkten zu, daß auf die *letzte Schlußbilanz vor dem Besteuerungszeitpunkt* zurückgegriffen wird. Die in dieser Schlußbilanz ausgewiesenen Aktiva und Passiva sind zu korrigieren, soweit für die Wirtschaftsgüter und Schulden wegen Durchbrechung der Bestands- und Bewertungsidentität ein bewertungsrechtlicher Sonderwert anzusetzen ist. So sind z.B. die in der Schlußbilanz ausgewiesenen Betriebsgrundstücke mit dem Grundstückswert und Anteile an Kapitalgesellschaften mit dem Börsenkurs oder dem Stuttgarter Wert anzusetzen.

Auf diese Weise hat man in einem ersten Rechenschritt das bewertungsrechtliche Betriebsvermögen vom Bilanzstichtag ermittelt. Dieses Betriebsvermögen muß nun noch weiterentwickelt werden, und zwar bis zum Besteuerungszeitpunkt. Hierzu sind nach R 39 Abs. 2 Satz 4 ErbStR folgende *Korrekturen* zu berücksichtigen:

- Der Gewinn für den Zeitraum vom letzten Bilanzstichtag vor dem Besteuerungszeitpunkt bis zum Besteuerungszeitpunkt sowie die für diesen Zeitraum getätigten Einlagen sind dem Betriebsvermögen hinzuzurechnen.
- Ebenfalls hinzuzurechnen sind die Abschreibungen (Normal-AfA, erhöhte AfA, Sonderabschreibungen, Teilwertabschreibungen) auf den betrieblichen Grundbesitz (Grund und Boden, Betriebsgebäude, Außenanlagen, sonstige wesentliche Bestandteile und Zubehör), die das Betriebsergebnis gemindert haben. Hier beschränkt sich die Hinzurechnung auf den Zeitraum vom letzten Bilanzstichtag vor dem Besteuerungszeitpunkt bis zum Besteuerungszeitpunkt.

- Abzurechnen sind dagegen ein Verlust, der anteilig auf den Zeitraum vom letzten Bilanzstichtag vor dem Besteuerungszeitpunkt bis zum Besteuerungszeitpunkt anfällt, sowie die in diesem Zeitraum getätigten Entnahmen.
- Infolge Veräußerung oder Erwerb von Anlagevermögen, insbesondere von Betriebsgrundstücken, Wertpapieren, Anteilen und Genußscheinen an Kapitalgesellschaften und Beteiligungen an Personengesellschaften kann es zu einer Korrektur der in dem Zeitraum vom letzten Bilanzstichtag vor dem Besteuerungszeitpunkt bis zum Besteuerungszeitpunkt eingetretenen Vermögensänderungen kommen, soweit sie sich nicht bereits im Gewinn oder Verlust sowie über Entnahmen und Einlagen ausgewirkt haben, die nach den vorstehenden Grundsätzen hinzugerechnet oder abgerechnet worden sind. Denken Sie z.B. an die Übertragung einer 6b-Rücklage auf ein Wirtschaftsgut des Anlagevermögens, für das der Steuerbilanzwert in die Vermögensaufstellung zu übernehmen ist; hier ist es erforderlich, den Rücklagenbetrag abzurechnen. Darüber hinaus gibt es eine Vielzahl von weiteren Wertkorrekturen, die in den Erbschaftsteuer-Richtlinien nicht erwähnt werden. Daher ist bei der vereinfachten Wertermittlung Vorsicht geboten.
- Dies gilt auch im Hinblick auf die *gewinnmindernde Rücklage*, die über 4 Jahre bzw. bei den Verbindlichkeiten und Rückstellungen über 9 Jahre gestreckt der Besteuerung unterworfen wird. Erfolgt die Betriebsübertragung vor dem Schluß des ersten Wirtschaftsjahres, das nach dem 31.12.1998 endet, ist in dem anteiligen Gewinn bzw. Verlust der Wertzuwachs auf der Aktivseite nur mit 20 % bzw. die Abstockung der Passivwerte im Bereich der Rückstellungen und Verbindlichkeiten auf der Passivseite nur mit 10 % enthalten, und das wegen der Aufteilung des Gewinns auf den Erblasser bzw. Schenker einerseits und den Erwerbern andererseits nur zeitanteilig bis zum Besteuerungszeitpunkt. Zutreffend wäre dagegen eine Wertkorrektur aufgrund der neuen Bilanzierungsgrundsätze zu 100 %. Daher ist es erforderlich, den sog. Übergangsgewinn dem Betriebsvermögen vom letzten Bilanzstichtag in voller Höhe hinzuzurechnen und nur den laufenden Gewinn bzw. Verlust zeitanteilig zu erfassen.

  In den Folgejahren kann die vereinfachte Wertermittlung ebenfalls nicht ohne weiteres durch Rückgriff auf den anteiligen Gewinn bzw. anteiligen Verlust durchgeführt werden. Denn in dieser Berechnungsgröße sind die *Abschmelzungsbeträge der gewinnmindernden Rücklage* mit jeweils 20 %

bzw. 10 % enthalten. Diese dürfen jedoch nicht berücksichtigt werden, weil die Bilanzansätze für das zweite Wirtschaftsjahr nach dem 31.12.1998 bereits sämtliche Korrekturen beinhalten. Hier müssen die Abschmelzungsbeträge aus dem Gewinn bzw. Verlust herausgerechnet werden; nur das, was danach verbleibt, kann zeitanteilig bis zum Besteuerungszeitpunkt als Wertkorrektur berücksichtigt werden.

Die Finanzverwaltung (vgl. Erlaß des Finanzministeriums Baden-Württemberg v. 23.8.1999, 3 - S 3730/8) vertritt zu den *Auswirkungen der neuen Bewertungsgrundsätze nach dem Steuerentlastungsgesetz 1999/2000/2002 auf die Ermittlung des Betriebsvermögens* folgende Auffassung:

- Wird das Betriebsvermögen auf einen *Bilanzstichtag* nach dem 31. Dezember 1998 *übertragen*, wirken sich die geänderten Bilanzierungsvorschriften auf den Stichtagswert aus. Die gewinnmindernd gebildeten Rücklagen aufgrund der Wertaufholung und der Abschmelzung der Rückstellungen und Verbindlichkeiten sind nicht abzugsfähig (§ 103 Abs. 3 BewG).
- Erfolgt die Übertragung des Betriebs oder Mitunternehmeranteils auf einen Zeitpunkt *innerhalb des ersten Wirtschaftsjahres, das nach dem 31. Dezember 1998* endet und ist für den Übertragungsstichtag *keine Zwischenbilanz* erstellt, haben sich die neuen Bilanzierungsvorschriften auf den Ausgangswert „Vermögen vom letzten Bilanzstichtag" für die vereinfachte Wertermittlung noch nicht ausgewirkt. Dies soll auch nicht durch Korrekturen nachgeholt werden. Die im anteilig hinzuzurechnenden Gewinn- bzw. anteilig abzurechnenden Verluste des laufenden Wirtschaftsjahres enthaltenen Gewinnauswirkungen aus den neuen Bilanzierungsvorschriften sind aus Vereinfachungsgründen nicht herauszurechnen. Dies sind nur 20 % des Wertaufholungsgewinns bzw. 10 % des Abschmelzungsbetrags bei den Rückstellungen und Verbindlichkeiten, das noch zeitanteilig für den Zeitraum vom letzten Bilanzstichtag bis zum Besteuerungszeitpunkt.
- Für Erwerbe, die nach dem *31. Dezember 1999* im *Laufe eines Wirtschaftsjahres* erfolgen, will die Finanzverwaltung ebenfalls vereinfacht rechnen. Dabei soll der anteilige Gewinn bzw. Verlust nicht um Gewinnauswirkungen aus den neuen Bilanzierungsvorschriften - hier könnten dies nur die Auflösungsbeträge aus den gewinnmindernden Rücklagen sein - gekürzt werden. Dies würde sich zum Nachteil des Steuerzahlers auswirken. Nach Auffassung der Finanzverwaltung lassen sich diese nachteiligen Auswirkungen nur

dadurch vermeiden, daß der Steuerzahler in diesem Fall eine *Zwischenbilanz* auf den Besteuerungszeitpunkt aufstellt.

Erbschaftsteuer sparen durch geschickte Bilanzierung

476 Abnutzbare bewegliche Wirtschaftsgüter des Anlagevermögens sind stets mit dem *Steuerbilanzwert* bei der Ermittlung des Betriebsvermögens anzusetzen. Für den Wertansatz ist es ohne Bedeutung, ob die Wirtschaftsgüter linear oder degressiv abgeschrieben oder erhöhte Absetzungen oder Sonderabschreibungen vorgenommen werden. Aus der Sicht der Erbschaft- und Schenkungsteuer sollte der Steuerbilanzwert vor dem Besteuerungszeitpunkt möglichst gering gehalten werden. Dies läßt sich durch folgende Maßnahmen erreichen:

Abschreibungen nutzen

477
- Sonderabschreibungen, die i.d.R. neben der linearen AfA gewährt werden, sollten möglichst in dem Wirtschaftsjahr vor dem Besteuerungszeitpunkt voll ausgeschöpft werden. Sollten Ihnen Sonderabschreibungen für Anzahlungen oder für Teilherstellungskosten zustehen, wie dies z.B. bei Investitionen in den neuen Bundesländern nach dem Förderungsgebietsgesetz bis Ende 1998 der Fall war, so sollte auch diese Möglichkeit genutzt werden, um zu einem geringeren Steuerbilanzansatz für Ihre Anzahlungen oder Teilherstellungskosten zu kommen.
- Stehen Ihnen für bestimmte Investitionen erhöhte Absetzungen zu, so sollte diese Abschreibungsmöglichkeit der degressiven oder linearen AfA vorgezogen werden.
- Haben Sie keine Möglichkeit, erhöhte Absetzungen oder Sonderabschreibungen geltend zu machen, so sollten Sie die Wirtschaftsgüter in der Anfangsphase degressiv abschreiben und in der Endphase zur linearen AfA wechseln. Die *Sonderabschreibungen für kleine und mittlere Betriebe* eignen sich nach Wegfall der Fördergebiets-AfA im betrieblichen Bereich zur „Wertkorrektur nach unten“. Denn zusammen mit der degressiven AfA von 30 % ergibt sich bereits im Erstjahr eine Korrektur der Anschaffungs- oder Herstellungskosten um 50 %. Bis zum 31.12.2000 können die Sonderabschreibungen unabhängig von der Inanspruchnahme der Ansparrücklage geltend gemacht werden. Dies ändert sich bei Investitionen nach dem 31.12.2000. Denn dann können die Sonderabschreibungen nur noch beantragt werden, wenn für die Anschaffung oder Herstellung des Wirtschaftsguts im vorhinein eine

Ansparrücklage gebildet worden ist (§ 7g Abs. 2 Nr. 3 i.V.m. § 52 Abs. 23 EStG). Durch das Anknüpfen der Sonderabschreibungen an die Ansparrücklage wollte der Gesetzgeber die Höhe der Abschreibungen pro Wirtschaftsjahr auf Investitionen bis zu 600.000 DM begrenzen. Denn die Rücklagen dürfen am Bilanzstichtag je Betrieb des Steuerpflichtigen nicht über 300.000 DM hinausgehen, wobei in diese Rücklagen bis zu 50 % der Anschaffungs- oder Herstellungskosten der begünstigten Wirtschaftsgüter einfließen.

PRAXISHINWEIS:

Die Ansparrücklage ist, wie bereits oben ausgeführt, auf einen Betrag von 300.000 DM begrenzt. In diesen Betrag können die voraussichtlichen Anschaffungs- oder Herstellungskosten für Investitionen in den nächsten beiden Wirtschaftsjahren bis zu 50 % „eingestellt" werden. „Bis zu 50 %" bedeutet für den Steuerpflichtigen, daß er hinsichtlich der Rücklagenbildung einen Gestaltungsspielraum hat. Im Extremfall reicht es für die Inanspruchnahme der Sonderabschreibungen aus, wenn er für diese Investition eine Rücklage in Höhe von 1 DM bildet.

Um die Sonderabschreibungen nicht zu verlieren, sollte der Steuerpflichtige also bei der Bildung der Rücklage überlegen, welche *voraussichtlichen Investitionen in den zwei Wirtschaftsjahren* nach Bildung der Rücklage anfallen werden. Dabei sollte er auch berücksichtigen, daß im Betriebsvermögen vorhandene Wirtschaftsgüter z.B. aufgrund technischer Mängel ausscheiden können und kurzfristig Ersatzinvestitionen getätigt werden müssen. Um für diese Ersatzinvestitionen die Sonderabschreibungen nicht zu verlieren, weil sie in der Ansparrücklage nicht berücksichtigt sind, sollte für jedes bereits angeschaffte Wirtschaftsgut ein geringfügiger Rücklagenbetrag als Ersatzinvestition in die Rücklage aufgenommen werden. Kommt es mangels Investition zur Zwangsauflösung der Rücklage, fällt hierfür kein hoher fiktiver Zinszuschlag an.

Für die Ermittlung des Betriebsvermögens aus erbschaft- und schenkungsteuerlicher Sicht bedeutet dies, daß der Steuerpflichtige mit der Übertragung warten muß, bis die Investition getätigt ist, für die er die Ansparrücklage gebildet hat. Dann mindern die Sonderabschreibungen den Wertansatz für erbschaft- und schenkungsteuerliche Zwecke. Die Bildung der Ansparrücklage reicht hierfür nicht aus. Denn nach § 103 Abs. 3 BewG ist die Ansparrücklage bei der Ermittlung des Betriebsvermögens nicht abzugsfähig.

- Haben Sie sich in Ihrer Handelsbilanz dafür entschieden, die steuerlichen Sonderabschreibungen oder erhöhten Absetzungen in einen Sonderposten mit Rücklagenanteil einzustellen, so ist bei der Ermittlung des Betriebsvermögens zu beachten, daß die dort ausgewiesenen steuerlichen Mehrabschreibungen vom Buchwert der betreffenden Wirtschaftsgüter abgezogen werden müssen, so daß im Ergebnis nur der Nettowert des Wirtschaftsguts berücksichtigt wird.
- Diese Grundsätze gelten auch für den Fall, daß Sie sich in Ihrer Steuerbilanz für die Bruttoabschreibung entschieden haben. Die Saldierung der Passivposten mit den brutto ausgewiesenen Anschaffungs- oder Herstellungskosten auf der Aktivseite hat insbesondere Bedeutung für Betriebsgebäude, bei denen anstelle des Steuerbilanzwerts der Grundstückswert nach § 146 BewG angesetzt wird. Bei Verrechnung der Anschaffungs- oder Herstellungskosten auf der Aktivseite und der Abschreibungen auf der Passivseite ist der saldierte Wert durch den Grundstückswert für das Betriebsgrundstück „abgedeckt". Es ist also nicht zulässig, die Abschreibungen als Sonderposten mit Rücklageanteil oder als Wertberichtigungsposten auf der Passivseite wie sonstige Abzüge bei der Ermittlung des Betriebsvermögens anzusetzen.

6b-Rücklage

478 Das Abzugsverbot für Rücklagen (§ 103 Abs. 3 BewG; vgl. Rdn. 465) gilt auch für Sonderposten mit Rücklagenanteil, insbesondere für die 6b-Rücklage und für die Rücklage für Ersatzbeschaffung (R 35 EStR). Wegen dieses Abzugsverbots sollten Sie aus erbschaft- oder schenkungsteuerlicher Sicht 6b-Rücklagen möglichst vor dem Besteuerungszeitpunkt auf bewegliche Wirtschaftsgüter des Anlagevermögens übertragen. Wird nämlich die 6b-Rücklage mit den Anschaffungs- oder Herstellungskosten eines Ersatzwirtschaftsguts verrechnet, so mindert sie den Steuerbilanzwert und wirkt sich daher mittelbar auf die Höhe des Betriebsvermögens aus.

BEISPIEL

D ist Inhaber eines Gewerbebetriebs, der auf der Aktivseite über ein Rohbetriebsvermögen von 6 Mio DM und auf der Passivseite über Schulden, Rückstellungen und passive Rechnungsabgrenzungsposten von 3,6 Mio DM verfügt. Auf der Passivseite ist darüber hinaus noch eine 6b-Rücklage von 600.000 DM passiviert. D hat in 1998 ein Ersatzwirtschaftsgut im Wert von 400.000 DM angeschafft. Anfang 1999 ist D verstorben. Sollte sich das Betriebsvermögen bis zum Besteuerungszeitpunkt der Höhe nach nicht geändert haben, so sieht dessen Berechnung auf den Besteuerungszeitpunkt ohne Übertragung der 6b-Rücklage auf das Ersatzwirtschaftsgut wie folgt aus:

Rohbetriebsvermögen:	6.000.000 DM
Schulden und sonstige Abzüge:	·/· 3.600.000 DM
Betriebsvermögen:	2.400.000 DM

Die 6b-Rücklage in Höhe von 600.000 DM darf nicht als Schuldposten berücksichtigt werden.

Wäre dagegen die 6b-Rücklage vor dem Besteuerungszeitpunkt auf das Ersatzwirtschaftsgut übertragen worden, so hätte sich das Rohbetriebsvermögen um 400.000 DM gemindert. Die Rechnung sähe dann wie folgt aus:

Rohbetriebsvermögen:	5.600.000 DM
Schulden und sonstige Abzüge:	·/· 3.600.000 DM
Betriebsvermögen:	2.000.000 DM

Ein Vergleich der beiden Ergebnisse zeigt, daß sich bei Übertragung der 6b-Rücklage auf das Ersatzwirtschaftsgut ein um 400.000 DM geringerer Wert für das Betriebsvermögen ergäbe.

Die Möglichkeit, *Veräußerungsgewinne auf ein Ersatzwirtschaftsgut zu übertragen*, ist für Veräußerungen nach dem 31.12.1998 auf die Fälle beschränkt, in 479
denen Grund und Boden, Aufwuchs auf Grund und Boden oder ein Gebäude veräußert und ein vergleichbares Ersatzwirtschaftsgut angeschafft bzw. hergestellt wird. Aus ertragsteuerlicher Sicht sollte bei einem Ersatzwirtschaftsgut „bebautes Grundstück" möglichst eine Übertragung des Veräußerungsgewinns auf den Grund und Boden angestrebt werden. Bei den Abschreibungen für das Gebäude bleibt es dann bei der vollen Bemessungsgrundlage. Diese Überlegungen gelten nicht, wenn bei Übertragung der 6b-Rücklage bereits erkennbar ist, daß der Betrieb mit dem Ersatzgrundstück im Wege der vorweggenommenen Erbfolge unentgeltlich übergeht, das Ersatzgrundstück nach § 147 BewG unter Ansatz des Bodenrichtwerts für den Grund und Boden und des Steuerbilanzwerts für das Gebäude bewertet wird und die ertragsteuerlichen Auswirkungen zu vernachlässigen sind, weil das Ersatzgrundstück kurz nach der Betriebsübertragung wieder

veräußert werden soll. In einem solchen Fall sollte die Übertragung der 6b-Rücklage auf die Anschaffungs- oder Herstellungskosten des Gebäudes erfolgen. Auf dieses Ersatzwirtschaftsgut kann sowohl der Gewinn aus der Veräußerung des Grund und Bodens als auch der Gewinn aus der Veräußerung des Gebäudes übertragen werden.

Günstige Bewertung des Umlaufvermögens

480 Beim Umlaufvermögen läßt sich durch die Übernahme der Steuerbilanzwerte Erbschaft- und Vermögensteuer sparen, wenn Sie sich für das *Lifo-Verfahren* entscheiden. Bei diesem Bewertungsverfahren werden die historischen Anschaffungs- oder Herstellungskosten fortgeführt, soweit keine größeren Bestandsveränderungen eintreten. Je länger das Lifo-Verfahren für die Vorratsbewertung zur
481 Anwendung kommt, desto größer die Steuerersparnis. Durch den *Wegfall des Importwarenabschlags* für Wirtschaftsjahre nach dem 31.12.1998 sind Vorräte ausländischer Herkunft in der Bilanz höher anzusetzen. Dies verteuert bei der Erbschaft- und Schenkungsteuer die Bemessungsgrundlage „Betriebsvermögen“.

Steuerschulden abziehen

482 Bei der Ermittlung der Gewerbesteuer-Rückstellung ist zu beachten, daß die Rückstellung entweder nach der 5/6-Methode oder nach der versicherungsmathematischen Methode berechnet werden kann; i.d.R. dürfte die versicherungsmathematische Methode sowohl aus ertragsteuerlicher als auch aus erbschaftsteuerlicher Sicht zu dem für Sie günstigeren Ergebnis führen.

Bei den Mehrsteuern aufgrund von Berichtigungsveranlagungen, insbesondere aufgrund einer Außenprüfung, besteht für die Steuerbilanz ein Wahlrecht. Diese Mehrsteuern können zu Lasten des Wirtschaftsjahres verbucht werden, in dem Sie mit der Nachforderung rechnen können, oder Sie können auf Antrag zu Lasten des Wirtschaftsjahres verbucht werden, zu dem die Mehrsteuern wirtschaftlich gehören. Aus erbschaft- oder schenkungsteuerlicher Sicht empfehlen wir Ihnen, von der zuletzt genannten Möglichkeit Gebrauch zu machen. Denn durch die vorgezogene Berücksichtigung der Mehrsteuern werden ein höherer Schuldposten, ein geringerer Wert des Betriebsvermögens und demzufolge eine niedrigere Erbschaft- oder Schenkungsteuerbelastung erreicht.

PRAXISHINWEIS:

Als Fazit bleibt festzuhalten: Wer Erbschaft- oder Schenkungsteuer sparen will, muß sich in der Steuerbilanz für einen möglichst geringen Wertansatz der Aktivposten und für einen möglichst hohen Ausweis seiner Verbindlichkeiten und sonstigen Passivposten entscheiden. Diese Entscheidung dürfte vor allem denjenigen leicht fallen, die hohe Gewinne erwirtschaften. Ertragsschwache Unternehmen sind wegen der Vorlage ihrer Bilanzen zum Zwecke der Kreditsicherung gezwungen, auf manche Sonderabschreibungen und Bilanzierungswahlrechte zur Gewinnminimierung zu verzichten. Ihnen kommen dann die Steuergeschenke bei der Erbschaft- und Schenkungsteuer nicht zugute.

Vermögensermittlung bei nichtbilanzierenden Steuerzahlern

Bei *Kleingewerbetreibenden*, die weder handelsrechtlich noch steuerrecht- 483
lich zur Buchführung verpflichtet sind, kann bei der Ermittlung des Betriebsvermögens nicht an die Steuerbilanzwerte angeknüpft werden. Dies gilt auch für Freiberufler, zu denen auch die selbständigen Künstler und Wissenschaftler gehören.

Für diese Steuerzahler gilt der Grundsatz, daß alles das, was ertragsteuerlich als *Betriebsvermögen* anzusehen ist, dem Grunde nach in die Ermittlung des Betriebsvermögens übernommen werden muß. Zum ertragsteuerlichen Betriebsvermögen gehören nur die Wirtschaftsgüter, die dem *notwendigen Betriebsvermögen* zuzurechnen sind. *Gewillkürtes Betriebsvermögen* ist bei diesen Steuerpflichtigen grundsätzlich nicht möglich (R 114 Abs. 3 ErbStR). Eine Ausnahme gilt lediglich für die Fälle, in denen das Wirtschaftsgut beim Übergang zur Einnahme-Überschuß-Rechnung oder bei einer Änderung der Nutzung nicht zu entnehmen ist (vgl. § 4 Abs. 1 Sätze 3 und 4 EStG).

Soweit zum Betriebsvermögen von nichtbilanzierenden Gewerbetreibenden und Freiberuflern Betriebsgrundstücke gehören, gelten für deren Ansatz bei der Vermögensermittlung die bewertungsrechtlichen Sonderregelungen für Bilanzierende entsprechend (vgl. Rdn. 457 f.).

Die dem Grunde nach zu übernehmenden Wirtschaftsgüter sind, soweit es 484
sich um abnutzbares Anlagevermögen handelt, grundsätzlich bei der Vermögensermittlung für erbschaft- oder schenkungsteuerliche Zwecke mit den ertragsteuerlichen Werten zu übernehmen (§ 109 Abs. 2 BewG; R 123 ErbStR).

Handelt es sich bei dem abnutzbaren Anlagevermögen um Betriebsgrundstücke, ist hierfür der Grundstückswert maßgebend.

Bei *Anteilen an Personengesellschaften* ist deren Vermögen nach den Grundsätzen für das Betriebsvermögen zu ermitteln und im Anschluß daran mit dem auf den Steuerpflichtigen entfallenden Anteil in die Bemessungsgrundlage für die Erbschaft- oder Schenkungsteuer einzubeziehen.

Wertpapiere und *Anteile an Kapitalgesellschaften* sind mit dem Börsenkurs, dem aus Verkäufen abgeleiteten Wert oder dem Stuttgarter Wert zu berücksichtigen.

Unklar ist die Rechtslage hinsichtlich der Bewertung der *übrigen Besitz- und Schuldposten*. Für Zwecke der Einheitsbewertung ist hier der Teilwert oder gemeine Wert maßgebend. Danach sind das Vorratsvermögen mit dem Teilwert sowie Forderungen und Schulden i.d.R. mit ihrem Nennwert zu berücksichtigen. Das Erbschaftsteuergesetz enthält in § 12 Abs. 5 keine Regelung, daß diese Wertansätze auch für die Erbschaft- oder Schenkungsteuer gelten. U.E. sind die bewertungsrechtlichen Wertansätze jedoch nach § 12 Abs. 1 ErbStG bei der Erbschaft- oder Schenkungsteuer zu übernehmen (R 123 Nr. 17 ErbStR).

Bewertung von Anteilen an Personengesellschaften

485 Bei Anteilen an Personengesellschaften ist in einem ersten Rechenschritt das *Betriebsvermögen* als Ausgangsgröße zu *ermitteln*. Dies geschieht nach denselben Grundsätzen wie bei einem Einzelunternehmen.

Bei Personengesellschaften stellt sich die weitere Frage, mit welchem *Anteil der Erblasser* oder *Schenker* an diesem Betriebsvermögen beteiligt ist. Für die Aufteilung des Betriebsvermögens schreibt das Gesetz in § 3 BewG in Verbindung mit § 39 Abs. 2 Nr. 2 AO vor, daß Wirtschaftsgüter, die mehreren zur gesamten Hand zustehen, den Beteiligten anteilig wie Bruchteilseigentum zuzurechnen sind.

486 Wie die Aufteilung im einzelnen zu erfolgen hat, hat der Gesetzgeber für erbschaft- und schenkungsteuerliche Zwecke ab 1. Januar 1996 geregelt, und zwar in Absatz 1 a des § 97 BewG. Danach ist wie folgt vorzugehen (R 116 ErbStR):

- Von dem vorhandenen Betriebsvermögen sind den Gesellschaftern zuerst die *Wirtschaftsgüter des Sonderbetriebsvermögens* sowie die *Schulden des Gesellschafters* vorab mit dem Wert zuzurechnen, mit dem sie im Wert des Betriebsvermögens enthalten sind.
- Soweit den Wirtschaftsgütern des Sonderbetriebsvermögens in den Sonder-

bilanzen ein Eigenkapitalposten gegenübersteht, ist dieses *Eigenkapital aus dem steuerlichen Kapitalkonto herauszurechnen*.

- Die *bereinigten Kapitalkonten* sind den Gesellschaftern ebenfalls vorweg zuzurechnen.
- Der *Unterschiedsbetrag* aus dem Wert des Betriebsvermögens und dem Sonderbetriebsvermögen, der Gesellschafterschulden und der bereinigten Kapitalkonten ist nach dem *Gewinnverteilungsschlüssel auf die Gesellschafter aufzuteilen*.
- Schließlich sind die Vorwegzurechnungen und der Anteil am „Restbetriebsvermögen" bei dem jeweiligen Gesellschafter *zusammenzufassen*; das Ergebnis stellt den Wert für den Anteil am Betriebsvermögen dar.

PRAXISHINWEIS:

Diese Aufteilungsregel gilt nicht nur für vollhaftende Gesellschafter, sondern auch für *Kommanditisten*, unabhängig davon, ob ihr Kapitalkonto positiv oder negativ ist. Die bisherige Beschränkung, daß Kommanditisten wegen der Haftungsbegrenzung auf ihre Einlage keinen negativen Anteilswert zugerechnet erhielten - von Ausnahmefällen einmal abgesehen -, ist somit bei der neuen Aufteilungsmethode nicht zu berücksichtigen (R 116 Abs. 1 Satz 3 ErbStR).

Von der Aufteilungsvorschrift in § 97 Abs. 1 a BewG kann nicht abgewichen werden, auch in den Fällen nicht, in denen nach dem *Gesellschaftsvertrag* eine andere Verteilung des Betriebsvermögens vorgesehen ist.

Vorwegzurechnung von Wirtschaftsgütern des Sonderbetriebsvermögens

Bei gewerblich tätigen und gewerblich geprägten Personengesellschaften sind 487
Wirtschaftsgüter, die im Eigentum eines Gesellschafters, mehrerer oder aller beteiligten Gesellschafter stehen und dem Betrieb der Gesellschaft oder der Mitunternehmerstellung der Gesellschafter in der Personengesellschaft dienen (sog. Sonderbetriebsvermögen), bei der Ermittlung des Betriebsvermögens als Besitz- oder Schuldposten zu berücksichtigen (§ 12 Abs. 5 ErbStG i.V.m. § 97 Abs. 1 Nr. 5 Satz 2 BewG). Diese Zuordnungsvorschrift ist auch bei der Aufteilung des Betriebsvermögens in der Weise zu beachten, daß *Sonderbetriebsvermögen* dem betreffenden Gesellschafter *vorweg zugerechnet* wird (§ 97 Abs. 1 a Nr. 1 BewG). Steht das Wirtschaftsgut im Eigentum mehrerer oder aller Gesellschafter,

so ist es bei der Aufteilung für Erbschaft- und Schenkungsteuerzwecke dem jeweiligen Gesellschafter anteilig vorweg zuzurechnen.

Eine *Vorwegzurechnung* ist auch bei *Schulden des Gesellschafters* gegenüber der Personengesellschaft *vorzunehmen* (§ 97 Abs. 1 a Nr. 1 BewG). Sie soll durch das Steuerbereinigungsgesetz 1999 wegfallen, weil die Schulden nicht mehr bei der Ermittlung des Betriebsvermögens berücksichtigt werden sollen.

Die vorweg zuzurechnenden Wirtschaftsgüter sowie die Gesellschafterschulden sind bei der Aufteilung des Betriebsvermögens mit dem *Wert* anzusetzen, mit dem sie im Betriebsvermögen enthalten sind. Für Betriebsgrundstücke bedeutet dies, daß sie mit dem neuen Grundstückswert als Vorwegzurechnung zu erfassen sind (R 116 Abs. 2 ErbStR).

PRAXISHINWEIS:

Die Wirtschaftsgüter des Sonderbetriebsvermögens werden getrennt für jeden Gesellschafter in einer Sonderbilanz ausgewiesen. Sie stehen dort auf der Aktivseite. Gegenposten ist das zusätzlich zu den Kapitalkonten in der Gesamthandsbilanz zu erfassende *Kapitalkonto lt. Sonderbilanz*. Dieses Kapitalkonto darf dem Gesellschafter nicht vorweg zugerechnet werden, da ansonsten der Wert doppelt im Rahmen der Vorwegzurechnungen berücksichtigt würde.

Der Gesetzgeber vermeidet eine solche Doppelberücksichtigung, indem er das Kapitalkonto in der Gesamtbilanz - diese berücksichtigt die Gesamthandsbilanz der Personengesellschaft sowie die Sonder- und Ergänzungsbilanzen der Gesellschafter - um das in der Sonderbilanz ausgewiesene Kapitalkonto bereinigt (§ 97 Abs. 1 a Satz 2 BewG).

BEISPIEL

Das Kapital des Gesellschafters A lt. Gesamtbilanz beträgt im Besteuerungszeitpunkt 100.000 DM. In der Sonderbilanz ist ein zum Sonderbetriebsvermögen gehörendes Kfz ausgewiesen, dem ein Kapitalkonto von 10.000 DM gegenübersteht.

Das Kapital lt. Gesamtbilanz in Höhe von 100.000 DM ist um das Kapital lt. Sonderbilanz zu bereinigen. Bei der Aufteilung des Betriebsvermögens kann nur das bereinigte Kapitalkonto von 90.000 DM berücksichtigt werden.

Die Finanzverwaltung löst das Problem „Vermeidung einer Doppelzurechnung" in der Weise, daß sie bei der Vorwegzurechnung der Kapitalkonten nicht auf die in der Gesamtbilanz, sondern auf die in der Gesamthandsbilanz der Personengesellschaft ausgewiesenen Kapitalkonten einschließlich Ergänzungsbilanzen der Gesellschafter abstellt (R 116 Abs. 2 Satz 1 ErbStR). Die in den Sonderbilanzen ausgewiesenen Kapitalkonten bleiben damit bereits im Vorfeld für Aufteilungszwecke außer Ansatz. Was ist aber, wenn in den Sonderbilanzen nicht nur das Kapital als Gegenposten für die Wirtschaftsgüter des Sonderbetriebsvermögens steht, sondern auch Sondervergütungen, sonstige Sonderbetriebseinnahmen und Sonderbetriebsausgaben sowie etwaige Gewinne oder Verluste aus der Veräußerung des Mitunternehmeranteils erfaßt sind? Diese sind als Kapital vorweg zuzurechnen; denn insoweit kommt es nicht zu einer Doppelerfassung bei der Aufteilung des Betriebsvermögens.

Auch die Forderung eines Gesellschafters an die Personengesellschaft wird in der Sonderbilanz des Gesellschafters ausgewiesen. Da es hier nicht zur Vorwegzurechnung der Forderung kommt, muß zumindest das ihr gegenüberstehende Kapital bei der Aufteilung des Betriebsvermögens dem betreffenden Gesellschafter vorweg zugewiesen werden.

PRAXISHINWEIS:

Um Verwirrungen zu vermeiden, sollte in der Praxis so vorgegangen werden, wie es der Gesetzgeber in § 97 Abs. 1 a BewG vorschreibt. D.h. Vorwegzurechnung der Wirtschaftsgüter des Sonderbetriebsvermögens und Bereinigung der Kapitalkonten lt. Gesamtbilanz.

Zurechnung der bereinigten Kapitalkonten

Die *bereinigten Kapitalkonten* sind den Gesellschaftern *vorweg zuzurechnen.* 488
Dabei reicht es nicht aus, nur eine Vorwegzurechnung bei dem Gesellschafter vorzunehmen, dessen Anteil für die Erbschaft- oder Schenkungsteuer benötigt wird. Vielmehr müssen in diese Vorwegzurechnung alle Gesellschafter einbezogen werden. Denn nur dann ergibt sich das zutreffende „Restbetriebsvermögen", das nach dem Gewinnverteilungsschlüssel auf die Gesellschafter zu verteilen ist. Zusammen mit den Vorwegzurechnungen des jeweiligen Gesellschafters ergibt sich der Anteil am Betriebsvermögen der Personengesellschaft.

BEISPIEL

An der D-OHG sind die Gesellschafter A, B und C mit 40 %:40 %:20 % beteiligt. A überträgt seinen Gesellschaftsanteil zum 1. März 1999 auf seinen Sohn E. Zu diesem Zeitpunkt beträgt das Betriebsvermögen der OHG 1.500.000 DM. In diesem Betriebsvermögen ist ein Betriebsgrundstück enthalten, das A der Personengesellschaft überlassen hat. Der Grundstückswert beträgt zum 1. März 1999 210.000 DM. Weiter im Sonderbetriebsvermögen befinden sich eine Maschine des B, Wert 40.000 DM, sowie Anteile an einer Vertriebs-GmbH, Steuerwerte zum 1. März 1999 für A 50.000 DM, für B ebenfalls 50.000 DM und für C 20.000 DM. In der Sonderbilanz des A sind das Betriebsgrundstück mit 100.000 DM und der GmbH-Anteil mit 25.000 DM ausgewiesen; das Kapitalkonto in der Sonderbilanz beläuft sich somit auf 125.000 DM. Die Sonderbilanz des B weist auf der Aktivseite die Maschine mit 40.000 DM und den GmbH-Anteil mit 25.000 DM, auf der Passivseite das Kapital mit 65.000 DM aus. Bei C steht in der Sonderbilanz auf der Aktivseite der GmbH-Anteil mit 10.000 DM und auf der Passivseite das Kapital mit ebenfalls 10.000 DM. Die Personengesellschaft hat dem Gesellschafter A ein Darlehen in Höhe von 100.000 DM gewährt; zum 1. März 1999 valutiert dieses Darlehen noch mit 80.000 DM.

In der Gesamtbilanz zum 1. März 1999 sind für die Gesellschafter folgende Kapitalkonten ausgewiesen:

- Gesellschafter A: 318.900 DM,
- Gesellschafter B: 212.700 DM,
- Gesellschafter C: 247.900 DM.

Das Betriebsvermögen der D-OHG in Höhe von 1.500.000 DM ist wie in der Tabelle auf S. 351 auf die Gesellschafter zu verteilen.

Zu dieser Aufteilung ist folgendes anzumerken:

- Die Wirtschaftsgüter des Sonderbetriebsvermögens sind den jeweiligen Gesellschaftern mit ihren Steuerwerten vorweg zuzurechnen. Auch das Darlehen in Höhe von 80.000 DM ist bei dem Gesellschafter A als negative Vorwegzurechnung zu berücksichtigen.
- Die in der Gesamtbilanz ausgewiesenen Kapitalkonten sind um die Kapitalkonten der Sonderbilanzen zu bereinigen.

Aufteilung des Betriebsvermögens

Gesellschafter			A	B	C
	DM	DM	DM	DM	DM
Wert des Betriebsvermögens		1.500.000			
Wirtschaftsgüter des Sonderbetriebsvermögens (vorweg zuzurechnen)					
Betriebsgrundstück		- 210.000	+ 210.000		
Maschine		- 40.000		+ 40.000	
GmbH-Anteile		- 120.000	+ 50.000	+ 50.000	+ 20.000
Schulden des Gesellschafters (vorweg zuzurechnen)					
Darlehen		+ 80.000	- 80.000		
bereinigte Kapitalkonten					
Gesellschafter A					
Kapitalkonto lt. Steuerbilanz	318.900				
Kapital auf Vorwegzurechnungen	- 125.000				
	193.900	- 193.900	+ 193.900		
Gesellschafter B					
Kapitalkonto lt. Steuerbilanz	212.700				
Kapital auf Vorwegzurechnungen	- 65.000				
	147.700	- 147.700		+ 147.700	
Gesellschafter C					
Kapitalkonto lt. Steuerbilanz	247.900				
Kapital auf Vorwegzurechnungen	- 10.000				
	237.900	- 237.900			+ 237.900
Unterschiedsbetrag		630.500			
Verteilung nach Gewinn- und Verlustschlüssel					
Gesellschafter A 40 % des Unterschiedsbetrags			+ 252.200		
Gesellschafter B 40 % des Unterschiedsbetrags				+ 252.200	
Gesellschafter C 20 % des Unterschiedsbetrags					+ 126.100
			626.100	**489.900**	**384.000**

- Der Unterschiedsbetrag nach Vorwegzurechnung des Sonderbetriebsvermögens, der Gesellschafterschulden und der bereinigten Kapitalkonten in Höhe von 630.500 DM ist nach dem Gewinnverteilungsschlüssel auf die Gesellschafter A, B und C zu verteilen.
- Die Summe aus Vorwegzurechnungen und Anteil am „Restvermögen“ ergibt für den jeweiligen Gesellschafter seinen Anteil an der Personengesellschaft. Der Anteil des A zum 1. März 1999 beträgt 626.100 DM.

PRAXISHINWEIS:

Ist die Summe der Vorwegzurechnungen und der bereinigten Kapitalkonten höher als der Wert des Betriebsvermögens, so ergibt sich als „Restbetriebsvermögen“ ein negativer Unterschiedsbetrag. Auch dieser negative Unterschiedsbetrag ist nach dem Gewinnverteilungsschlüssel auf die Gesellschafter aufzuteilen. Dabei spielt es keine Rolle, ob sich durch diese Aufteilung bei einzelnen Gesellschaftern, in Ausnahmefällen sogar bei allen Gesellschaftern, negative Anteile am Betriebsvermögen ergeben.

H 116 ErbStH 1999 enthalten hierzu folgendes Beispiel: Der Wert des Betriebsvermögens beträgt im Besteuerungszeitpunkt 4.500.000 DM, die Kapitalkonten der Gesellschafter A, B und C insgesamt 9.000.000 DM, wobei sie sich wie folgt auf die Gesellschafter verteilen:

- A: 5.000.000 DM,
- B: 3.000.000 DM,
- C: 1.000.000 DM.

Die Gewinn- und Verlustverteilung erfolgt auf A, B und C zu je 1/3. Für die Gesellschafter ergeben sich folgende Anteile am Betriebsvermögen der Personengesellschaft:

Aufteilung des Betriebsvermögens

Gesellschafter			A	B	C
	DM	DM	DM	DM	DM
Wert des Betriebsvermögens		4.500.000			
bereinigte Kapitalkonten					
Gesellschafter A					
Kapitalkonto lt. Steuerbilanz	5.000.000				
Kapital auf Vorwegzurechnungen	0				
	5.000.000	- 5.000.000	+ 5.000.000		
Gesellschafter B					
Kapitalkonto lt. Steuerbilanz	3.000.000				
Kapital auf Vorwegzurechnungen	0				
	3.000.000	- 3.000.000		+ 3.000.000	
Gesellschafter C					
Kapitalkonto lt. Steuerbilanz	1.000.000				
Kapital auf Vorwegzurechnungen	0				
	1.000.000	- 1.000.000			+ 1.000.000
Unterschiedsbetrag		**- 4.500.000**			
Verteilung nach Gewinn- und Verlustschlüssel					
Gesellschafter A	33,33 % des Unterschiedsbetrags		- 1.500.000		
Gesellschafter B	33,33 % des Unterschiedsbetrags			- 1.500.000	
Gesellschafter C	33,33 % des Unterschiedsbetrags				- 1.500.000
			3.500.000	**1.500.000**	**- 500.000**

„Ermittlungsschwierigkeiten“

Der Anteil an der Personengesellschaft ist *auf den Besteuerungszeitpunkt zu ermitteln*. Dies gilt nicht nur für die bestandsmäßige Erfassung des Betriebsvermögens und dessen Wertansätze, sondern auch für die Berechnungsgrundlagen, die für Zwecke der Aufteilung des Betriebsvermögens benötigt werden, also für das Sonderbetriebsvermögen, die Gesellschafterschulden und die Kapitalkonten. Dies erfordert i.d.R. die Aufstellung einer Zwischenbilanz auf den Besteuerungszeitpunkt. 489

Für kleinere Personengesellschaften dürfte die Aufstellung einer Zwischenbilanz für Erbschaft- und Schenkungsteuerzwecke Kosten verursachen, die nicht mehr vertretbar sind. Dies gilt auch für die Fälle, in denen ein Gesellschafter nur über einen *Zwerganteil* an einer Personengesellschaft verfügt. Im zuletzt genannten Fall dürfte noch hinzukommen, daß der Gesellschafter kaum Möglichkeiten haben wird, die für die Erstellung einer Zwischenbilanz erforderlichen Daten selbst zusammentragen zu können.

490 Um hier zu einem für die Praxis annehmbaren Kompromiß zu kommen, dürften sich folgende *Vereinfachungsgedanken* anbieten:

- In Anlehnung an die bisherigen Verwaltungsanweisungen zur Ableitung des ertragsteuerlichen Werts aus dem zuletzt festgestellten Einheitswert (vgl. Rdn. 474) dürfte bei einem Betriebsvermögen bis zu 500.000 DM eine Hilfsberechnung entweder auf der Grundlage des zuletzt festgestellten Einheitswerts oder der zuletzt aufgestellten Steuerbilanz zulässig sein.
- Liegt für einen auf den Besteuerungszeitpunkt vorangegangenen 1. Januar ein Einheitswert des Betriebsvermögens vor, so kann an diesen Einheitswert angeknüpft werden, wobei noch folgende Korrekturen vorzunehmen sind:
- Die dort mit den alten Einheitswerten angesetzten Betriebsgrundstücke sind ab 1996 durch die *Grundstückswerte* zu ersetzen.
- *Steuerfreies Betriebsvermögen*, z.B. ausländisches Betriebsstättenvermögen oder Betriebsvermögen in den neuen Bundesländern, ist i.d.R. mit den Steuerbilanzwerten hinzuzurechnen. Die damit zusammenhängenden Schulden sind abzuziehen.
- Der bis zum Besteuerungszeitpunkt *anteilig angefallene Gewinn bzw. Verlust* ist um Aufwendungen, die ertragsteuerlich Betriebsausgaben sind, jedoch bei der Ermittlung des Betriebsvermögens außer Ansatz bleiben, zu korrigieren. Dies gilt insbesondere für Abschreibungen auf Betriebsgebäude. Hier ist eine Hinzurechnung vorzunehmen. Das so korrigierte Betriebsergebnis ist als Wertsteigerung bzw. Wertminderung des Betriebsvermögens für den Zeitraum zwischen dem letzten Bilanzstichtag und dem Besteuerungszeitpunkt zu berücksichtigen.

491
- Liegt *kein Einheitswert des Betriebsvermögens* vor, so muß die zuletzt vor dem Besteuerungszeitpunkt aufgestellte Steuerbilanz als „Ausgangsmaterial" dienen. Die Höhe des Betriebsvermögens, die dem Einheitswert in etwa entsprechen wird, setzt sich hier aus dem Eigenkapital und den Rücklagen zusammen. Dieser Ausgangswert ist dann wie oben beschrieben noch zu korrigieren.

- Neben dem Betriebsvermögen auf den Besteuerungszeitpunkt müssen noch die *Kapitalkonten der Gesellschafter* auf den Besteuerungszeitpunkt ermittelt werden. Hierzu ist das jeweilige Kapitalkonto aus der letzten Steuerbilanz bis zum Besteuerungszeitpunkt in der Weise fortzuschreiben, daß der anteilige Gewinn und die bis dahin vorgenommenen Einlagen hinzugerechnet sowie der anteilige Verlust und die dahin erfolgten Entnahmen des jeweiligen Gesellschafters abgerechnet werden.
- Mit den Schätzgrößen „Betriebsvermögen der Personengesellschaft" und „Kapitalkonten der Gesellschafter" kann nun der Anteil am Betriebsvermögen für den Gesellschafter berechnet werden, der zur Erbschaft- oder Schenkungsteuer herangezogen wird.

PRAXISHINWEIS:

Die Finanzverwaltung sieht in R 40 Abs. 2 ErbStR eine *vereinfachte Wertermittlung* des Gesellschaftsanteils vor, der Gegenstand des steuerpflichtigen Erwerbs ist. Nähere Anhaltspunkte für die Ermittlung dieses Gesellschaftsanteils sind in den ErbStR nicht enthalten. U.E. bleibt dem Steuerzahler nichts anderes übrig, als nach den oben dargestellten Grundsätzen vorzugehen.

Bewertung von Auslandsvermögen

Ausländisches Sachvermögen ist bei der Erbschaft- oder Schenkungsteuer mit dem *gemeinen Wert* zu erfassen. Ausdrücklich klargestellt wird dies für ausländischen Grundbesitz und für ausländisches Betriebsvermögen, und zwar in § 12 Abs. 6 ErbStG. Soweit ausländische Wertpapiere an einer deutschen Börse im amtlichen Handel oder im geregelten Markt bzw. Freiverkehr notiert werden, sind sie mit dem niedrigsten amtlichen Kurs, ersatzweise mit dem niedrigsten Kurs im geregelten Markt bzw. Freiverkehr im Besteuerungszeitpunkt anzusetzen. Besteht kein Inlandskurs, so ist i.d.R. der auf DM umgerechnete Auslandskurs als gemeiner Wert maßgebend. Wegen der Bewertung nichtnotierter Anteile an einer ausländischen Kapitalgesellschaft vgl. Ausführungen zum Stuttgarter Verfahren (Rdn. 292 f.), die hier sinngemäß gelten. Ausländische Investment-Anteile sind mit dem Rücknahmepreis vom Erbschaft- bzw. Schenkungsteuerstichtag zu berücksichtigen. 492

Anhang

Berechnungsbogen zur Ermittlung des steuerfreien Betrags gemäß § 5 Abs. 1 ErbStG

Anfangsvermögen des Erblassers per ... ①②*

Vermögensgegenstände		Verkehrswert - DM -
....		______________
....		______________
....		______________
....		______________
	Summe:	______________

Verbindlichkeiten		
....		
....		______________
	Summe:	______________

Summe der Vermögensgegenstände	______________
·/· Summe der Verbindlichkeiten	______________
Anfangsvermögen des Erblassers	______________

* Die Zahlen beziehen sich auf die anschließenden Erläuterungen.

Anfangsvermögen des Erblassers infolge Kaufkraftschwundes ③

$$\frac{\text{Anfangsvermögen} \times \text{Lebenshaltungsindex im Todesmonat}}{\text{Lebenshaltungsindex bei Beginn der Zugewinngemeinschaft}}$$

$$\frac{\times}{\rule{8cm}{0.4pt}} = \rule{3cm}{0.4pt}$$

+	Erwerbe von Todes wegen ④	______
+	erhaltene Schenkungen ④	______
+	Ausstattung ④	______
	Erhöhtes Anfangsvermögen des Erblassers	______

Endvermögen des Erblassers per Todestag ②

Vermögensgegenstände	Verkehrswert - DM -	Steuerwert - DM -
....		
....		
....		
Summe:		

Verbindlichkeiten		
....		
....		
Summe:		

	Summe der Vermögensgegenstände		
·/·	Summe der Verbindlichkeiten		
	Endvermögen des Erblassers		
+	Schenkungen an Dritte (ohne Ehegatten) ⑤		
	Erhöhtes Endvermögen des Erblassers		

Schenkungen an den überlebenden Ehegatten ⑥	Verkehrswert - DM -
....	
....	
....	
Summe:	

Anfangsvermögen des überlebenden Ehegatten per ... ①②

Vermögensgegenstände	Verkehrswert - DM -
....	____________
....	____________
....	____________
....	____________
Summe:	____________

Verbindlichkeiten	
....	____________
....	____________
Summe:	____________

	Summe der Vermögensgegenstände	____________
·/·	Summe der Verbindlichkeiten	____________
	Anfangsvermögen des überlebenden Ehegatten	____________

Anfangsvermögen des überlebenden Ehegatten infolge Kaufkraftschwundes ③

$$\frac{\text{Anfangsvermögen} \times \text{Lebenshaltungsindex im Todesmonat}}{\text{Lebenshaltungsindex bei Beginn der Zugewinngemeinschaft}}$$

$$\frac{\times}{\qquad\qquad} = \_\_\_\_\_\_\_\_\_\_\_\_$$

+	Erwerbe von Todes wegen ④	____________
+	erhaltene Schenkungen ④	____________
+	Ausstattung ④	____________
	Erhöhtes Anfangsvermögen des überlebenden Ehegatten	____________

Endvermögen des überlebenden Ehegatten per Todestag des Erblassers ②

Vermögensgegenstände	Verkehrswert - DM -
....	________
....	________
....	________
....	________
....	________
Summe:	________

Verbindlichkeiten	
....	________
....	________
....	________
Summe:	________

	Summe der Vermögensgegenstände	________
·/·	Summe der Verbindlichkeiten	________
	Endvermögen des überlebenden Ehegatten	________
+	Schenkungen an Dritte (ohne Erblasser) ⑤	________
	Erhöhtes Endvermögen des überlebenden Ehegatten	________

Ausgleichsforderung des überlebenden Ehegatten

		Verkehrswert - DM -
	Erhöhtes Endvermögen des Erblassers	______
·/·	Erhöhtes Anfangsvermögen des Erblassers	______
=	Zugewinn des Erblassers	______
+	Schenkungen an den überlebenden Ehegatten ⑥	______
=	Berichtigter Zugewinn des Erblassers	______
	Erhöhtes Endvermögen des überlebenden Ehegatten	______
·/·	Erhöhtes Anfangsvermögen des überlebenden Ehegatten	______
=	Zugewinn des überlebenden Ehegatten	______
	Berichtigter Zugewinn des Erblassers	______
·/·	Zugewinn des überlebenden Ehegatten	______
=	Überschuß des Erblassers	______
	davon die Hälfte	______
·/·	Schenkungen an den überlebenden Ehegatten ⑥	______
=	Ausgleichsforderung des überlebenden Ehegatten	______

Steuerfreier Teil der Ausgleichsforderung (§ 5 Abs. 1 Satz 2 ErbStG)

$$\frac{\text{Ausgleichsforderung} \times \text{Erhöhtes Endvermögen des Erblassers (Steuerwert)}}{\text{Erhöhtes Endvermögen des Erblassers (Verkehrswert)}}$$

$$\frac{\_\_\_\_\ \text{DM} \times \_\_\_\_\ \text{DM}}{\_\_\_\_\ \text{DM}} = \_\_\_\_\ \text{DM}$$

Erläuterungen zum Berechnungsbogen

Lebten der Erblasser und sein Ehegatte im gesetzlichen Güterstand der Zugewinngemeinschaft, gilt beim überlebenden Ehegatten der Betrag nicht als Erwerb von Todes wegen, den er nach Maßgabe der güterrechtlichen Abwicklung der Zugewinngemeinschaft (§ 1731 Abs. 2 BGB) als Ausgleichsforderung geltend machen könnte (fiktive Ausgleichsforderung). Ist der Verkehrswert des Nachlasses (Endvermögen des Erblassers) höher als der Steuerwert, ist höchstens der dem Steuerwert entsprechende Betrag als Ausgleichsforderung anzusetzen (§ 5 Abs. 1 Satz 5 ErbStG).

Die Erläuterungen enthalten kurze Hinweise auf die gesetzlichen Vorschriften und die Anweisungen in den Erbschaftsteuer-Richtlinien (R 11 ErbStR). Die in Kreise gesetzten Zahlen beziehen sich auf die entsprechenden Zahlen im Berechnungsbogen.

① Maßgeblicher Zeitpunkt für die Bewertung des Anfangsvermögens (= Beginn der Zugewinngemeinschaft)

a - für *vor* dem 1. 7. 1958 geschlossene Ehen *der 1. 7. 1958* (Artikel 8 Abschnitt I Nr. 3 und 4 des Gleichberechtigungsgesetzes,

b - für am 1. 7. 1958 und danach geschlossene Ehen *der Zeitpunkt der Eheschließung,*

c - für Ehen, bei denen die Eheleute aus einem zunächst vertraglich vereinbarten anderen Güterstand in den Güterstand der Zugewinngemeinschaft wechseln, - z.B. bei Aufhebung der Gütertrennung - *der Zeitpunkt der Vereinbarung,*
für Ehen, für die im Beitrittsgebiet Errungenschaftsgemeinschaft gesetzlich in den Güterstand der Zugewinngemeinschaft übergeleitet wurde, der 3.10.1990.

② Bewertung des Anfangs- und Endvermögens sowie der Verbindlichkeiten

Bestand und Wert des Anfangsvermögens bestimmen sich nach den Verhältnissen vom Beginn des Güterstands (z. vgl. ①); Bestand und Wert des Endvermögens nach den Verhältnissen vom Ende des Güterstands. Entsprechendes gilt auch für die Verbindlichkeiten. Die Ermittlung erfolgt dabei nach *zivilrechtlichen* Wertmaßstäben (Ansatz von Verkehrswerten; § 1376 BGB). Dem Endvermögen des verstorbenen Ehegatten sind Erwerbe des überlebenden Ehegatten i.S. § 3 Abs. 1 Nr. 4

ErbStG zuzurechnen. Dies gilt auch für erbschaftsteuerpflichtige Hinterbliebenenbezüge sowie Ansprüche aus Lebensversicherungen des Erblassers (R 11 Abs. 4 ErbStR).

Der Wert des *Endvermögens des Erblassers* ist *außerdem* nach *steuerlichen* Bewertungsgrundsätzen zu ermitteln (§ 5 Abs. 1 Satz 2 ErbStG, R 11 Abs. 5 Satz 1 ErbStR).

Übersteigen die Schulden eines Ehegatten bei Beginn des Güterstands sein Aktivvermögen (= Summe der Vermögensgegenstände), ist das Anfangsvermögen mit 0 DM anzusetzen (§ 1374 Abs. 1 BGB). Entsprechendes gilt grundsätzlich auch für das Endvermögen (§ 1375 BGB).

③ Anfangsvermögen infolge Kaufkraftschwundes

Nach dem Urteil des Bundesgerichtshofs vom 14. 11. 1973 (Neue Juristische Wochenschrift 1974 S. 137 ff.) stellt die durch den Kaufkraftschwund des Geldes eingetretene nur nominale Wertsteigerung des Anfangsvermögens eines Ehegatten während der Ehe keinen Zugewinn im Sinne des § 1373 BGB dar. Als Wertmesser für den Kaufkraftschwund sieht der Bundesgerichtshof den Lebenshaltungskostenindex an. Der Ausgleich erfolgt dabei durch eine Umrechnung des Anfangsvermögens auf die Wertbasis zur Zeit der Beendigung der Zugewinngemeinschaft. Dies gilt auch für die Ermittlung des Anfangsvermögens bei der Berechnung der fiktiven Ausgleichsforderung (R 11 Abs. 3 Satz 1 ErbStR). Die Indexzahlen werden monatlich vom Statistischen Bundesamt bekanntgegeben.

④ Hinzurechnungen zum Anfangsvermögen

Nach § 1374 Abs. 2 BGB sind dem Anfangsvermögen folgende Vermögenserwerbe, die der Ehegatte während des Bestehens der Zugewinngemeinschaft erlangt hat, hinzuzurechnen:

a - Erwerbe von Todes wegen,
b - Schenkungen unter Lebenden,
c - Ausstattungen.

Schulden im Zusammenhang mit diesen hinzuzurechnenden Vermögenswerten sind bis zur Höhe der erworbenen Vermögenswerte abzugsfähig.

Die Hinzurechnungen sind mit dem Verkehrswert im Zeitpunkt des Erwerbs anzusetzen. Sie sind anhand der Lebenshaltungskostenindizes (s. ③) auf den Zeitpunkt der Beendigung der Zugewinngemeinschaft umzurechnen.

⑤ Hinzurechnungen zum Endvermögen

Nach § 1375 Abs. 2 BGB sind dem Endvermögen die unentgeltlichen Zuwendungen (Schenkungen) hinzuzurechnen, die der Ehegatte während des Güterstands gemacht hat, soweit er damit nicht einer sittlichen Pflicht oder einer auf den Anstand zu nehmenden Rücksicht entsprochen, Vermögen verschwendet oder Handlungen in der Absicht vorgenommen hat, den anderen Ehegatten zu benachteiligen.

Die Hinzurechnung unterbleibt nur, wenn die Zuwendung mindestens zehn Jahre zurückliegt oder wenn der Ehegatte mit der Zuwendung einverstanden war (§ 1375 Abs. 3 BGB).

⑥ Schenkungen des Erblassers an den überlebenden Ehegatten

Nach § 1380 BGB sind unentgeltliche Zuwendungen (Schenkungen) des Erblassers an den überlebenden Ehegatten dem Zugewinn des Erblassers hinzuzurechnen und auf die Ausgleichsforderung des überlebenden Ehegatten anzurechnen. Sind die Zuwendungsgegenstände noch im Endvermögen des überlebenden Ehegatten vorhanden, müssen sie dort ausgeschieden werden.

Bewertungsgrundlage bildet der Verkehrswert im Zeitpunkt der Zuwendung.

Stichwortverzeichnis

Die Ziffern nach dem Stichwort verweisen auf die Randnummern.

A

Abfindung 95, 96
Ablösungszeitpunkt bei der Jahresversteuerung 220
Abrundung 368
- Erbbaurecht 415
Abschlag bei unbebauten Grundstücken 434
Abschreibungen 466, 477
Abzugsbeschränkungen
- bei Nutzungs- und Rentenlasten 222
- bei Schenkungen 227
- bei wiederkehrenden Leistungen 225
Abzugsfähige Kosten
- für das Grabdenkmal 147
- für die Bestattung 147
- für die Grabpflege 147
- für die Nachlaßregelung 147
- für die Nachlaßverwaltung 147
- für die Steuerberatung 147
- für die Testamentsvollstreckung 147
Adoption 7
Aktien
- Börsenkurs 254
- Paketzuschlag 254
Alterswertminderung 382, 392
Amtliche Verwahrung
- eines Erbvertrags 32
- eines Testaments 25
- Rücknahme aus ~ 27
Anrechnung
- ausländischer Erbschaftsteuer 199
- ausländischer Schenkungsteuer 199
Ansprüche nach dem Vermögensgesetz 238 f.
Anteile an Kapitalgesellschaften 472
- Befreiung bei Erwerb von ~ 161 f.
- Bewertung 243, 292
- Stuttgarter Verfahren 292 f.
- Tarifbegrenzung bei Erwerb von ~ 192 f.
- Vermögenswert 294 f.
Anteile an Personengesellschaften (siehe Aufteilung des Betriebsvermögens)
Anwendungsbereich
- Steuerbilanzwertverfahren 400 f.
Anzeigepflichten 223
Auflage 41
- Erwerb aufgrund einer ~ 94

Auflagenschenkung (siehe auch gemischte Schenkung) 118 f., 148
Aufspaltung der Beteiligung im Erbfall 313
Aufteilung des Betriebsvermögens
- Anteil des Erblassers/Schenkers 485 f.
- Ermittlungsschwierigkeiten 489
- Gesellschafterschulden 487
- Kapitalkonten 488
- neue Aufteilungsvorschrift 486
- vereinfachte Wertermittlung 489 f.
- Vorwegzurechnung von Sonderbetriebsvermögen 487
Ausgleichsforderung bei Zugewinngemeinschaft 50, 99, 101, 102, 113
Ausgleichsposten 465
Auslandsforderungen 270
Auslandsvermögen 492
Ausschlagung
- einer Erbschaft 65, 80, 95
- eines Vermächtnisses 95
- steuerliche Auswirkungen 80
Außenanlagen 342, 406

B

Bebaung eines bereits bebauten Grundstücks 432
Bebauung eines unbebauten Grundstücks 430 f.
Bedarfsbewertung 317 f.
Bedingte Erwerbe 255
Bedingte Lasten 255
Bedingung 43
- auflösend 250
- aufschiebend 249
- Erwerb aufgrund einer ~ 94
- Unterteilung 248
Befristung 43, 248, 251
Begriff des unbebauten Grundstücks 331 f.
Behaltensregelung
- bei Entlastung nach § 13a ErbStG 172
- bei der Tarifbegrenzung nach § 19a ErbStG 193
Bemessungsgrundlage der ErbSt 141
Bereicherung
- bei Erwerb von Todes wegen 143 f.
- bei Schenkung unter Lebenden 109, 148 f.
Bereicherungswille bei Schenkungen 110
Berücksichtigung früherer Erwerbe 194
Beschränkte Steuerpflicht (siehe auch Steuerpflicht) 127
Besteuerung
- bei Nutzungs- und Rentenlasten 222 f.
- von wiederkehrenden Nutzungen und Leistungen 203 f.
Besteuerungsgrundlage der ErbSt 75
Betagung 43, 252
Beteiligungen an Personengesellschaften 472
Beteiligungsentwertungskonto 465
Betriebsaufgabe 455

Betriebsgrundstücke 457, 472
Betriebskosten 374 f.
Betriebsschulden 460
Betriebsteil
- Abbauland 441
- Bewertung 441
- Einzelertragswertverfahren 441
- forstwirtschaftliche Nutzung 441
- gärtnerisch genutzte Flächen 441
- Geringstland 441
- Hof- und Wirtschaftsgebäude 441
- landwirtschaftliche Nutzung 441
- Unland 441
- vereinfachtes Ertragswertverfahren 441
- weinbaulich genutzte Flächen 441
Betriebsvermögen
- 6 b-Rücklage 478
- abnutzbare Wirtschaftsgüter 476 f.
- Abschreibungen 477
- abweichende Wertansätze 182
- Anpassung an Steuerbilanzwerte 473
- Anteile an Kapitalgesellschaften 472
- Anteile an Personengesellschaften 485 f.
- aufschiebend bedingte Schulden 463
- Aufteilung des Betriebsvermögens 485 f.
- Ausgleichsposten 465
- ausländisches Betriebsvermögen 492
- Befreiung bei Erwerb von ~ 161 f.
- Besteuerungszeitpunkt 451
- Beteiligungen an Personengesellschaften 472
- Beteiligungsentwertungskonto 465
- Betriebsaufgabe 455
- Betriebsgrundstücke 457, 472
- Betriebsvorrichtungen 459
- Bewertung 184, 246
- Ehegattenvermögen 457
- Einbauten 458
- Einzelunternehmen 482 f.
- Erbbaurecht 423, 461
- Ermittlungsschwierigkeiten 489 f.
- Genußscheine 472
- Gesellschafterforderungen und -schulden 454
- Gewinnansprüche 465
- Kapitalentwertungskonto 465
- Nichtbilanzierende 483 f.
- Personengesellschaft 453 f.
- Rücklagen 465
- Rückstellungen 463
- Schulden 457, 460, 463 f.
- Sonderverlustkonto 465
- Steuerbilanzwerte 450
- Steuerbilanzwerte dem Grunde nach 456 f.
- Steuerbilanzwerte der Höhe nach 466 f.
- Steuerersparnis durch Bilanzierung 476 f.
- steuerfreie Wirtschaftsgüter 462
- Steuerschulden 482
- Stundung der ErbSt 232

- Tarifbegrenzung bei Erwerb von ~ 192 f.
- Umlaufvermögen 480
- vereinfachte Wertermittlung 474, 467 f.
- Voraussetzungen für den Schuldenabzug 464 f.
- Vorwegzurechnung von Kapitalkonten 488
- Vorwegzurechnungen von Gesellschafterschulden 487
- Vorwegzurechnungen von Sonderbetriebsvermögen 487
- Wertaufholungen 479
- Wertpapiere 472

Betriebsvorrichtungen 459

Betriebswohnungen 442 f.

Bewertung
- Abschlag 306, 309
- Aktien 254
- Anteile an Kapitalgesellschaften 292 f.
- Anteile an Personengesellschaften 485 f.
- auflösende Bedingung 250
- aufschiebende Bedingung 249
- Auslandsvermögen 492
- Bedarfsbewertung 317 f.
- bedingte Erwerbe 255
- bedingte Lasten 255
- Bedingung 248 f.
- Befristung 248 f., 251
- Betagung 252
- Betriebsteil 441 f.
- Betriebsvermögen 184, 450 f.
- Betriebswohnungen 442 f.
- Bezugsrechte 256
- Bodenschätze im Privatvermögen 449
- Bundesschatzbriefe 257
- Durchschnittsertrag 305
- Edelmetalle 258
- Edelsteine 259
- eigengenutzte Ein- und Zweifamilienhäuser 345 f.
- Eigentumswohnungen 388 f.
- Einzelunternehmen 452 f.
- Erbbaurecht 407 f.
- Erbbauzinsen 260
- Erbersatzansprüche 261
- Erbschaftsteuerersparnis durch geschickte Bilanzierung 476 f.
- Erfindungen 262
- Erklärungspflicht 328 f.
- Ertragswert 302
- Feststellungsverfahren 324 f.
- Finanzierungsschätze 263
- Gebäude auf fremdem Grund und Boden 425 f.
- gemeiner Wert 182, 185, 253 f., 308
- GmbH-Anteile 264
- Grundbesitz 183, 316 f.
- Grundsätzliches zur Wertermittlung 241 f.
- Grundstücke im Zustand der Bebauung 429 f.
- Hausrat 265
- Immobilienfonds-Anteile 266
- Industriegrundstücke 399 f.
- Investment-Anteile 268
- Kapitalforderungen 269 f.

- Kapitalschulden 269 f.
- Kaufrechtsvermächtnisse 271
- Kunstgegenstände 272
- land- und forstwirtschaftliche Betriebe 438 f.
- Leistungen 273
- Mietwohngrundstücke 370 f.
- Minderheitsgesellschafter 311 f.
- Münzen 274
- Nutzungen 275 f.
- Pflichtteilsansprüche 279
- Renditeobjekte 370 f.
- Renten 280
- Sachleistungsansprüche 281
- Sachleistungsverpflichtungen 281
- Sammlungen 282
- Schmuck 283
- Schulden 247 f.
- Sonderfälle 310
- Sparbriefe 284
- steuerpflichtiger Erwerb 181
- stille Beteiligungen 285
- übriges Vermögen 247 f.
- unbebaute Grundstücke 330 f.
- Urheberrechte 286
- vereinfachte Anteilsbewertung 314
- vereinfachte Ermittlung des Betriebsvermögens 474
- Vermächtnisse 287
- Vermögensermittlung bei Nichtbilanzierenden 483 f.
- Vermögenswert 294 f.
- Wertpapiere 288
- wirtschaftliche Einheit 439 f.
- Wohnteil des Betriebsinhabers 444 f.
- Zero-Bonds 289
- Zinsen 290
- Zivilschutz 434 f.
- Zugewinnausgleichsforderung 291
- Zuschläge 309

Bewertungsgrundsatz
- gemeiner Wert 242

Bewertungsmaßstab 182
- gemeiner Wert 185

Bezugsrechte 256

Bilanzierung 476 f.

Bodenrichtwert 336 f.

Bodenschätze 449
- Bewertung 245

Bodenwert
- Steuerbilanzwertverfahren 404

Börsenkurs 254

Bundesschatzbriefe 257

Bundesverfassungsgericht
- Grundbesitzbewertung 316

D

Dreißigster 89

Durchschnittliche Jahresmiete 377 f.

Durchschnittliche Miete 352

E

Edelmetalle 258

Edelsteine 259

Ehegatte
- Ausschluß des Erbrechts 16

- Erbrecht bei Scheidung 16
- Einfluß des Güterstands auf Erbteil 14 f., 47 f.
- Freibeträge 177
- gemeinschaftliches Testament 23, 28
- Steuerklasse 187 ff.
- wirtschaftliche Absicherung 57

Ehevertrag 47, 55

Eigentumswohnung
- Abrundung 397
- abschließendes Beispiel 398

Eigentumswohnungen
- Alterswertminderung 392
- Ausgangswert 391
- Bewertung 388 f.
- Entstehung 389
- Mindestbewertung 394
- nachgewiesener niedrigerer Wert 395
- wirtschaftliche Einheit 390
- Zuschlag 393

Eigenhändiges Testament 21

Einbauten 458

Einfamilienhäuser
- Bewertung 345 f.

Einzelertragswertverfahren 441

Einzelunternehmen
- Betriebsvermögen 452

Enterbung 39

Entfallen der Steuerpflicht bei Ausschlagung 80

Entstehung von Wohnungseigentum 389

Erbauseinandersetzung
- im Zivilrecht 68
- erbschaftsteuerl. Behandlung 79

Erbbaurecht
- Abrundung 415
- Begriff 407
- Besonderheiten bei Bilanzierenden 423
- Betriebsvermögen 461
- Erbbauzinsen 408
- Heimfall 409
- Kapitalisierung 409
- Nachweismöglichkeit 422
- unbebautes Grundstück 411
- Verfahrensrecht 424
- Wert des belasteten Grundstücks 408 f.
- Wert des Erbbaurechts 410 f.
- wirtschaftliche Einheit 407
- Zustand der Bebauung 414

Erbbauzinsen 260, 408 f.

Erbe 2 f.
- durch Verfügung von Todes wegen 19
- gesetzlicher ~ 3 f.
- Haftung 67
- nichtehelicher Kinder 9
- Pflichten im Erbfall 59

Erbeinsetzung 36

Erbengemeinschaft 36
- Auseinandersetzung 68, 79
- Besteuerung 78
- Freibetrag für Produktivvermögen 171

Erbersatzanspruch 6
- Bewertung 261

Erbfall (siehe auch Güterstand im Erbfall)

- Abwicklung 58 f.
- Aufgaben des Nachlaßgerichts 60 f.
- Pflichten des Erben 59
Erbfallschulden 67, 147
Erbfolge 2
- durch Verfügung von Todes wegen 19
- gesetzliche 3 f.
- Verwandte 4 f.
- vorweggenommene 70, 108
Erblasserschulden 67, 146
Erbrecht
- Ausschluß des Ehegatten 16
- der Adoptivkinder 7
- der Eltern 9
- der Geschwister 9
- der Großeltern 10
- der Kinder 5 f.
- der nichtehelichen Kinder 6
- der nichtehelichen Lebenspartner 17
- der Pflegekinder 8
- der Urgroßeltern 11
- der Verwandten 3 f.
- des Ehegatten 13 f.
- des Fiskus 18
- Familienprinzip 1
Erbschaftsteuer
- bei mehrfachem Erwerb 194 f.
- Berechnung 190 f.
- Entrichtung 202 f.
- Erlöschen 235
- Gestaltungsmöglichkeiten 76
- Rechtsgrundlage 74
- Stundung 228 f., 232
- Übernahme durch Dritten 149
Erbschaftsteuerersparnis
- 6 b-Rücklage 478
- Abschreibungen 477
- bewegliche Wirtschaftsgüter 476
- Bilanzierung 476 f.
- Rückstellungen 481
- Steuerschulden 482
- Umlaufvermögen 480
- Wertaufholungen 479
Erbschein 66
- gemeinschaftlicher 66
- steuerliche Beachtung 78
Erbteil des Ehegatten
- bei Gütertrennung 15, 53
- bei Zugewinngemeinschaft 14, 49
Erbunwürdigkeit 64
Erbvertrag
- Ablieferung 62
- amtliche Verwahrung 32
- Anfechtung 33
- Aufhebung 33
- Eröffnung 62
- Form 32
- Inhalt 34 f.
- Rücktritt 33
- Wirkungen 31
Erbverzicht 46, 95, 96
Erfindungen 262
Erklärungspflicht
- Grundbesitzbewertung 328 f.
Erlöschen der ErbSt 235
Errungenschaftsgemeinschaft nach FGB-DDR
- im Zivilrecht 52, 56

- im Erbschaftsteuerrecht 104, 113
Ersatzerbe 37
Ersatzerbschaftsteuer 75
Ertragswert 302 f.
- Abschlag 306, 309
- Aufspaltung der Beteiligung 313
- Durchschnittsertrag 305
- Einfluß auf die Gesellschaft 312
- gemeiner Wert 308
- Minderheitsgesellschafter 311
- Sonderfälle 310
- vereinfachte Anteilsbewertung 314
- Zuschläge 309
Ertragswertverfahren
- Abrundung 368, 397
- abschließendes Beispiel 369
- abschließendes Beispiel für die Bewertung eines Wohn-/Bürohauses 387
- Alterswertminderung 355 f., 382
- ausschließliche Nutzung zu Wohnzwecken 362
- Betriebskosten 374
- durchschnittliche Jahresmiete 377 f.
- durchschnittliche Miete 352
- Eigentumswohnungen 388 f.
- Ein- und Zweifamilienhäuser 345 f.
- Ferienwohnung 372
- freiberufliche Nutzung 353
- gespaltener Mietenmarkt 375
- gewerbliche Nutzung 353
- Grundstücke im Zustand der Bebauung 430, 432
- Jahresmiete 371, 376
- Mietgutachten 350
- Mietspiegel 348
- Mietwohngrundstücke 370 f.
- Mindestbewertung 363 f.
- Mindestwert 384
- nachgewiesener niedrigerer Wert 365 f., 385 f.
- Renditeobjekte 370 f.
- Sonderabschlag bei räumlicher Verbindung 447
- Teileigentum 396
- übliche Miete 347 f.
- unterschiedliche Fertigstellungsjahre 359
- Vergleichsmieten 349
- Verkürzung der gewöhnlichen Nutzungsdauer 358
- Verlängerung der gewöhnlichen Nutzungsdauer 357
- Vervielfältiger 354, 381
- Wohn-/Nutzfläche 351
- Wohnteil des Betriebsinhabers 444 f.
- Wohnungsbegriff 361
- Zivilschutz 436
- Zuschlag bei ausschließlicher Nutzung zu Wohnzwecken 360, 383
Erwerb
- aufgrund einer Auflage 94
- aufgrund einer Bedingung 94
Erwerb von Todes wegen 77
- Ermittlung der Bereicherung 143 f.
- Steuerentstehung 132 f.

- Umfang des Vermögensanfalls 144

F

Familienstiftung 75
Familienwohnheim
- Steuerbefreiung 153
Ferienwohnung 372
Fertigstellung 359
Feststellungsverfahren 324 f.
Finanzamt 233
Finanzierungsschätze 263
Fortgesetzte Gütergemeinschaft 55
Freiberufliche Nutzung 353
Freibetrag
- bei beschränkter Steuerpflicht 180
- bei unbeschränkter Steuerpflicht 177 f.
- für andere Erwerber 179
- für Ehegatten 177
- für Kinder 178
- für Produktivvermögen 161 f.

G

Gebäude auf fremdem Grund und Boden
- Begriff 425
- Bewertung 428
- wirtschaftliche Einheit 427
- wirtschaftliches Eigentum 426
Gebäudewert
- Steuerbilanzwertverfahren 404
Geldforderungen 440
Geldvermächtnis (siehe auch Vermächtnis) 40, 81
Gemeiner Wert
- Auslandsvermögen 492
- Bewertung 253 f.
- Bewertungsgrundsatz 242
- Bewertungsmaßstab 182, 185
Gemischte Schenkung (siehe auch Auflagenschenkung) 118 f., 148
- Besteuerung 119 f.
- Duldungsauflage 120
- Leistungsauflage 119
- mit Leistungs- und Duldungspflichten 121
Gesamtrechtsnachfolge 2
Gesamtwert 410 f.
Gesetzliche Erbfolge 3 f.
Geschäftsguthaben 440
Gesellschafterforderungen 454
Gesellschafterschulden 454
- Vorwegzurechnung 487
Gespaltener Mietenmarkt 375
Gewerbliche Nutzung 353
Gewillkürte Erbfolge 19 f.
Gewillkürtes Betriebsvermögen 452
Gewinnansprüche 465
Gewöhnliche Nutzungsdauer
- Verkürzung 358
- Verlängerung 357
GmbH-Anteile (siehe auch Anteile an Kapitalgesellschaften)
- Wertableitung aus Verkäufen 264
Grundbesitz
- Ablauf einer Bedarfsbewertung 318 f.
- Abrundung 368, 397, 415

- Abschlag 343
- Alterswertminderung 355 f., 382, 392
- Anpassung des Bodenrichtwerts 338 f.
- Anwendungsbereich des Steuerbilanzwertverfahrens 400 f.
- Ausgangswert 391
- ausschließliche Nutzung zu Wohnzwecken 362
- Außenanlagen 406
- Bebauung eines bereits bebauten Grundstücks 432 f.
- Bebauung eines unbebauten Grundstücks 430 f.
- Bedarfsbewertung 317 f.
- Begriff des unbebauten Grundstücks 331 f.
- Besonderheiten bei Bilanzierenden 423
- Betriebskosten 374
- Bewertung 316 f.
- Bewertung von Gebäuden auf fremdem Grund und Boden 428
- Bewertungsverfahren für Industriegrundstücke 403 f.
- Bodenrichtwert 336 f.
- Bundesverfassungsgericht 316
- durchschnittliche Jahresmiete 377 f.
- durchschnittliche Miete 352
- eigengenutzte Einfamilienhäuser 345f.
- eigengenutzte Zweifamilienhäuser 345 f.
- Eigentumswohnungen 388 f.
- Entstehung 389
- Erbbaurecht 407 f., 414
- Erklärungspflicht 328
- Ertragswertverfahren 345 f.
- Ferienwohnung 372
- Feststellungsverfahren 324 f.
- Freistellung bei Anwendung des Ertragswertverfahrens 436
- Freistellung bei Anwendung des Steuerbilanzwertverfahrens 437
- Gebäude auf fremdem Grund und Boden 425 f.
- Geschoßflächenzahl 339
- gespaltener Mietenmarkt 375
- gewerbliche bzw. freiberufliche Nutzung 353
- Grundstücke im Zustand der Bebauung 429 f.
- Industriegrundstücke 399 f.
- Jahresmiete 371, 376
- Mietgutachten 350
- Mietspiegel 348
- Mietwohngrundstücke 370 f.
- Mindestbewertung 363 f.
- Mindestwert 384, 394
- Mischbebauung 405
- nachgewiesener niedrigerer Verkehrswert 344
- nachgewiesener niedrigerer Wert 365f., 385 f., 395
- Nachweismöglichkeit 422
- Neubewertung 183
- Renditeobjekte 370 f.
- Sollmiete 376
- Steuerbilanzwertverfahren 400 f.
- Teileigentum 396

- übliche Miete 347 f.
- Umrechnungsfaktoren 340
- Umrechnungskoeffizienten 339
- unbebaute Grundstücke 330 f.
- unterschiedliche Fertigstellungsjahre 359
- Verfahrensrecht 424
- Vergleichsmieten 349
- Verkehrswert 365 f.
- Verkürzung der gewöhnlichen Nutzungsdauer 358
- Verlängerung der gewöhnlichen Nutzungsdauer 357
- Vervielfältiger 354, 381
- Vorderland 341
- Wert des belasteten Grundstücks 408 f.
- wirtschaftliche Einheit 390, 427
- wirtschaftliches Eigentum 426
- Wohn-/Nutzfläche 351
- Wohnungsbegriff 361
- Zivilschutz 434 f.
- Zuschlag bei ausschließlicher Nutzung zu Wohnzwecken 360 f., 383, 393

Grundbesitzwert
- steuerpflichtiger Erwerb 183

Grundlagencharakter 323

Grunderwerbsteuer, Grundstücksschenkung 121

Grundstücke, Steuervorteile 115
- Bewertung 244

Grundstücke im Zustand der Bebauung
- Abgrabungen 411
- Abrundung 433
- Bebauung eines bereits bebauten Grundstücks 432
- Bebauung eines unbebauten Grundstücks 430 f.
- Bezugsfertigkeit 429
- Einbringung von Baustoffen 429
- Ertragswertverfahren 430, 432
- Gesamtwert 430
- Steuerbilanzwertverfahren 431, 433

Gütergemeinschaft 54, 113

Güterstand im Erbfall 47 f.
- Errungenschaftsgemeinschaft nach FGB-DDR 52, 56, 104, 113
- Gütergemeinschaft 54, 55, 98, 113
- Gütertrennung 15, 53
- wirtschaftliche Absicherung des Ehegatten 57
- Zugewinn 50, 99 f.
- Zugewinngemeinschaft 14, 48 f., 99 f.

Gütertrennung 15, 53

H

Haftung des Erben 67

Hausrat
- Steuerbefreiung 151
- Bewertung 265

Härteausgleich beim Steuertarif 191

Hinterbliebenenbezüge 73, 92

Hinterland 341

I

Immobilienfonds-Anteile 266
Industriegrundstücke (siehe auch Steuerbilanzwertverfahren)
- Bewertung 387 f.
Inländer 128 f.
Inlandsvermögen 130
Investmentanteile 268

J

Jahresmiete 371, 376
Jahressteuer
- Ablösung 220
- Besonderheiten im Fall der gemischten Schenkung 214
- Ermittlung 210 f.
- Fälligkeit 216
- Kürzungsmethode 213
- Wegfall der Renten- oder Nutzungsrechte 218
Jahresversteuerung 203 f., 209 f.
- bei weiteren Berechtigten 219
- Dauer 215
- Jahreswert 212
- Steuersatz 211

K

Kapitalentwertungskonto 465
Kapitalforderungen
- Bewertung 269
Kapitalkonto
- Aufteilung des Betriebsvermögens 488
Kapitalschulden
- Bewertung 269 f.
Kaufrechtsvermächtnis (siehe auch Vermächtnis) 83
- Bewertung 271
Kettenschenkung 112
Kinder
- Freibeträge 178
- Steuerklasse 187 f.
Kleinbetragsgrenze 197
Kunstgegenstände 272
- Steuerbefreiung 151
- Bewertung 272
Kulturgüter, Befreiung 152

L

Land- und Forstwirtschaft
- Abrundung 448
- Betriebsteil 441
- Betriebswohnungen 442 f.
- Neubewertung 438
- wirtschaftliche Einheit 439 f.
- Wohnteil des Betriebsinhabers 444 f.
Land- und forstwirtschaftliches Vermögen (siehe auch Land- und Forstwirtschaft)
- Bewertung 244
- Steuerbefreiung 161 f.
- Stundung der ErbSt 232
- Tarifbegrenzung 192 f.
Lebenserwartung 207, 231
Leistungen 273

M

Mehrfacher Erwerb desselben Vermögens 200
Mietgutachten 350
Mietspiegel 348
Mietwohngrundstücke 370 f.
Minderheitsgesellschafter 311 f.
Mindestbewertung
- Eigentumswohnungen 394
- Ein- und Zweifamilienhäuser 363 f.
- Land- und Forstwirtschaft 446
Mindestwert
- Mietwohngrundstücke 384
- Renditeobjekte 384
Mischbebauung 405
Mitgliederbeiträge 160
Mittelbare Grundstücksschenkung 117 f., 148
Münzen 274

N

Nacherbe 38, 106 f.
Nacherbschaft 38, 97, 106, 107
Nachgewiesener niedrigerer Wert 333, 354 f., 385 f., 395
- Erbbaurecht 422
Nachlaßgericht 60 f., 66
Nachlaßpfleger 61
Nachlaßteilung 36, 68
Nachlaßverbindlichkeiten 67, 145 f.
Nichtbilanzierende Steuerzahler 483 f.
Notwendiges Betriebsvermögen 425
Nutzungen
- Beschränkung 276
- Bewertung 275
- immerwährend 275
- Nießbrauch an Vermögensmasse 277
- Sachleistungen 276
- unbestimmte Dauer 276
- zeitlich befristet 278
Nutzung zu Wohnzwecken 362

P

Paketzuschlag 254
Parteiwille 115
Personengesellschaften
- Betriebsvermögen 453 f.
Persönliche Steuerbefreiungen 176 f.
- bei beschränkter Steuerpflicht 180
- Ehegattenfreibeträge 177
- Freibeträge für andere Erwerber 179
- Freibeträge für Kinder 178
Persönliche Steuerpflicht (siehe auch Steuerpflicht) 125 f.
Pflichtteil 45 f., 84 ff.
- Abzugsfähigkeit 147
- Berechtigte 45
- des Ehegatten 45, 51
- Grundstück an Erfüllungs Statt 85
- Steuerpflicht 84 f.
- Verzicht 46, 86, 95
- Wertausgleich 85
Pflichtteilsansprüche
- Bewertung 279
Pflichtteilsberechtigte 45

R

Renditeobjekte 370 f.
Renten
- Bewertung 280
Rückgriff auf den Einheitswert 490
Rücklage, § 6b 478
Rücklagen 465
Rückstellungen 463, 481

S

Sachleistungsansprüche
- Bewertung 281
Sachleistungsverpflichtungen
- Bewertung 281
Sachliche Steuerbefreiungen 151 ff.
- bei Ansprüchen nach dem Lastenausgleichsgesetz und anderen Gesetzen 155
- bei bestimmten Schulden 154
- bei Erwerb als angemessenes Entgelt für Pflege, Unterhalt, Ausbildung 156
- bei Erwerb eines Familienwohnheims 153
- bei Erwerb von Hausrat, Kunstgegenständen usw. 151
- bei Erwerb von Kulturgütern 152
- für Anteile an Kapitalgesellschaften 161 f.
- für Betriebsvermögen 161 f.
- für Gelegenheitsgeschenke 157
- für land- und forstwirtschaftliches Vermögen 161 f.
- für Mitgliedsbeiträge 160
- für Zuwendungen an politische Parteien 159
- für Zuwendungen zu kirchlichen, gemeinnützigen oder mildtätigen Zwecken 158
Sachvermächtnis (siehe auch Vermächtnis) 81
Sammlungen 282
Schenkung (siehe auch Auflagenschenkung, gemischte Schenkung, Kettenschenkung)
- auf den Todesfall 69, 71, 87
- Bereicherung 148
- gesellschaftsrechtlicher Anteilsübergang 88
- Steuerentstehung 137
- Steuervorteile sichern 116 f.
- unter Ehegatten 113
- unter Lebenden 69, 70, 108 f.
Schenkungsteuer
- Berechnung 190 f.
- Besteuerungsgrundlage 75
- Entrichtung 202
- Erlöschen 235
- Stundung der Steuer 228 f., 232
- Übernahme durch Schenker 149
Schmuck 283
Schulden 440
- Immobilienfonds 267
- Betriebsvermögen 463 f.
Sonderbetriebsvermögen
- Vorwegzurechnung 487
Sonderverlustkonto 465
Sparbriefe 284
Steuerbefreite Körperschaften 158

Es erhalten: A $\frac{1}{3}$, B $\frac{1}{3}$, Ca $\frac{1}{6}$, Cb $\frac{1}{6}$.

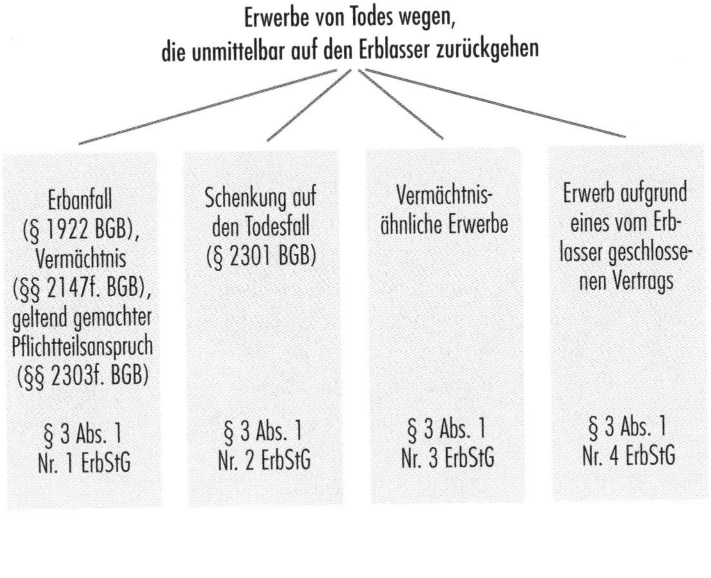

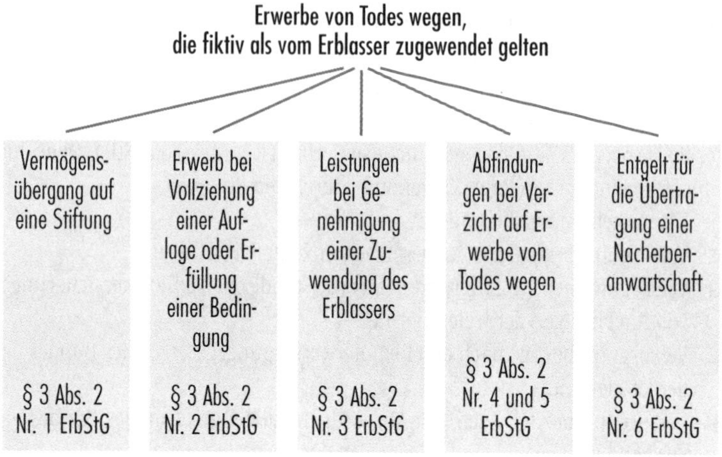

$$\begin{array}{l}\text{Steuerwert der}\\ \text{freigebigen}\\ \text{Zuwendung}\end{array} = \left(\begin{array}{l}\text{Verkehrswert}\\ \text{der Leistung}\\ \text{des Schenkers}\end{array} \cdot/\cdot \begin{array}{l}\text{Verkehrswert}\\ \text{der Gegenleistung}\\ \text{des Bedachten}\end{array}\right) \times \frac{\begin{array}{c}\text{Steuerwert der}\\ \text{Leistung des Schenkers}\end{array}}{\begin{array}{c}\text{Verkehrswert der}\\ \text{Leistung des Schenkers}\end{array}}$$

$$\frac{500.000\text{ DM}}{1.000.000\text{ DM}} = 50\ \%$$

$$\frac{\text{x}}{\qquad\qquad} = \underline{\qquad\qquad}$$

Steuerbefreiung (siehe auch persönliche ~ und sachliche ~) 150 ff.
Steuerbilanz
- Aufteilung des Betriebsvermögens 491
Steuerbilanzwert 404
Steuerbilanzwertverfahren
- Anwendungsbereich 400 f.
- Außenanlagen 406
- Bewertungsverfahren 403 f.
- Bodenwert 403
- Gebäudewert 404
- Grundstücke im Zustand der Bebauung 431, 432
- Mischbebauung 405
- Steuerbilanzwert 404
- typische Industriegrundstücke 399
- Zivilschutz 437
Steuerentrichtung 202
- durch Dritte 144, 149
- durch Schenker 149
Steuerentstehung
- bei Aussetzung der Versteuerung 140
- bei Erwerb von Todes wegen 134 f.
- bei Schenkung unter Lebenden 137 f.
- bei Zweckzuwendungen 139
- Zeitpunkt 134 f.
Steuerfestsetzung 198 f.
Steuerfreie Wirtschaftsgüter 462
Steuerklassen 186 f.
Steuerpflicht 77 f.
- bei Erbanfall 78
- bei Erwerb von Todes wegen 77
- bei Erwerben, die fiktiv als vom Erblasser zugewendet gelten 93 f.
- bei Schenkung auf den Todesfall 87 f.
- bei Schenkung unter Lebenden 108 f.
- beim Erwerb aufgrund eines vom Erblasser geschlossenen Vertrags 90
- beschränkte 127
- des Pflichtteilsberechtigten 84 f., 95
- des Vermächtnisnehmers 81 f., 89
- juristischer Personen 129
- mehrerer Erben 78
- natürlicher Personen 128
- persönliche 125 f.
- unbeschränkte 126
- von Hinterbliebenenbezügen 92
- von Versicherungen auf den Todesfall 91
Steuerpflichtiger Erwerb
- Bewertung 181, 241 f.
Steuersätze 190
Steuerschulden 482
- des Erblassers 146
Steuerschuldentstehung 132 f.
Steuerschuldner 131
Steuerstundung
- bei Nutzungs- und Rentenlasten 228 f.
- bei Erwerb von Betriebsvermögen 232
- bei Erwerb von land- und forstwirtschaftlichem Vermögen 232

Steuertarif 190 f.
Steuerwert des Nachlasses 78 f.
Stille Beteiligungen 285

T

Tarifbegrenzung für Produktivvermögen 192 f.
Teileigentum 396
Teilungsanordnung 36, 42, 79
Testament 20 f.
- Ablieferung 60
- amtliche Verwahrung 25, 27, 32
- Änderung 26, 28
- Anfechtung 63
- Berliner Testament 57
- eigenhändiges 21
- Eröffnung 62
- Errichtung 24
- Formen 21 f.
- gemeinschaftliches 23
- Inhalt 34 f.
- nach DDR-Recht 29
- Nichtigkeit 63
- öffentliches 22
- Widerruf 26, 28
- Wirksamkeit 63
Testamentsvollstrecker 41 f., 44, 68
Testierfähigkeit 24
Testierfreiheit 1, 35

U

Übliche Miete
- Begriff 347
- Durchschnittsmiete 352
- Ermittlung 347 f.
- freiberufliche Nutzung 353
- gewerbliche Nutzung 353
- Mietgutachten 350
- Mietspiegel 348
- Vergleichsmieten 349
- Wohn-/Nutzfläche 351
Übriges Vermögen
- Bewertung 247 f.
Umlaufvermögen 480
Umrechnungsfaktoren 340
Umrechnungskoeffizienten 339
Unbebautes Grundstück
- Abschlag 343
- Außenanlagen 342
- Begriff 331 f.
- Bewertung 330 f.
- Bodenrichtwert 336 f.
- Erbbaurecht 411
- Geschoßflächenzahl 339
- Gutachterausschuß 337
- nachgewiesener niedrigerer Wert 344
- Umrechnungsfaktoren 340
- Umrechnungskoeffizienten 339
- Zonierung in Vorder- und Hinterland 341
Unbenannte Zuwendungen 72, 114, 153
Unbeschränkte Steuerpflicht (siehe auch Steuerpflicht) 126
Urheberrechte 286

V

Vereinfachte Anteilsbewertung 314
Vereinfachte Aufteilung des Betriebsvermögens 489 f.
Vereinfachte Wertermittlung beim Betriebsvermögen 474
Vereinfachtes Ertragswertverfahren 441
Verfahrensrecht
- Anpassung an Steuerbilanzwerte 473
- Erbbaurecht 424
Vergleichsmieten 349
Verkehrswert 365 f.
Vermächtnis 40
- Abzugsfähigkeit 147
- Ausschlagung 95
- Bewertung 81, 287
- Steuerpflicht 81 f.
Vermächtnisähnliche Erwerbe 89
Vermächtnisnehmer
- Feststellungsverfahren 325
Vermächtnisse
- Bewertung 287
Vermögensermittlung bei Nichtbilanzierenden 483 f.
Vermögenswert 294 f.
Versicherung auf den Todesfall 73, 91
Versorgungsfreibetrag
- für Ehegatten 177
- für Kinder 178
Vertrag zugunsten Dritter 73, 90
Verwirkungsklausel 43
Vervielfältiger 354, 381
Voraus des Ehegatten 13, 89
Vorausvermächtnis 40, 82
Vorderland 341
Vorerbe 38, 105
Vorerbschaft 38, 105, 107
Vorweggenommene Erbfolge 46
- als Schenkung unter Lebenden 108
- Begriff 70
- Entlastung für Produktivvermögen 168 f.

W

Weiterschenkungsklausel 111
Wert des belasteten Grundstücks 408 f.
Wert des Betriebsteils 441
Wert des Erbbaurechts 410 f.
Wertermittlungsstichtag 386
Wertpapiere 288, 440
Wiederverheiratungsklausel 43
Wirtschaftliche Einheit
- Gebäude auf fremdem Grund und Boden 427
- Land- und Forstwirtschaft 438, 439 f.
- Wohnteil des Betriebsinhabers 445
Wirtschaftliche Einheit beim Wohnungseigentum 390
Wirtschaftliches Eigentum 426
Wohn-/Nutzfläche 351
Wohngrundstücke 383
Wohnteil des Betriebsinhabers 444 f.
Wohnungsbegriff 361

Z

Zahlungsmittel 440
Zero-Bonds 289
Zinsen 290
Zivilschutz
- Ertragswertverfahren 436
- Steuerbefreiung 434 f.
- Steuerbilanzwertverfahren 437
Zugewinn 50
Zugewinnausgleich
- Berechnung 50
- Besteuerung 99 f.
- güterrechtliche Vereinbarungen 99, 103
- Steuerwert 101, 102
Zugewinnausgleichsforderung 291
Zugewinngemeinschaft 14, 48
- Ausgleichsforderung 50
- Beendigung 49 f.
- Besteuerung der Ausgleichsforderung 99 f.
- erbrechtliche Abwicklung 50 f., 99
- güterrechtliche Abwicklung 50 f., 102
Zusammenrechnung früherer Erwerbe 194
Zusatzerbteil 49, 51, 99
Zuschlag bei ausschließlicher Nutzung zu Wohnzwecken 360 f., 383, 393
Zustand der Bebauung
- Erbbaurecht 414
Zuwendungen
- an politische Parteien 159
- für kirchliche, gemeinnützige oder mildtätige Zwecke 158
- mittelbar an Mitgesellschafter 123
- unter Ehegatten 72, 113
- von Geschäftsbeteiligungen 122
- zum Unterhalt 156
- zur Ausbildung 156
- zur Belohnung 110, 146
- zur Entlohnung 110, 146
Zweckzuwendung 124, 139
Zweifamilienhäuser
- Bewertung 345 f.